KB272579

공통된
것
없는
공동체

공통된 것 없는 공동체

한국
민주주의의
불가능성에
관하여

박이대승 지음

오월의봄

이 책은 지난 수년간의 작업을 종합한 결과물이다. 2021년 7월부터 《주간경향》에 연재한 '박이대승의 소수관점'을 주제별로 묶고, 새로운 글을 덧붙였다. 이 작업의 시작은 2017년에 쓴 책 《개념 없는 사회를 위한 강의》(오월의봄)으로 거슬러 올라간다. 나는 그때부터 '근대 한국의 정치·사회적 실재에 대한 인류학적 분석'이라 부를 만한 작업을 수행해왔다. 이 작업의 주요 목표는 근대 민주주의의 표준 모델을 기준으로 삼아 한국의 현실을 분석하고, 이를 통해 한국 민주주의의 작동 방식을 평가하는 것이다.

2020년에 출간된 《임신중단에 대한 권리》(오월의봄) 역시 이 분석 작업의 일부로 작성된 것이었다. 이 책의 일차적 목표는 임신중단을 둘러싼 법적 쟁점을 정리하고, '낙태죄'에 관한 헌법재판소 결정문을 비판하는 것이지만, 최종 목표는 한국 법 제도의 작동 방식을 근본적으로 재검토하는 데 있었다. 즉 법적 합리성의 표준을 제공해야 할 헌법재판소조차 부정확한 개념과 비합리적 논변에 기초하고 있음을 논증함으로써, 한국의 법 제도 자체가 합리적 사유의 기본 원칙을 적극적으로 변형하고 왜곡한다는 사실을 보여주려 했다.

2017년과 2020년의 책에 담긴 발상은 《주간경향》 칼럼을 통해 다양한 영역으로 확장될 수 있었다. 칼럼 제목에 쓰인 '소수관점'은 두 가지 의미를 담고 있다. 하나는 소수자의 관점에서 한국을 바라본다는 것이고, 다른 하나는 칼럼의 관점 자체가 다수와 주류에서 벗어나 있다는 것이다.

주간지 칼럼은 이상적인 매체였다. 해당 정세가 제기하는 문제를 시의적절하게 다룰 수 있고, 독자의 반응을 곧바로 확인하는 것도 가능하다. 하지만 매체의 특성상 어쩔 수 없는 한계도 있다. 일간지 칼럼보다 긴 분량이 허용되지만, 그렇다고 해도 써야 할 내용을 모두 담을 수는 없었다. 하고 싶은 이야기는 항상 많은데, 분량을 맞춰야 하는 것이 가장 힘든 일이었다. 좀 더 전문적이거나 학술적인 내용을 담기도 어렵다.

이런 한계를 넘어 독자에게 더 체계적이고 종합적인 내용을 전달하기 위해 이 책을 기획했다. 그동안 발행된 칼럼을 주제에 따라 다섯 개의 부로 분류하고, 칼럼에 담지 못했던 배경 지식과 이론을 각 부의 '깊이 읽기'에서 자세히 다루었다. 다섯 개의 부가 독립적으로 구성되어 있어서, 반드시 순서대로 읽을 필요는 없다. 각각의 글 역시 독립적이므로, 책 전체를 짧은 호흡으로 읽을 수 있다. 다만 '깊이 읽기'는 이론적 지식을 다루는 만큼 해당 부에 실린 칼럼들을 모두 살펴본 다음에 읽을 것을 추천한다. 더불어 모든 부가 '민주주의 정치 공동체를 유지하기 위한 공통 조건을 어떻게 구축할 것인가?'라는 동일한 질문을 공유하므로, 이를 중심으로 각각의 부를 연결지어 읽는다면 이 책 전체의 의도를 더욱 명확하게 파악할 수 있을 것이다.

오랫동안 지면을 허락해준 《주간경향》 덕분에 이 책이 탄생할 수 있었다. 담당 기자 모두에게 감사의 마음을 전한다. 특히 칼럼 연재를 처음 제안해준 김원진 기자에게 다시 한번 고마움을 표하고 싶다.

오월의봄과 함께 책을 만드는 일은 큰 기쁨이다. 절대적으로 신뢰할 수 있는 편집자와 출판사가 있었기에 다른 걱정 없이 글 생산에 몰두할 수 있었다.

2024년 12월 3일의 쿠데타 시도는 예외적인 해프닝이 아니라 한국 민주주의의 비정상성을 노골적으로 드러낸 사건이었다. 지금, 그 어느 때보다 더욱 절실하게, 한국의 근대와 민주주의에 대한 근본적인 질문이 필요하다. 이 책이 질문의 시작점 역할을 해주길 바란다.

2026년 1월
박이대승

차례

3부 전진을 멈춘 민주주의

4부　언어의 규칙을 거부하는 사회

가해자-
피해자

도식을
넘어

1부

복수극은 어느새 한국 대중문화 창작물의 주류 장르가 되었다. 굳이 작품명을 나열하지 않더라도, 피해자 편에서 가해자를 '참교육'하는 드라마는 지겨울 정도로 많다. 이런 장르의 핵심은 선악의 구별이나 히어로-빌런의 대립을 **가해자-피해자 도식**으로 환원한다는 점에 있다. 빌런은 항상 가해자로 등장하고, 그의 악함은 피해자에게 행사한 폭력에서 비롯한다. 히어로의 임무는 복수를 완성하는 것, 즉 법과 제도가 하지 못한 '진정한 처벌'을 실행하는 것이다. 그의 복수는—제삼자든 피해자 본인이든—'피해자를 위한 복수'라는 점에서 선하고 정의롭지만, 이는 일반적인 의미와 전혀 다른, 가해자의 고통으로 실현되는 선과 정의다. 가해자를 향한 관객의 분노를 얼마나 끌어낼 수 있는지, 그에게 얼마나 잔인한 고통을 돌려주는지에 흥행의 성패가 달려 있다. 그러한 분노와 고통의 정도가 일치할수록 복수의 쾌감이 강해진다.

이는 단순히 픽션에 관한 이야기가 아니다. 지금의 한국 문화를 지배하는 가장 기초적인 세계관과 윤리를 발견할 수 있는 곳이 바로 복수극이다. 아마도 세월호 참사와 미투운동이 결정적 계기였을 것이다. 반복되는 사회적 폭력과 대규모 참사를 거치며 가해자-피해자 관계가 사회의 상호작용 일반을 이해하는 기본 도식이 되었고, '피해자의 편에서 가해자를 응징하라'가 절대적 도덕 규칙으로 작동하기 시작했다. 이제 무슨 사건이나 사고만 발생하면, 사람들은 누가 가해자이고 누가 피해자인지부터 따져 묻는다.

　　이 책의 1부에서 복수극을 다루는 것은 앞으로 다룰 모든 주제가 그 안에 함축되어 있기 때문이다. 여기 실린 여덟 편의 글은 가해자-피해자 도식의 전제, 특징, 효과 등을 여러 맥락에서 다룬다. 이는 미국의 인류학자 데이비드 그레이버David Graeber의 작업에서 영감을 얻은 것이다. 1부 마지막의 '깊이 읽기'에서 그의 작업을 참고해 복수의 문제를 좀 더 깊이 다루도록 하겠다.

복수극에
열광하는 사회

복수극은 대중문화의 주류 콘텐츠다. 권력 집단의 악행으로 고통받은 피해자가 치밀하게 복수를 실행하는 이야기는 지겨울 정도로 많다. 법의 무력함에 절망한 피해자가 폭력적인 방법으로 가해자에게 복수하는 이야기도 흔하다. 어떤 경우든 복수극은 판타지다. 이는 복수의 현실적 불가능성 때문만은 아니다.

죗값의 의미

인류학은 사회관계의 기본 형태를 탐구하기 위해 이른바 '원시'사회에 집중해왔다. 그곳의 관계는 무언가를 주고받는 행위로 유지된다. 물건, 상징, 언어 등 모든 것이 그 대상이다. 가장 중요한 것은 공동체 사이에 사람을 주고받는 행위, 즉 혼인이다. 원시 사회의 혼인 제도는 인류학의 주요 주제 중 하나였다. 핵심 문제는 주고받음이 교환관계와 부채관계 중 무엇에 해당하는지다. 예컨대 신부를 데려오고 귀중품을 보내는 관습은 여러 문화권에서 발견된다. 이를 돈과 여성의 교환으로 이해하면, 일종의 인신매매가 될 것이다. 많은 인류학자가 이런 견해를 비판하며 부채관계의 관점을 취한다. 우리 가족이 다른 가족의 여성을 신부로 맞이한다면, 그들에게 갚을 수 없는 빚을 지게 된다. 우리가 귀중품을 보내는 것은 '상환 불가능한 부채'의 존재를 선언하기 위함이다. (이에 관한 독보적인 연구를 수행한 사람이 미국의 인류학자 데이비드 그레이버다. 이 글의 기본 발상은 그의 작업에서 온 것이다.)

교환과 부채는 전혀 다르다. 교환은 깔끔하다. A를 주고 B를 받으면 그걸로 끝이다. 반면, 화폐를 빌렸다가 갚는 경우를 제외하면 부채에는 뒤끝이 있다. 타인의 친절은 나에게 빚으로 남는다. 내가 친절로 화답하는 것은 그 빚의 상환이 아니라, 거꾸로 그가 나에게 빚지게 만드는 행위다. 인간관계 대부분이 빚의 연쇄로 유지된다. 은혜, 원수, 친절, 감사, 복수 등의 원초적 관계는 모두 부채의 형식을 가진다.

죄도 단순한 규칙 위반이 아니라, 부채관계의 일종이다. 그것은 타인의 생명, 재산, 행복, 신체, 믿음, 존엄성 등을 부당하게 빼앗는 행위에서 성립한다. 죄인은 일종의 채무자다. 그는 피해자에게 진 빚을 갚아야 한다. 한국어 단어 '죗값'은 이 관계를 놀라울 정도로 정확히 표현한다. 죄를 지었으면 값을 치러야 하는 것이다. 빼앗은 것의 반환은 죗값이 되지 못한다. 누군가 당신의 물건을 훔쳤다가 나중에 돌려주면서 없던 일로 하자고 하면, 흔쾌히 수용할 수 있는가? 불가능하다. 그는 단순히 물건을 훔친 것이 아니라 나의 소유 영역을 침범한 것이고, 그에 해당하는 죗값은 훔쳐간 물건의 가치보다 크기 때문이다. 만일 그가 빼앗은 것이 나의 행복이나 존엄성이라면, 잃은 것을 온전히 돌려받을 방법은 없다.

복수극이라는 판타지

죄인에게 강력한 처벌을 가해도 마찬가지다. 죄와 벌은 등가교환되지 않으며, 처벌로 죗값을 온전히 받아낼 수는 없다. 일단, 죄에는 한계가 없지만 처벌은 제한적이다. 한 인간이 수백 수천을 학살하는 일은 가능하지만, 죄인에 대한 가장 강력한 처벌은 그 한 명의 죽음일 뿐이다(더구나 사형은 민주주의 국가가 택할 수 있는 방법도 아니다). 또한 '눈에는 눈, 이에는 이'라는 원칙도 죄와 벌의 등가교환을 실현할 수 없다. 내게 폭력을 행사한 자에게 똑같은 폭력을 가한다고 해도, 내 고통과 그의 고통은 등가일 수 없다. 무고한 피해자의 고통과 죄지은 가해자의 고통은 결코 동등하지 않고, 그에게 아무리 큰 고통을 주더라도 나의 고통을 상쇄할 수 없기 때문이다. 처벌을 통해 죗값을 온전히 받는 것은 불가능하다.

그렇다면 처벌은 왜 하는 것인가? 처벌의 목적은 죗값을 받아내는 게 아니라 죗값이 상환 불가능한 부채임을 선언하는 데 있다는 가설을 세워보자. 타인의 삶을 훼손한 죄는 결코 사라지지 않고, 다만 처벌을 통해 그 사실을 확인하고 기록할 수 있을 뿐이다. 물론 처벌의 목적은 다양하다. 과거에는 죄인의 신체를 잔인하게 훼손함으로써 범죄에 대한 대중의 공포심을 불러일으키려 했다. 근대 감옥은 죄인을 도덕적 주체로 '갱생'시키는 데 그 목적이 있다. 어느 경우든 죗값을 온전히 받는 것은 처벌의 목적이 아니다. 이는 객관적으로 불가능하기 때문이다.

복수극은 현실의 부채관계를 부정하고, 죄와 벌이 등가교환되는 세상을 상상한다. 우리의 마음은 부채관계에서 답답함을, 그것의 청산에서 통쾌함을 맛보도록 만들어져 있다. 복수극이 '사이다'를 주는 것은 가해자를 향한 처벌과 폭력을 통해 부채관계가 완전히 청산되는 판타지를 그리기 때문이다. 간혹 청산되지 않는 부채를 다루는 작품도 있는데, 이때 관객은 참기 힘든 당혹감을 느낀다(〈복수는 나의 것〉, 〈밀양〉 등).

복수극은 단지 판타지에 머물지 않는다. 심각한 사회적 폭력이 발생하면 가장 먼저 나오는 말이 '강력한 처벌'이다. 그 외의 다른 조치는 진지하게 논의되지 않는다. 촉법소년 연령 하향이 전형적 사례다. 왜 한국사회는 처벌 강화에 이토록 집착하는가? 죄와 벌의 등가교환이라는 판타지를 현실에서 구현하고 싶은 것인가? 강력한 처벌이라는 손쉬운 방법으로 죄에 대한 공동체의 책임을 회피하려는 것 아닌가?

죗값을 온전히 치르는 유일한 방법은 용서를 받는 것이다. 용서란 죄를 사해주는 것, 죗값의 면제를 의미한다. 현실 사회에서 용서의 권리는 피해자에게 있지만, 진정한 의미의 용서가 실제로 가능한지는 쉽게 답하기 어려운 문제다. 그것은 종교적 구원과 다름없기 때문이다. 구원redemption은 빚을 갚는다는 어원적 의미를 가진다. 기독교적 구원이란 신의 아들이 자신을 희생함으로써 인간의 죗값을 대신 갚아주고, 죄의 부채관계 자체를 청산하는 과정이다.

어쨌든 용서는 공동체가 택할 수 있는 방법이 아니다.

그렇다면 죗값을 받기 위한 공동체의 최선은 일종의 보증을 서는 것 아닐까? 죗값의 부채관계를 피해자와 가해자에게만 한정하는 사회는 정의롭지 못하다. 같은 죄의 반복을 방지할 책임, 빼앗긴 것을 피해자에게 돌려줄 책임을 공동체가 져야 한다. 실제로 이것이 현대 민주주의의 핵심 가치, 통치권력의 주요 기능이다. 처벌은 이러한 책임을 다하기 위한 보조적 수단일 뿐이다. 죄와 벌이 교환 가능하다는 믿음, 강력한 처벌로 죗값을 받아낼 수 있다는 환상은 공동체의 본래 책임을 망각하게 만든다. 죗값의 완전한 청산은 불가능한 목표지만, 공동체가 책임의 주체가 될 때만 조금이라도 그에 가까워질 수 있다.

감정 중독 사회

　한국인은 2022년을 어떻게 기억하게 될까? 이태원 참사의 슬픔일까, 월드컵 16강의 행복일까? 개인의 삶과 마찬가지로 사회도 무수한 감정들을 거치며 살아간다. 새로운 감정이 과거를 대체하기도 하고, 집단적 감정 사이의 충돌이 일어나기도 한다. 감정의 변화는 그냥 그렇게 일어나는 것이지, 옳고 그름을 따질 수 있는 대상이 아니다. 슬픔에 빠졌던 사회가 한 달 만에 축제 분위기로 바뀐 것도 자연스러운 일이다. 문제는 감정의 운동이 사회의 모든 것이 될 때다. 이런 사회는 겉으로만 역동적으로 보일 뿐, 실제로는 아무것도 변하지 않는다.

기억보다 중요한 것

반지하 주택에 살던 가족이 폭우에 의한 침수로 사망한 것이 불과 4개월 전이다.[*] 충격적 사건이었고, 현장을 방문한 윤석열 대통령의 태도는 공분을 일으켰다. 그렇다면 이 사건이 주거권 보장을 위한 결정적 계기가 될 수 있을까? 아마 어려울 것이다. 감정은 흘러가고 기억은 흐려진다. 슬픔과 분노는 강렬하지만 실제 문제를 해결하려는 노력은 미미하다. 얼마 전 오세훈 서울시장이 주거취약계층을 위한 대책을 내놓았지만, 실질적 변화를 기대하기는 어렵다. 권리에 기초한 주거 제도가 수립될 가능성도 별로 보이지 않는다.

박경석-이준석 토론이 언론의 주목을 받은 것이 올해 5월이다.[**] 이 토론도 희미한 과거가 되었지만, 전국장애인차별철폐연대(이하 전장연)은 오늘도 격렬히 투쟁 중이다. 이준석에게 분노하는 사람은 많지만, 장애인의 권리에 관심 갖는 사람은 적다. 그래서 이준석이 사라지자 전장연의 투쟁도 잊혔다. 이쯤 되면 이런 의문이 든다. 다수가 그 토

---

[*] 서울 관악구 소재의 빌라의 반지하에 살던 일가족 3명이 2022년 8월 8일 폭우에 의한 침수로 사망한 사건이다.

[**] 2022년 4월 13일과 5월 12일 JTBC 방송에서 당시 국민의힘 대표였던 이준석과 전국장애인차별철폐연대 상임공동대표 박경석이 장애인 이동권에 관한 논쟁을 벌였다.

론에 주목했던 진짜 이유는 자기 편을 응원하고 상대편을 미워하기 위해서 아닌가? 그에 비해 토론에서 다루었던 문제 그 자체를 진지하게 고려하는 사람은 얼마나 될까?

일가족이 자살하거나 부모가 자식을 살해하고 자살하는 사건이 종종 발생한다. 이런 종류의 사건이 처음 알려졌을 때는 모두가 엄청난 충격을 받았다. 하지만 비극은 어느새 일상이 되었고, 충격의 강도는 갈수록 약해지고 있다. 대중의 무감각을 탓하려는 것이 아니다. 중요한 것은 기억, 관심, 공감이 아니라 문제 해결이다. 사람들이 슬퍼하든 말든 관심을 갖든 말든, 사회적 관계에서 배제된 이들을 위한 제도는 계속 돌아가야 한다. 제도의 존재 이유는 거기에 있다.

성폭력이란 상대방의 동의 없는 성적 접촉이다. 미투운동은 성폭력의 이러한 정의가 정상적 규범으로 자리 잡지 못했다는 것을 보여주었다. 그래서 미투운동이 일어난 나라 상당수가 '동의' 개념에 대한 논의와 교육에 몰두하고 있다. 한국에서 성폭력 사건이 터지면 대중의 거대한 분노가 발생한다. 그러나 그 분노는 '가해자 처벌'로 수렴할 뿐 동의 개념과 성 윤리에 대한 논의로 이어지지는 않는다. 언젠가 또다시 권력자의 성폭력 사건이 일어나면, 그때도 피해자는 제도와 국가기구가 아니라 대중의 집단적 분노에 의지해야 할 것이다.

무엇을 위한 분노인가

'잊지 않겠습니다'라는 말로 세월호 참사를 표상하는 것은 어딘가 기이하다. 잊지 않고 기억하는 것이 가장 중요하고 어려운 일인가? 비극적 사건을 잊지 말아야 하는 것은 그것이 드러낸 문제를 해결하기 위해서다. 기억하기 위해 기억하는 것이 아니라, 현실을 바꾸기 위해 기억하는 것이다. 박근혜 탄핵은 일종의 '위로'가 되었을지 모르지만, 참사가 드러낸 국가와 사회의 문제를 해결하진 못했다. 지금 우리는 이렇게 자문해봐야 한다. 나는 정말로 세월호를 잊지 않았는가? 이 말은 정확히 무엇을 잊지 않겠다는 의미인가? 기억은 실질적으로 무엇을 바꾸었는가? 세월호 참사 이전과 이후의 한국은 실제로 달라졌는가?

우연한 사고로 사랑하는 이가 세상을 떠났을 때, 슬픔과 상실을 삶의 한 부분으로 받아들이는 과정이 필요하다. 이것은 애도를 위한 애도다. 우리는 살기 위해 애도하고 애도하기 위해 살아간다. 하지만 사회적 참사의 희생자를 사회적으로 애도하는 과정은 다르다. 그것의 유일한 방법은 참사의 원인을 제거하고 실질적 변화를 만드는 것이다. 이태원 참사가 제기한 일반적 문제는 '왜 한국의 국가기구는 시민의 안전을 보장하지 못하는가?'이고, 구체적 문제는 '왜 경찰 조직은 위험을 대비하지도, 긴급 상황에 대응하지도 못했는가?'이다. 이제 곧 누군가는 참사를 망각할 것이고 누군가는 기억을 위한 투쟁을 시작하겠지만, 중요한 것은 기억 그 자체가 아니라, 기억을 통해 제대로 작동하는 국가기구를 만드는 일이다.

집단적 감정은 사회적 관계를 구성하는 기본 요소 중 하나다. 정치적 실천 역시 함께 기뻐하고 슬퍼하고 분노하는 것에서 시작된다. 그러나 감정과 실제 문제는 다른 차원에 속한다. 집단적 감정이 공동의 문제를 해결하려면, 제도를 움직이는 힘으로 전환되어야 한다. 지금 한국에는 이런 전환 과정이 존재하지 않는다. 집단적 슬픔과 분노는 적당한 대상을 향해 분출되거나, 서서히 잊히거나, 축적되어 다음 폭발을 기다릴 뿐 제도의 공간을 향하지 않는다. 오히려 제도 자체를 분노의 대상으로 삼는 반제도주의적 경향이 강하게 나타난다.

한국사회는 감정 중독 상태다. 자기 감정의 소용돌이에 빠져 실제 세계를 바라보지 못한다. 비극적 사건이 발생하면 그것의 원인을 분석하고 해결책을 찾는 것이 아니라, 거기서 비롯한 고통스러운 감정을 어떻게 해소할지에 더 집중한다. 해소 방법은 천차만별이다. 그중 최악은 희생자를 탓하는 것이다. '이태원에 놀러간 그들 자신이 문제'라고 생각하는 사람이 적지 않듯 말이다. 이들은 자기 마음 편하자고 윤리적 판단을 포기한 셈이다. 공권력과 정치인의 책임을 묻는 것은 당연한 일이지만, 여기에도 유의할 점이 있다. 책임이라는 말에 쏟아지는 울분은 사건의 원인을 과학적으로 분석하기 위한 출발점이 되어야 한다. 집단적 감정이 감정의 차원에 머물지 않고 제도를 바꾸는 힘으로 전환될 때에만, 사회적 애도가 시작될 수 있다.

현 정부와 여당은 이태원 참사 국정 조사에 훼방을 놓고 있다. 이들이 사회적 애도의 첫 번째 걸림돌이다. 사건의 원인을 규명하려면 그들을 향한 집단적 분노를 조직해야만 하고, 이는 '정권과의 대결'이라는 형태를 띨 수밖에 없다. 하지만 무엇보다 중요한 것은 이 싸움이 과학적 진실에 도달하기 위한 수단일 뿐이라는 점이다. 최종 목표는 참사가 드러낸 실제 문제를 해결하는 것, 즉 시민의 안전을 실질적으로 보장하는 국가 제도를 수립하는 일이다. 책임과 처벌을 둘러싼 정치적 갈등이 어떤 결과에 이르든, 집단적 감정이 어떤 식으로 흘러가든, 그 무엇도 이러한 목표를 대체할 수는 없다.

가해자-피해자 도식을 넘어

한국에서는 인간의 고통을 야기하는 사건이 발생했을 때 사건 전체가 '가해자 vs 피해자'라는 도식으로 환원된다. 이 도식은 너무나 일반적이어서, 학교폭력, 성폭력, 직장 내 괴롭힘, 아동학대같이 개인이 개인에게 가하는 직접적 폭력은 물론, 노동 사고, 대규모 참사, 전쟁범죄, 식민주의적 착취같이 개인적 수준을 벗어난 사건에도 적용된다.

객관적 구조의 실종

폭력 사건에는 당연히 가해자와 피해자가 있지만, 사건 전체를 이 두 행위자 사이의 상호관계로 환원하는 것은 당연하지 않다. 대부분의 사건은 폭력을 용인하거나 방조하는 객관적 구조와 환경 아래에서 일어나기 때문이다. 예컨대 학교폭력은 단순히 가해자와 피해자 개인의 문제가 아니다. 거기에는 학교라는 폐쇄적 사회관계, 교육제도가 만든 폭력적 구조, 사회경제적 불평등, 괴롭힘과 학대를 사회적 관계의 하나로 활용하는 가학적 문화 등이 개입된다.

한국사회를 지배하는 가해자-피해자 도식은 오로지 사람의 형태로 구현된 요소에만 집중한다. 즉 비인격적 구조와 환경을 시야에서 지우고, 사건의 모든 요소를 인격화하려는 경향을 보인다. 이 도식에서 정의justice는 두 행위자 간의 부채관계를 청산하는 것으로 이해된다. 가해자는 피해자에게 보상하거나, 피해자의 고통에 상응하는 고통을 되돌려받는 방식으로 죗값을 치러야 한다. 그래서 정의 구현은 늘 복수극의 형식으로 실현된다. 폭력의 구조나 환경을 어떻게 바꿀지는 핵심 문제로 다뤄지지 않는다. 그것은 눈에 보이는 사람의 형태가 아닌 데다, 그 자체로 처벌이나 복수의 대상이 될 수 없기 때문이다. 가해자-피해자 도식은 오로지 복수극의 등장인물이 될 수 있는 인격적 요소만을 다룬다.

이 도식이 복수극을 다룬 드라마와 영화에만 등장하는 것은 아니다. 현실의 폭력 역시 그에 따라 처리된다. 학교폭력의 대응책은 폭력적 구조와 환경을 바꾸는 것이 아니라, '학폭 가해자가 되면 대학 못 간다'는 규칙을 세우는 것이다. 직장 내 괴롭힘이나 성폭력이 발생하면, 조직의 문제는 그대로 두고 가해자만 적당히 잘라낸다. 물론 이런 식의 제재는 그다지 효과적이지 못하고, 설사 가해자를 제대로 처벌했다고 해도 폭력적 구조는 그대로 남는다. 결국 폭력은 재생산되고 또 다른 사건이 뒤를 잇는다. 드라마와 영화에 나오는 '사이다 복수극'은 현실에 존재하지 않는다.

대규모 참사는 가해자 없이 피해자만 있는 사건이다. 피해자가 죽고 다친 원인은 자기 역할을 다하지 않은 책임자와 조직, 정상적으로 기능하지 못한 안전 시스템에 있지만, 이것들을 가해자로 규정하기는 어렵다. 이런 사건을 가해자-피해자 도식으로 접근하면 엉뚱한 결과가 초래된다. 누군가는 가해자가 없으니 피해자도 없다고 주장한다. 죽은 이들은 피해자가 아니라 운 없이 사고를 당한 개인들일 뿐이라는 것이다. 다른 누군가는 자기 책임을 다하지 못한 안전 담당자들을 가해자의 자리에 세우고자 한다. 두 경우 모두 '가해자 없는 피해자'의 존재를 이해하지 못한다. 대규모 참사의 핵심은 구조, 시스템, 환경 같은 비인격적 실체 때문에 죽음의 위험이 발생한다는 사실에 있다. 담당자의 과실은 단순히 인간 개인의 잘못이 아니라, 안전 시스템의 구성 요소가 제대로 작동하지 않은 결과다. 가해자-피해자 도식은 참사에 대한 정확한 이해를 방해한다.

놀랍게도 한국은 한일관계 역시 이러한 도식으로 접근해왔다. 독일과 일본의 차이는 단순히 진심 어린 사과와 배상을 했는지 아닌지에 있지 않다. 전후 유럽의 문제는 가해국과 피해국의 관계를 재설정하는 것이 아니라, 독일의 탈나치화denazification를 실현하고 파시즘과 결별한 새로운 유럽 질서를 수립하는 것이었다. 전쟁범죄 가해자에 대한 처벌, 피해자에 사과와 배상은 이러한 질서를 위한 중간 단계일 뿐이다. 일본의 문제는 단순히 과거사를 반성하지 않는다는 것이 아니라, 파시즘 및 제국주의와 결정적으로 결별하지 않았다는 점에 있다. 한국은 어떻게 반파시즘적·반제국주의적·평화적 동아시아 질서를 수립할 것인지에는 별 관심이 없고, 가해국과 피해국의 상호관계에만 집중한다. 반성, 사죄, 배상은 일본에 요구해야 할 최소치다. 최대치의 요구를 위해서는 가해자-피해자 도식에서 벗어나 객관적 국제 질서를 사고해야 한다.

공동체의 실종

누군가는 이 글을 읽으며 '가해자에게 면죄부를 주자는 것이냐'고 반문할지 모른다. 실제로 가해자 입장에서는 이 글이 반가울 것이다. 자신에 대한 증오와 공격을 분산시킬 수 있기 때문이다. 하지만 가해자가 어떻게 생각하든 상관없이 중요한 것은 공동체가 폭력의 문제를 해결하는 방법을 찾는 일이다.

가해자-피해자 도식에 갇힌 사람의 눈에는 오로지 행위자들만 보인다. 폭력을 용인하는 구조와 환경을 보지 못할 뿐 아니라, 사건 처리를 위한 제도와 공동체의 역할도 생각할 수 없다. 그래서 폭력적 사건이 발생하면, 모든 문제를 가해자 진영과 피해자 진영의 대결로 몰고 간다. 이 싸움의 결과에 따라 가해자는 처벌을 받거나 받지 않을 수 있고, 가해자와 피해자가 뒤바뀌기도 한다. 피해자 진영이 가해자 진영을 압도하는 예외적인 상황에서만 강력한 처벌이 가능하다. 이것이 실제로 학교폭력이 다뤄지는 방식 아닌가? 유명인이 학교폭력 가해자라는 것이 밝혀져 대중의 분노가 터져 나오는 상황이 아니라면, 가해자에게 반성과 사죄를 요구할 다른 방법이 있는가?

인간을 향한 폭력은 공동체의 규범을 위반한 것이므로 모든 시민이 관심을 가지고 개입할 의무가 있다. 가해자-피해자 도식에는 이러한 공동체의 차원이 존재하지 않는다. 제삼자는 공동체의 시민이 아니라 관전자의 입장에서 피해자를 지지하고 가해자를 비난할 뿐이다. 이러한 도식은 가해자에게 불리하고 피해자에게 유리한 것처럼 보이지만, 실제로는 피해자의 침묵을 요구하는 강력한 메커니즘으로 작동한다. 자신을 지지해줄 제삼자가 확보되지 않는 경우, 피해자가 피해 사실 자체를 폭로하기 어렵기 때문이다. 더구나 그 지지자들은 변덕이 매우 심해서, 상황이 조금만 달라져도 공격의 화살을 피해자에게 돌린다. 이것이 지금 한국의 성폭력 피해자들이 처한 상황 아닌가?

인간이 인간에게 폭력을 행사하고, 국가기구가 시민의 안전을 보장하지 못하며, 국가폭력의 피해자가 정당한 사죄와 배상을 받지 못하는 상황은 가해자의 죗값으로 해결되지 않는다. 행위자들이 놓여 있는 구조와 환경을 문제 삼고 객관적 규범에 따라 폭력을 다루지 않는 한, 그 죗값을 받는 것조차 불가능하다.

부채감으로
유지되는 사회

한국사회에서 통용되는 정의의 첫 번째 의미는 '가해자의 죗값을 받아내는 것'이다. 이 과정은 가해자-피해자 도식과 복수극의 형식을 따라 실현된다. 여기에는 '피해자를 위한 정의'를 주장하는 제삼자가 개입하는데, 이들을 움직이는 힘은 부채감이다.

앞서서 가나니 산 자여 따르라

부채감은 말 그대로 '내가 타인에게 빚지고 있다'는 감정이고, 이는 타인에게 무엇인가를 주어야 한다는 의무감으로 이어진다. 부채감은 인간의 의식을 지배하는 가장 원초적이고 일반적인 감정 중 하나지만, 그 형태는 문화권마다 다르다. 예컨대 한국의 부모-자식 관계는 늘 눈물을 동반할 정도로 절절한데, 이들은 끊임없이 서로에게 미안해한다. 미안함은 부채감의 일종이다. 이들의 사랑은 부채감으로 유지되고, 서로에 대한 의무 역시 부채감에서 나온다. 이러한 의무는 책임감이 부과하는 의무와 미묘하게 다르다. 책임은 상호 간의 약속에 기초한 제한된 의무를 부과하는 반면, 부채감에서 나오는 의무에는 제한이 없다. 한국의 가족은 서로에게 한없이 주어야 한다는 의무감에 사로잡혀 있고, 이는 한없이 받아야 한다는 감정과 쌍을 이룬다. 이런 식의 사랑은 종종 불행과 고통으로 이어진다.

죽은 자와 피해자에 대한 강력한 부채감은 한국사회의 독특성 중 하나다. 대학에 입학하고 얼마 지나지 않아 집회 발언을 한 적이 있다. 대략 '우리가 누리고 있는 자유는 선배 투사들의 피와 땀 덕분이니 우리 역시 치열하게 싸워야 한다'는 내용이었던 것 같다. 당시 선배들은 새내기답지 않은 진지한 발언이라고 칭찬해주었지만, 지금 생각해보면 말이 안 되는 소리다. 저런 논리라면, 우리가 누리는 자유와 풍요는 앞선 물리학자들의 노고 덕분이니 우리 모두 열심히 물리학을 공부해야 한다고 말하는 것도 가능하다. 앞선 세대의 희생이 현세대에게 의무를 부과한다는 믿음은 많은 사람이 공유하지만 결코 합리적이지는 않다. 죽

은 자의 의지를 어떻게 해석할지, 산 자에게 어떤 의무를
부과할지는 갖다 붙이기 나름이다.

　어쨌든 이러한 부채감이 한국 현대사를 이끌어온 가
장 강력한 동력임은 분명하다. 한국의 민주화운동은 기본
적으로 '열사 투쟁'의 형식으로 전진해왔다. 1980년대 한국
의 반독재 투사들은 민주주의와 자유에 대한 갈망보다는
5·18에 대한 부채감에서 태어났다. 프랑스혁명은 삼색기를
든 마리안이 이끌고, 한국의 민주화 투쟁은 먼저 간 열사
의 유언이 이끈다. 세상 어디에서나 민주주의의 발전은 시
민의 저항과 희생을 요구하고, 희생은 살아 있는 자에게 부
채감을 남긴다. 하지만 희생자의 한恨을 풀어주는 것이 사
회운동의 목표가 되는 곳은 드물다. 근대 민주주의는 어디
서나 '민주주의는 피를 먹고 자란다'는 숙명을 가지고 있지
만, 이러한 숙명이 '앞서서 가나니 산 자여 따르라'는 절대
적 명령을 부과하는 것은 분명 한국적 현상이다.

　죽은 자의 정신을 좇는 정치, 부채감에 의존하는 정
치는 이념과 가치에 기초한 정치와 전혀 다른 역사를 만든
다. 최근 십 년간의 한국 정치를 돌아보자. 노인 세대의 상
당수가 '흉탄에 스러져간 박정희, 육영수'에 대한 부채감으
로 박근혜를 지지했다. 이른바 '검찰개혁'이라는 집단적 요
구가 태어난 배경에는 노무현의 죽음에 대한 대중의 부채
감이 있다. 정의당을 공격하는 사람들이 노회찬의 이름을

소환하는 것은 정의당 지지자의 부채감을 악용하기 위해서다. 조국 가족을 방어하려는 대중의 집단적 의지도 이른바 '지못미'에서 비롯한다. 미안함의 대상은 제각각이고 그런 집단적 감정이 형성되는 맥락과 기원도 다양하지만, 모두 부채관계를 전제한다는 점에서는 차이가 없다. 한국사회와 정치를 움직이는 거대한 감정의 덩어리 중 가장 강력한 것들은 대부분 부채감과 결합되어 있다.

지켜주지 못한 미안함

한국에서 대규모 참사나 사회적 폭력이 발생하면 가장 먼저 가해자와 피해자가 나뉘고, 곧바로 가해자에게 죗값을 받기 위한 복수극이 시작된다. 이 복수극의 주인공은 가해자와 피해자만이 아니다. 세월호 참사를 목격한 제삼자들은 지켜주지 못한 미안함을 공유한다. 이는 피해자에 대한 부채감의 일종이다. 기억하겠다는 약속의 반복은 그러한 미안함을 잊지 않겠다는 다짐, 자신과 피해자의 부채관계를 청산하지 않겠다는 다짐이다. 이러한 부채관계는 가해자를 통해 매개된다. 제삼자가 피해자에게 줄 수 있는 최선은 가해자의 죗값을 받아주는 것이기 때문이다. 그래서 미안함을 공유하는 제삼자들은 가해자를 지목하고, 그를 처벌하기 위해 거대한 집단 의지를 형성한다. 이런 식으로 정의에 대한 대중의 요구는 거의 예외 없이 '진상규명 책임자 처벌'로 수렴한다.

피해자와 제삼자의 부채관계는 시민과 시민 사이의 관계가 아니다. 시민적 연대는 '당신이 자유롭지 못하면 나 역시 자유로울 수 없다'는 자유와 평등의 원리에 기초한다. 시민의 공동체에서 제삼자는 지켜주지 못한 미안함이 아니라, 시민적 의무에 따라 피해자와 연대한다. 시민의 안전과 권리를 보장하는 것이 공동체의 존재 이유이고, 그러한 공동체를 유지하는 것이 모든 시민의 의무이기 때문이다.

한국사회는 공동체-시민 관계가 아니라, 가해자-피해자-제삼자의 연쇄적 부채관계를 통해 피해자를 보호하려 한다. 이런 식의 보호는 전적으로 제삼자의 부채감에 의존한다. 부채감은 때때로 상상을 초월한 힘을 발휘하지만, 때로는 허망한 흔적으로만 남는다. 지금 세월호 참사에 대한 일반적 감정은 '박근혜 탄핵으로 우리는 할 일을 다했다'는 정도 아닌가? 가해자로 지목된 사람이 아무리 강력한 처벌을 받는다 하더라도 피해자가 잃은 것을 온전히 되찾을 수는 없다. 죗값을 완전히 치르기란 불가능하다. 그에 비해 제삼자의 부채감은 상대적으로 가볍다. 피해자가 어떤 상태에 있든 가해자가 이미 강력한 처벌을 받았거나 더 이상의 처벌이 불가능한 상태가 되면, 지켜주지 못한 미안함도

흐릿해진다. 결국, 피해자가 보호받을 수 있는 것은 가해자 처벌을 위한 싸움이 치열하게 전개되는 기간뿐이다.

부채감에서 삶의 동력을 찾는 개인이 행복하기란 어렵다. 마찬가지로 부채감에서 변화의 동력을 찾는 사회와 정치가 건강한 상태를 유지하기란 어렵다. 한국의 민주화와 정의를 실현헤온 힘은 부채감에서 나왔지만, 이제 그 결과물이 과연 온전한 민주주의와 정의인지 반성해볼 필요가 있다. 세월호 참사 이후 고통스럽고 혼란한 9년이 흘렀다. 하지만 지금 한국은 무기력한 평온함에 도달한 것처럼 보인다. 지금이야말로 정치와 사회의 급진적 변화를 기획해야 할 때가 아닐까.

신상 공개라는
공적 복수 제도의 탄생

유튜브에서 볼 수 있는 흥미로운 경향이 하나 있다. 다양한 드라마와 영화를 소개하면서 '○○(이)라고 무시당하던 주인공이 ○○을/를 참교육하는 이야기'라는 식의 제목을 붙이는 것이다. 한국인이 생각하는 정의란 무엇인지, 어떤 서사 구조에서 쾌감을 얻는지, 사회관계를 바라보는 기본 관점은 무엇인지가 이 문장 하나에 고스란히 담겨 있다. 이런 경향은 국가 제도와 법률에 대한 극단적 불신, 정의는 복수극의 형식을 통해서만 실현될 수 있다는 믿음에 기초한다.

그런데 '참교육'이라는 말을 이른바 '사적 복수'에 대한 열광으로만 해석할 수는 없다. 저런 믿음에 기초한 일종의 공적 규율 체계가 이미 작동하고 있기 때문이다. 그 체계의 핵심에 신상 공개가 있다. 가해자, 범죄자 또는 '빌런'이라 생각되는 이의 신상을 온라인에 공개하고, 집단적 공격을 조직하는 행위는 정의를 실현하는 가장 효과적인 방식으로 인정된다. 실제로 많은 한국인이 법적 처벌보다 신상 공개를 더 두려워하지 않는가? 신상 공개는 단순한 사적 복수가 아니라, 공적 공간에서 실행되는 사회적 처벌과 제재의 한 가지 방식으로 자리 잡았다.

중대범죄신상공개법과 알 권리

신상 공개의 기능을 분명히 보여주는 사례가 최근에 시행된 〈중대범죄신상공개법〉이다. 이 법의 목적은 "국가, 사회, 개인에게 중대한 해악을 끼치는 특정중대범죄 사건에 대하여 수사 및 재판 단계에서 피의자 또는 피고인의 신상 정보 공개에 대한 대상과 절차 등을 규정함으로써 국민의 알권리를 보장하고 범죄를 예방하여 안전한 사회를 구현하는" 데 있다. 문제는 유무죄가 확정되지 않은 피의자나 피고인에게 신상 공개라는 처벌적 조치를 가한다는 점이다. 이런 이유로 위헌적이라는 비판을 받기도 하지만, 이 법이 드러내는 쟁점은 그보다 복잡하다.

먼저 법의 목적으로 제시된 '국민의 알 권리'라는 개념을 살펴보자. 이것은 정확히 무엇을 알 권리인가? 몇 가지 사례를 생각해보자. 내가 내 자신의 개인정보를 알 권리는 당연히 보장된다. 장관 임명자의 과거 행적이나 국가기관의 의사결정 등을 알 권리는 헌법이 보장하는 정치적 권리의 일부다. 반면 타인의 개인 정보, 연예인의 사생활, 타 기업의 내부 정보 등을 알 권리는 없다. 명확히 판단하기 어려운 경우도 있지만, 중요한 것은 어떤 경우에도 목적어 없는 알 권리는 무의미하다는 사실이다. 하지만 놀랍게도 알 권리의 목적어를 진지하게 고려하는 경우가 드물다.

그렇다면 〈중대범죄신상공개법〉이 말하는 '국민의 알 권리'의 목적어는 무엇인가? 중대범죄 피의자와 피고인의 신상 정보일 것이다. 그런데 시민으로서 그 정보를 알 권리가 나에게 있다면, 왜 그것의 공개 여부를 법원도 아닌 수사기관이 판단하는가? 권리를 가진 시민의 요구와 상관없이, 어떻게 수사기관 마음대로 신상 공개를 할 경우와 아닌 경우를 결정할 수 있는가? '국민의 알 권리'란 사실상 수사기관의 권한 강화를 보기 좋게 포장하기 위한 미사여구 아닌가?

이 법을 미국의 머그샷 공개와 비슷한 것으로 소개하는 경우가 많은데, 이 둘은 전혀 다른 원리에 기초한 제도다. 미국은 수사 대상이 된 모든 사람의 신상을 공공 정보로 취급한다. 따라서 그에 대한 시민의 알 권리가 당연히 인정된다. 굳이 이런 제도가 필요할까 싶지만, 어쨌든 여기에는 범죄의 종류와 심각성, 유무죄에 대한 판단이 개입하지 않는다. 머그샷 공개 자체는 처벌적 조치가 아니고, 사회적 낙인 효과도 제한적이다. 그래서 정치인과 유명인의 머그샷이 인터넷 밈으로 돌아다닌다.

이와 달리 〈중대범죄신상공개법〉은 신상 공개를 할 수 있는 중대범죄의 종류를 규정하고, 공개 권한을 수사기관에 부여한다. 이 법의 핵심은 선택적 정보 공개를 통한 사회적 유죄 선언에 있다. 신상 공개의 실제 의미는 이런 것이다. '법원은 아직 유무죄를 판단하지 않았지만, 우리 수사기관은 이 사람을 유죄로 판단하므로, 신상을 공개해 심각한 범죄자로 선언하겠다.' 이는 무죄 추정의 원칙을 무시하는 것 아닌가? 사실 이 법의 목적은 한국사회의 특징을 악용하는 데 있다. 신상 공개가 사회적 처벌과 집단적 분노를 조직하는 수단으로 기능하는 상황에서, 국가권력이 그 수단을 적극적으로 활용하겠다는 것이다.

무죄 추정의 원칙

여기서 무죄 추정의 원칙이 무엇인지 재확인할 필요가 있는데, 이 원칙을 올바르게 말하는 경우가 드물기 때문이다. 누군가는 가해자를 방어하고, 피해자에게 침묵을 요구하는 수단으로 이 원칙을 사용한다. 하지만 모든 시민은 법적 또는 도덕적 기준에 따라 타인의 행동을 판단할 수 있고, 유무죄를 주장할 수도 있다. 무죄 판결을 받은 사람의 유죄를 주장하며, 재판 결과를 비판하는 것도 가능하다. 경우에 따라 언론이 피의자나 피고인의 신상을 공개할 수도 있을 것이다. 다만 어떤 경우에도 타인의 존엄성과 권리를 침해해서는 안 된다(물론 그 존엄성과 권리의 구체적 내용을 정의하는 일은 복잡한 작업을 필요로 한다).

그렇지만 국가기관은 재판에서 유무죄가 확정되지 않은 사람을 범죄자로 취급하거나 처벌할 수 없다. 〈중대범죄신상공개법〉은 이런 원칙을 무시하고, 피의자와 피고인에 대한 처벌적 조치를 허용한다. 흥미로운 점은 그것이 국가 제도에 의한 처벌이 아니라, 대중의 집단감정을 이용한 사회적 처벌이라는 사실이다. 이제 수사기관은 이 법에 따라 비국가적 처벌을 유도할 수 있고, 이는 여론 관리를 위한 매우 효과적인 수단을 제공한다. 이것이 '국민의 알 권리'라는 말의 실제 의미다. 즉 대중의 집단적 분노를 적절히 달래주면서, 그 분노를 필요한 곳에 활용하겠다는 것이다.

처벌을 복수의 형식으로 이해하는 경향이 갈수록 강화되고 있다. 처벌에 대한 공포감을 통해 범죄를 예방한다거나, 죄지은 자를 도덕적 주체로 교정하기 위한 수단이 처벌이라는 식의 발상은 사라지고, 강력한 처벌을 통해 죗값을 충분히 받아내야 한다는 생각만 남는 것이다. 그래서 끔찍한 범죄가 발생하면 '사형시켜라'라는 댓글이 넘쳐나지만, 강력한 처벌이 범죄 예방에 실질적 효과가 있는지 진지하게 묻는 사람은 드물다. 상당수가 자신의 분노를 가라앉혀줄 강력한 복수를 실행하는 것에만 집착한다. 놀라운 것은 한국의 국가권력이 안전과 정의를 보장할 국가 체계를 강화하는 대신, 복수의 논리를 국가 운영의 기술로 흡수하고 있다는 사실이다. 그 결과가 〈중대범죄신상공개법〉이라는 공적 복수 제도의 탄생이다.

양적 교환이
지배하는 사회

결혼 축의금에 관한 사연이 SNS에 종종 보인다. 그중 대부분이 '축의금 3만 원 한 친구와 손절해야 할까요?' 따위의 내용이다. 액수에 대한 고민은 축의금의 역사만큼 오래된 것이지만, 최근의 분위기는 과거와 미묘하게 다르다. 축의금을 일종의 현금 교환으로 이해하는 경향이 더욱 강해지고 있다.

도움과 은혜

축의금이나 부조금의 기본 성격은 '돕는다'는 데 있다. 도움은 양적 교환이 아니다. 내가 같은 양의 대가를 돌려받을 생각으로 상대방을 돕는다면 애초에 도움이라고 말할 수 없다. 물론 그가 내게 무언가를 돌려줄 수도 있겠지만, 내가 주었던 도움과 그가 돌려주는 것의 가치가 동일할 수는 없다. 정확히 말하자면, 도움을 '돌려받는다'는 것 자체가 말이 안 된다. 만일 그가 은혜를 갚기 위해 나를 도와준다면, 이는 받았던 도움을 돌려주는 것이 아니라 내게 새로운 도움을 주는 것이다.

도움이나 은혜는 한쪽이 다른 한쪽에게 일방적으로 주는 것이고, 이는 사라지지 않는 부채관계를 남긴다. 이런 의미에서 '은혜를 갚는다'는 행위는 빌린 돈을 갚는 것과 근원적으로 다르다. 금전적 부채관계는 돈을 갚으면 완전히 청산되지만, 은인에게 보답한다고 해서 받았던 은혜가 사라지지는 않는다. 은혜를 갚는 것은 부채관계를 청산하기 위해서가 아니라 새로운 부채관계를 만들기 위해서, 즉 은인의 은인이 되기 위해서다. 이런 식으로 은혜를 주고받으며 청산 불가능한 부채관계를 축적하는 것이 사회관계를 재생산하는 가장 원초적인 방식이다. 축의금을 비롯한 전통적 상호부조도 이런 방식으로 작동한다.

tvN 드라마 〈나의 아저씨〉 마지막 화에서 주인공 '이지안'(이지은)은 할머니의 장례식을 준비해준 '박동훈'(이선균)의 친구들에게 "꼭 갚을게요"라고 말한다. 그러자 옆에 있던 친구가 "뭘 갚아요, 인생 그 렇게 깔끔하게 사는 거 아니에요"라고 타박한다. 이게 도움과 은혜의 논리다. "인생 깔끔하게 사는 것", 즉 갚지 못할 것을 갚으려고 하는 시도는 오히려 관계를 단절하겠다는 선언이다. 갚아야 할 것이 계속 남아 있어야 참된 인간관계가 유지된다. 〈응답하라 1988〉이 묘사하는 과거는 순수한 도움의 논리에 따라 작동하는 이상적 공간이다. 첫 번째 화에 등장한 쌍문동 가족들의 반찬 나눔을 보자. 이는 물물교환이 아니라 끝없는 부채 관계의 재생산이고, 결국 반찬의 무한 순환에 이르게 된다. 드라마가 보여주려는 인간관계의 기본 성격이 이 장면에 고스란히 압축되어 있다.

물론 양적 교환과 완전히 분리된 도움과 은혜는 현실에 존재하기 어렵다. 도움을 주면서 대가를 전혀 생각하지 않는 사람이 얼마나 되겠는가? 흔히 부모는 대가 없는 사랑을 준다고 말하지만, 현실의 많은 부모가 자식에게 보상을 기대한다. 그래서 자식의 인생에 개입하기도 하고, 물질적 보상을 요구하는 경우도 있다. 현실의 사회관계는 다음의 두 가지 극단 사이 어딘가에서 형성되는 것처럼 보인다. 첫째는 대가 없는 순수한 도움이고, 둘째는 대가와 보상의 논리를 철저하게 따르는 양적 교환의 관계다.

인간관계를 양적으로 환산할 수 있는가?

법과 계약에 기초한 권리-의무 관계는 현대사회의 기본 형식과 조건을 규정하지만, 삶의 모든 영역을 직접 지배하지는 않는다. 우리의 일상을 채우는 것은 대부분 도움, 은혜, 호의, 친절 같은 비계약적 부채관계들이고, 이는 분명한 명시적 규칙이 아니라 느슨한 사회문화적 관습을 따른다. 가족, 친구, 연인, 직장, 공적 장소 등, 영역과 공간에 따라 다양한 관습이 적용되고, 사람과 시기에 따라 관습을 이해하는 방식도 달라진다. 일상적 관계에서 발생하는 갈등 대부분이 이런 느슨함에서 발생하지 않는가? 특히 나와 상대방이 관계를 다르게 이해할 때, 그래서 상대에게 기대한 것을 돌려받지 못할 때 관계는 절망의 장소가 된다.

아무리 느슨하다고 해도 관습적 규칙은 존재하고, 시기에 따라 특정한 경향이 나타나기도 한다. 최근 한국사회는 앞서 말한 두 가지 극단 중 양적 교환의 관계에 급격히 가까워지고 있다. 관계의 가치를 양적으로 평가하고, 주고받는 것이 공평해야 한다고 믿는 것이다. 2부의 〈공정과 능력주의는 고립된 수험생의 세계에서 태어난다〉에서 다룬 노력과 공정에 대한 집착, 복수극을 향한 열광, 나의 불편을 결코 용납하지 않겠다는 태도 등이 구체적 사례다. 공정이란 시험 점수에 대응하는 양적 보상을 받아야 한다는 원칙이고, 복수는 죄와 죗값을 등가교환하려는 시도다. '내가 준 것만큼 돌려받아야 한다', '내가 노력한 만큼 보상받아야 한다', '내가 잃은 만큼 상대방도 잃어야 한다', '나만 손해 보는 일은 용납할 수 없다' 따위가 지금의 사회를 지배하는 논리 아닌가?

결혼식 축의금을 둘러싼 갈등에는 '내가 네 결혼식에 얼마를 냈으니 너도 비슷한 수준을 내야 한다', '결혼식에 와서 얼마짜리 식사를 했으니 축의금도 그 정도는 내야 한다' 따위의 생각이 개입되어 있다. 그런데 축의금은 애초에 전통적 가족 제도와 상부상조에 기초를 둔 관행이고, 이는 양적 교환이 아니라 대가 없는 도움의 논리를 상정한다. 축의금을 교환의 논리에 따라 주고받을 거라면, 차라리 결혼식 곗돈이나 제도화된 공동 기금을 만드는 편이 낫다. 도움의 논리에 따라 발명된 관행에 교환의 논리가 개입하게 되면 유치하고 민망한 갈등이 종종 발생한다. 물론 이런 상황의 원인 중 하나는 결혼식 자체의 상품화에 있을 것이다.

양적 교환과 대가 없는 도움은 사회관계의 여러 유형 중 일부이고, 이 두 가지가 복잡하게 중첩되어 현실의 관계를 구성한다. 순수한 도움의 논리만 따르는 인간은 복고 드라마 속에나 존재할 수 있다. 따라서 두 가지 유형 중 어느 쪽이 더 좋다 나쁘다 평가할 수는 없다. 문제는 양적 교환이 모든 사회관계를 집어삼킬 때 발생한다. 지금 한국사회를 움직이는 것은 가장 단순하고 파괴적인 규칙, 즉 모든 관계를 양적 교환으로 환원하라는 규칙이다. 하지만 이런 규칙에 따라 사회를 안정적으로 운영하는 것은 불가능하다. 사회관계란 기본적으로 질적인 것, 양적 가치로 온전히 환산할 수 없는 것이기 때문이다. 내가 타인에게 준 것과 그에게 받은 것은 질적으로 다르다. 관습적 규칙의 존재 이유 중 하나가 이러한 질적 비대칭성을 적절히 관리하는 데 있다. 양적 교환의 규칙은 비대칭성을 인정하지 않고, 관리하지도 못한다. 그래서 축의금에 관한 공통된 기준도 만들 수 없다. 우리가 경험하는 일상적 사회 갈등의 원인 중 하나가 바로 여기에 있다. 내가 주는 것과 받는 것이 같을 수 없다는 사실을 인정하지 않는다면, 인간과 인간의 관계 자체를 유지하기 힘들다.

뉴라이트의 헛소리가
가능한 이유

얼마 전 윤석열 대통령의 광복절 축사가 거센 분노를 불러일으켰다.* 뉴라이트 인사들은 계속 어처구니없는 소리를 늘어놓는다. 왜 이런 일이 반복되는 걸까.

광복절의 의미

광복절을 다시 생각해보자. 이날은 한국만의 기념일이 아니다. 여러 나라가 독일과 일본이 항복한 1945년 5월 8일과 8월 15일을 기념한다. 기념일의 명칭은 다양하지만

---

* 2024년 8월 15일 광복절 경축사에서 윤석열은 일본 침략에 관해 아무런 언급도 하지 않았다.

대부분 전쟁 승리와 해방의 의미를 담고 있다.

기념일은 역사적 사건을 지시하는 숫자의 조합이 아니라, 후세에 전하는 일종의 메시지다. 5월 8일과 8월 15일은 어떤 메시지를 남기는가? 역사에 대한 해석은 사람마다 다르지만, 거의 모두가 합의하는 한 가지 메시지가 있다. 반파시즘, 즉 파시즘의 존재 자체를 불가능하게 만들어야 한다는 절대적 원칙이다. 두 기념일이 지시하는 일차적 사실은 '우리 연합군이 독일과 일본에 승리했다'는 것이고, 이는 미래 세대를 향해 '전 세계적 반파시즘 연대가 앞으로도 계속 파시스트에게 승리를 거두어야 한다'를 요구한다.

한국의 광복절이 전달하는 메시지는 무엇인가? '일본에 맞서 계속 저항하고 싸워야 한다'는 아닐 것이다. 만일 그렇다면 한국인은 8월 15일마다 일본에 대한 전의를 불태워야 할 테니 말이다. 그렇다면 무엇이 메시지일까? 일본의 지배가 끝났다는 일차적 사실을 제외하면, 광복절의 합의된 의미가 있는지 불분명하다. 현세대는 그 기념일을 통해 후세에 정확히 무엇을 이야기해주려는 것인가? 식민지 조선이 당했던 고통을 잊지 말라는 것인가? 그렇다면 고통의 역사를 기억함으로써 미래에는 무엇을 해야 하는가?

광복절에 관한 공통의 해석과 개념이 부재한 이유 중 하나는 친일 세력을 온전히 제거하지 못했다는 사실에 있을 것이다. 그러나 거꾸로 말할 수도 있다. 공통의 해석과 개념이 없어서 그들을 청산할 수 없다고 말이다. 대안적 논리, 이념, 이론, 역사 해석 없이 권력 집단에 저항하는 것은 불가능하다. 이것이 뉴라이트가 계속 헛소리를 늘어놓을 수 있는 이유 아닌가? 지금 이들에 맞설 명확한 담론 체계를 가진 세력이 과연 존재하는가? 한국에서 식민지 역사를 말한다는 것은 기억의 문제로 축소되고, 이 문제는 '일본 싫어하기'와 '독립운동가에게 감사하기' 정도의 수준으로 다뤄지고 있지 않은가?

광복절의 메시지를 분명히 하려면 '무엇에 반대해야 하는가?'라는 질문이 필요하다. 8월 15일이라는 역사적 사건에 접근하는 방법은 여러 가지가 있겠지만, 어떤 경우에도 파시즘, 제국주의, 식민주의 반대라는 보편 원칙을 생략할 수는 없다. 식민지 조선이야말로 이 세 가지 역사적 '악惡'의 최대 피해자가 아니었던가. 일본은 앞으로 적대국이 될 수도, 동맹국이 될 수도 있겠지만, 저 세 가지는 어떤 경우에도 허용될 수 없다. 그러나 일본은 물론 한국조차 저 원칙을 자기 것으로 명확히 수용한 적이 없다. 그 이유 중 하나는 20세기 역사에서 사회주의 독립운동을 배제하려 했던 시도와 관련이 있을 것이다. 그 결과가 '반일 대 친일'이라는 잘못된 대립 구도다.

조금만 생각해보면 '일본 반대'가 꽤 이상한 발상임을 알 수 있다. 한 나라를 반대한다는 건 정확히 무엇을 반대한다는 말인가? 그 나라 사람을 반대하는 것인가, 국가권력을 반대하는 것인가? 반대의 의미는 관계 단절인가, 상대방의 제거인가? 애초에 식민지 조선의 투사들이 반대했던 것은 일본이 아니라 일본 제국주의였다는 점을 기억하자. 반대의 대상이 명확하지 않으면, 무의미한 말만 돌고 돌 뿐이다. 그래서 어떤 이들은 광복절을 '일본과 관련된 것들을 싫어해야 하는 날'쯤으로 이해한다.

한일 관계의 쟁점이 계속 '과거사 반성'으로 수렴되는 것도 반대의 대상이 불분명하기 때문이다. 전후 독일이 일본과 구별되는 지점은 단순히 '진심 어린 과거사 반성'에 있지 않다. 독일은 파시즘과 단절한 새로운 독일을 건설하기 위해 내부 투쟁을 멈추지 않았던 반면, 현재의 일본은 제국주의 일본과 단절하지 않은 채 여전히 연속성을 유지하고 있다. 과거사에 대한 현재 일본의 태도는 그런 연속성의 효과 중 하나일 뿐이다. 지금 한국이 제국주의, 침략 전쟁, 국가폭력과의 단절을 동아시아 국제 질서의 원칙으로 선언한다고 상상해보자. 한일 관계는 전혀 새로운 차원에서 논의될 수 있을 것이다.

친일파와 뉴라이트

반대의 대상이 모호한 문제는 친일파에 대한 태도에서도 드러난다. 친일파는 왜 비난받아야 하는가? 한국에서 그들은 무엇보다 '민족의 배신자'로 규정된다. 인류 보편의 윤리적 원칙을 저버린 자가 아니라 '우리 등에 칼을 꽂은 자'로 이해되는 것이다. 그런데 배신자는 상대적인 낙인일 뿐 정작 본인에게는 별 타격이 없다. 그가 식민 지배자를 '우리 편'으로 삼고, 과거에 '우리 편'이었던 것을 착취해야 할 타자로 취급하기 때문이다. 더구나 그가 여전히 권력을 쥐고 있다면 '친일파'는 기껏해야 모욕적 언어의 기능을 할 뿐이다.

친일파가 악인인 것은 '우리 민족을 배신'했기 때문이 아니라, 파시즘, 제국주의, 식민주의, 침략 전쟁, 국가폭력의 현지 실행자였기 때문이다. 바로 이 점에서 그들은 조선인뿐 아니라 인류 공통의 적이었다. 뉴라이트의 존재를 허용하지 말아야 하는 핵심 이유는 그들이 친일을 옹호한다는 사실보다, 헌법이 추구하는 민주주의의 가치를 부정하고 폭력, 파괴, 전쟁, 착취의 역사를 긍정한다는 점에 있다.

'반일 대 친일'은 뉴라이트를 공격하기에 너무나 어설픈 구도다. 이 구도는 절대적·보편적 원칙을 제거한 채 모든 문제를 우리와 상대방의 관계로 축소한다. 이른바 건국 시점에 관한 논쟁이 끊이지 않고 있는데, 이런 논쟁이 발생한다는 사실 자체가 뉴라이트의 이념적 우세를 증명한다. 그들은 식민주의와 제국주의에 맞선 저항의 역사를 삭제하고, 모든 논의를 국가 체제 수립의 문제로 환원한다. 그들이 말하는 건국은 그 자체로 반민주주의적인 관념이다. 이러한 극단적인 국가중심주의에 맞서려면, 국가가 아니라 민주주의의 보편적 가치, 그리고 이 가치를 실현하려 노력했던 인류의 저항에 근거해야 한다. '1948년 건국'에 맞서 '1919년 건국'을 주장하는 것은 타당하지도 않고, 전략적 효과도 없다.

결국 역사에 관한 헛소리를 차단하고 후세에 전할 메시지를 찾으려면 보편적 관점이 필요하다. 우리와 상대방이라는 양자 관계에서 벗어나 인류 보편의 관점에서 우리 자신의 특수한 역사를 바라보고, 거기서 다시 보편 원칙을 발견해낼 수 있어야 한다. 보편적 관점의 부재야말로 뉴라이트의 탄생과 성장의 최적 조건이다.

〈소년의 시간〉:
살인자의 이해를 이해하기

넷플릭스에서 공개된 영국 드라마 〈소년의 시간〉이 전 세계 시청자에게 충격을 주고 있다. 키어 스타머_{Keir Starmer} 영국 총리는 이 드라마를 학교의 공식 커리큘럼으로 사용하자는 토론을 조직하기도 했다. 온라인 여성혐오_{misogyny}가 청소년에게 미치는 영향을 어떻게 차단할 것인지는 여러 나라에서 심각하게 논의 중인 문제다. 이 시리즈는 넷플릭스 역대 시청 순위 5위에 오를 정도로 폭발적 반응을 만들어냈지만, 한국에서의 논의는 그다지 활발하지 않은 듯 보인다. 그러나 특히 한국의 시청자가 이 작품을 주의 깊게 보아야 할 몇 가지 이유가 있다. (스포일러가 무의미한 작품이지만, 그래도 혹시 걱정되는 독자가 있다면 아래 글을 읽기 전에 드라마를 먼저 시청하길 권한다.)

작품이 던지는 질문

〈소년의 시간〉은 원 테이크로 촬영된 네 개의 에피소드로 구성되어 있다.

1편은 열세 살 소년 '제이미'(오언 쿠퍼)가 집에서 체포되는 장면에서 시작해, 그가 '케이티'를 살인하는 장면이 담긴 CCTV 영상을 확인하는 것으로 끝난다. 흥미로운 것은 경찰서의 공간 구성이다. 제이미는 여러 장소를 이동하며 극히 복잡한 절차를 수행하는데, 모두 미성년자 피의자의 권리를 보호하면서 수사를 진행하기 위한 장치다. 이는 곧바로 병원 공간을 상기시킨다. 병원은 환자의 건강을 보호하기 위해, 수사기관은 피의자의 권리를 보호하기 위해 복잡한 통제와 감시 장치를 운영한다.

2편은 수사관의 시선을 따라 학교 현장을 보여주는데, 그곳은 괴롭힘과 조롱이 지배하는 난장판이다. 여기서 매노스피어manosphere나 인셀incel 같은 여성혐오적 하위문화가 10대의 집단 문화에 광범위한 영향을 미치고 있다는 사실이 드러난다.

3편이 최고의 에피소드라는 데 시청자 대부분이 동의할 것이다. 극 중 임상 심리학자가 여러 번 말하듯, 문제는 살인자의 이해를 이해하는 것이다. 하지만 이는 매우 고통스러운 과정이다. 3편의 마지막에 이르러 호흡 곤란을 겪는 것은 심리학자만이 아니다. 제이미는 사악하고, 순진하고, 폭력적이고, 연약하고, 위선적이며, 심리학자가 그의 앞에서 경험하는 공포, 혐오, 죄책감, 호기심, 적대감 등은 관객에게 그대로 전해진다.

4편은 제이미의 가족, 특히 아버지 '에디'(스티븐 그레이엄)의 남성성에 집중한다. 관객을 당혹스럽게 하는 것은 이들이 '좋은 가족'이라는 사실이다. 그들은 살인자의 가족이 져야 할 책임에서 도망치려 하지 않는다. 마지막 에피소드는 '가족에게 문제가 있었을 것'이라는 단순한 예상을 정면으로 부정한다.

이 작품의 등장인물과 관객 모두 같은 질문을 던진다. '평범한' 가정에서 자라, '평범한' 학교생활을 하던 열세 살짜리 남자아이가 어떻게 비슷한 또래의 여자아이를 그토록 잔인하게 살인할 수 있었는가? 제이미의 남성성이 문제라는 것, 매노스피어나 인셀이 살인에 결정적 영향을 미쳤다는 것은 분명하다. 하지만 이런 진단만으로는 상황을 충분히 이해할 수 없다. 제이미와 케이티 사이에 벌어졌던 일련의 사건이 보여주듯, 여성혐오는 10대의 문화 그 자체가 되었다. 더구나 괴롭힘이 일상화된 학교와 SNS, 그곳에서 아이들이 자신의 욕망과 의지를 실행하는 방식을 고려하면, 문제는 훨씬 복잡해진다. 아버지 에디가 여성을 대하는 태도와 분노를 조절하는 방식에서 보여주는 전형적 남성성도 고려해야 할 요인이다. 하지만 그가 사회의 '정상적' 범위를 벗어났다고 말하기는 어렵다. 그는 오히려 자신의 남성성을 어느 정도 자각하고 있으며, 그것이 제이미에게 나쁜 영향을 미치진 않았는지 자문한다. 네 편의 에피소드는 매우 정교하게 계산된 방식으로 모든 종류의 단순한 대답을 회피한다. 여기에 이 작품의 탁월함이 있다.

어떤 맥락에서 볼 것인가?

한국의 윤리적 상황에서 이 작품은 꽤 이질적으로 느껴질 수 있다. 무엇보다 피해자를 비추지 않고, 오로지 가해자와 주변 환경에만 시선을 집중하기 때문이다. 관객이 피해자에 관해 알 수 있는 것은 케이티라는 이름과 얼굴 사진 정도일 뿐, 자세한 정보는 거의 드러나지 않는다. 이런 종류의 사건에 접근하는 한국사회의 일반적인 방식, 즉 피해자를 기억하고 추모하는 것을 첫 번째 규칙으로 삼고, 가해자의 존재가 피해자의 존재를 은폐하지 못하도록 주의하는 방식과는 분명히 다르다.

한국에서 '가해자에게 서사를 부여하지 말라'는 요구가 윤리적 규칙처럼 통용되는 데는 나름의 이유가 있다. 무엇보다, 폭력 사건이 발생할 때마다 가해자의 편에서 피해자를 공격하는 흐름이 등장한다는 것을 상기해보라. 이런 조건에서 가해자에 대한 이해를 시도해봐야, 그를 지지하고 응원하기 위한 도구로 왜곡되기 십상이다. 하지만 분명한 건 가해자를 보지 않고 사건 전체를 이해하기는 불가능하다는 사실이다. 문제는 어떻게 공감이나 감정적 지지 없이 인간 대상을 이해할 것인지, 또한 그런 이해를 시도하기 위한 논의 공간을 어떻게 확보할 것인지다.

언젠가부터 가해자-피해자는 한국의 사회적 폭력을 다루는 유일한 인식틀로 작동하기 시작했다. 그것의 핵심은 대립하는 두 진영만 남기고 다른 모든 것을 삭제한다는 데 있다. 그 후에는 피해자의 편에서 가해자를 강력하게 처벌하는 것이 폭력에 대한 유일한 응답으로 남는다. 이런 구도 내에서 피해자 혹은 가해자를 이해한다는 것은 둘 중 하나에 공감하고 그의 편을 드는 것으로 간주된다. 이해의 다른 방식은 허용되지 않는다. 예컨대 지성을 이용해 인간 대상을 개념적으로 파악하는 것, 타인의 심리가 작동하는 메커니즘을 분석하는 것, 생각과 생각의 상호작용을 추적하는 것 등은 불가능하다. 인간 대상과 거리를 유지하면서도 그를 이해하기 위해 노력할 수 있다는 것 자체를 상상하기 어렵다.

〈소년의 시간〉은 가해자-피해자 도식에서 완전히 벗어나 '도대체 지금 무슨 일이 벌어지고 있는가?'라는 질문에 집중한다. 그래서 3편의 심리학자 같은 인물을 묘사할 수 있었다. 그는 사건의 진상을 밝히고, 악인을 처벌하고, 피해자를 보호하거나 위로하는 작업과 분리된 채 오로지 살인자의 이해를 이해하기 위해 노력한다. 이런 인물이 과연 한국 드라마에 등장할 수 있을까? 혹은 가해자의 이해를 이해하는 작업이 사회적 논의의 대상이 될 수 있을까? 그렇다고 답하기는 아무래도 어려울 것 같다. 지금 한국에서 이런 논의를 하기 어려운 이유는 무엇일까? 바로 이 질문이 중요하다. 가해자-피해자 관계의 외부를 사고할 수 없다는 점에 지금 우리가 고심해야 할 가장 중요한 윤리적 문제가 놓여 있다.

부채의 인류학과
복수의 문제

부채의 인류학

21세기에 출간된 가장 중요한 책을 한 권 꼽으라면, 나는 데이비드 그레이버의 《부채: 첫 5000년Debt: The First 5,000 Years》을 택하겠다. 이 책은 경제에 관한 통속적 믿음을 파괴하고, 인간 상호작용에 관한 완전히 새로운 지식과 접근법을 제공해준다. 앞의 글들에서 제기했던 복수와 가해자-피해자 도식의 문제를 본격적으로 다루기 위해, 책 초반부의 내용을 간단히 요약해보고자 한다.

흔히 상품과 화폐의 교환이 자본주의를 구성하는 가장 기본적인 경제관계라고 생각하지만, 그만큼 기본적인 것이 부채관계다. 편의점에서 신용카드를 긁는 행위부터 대출받아 집을 사는 것까지, 상품을 구매하는 것과 빚을 지는 것은 우리의 일상생활에서 자주 뒤얽힌다. 화폐에 관한 최근의 이론적 논쟁을 모른다고 해도, 누구나 자신의 일상에서 현대 자본주의가 부채의 거대한 순환이라는 사실을 확인할 수 있다. 부채는 순수한 경제관계로 이해되곤 하지만, 거기에는 항상 '빚은 반드시 갚아야 하는 것이다'라는 도덕 명령이 개입되어 있다. 이 명령은 인류 문명 초기부터 인간 상호작용의 기본 규칙이 되었으며, 지금은 최첨단 금융자본주의를 떠받치는 도덕적 토대로 작동하고 있다. 부채란 경제적 관계인 동시에 도덕적 관계라는 것이 그레이버의 출발점이다. 그는 부채의 인류학적·역사학적 기원을 추적하기 위해 경제의 역사 자체를 다시 쓴다.

부채가 다른 종류의 도덕적 의무와 구별되는 점은 무엇보다 돈의 문제라는 사실에 있다. 부채의 역사는 곧 화폐의 역사다. 애덤 스미스Adam Smith와 그의 계승자들은 화폐의 탄생을 다음과 같은 식으로 설명한다. 단순한 사회에서는 각자 생산한 물건을 서로 교환하는 방식으로 살아가다가, 사회가 좀 더 복잡해지면 서로 다른 물건의 가치를 비교하고 교환을 매개해주는 일반적 생산물(소금, 담배, 물고기 등)이 등장하고, 이것이 점차 화폐의 기능을 하게 된다는 것이다. 누구나 한 번쯤 들어봤을 법한 이야기지만, 그레이버는 이러한 '물물교환의 신화'를 비판한다. 인류 역사에서 그런 과정이 실제로 일어났다고 볼 만한 증거는 어디에도 없다는 것이다. 물물교환 경제의 존재 자체를 부정하기는 어렵지만, 주류 경제학자들이 교과서에서 묘사하는 순수하고 단순한 물물교환에서 화폐가 탄생했다는 설명은 이론적 픽션일 뿐이다.

인류학자들이 원주민 사회에서 실제로 발견한 교환 방식은 예컨대 이런 것에 가깝다. 감자를 재배하는 헨리와 신발을 만드는 조슈아가 이웃에 산다고 하자. 어느 날 헨리가 조슈아네 집에 갔다가 새로 만들어진 신발을 보고 '좋은 신발이군!'이라고 말한다. 이에 조슈아는 '대단한 건 아니지만 맘에 든다면 가져가게'라고 하며, 헨리에게 선물로 준다. 이때 헨리의 감자는 등장할 필요가 없다. 나중에 언젠가 조슈아의 감자가 부족하게 되면, 헨리가 선물로 줄 것을 두 사람 모두 알고 있기 때문이다.* 물론 이는 물물교환의 신화와 비교하기 위한 단순한 픽션일 뿐, 선물과 신용으로 운영되는 경제의 실제 모습은 훨씬 더 복잡하고 다양하다. 프랑스 인류학자 마르셀 모스Marcel Mauss가 《증여론Essai sur le don》(1925)을 쓴 이래로 이에 관한 인류학 연구가 대거 쏟아져 나왔다.

이런 형태의 '증여 경제gift economy'는 한국인에게도 낯설지 않다. 1970~1980년대 시골 어딘가에 있었을 법한 장면을 상상해보자. 밥을 하려는데 쌀이 떨어진 걸 깨달은 철수 엄마는 이웃의 영희네 집으로 쌀을 꾸러 간다. 얼마나 빌렸는지 기억했다가 쌀로 되갚을 수도 있고, 나중에 밭에서 딴 채소

---

* David Graeber, *Debt: The First 5,000 Years, Melville House*, 2011, pp. 35~36. 이 책에서는 전적으로 영문판을 인용했다.

를 가져다주며 적당히 퉁칠 수도 있다. 혹은 잊어버렸다가 나중에 영희 엄마가 뭔가를 빌리러 오면 흔쾌히 내어줄 수도 있다. 두 사람이 만나서 채소와 쌀의 가치를 서로 계산하고 비교하며 물물교환하는 장면을 상상하기는 어렵다. 이런 곳에서는 계산을 따지기보다 적당히 주고받을 줄 알아야 '사람 좋다'는 말을 듣는다. 전통 공동체를 판타지로 활용하는 한국 드라마들, 이를테면 〈응답하라 1988〉이나 〈폭싹 속았수다〉를 보라. 극 중 세상이 '인간적'으로 느껴지는 것은 등장인물들의 관계가 적당히 빌리고 갚는 행위의 반복으로 구성되어 있기 때문이다. 물론 '적당히'는 어렵다. 과하게 주면 호구 소리를 듣고, 준 것을 꼭 돌려받겠다고 나서면 독하다고 욕먹는다. 너무 받기만 하면 염치없다고 욕먹고, 너무 받지 않으려 하면 정 없다는 핀잔을 듣는다. 이런 사회에서 살아가기 위한 필수 능력이 적절한 정도를 아는 능력, 즉 눈치다.

우리에게 익숙한 '상업 경제commercial economy'와 증여 경제의 가장 결정적인 차이는 양화quantification의 여부에 있다. 상업 경제에서는 모든 상품의 가치가 정확한 숫자로 측정되고 비교된다. 물건이나 돈을 빌린 경우, 동일한 양적 가치를 지닌 물건이나 돈으로 (이자까지 계산해서) 갚아야 한다. 빌린 것은 반드시 갚아야 하고, 부채관계는 깔끔하게 청산될 수 있다. 반면 증여 경제에서 주고받는 것의 가치는 정확한 숫자로 측정되지 않는다. 물건을 빌린 후에 양적으로 완전히 동등한 물건으로 갚는 것이 불가능하다. 그렇다면 빌린 물건을 무엇으로 갚아야 할지 어떻게 아는가? 여기에 인류학자들이 '교환의 범위spheres of exchange'라고 부르는 것이 개입한다.* 예컨대 이런 식이다. 신발과 돼지는 같은 범위에 분류되어 서로 교환될 수 있지만, 산호 목걸이는 여기에 들어가지 않는다. 목걸이는 다른 목걸이나 보석류와 같은 범위에 묶이고, 교환도 이 범위 안에서만 이루어진다. 물론 증여 경제의 교환이 실행되는 방식은 다양하다. 〈응답하라 1988〉에 나오는 반찬 릴레이를 보라. 모두가 자신의 반찬을 이웃과 나누다 보니 반찬이 무한정 돌고 돌게 되는데, 이때 서로 주고받는 교환물의 종류와 양은 결코 같을 수 없다. 이처럼 증여 경제의 부채는 양적으로 깔끔하게 해소되지 않는다.

실제 역사에서 화폐가 어떻게 등장했는지를 명쾌하게 설명해주는 단일한 시나리오는 존재하지 않는다. 그러나 몇 가지 가설을 생각해볼 수는 있다. 그레이버는 화폐의 기원에 관한 '신용 이론credit theory'과 '국가 이론state theory', 그리고 '원초적 부채 이론primordial debt theory'을 소개한다.**

신용 이론은 화폐가 부채를 측정하고 기억하기 위한 도

---

*　　Ibid., p. 36.

**　　그레이버가 이 세 가지 이론의 창시자로 소개하는 사람은 각각 영국의 경제학자 앨프리드 미첼-이니스Alfred Mitchell-Innes(1864~1950), 독일의 경제학자 게오르크 프리드리히 크납Georg Friedrich Knapp(1842~1926), 프랑스의 경제학자 미셸 아글리예타Michel Aglietta(1938~2025), 앙드레 오를레앙André Orléan, 브뤼노 테레Bruno Théret다. 이 세 가지 이론에 관한 내용은 《부채: 첫 5000년》 3장 〈원초적 부채Primordial Debts〉를 요약한 것이다.

구로 발명되었다고 본다. 헨리와 조슈아의 사례로 돌아가
자. 어떤 시대 어떤 지역의 헨리는 조슈아의 구두를 조건 없
는 선물로 받을 수도 있겠지만, 다른 시대 다른 지역의 헨리
는 조슈아의 구두를 받은 뒤, 같은 가치의 물건으로 되갚겠
다는 약속을 할 수도 있다. 그는 이런 약속의 징표로 금속 조
각이나 구두의 가치가 기록된 나무 막대기를 조슈아에게 준
다.*** 그러면 조슈아는 제3의 이웃에게 이 징표를 주고 옷을
빌린다. '나중에 헨리가 갚을 거야'라고 말하면서 말이다. 제3
의 이웃은 다시 제4의 이웃에게 같은 징표를 주면서 다른 물
건을 빌린다. 이런 식으로 헨리의 신용에 기초한 경제 단위가
탄생하고, 헨리가 처음에 준 약속의 징표가 화폐처럼 통용되
기 시작한다. 이때 화폐가 측정하는 것은 사물의 가치가 아니
라 인간과 인간 사이의 믿음이다.

그런데 이런 형태의 화폐가 통용되려면 마을의 모든 사
람이 헨리를 알고 있어야만 한다. 즉 신용 이론이 가정하는
경제는 모두가 서로를 알고 있는 소규모 공동체에서만 가능
할 뿐, 큰 규모의 경제를 움직이는 화폐 체계의 탄생을 설명
해주지는 못한다. 바로 여기에 국가 이론을 살펴보아야 할 이
유가 있다. 그 핵심 발상은 세금이 완전한 화폐 체계의 기원
이라는 것이다. 즉 **국가가 세금으로 받아주는 것이면 무엇이**

*** 이런 약속의 징표를 흔히 'IOU'라고 부른다. 이는 '나는 당신에게 빚졌다I owe you'
는 문장의 약자다.

든 화폐가 될 수 있다.* 세금을 걷기 위해서는 영토 내에 존재하는 부채를 측정할 표준 단위가 필요하다. 무엇보다 세금 자체를 백성이 국가에 진 빚으로 볼 수 있다. 화폐는 금속이나 종이로 만들어진 물건이 아니라 이러한 표준 단위 자체다. 따라서 손으로 만질 수 있는 물건으로서의 돈이 없어도 상관없다. 세금의 양을 측정할 추상적 단위만 있으면 된다.

그레이버는 국가 이론을 설명하기 위해 역사적 사례 몇 가지를 인용한다. 그중에는 고대 인도의 산스크리트어 문헌 《아르타샤스트라》와 한나라의 《염철론鹽鐵論》 등을 참조하며 재구성한 가설적 사례도 있다. 전쟁을 시작하려는 고대 국가의 왕이 있다고 하자. 일단 군대를 먹여 살릴 막대한 물자가 필요하다. 왕이 그것을 직접 조달하는 건 매우 복잡한 일이므로 군인들에게 은화를 지급하기로 한다. 그 돈은 왕이 군인에게 빚진 것이 있다는 사실을 증명하는 징표이자, 왕이 그 빚을 반드시 갚을 것이라는 약속의 징표다. 그리고 왕은 백성들에게 이 은화로만 세금을 받겠다고 공표한다. 은화가 부채의 표준 단위가 되는 것이다. 그러면 세금을 내야 하는 백성들은 은화를 얻기 위해 군인에게 물자를 판매한다. 이런 식으로 화폐 체계와 동시에 시장이 출현하고, 일종의 전쟁 경제가 작동하기 시작한다. 이 가설은 고대 국가에서 화폐-세금-시장-전쟁이 어떤 방식으로 관련되어 있는지 간단히 설명해

*   *Debt*, p. 48.

준다.

물론 국가 이론에도 약점이 있다. 그레이버가 보기에 가장 결정적인 것은 애초에 세금이 탄생한 이유를 설명하지 않는다는 점이다. 초기 국가의 왕은 무슨 권리로 세금을 요구할 수 있었는가? 세금 징수는 백성을 무력으로 위협해서 돈을 갈취하는 행위가 아니다. 이를 설명해줄 수 있는 것이 비교적 최근에 등장한 원초적 부채 이론이다. 이 이론은 고대 종교, 특히 베다 경전에 대한 해석을 통해 다음의 가설을 제안한다. 고대인은 인간 존재가 곧 부채라고, 즉 태어나 살아가는 것 자체가 신과 세계에 빚을 지는 과정이라고 생각했다는 것이다. 무엇보다 태어남이란 생명을 받는 것이기 때문이다. 고대 국가는 신과 세계의 대변자이기도 했다. 이로부터 모든 인간은 각자가 살아가는 사회에 빚을 지고 있다는 의식이 출현한다. 이로부터 세금의 의무를 설명하는 것은 어렵지 않다. 예컨대 백성은 외적의 침략을 막아주는 국가에 빚을 지고 있는 것이고, 이를 갚기 위해 세금을 내야 한다는 식이다.

하지만 설명해야 할 문제가 하나 남아 있다. 인간이 사회에 빚을 지고 있다는 생각에서 그 빚을 양적으로 측정해서 돈으로 환산할 수 있다는 생각이 곧바로 도출되지는 않기 때문이다. 정확한 숫자로 계산된 세금은 어떤 과정을 거쳐 등장했는가? 원초적 부채 이론은 다시 한번 흥미로운 가설을 제시하는데, 개인의 잘못된 행위에서 비롯한 세금, 즉 죄에 대한 벌금이나 배상액을 측정하는 과정에서 양적 측정이 시작되었다는 것이다. 그레이버는 로마제국 붕괴 직후의 중세 유럽에서 이와 관련된 사례를 찾는다. 흔히 생각하는 바와 달리 당시에는 매우 정교한 법률이 존재했으며, 누군가 타인의 재산이나 신체에 손해를 입혔을 경우 그 수준에 따라 얼마를 물어주어야 할지가 세밀하게 규정되어 있었다고 한다. 원초적 부채 이론은 이런 식으로 국가 이론을 보완한다. 한마디로 화폐란 국가가 배상액을 정하고 걷는 과정에서 탄생했다는 것이다.

그레이버가 방금 소개한 세 가지 이론을 전적으로 인정하려는 것은 아니다. 인류학적·역사적 증거가 불충분하기 때문이다. 주류 경제학의 경우, 국가와 무관한 시장에서 화폐가 출현했음을 가정하기 위해 물물교환의 신화를 발명했다면, 세 가지 대안 이론은 국가가 화폐의 기원임을 가정하기 위해 또 다른 신화를 창조한다. 이는 국가 대 시장이라는 고전적 대립 구도의 반복이다. 그렇지만 그레이버가 이 두 가지 신화를 똑같이 취급하는 것은 아니다. 무엇보다 주류 경제학은 화폐 등장 이전에 물물교환 경제가 존재했다는 순수 픽션에서 시작하지만, 대안 이론은 실재하는 증여 경제와 부채의 문제를 다룰 수 있는 유용한 아이디어를 제공해준다는 점에서 차이가 있다. 그레이버는 이를 참조하며 화폐, 교환, 부채에 관한 자신의 정의를 제시한다.[*]

*   Ibid., p. 52, pp. 102~108.

첫째, 화폐란 교환에 사용하는 물건이 아니라 가치를 측정하고 비교하는 방식 그 자체다. 물물교환의 신화와 대안 이론의 신화는 그것의 두 가지 성격을 드러낸다. 즉 화폐는 다른 상품과 교환 가능한 상품인 동시에 부채의 존재를 지시하는 징표이기도 하다.

둘째, 교환이란 어느 정도 동등한 위치에 있는 인간들이 서로 무언가를 주고받는 상호작용이다. 언어, 감정, 물건, 상징, 인간 그 자신 등, 인간관계에 관련된 거의 모든 것이 교환의 대상이 될 수 있다. 거기에는 경제, 종교, 도덕을 비롯한 다양한 차원이 개입한다. 물물교환의 신화에는 오로지 물건과 물건의 경제적 교환만 존재하는데, 이는 그것이 이론적 픽션이기 때문이다.

셋째, 부채란 특수한 유형의 교환, 즉 완료되지 않은 상태의 교환이다. 복수에 관한 아래의 논의에서 가장 주목해야 할 것이 바로 **완료된 교환**과 **완료되지 않은 교환**(부채)의 구별, 더 정확히 말하자면, **완료될 수 있는 교환**과 **완료될 수 없는 교환**(부채가 남을 수밖에 없는 상호관계)의 구별이다(1부의 글 〈복수극에 열광하는 사회〉에서는 이 구별을 편의상 '부채'와 '교환'의 대립으로 표현했다).

인간 경제

그레이버가 언급한 화폐의 두 가지 성격을 좀 더 자세히 살펴보자. 첫째, 화폐는 그 자체가 일종의 상품으로서, 상품을 사고파는 데 사용된다. 둘째, 화폐는 부채에서 태어나 부채의 존재를 지시하는 징표로 기능한다. 이러한 징표가 유통될 수 있는 것은 누군가, 예컨대 믿을 만한 개인, 공동체, 국가의 신용 덕분이다. 화폐의 기원과 성격은 여전히 격렬한 논쟁거리다. 특히 두 번째 성격을 제안한 신용 이론과 국가 이론은 현대 화폐 이론modern money theory이 탄생하는 데 핵심 영감을 제공하기도 했다.* 하지만 여기서 우리에게 필요한 것은 두 가지 성격의 경제학적 의미보다는 인류학적 의미다. 화폐는 두 가지 성격 사이를 왕복하고, 경우에 따라 둘 중 하나가 지배적인 것으로 나타난다. 첫 번째 성격은 상품의 가치를 정확한 숫자로 측정하고 비교할 때 분명히 드러난다. 오로지 두 번째 성격만 드러나는 사례도 있는데, 인류학자들이 '원시 화폐primitive money'라고 부르는 것이다. 이 화폐는 가치의 양적 측정과 비교를 거부하는 데서 성립한다.**

---

*   Scott Fullwiler, Stephanie Kelton, L. Randall Wray, "Modern Money Theory: A Response to Critics", January 15, 2012, http://dx.doi.org/10.2139/ssrn.2008542

**   여기서 다루는 원시 화폐와 인간 경제는 《부채: 첫 5000년》 6장 〈섹스와 죽음의 게임Games with Sex and Death〉의 주요 내용을 요약한 것이다.

원시 화폐가 사용되는 방식 중 하나가 이른바 '신부 값'
이다. 신랑 쪽 집안에서 신부를 데려오는 대신, 화폐로 사용
되는 중요한 물건을 신부 쪽 집안에 주는 것이다(한국에도 이
와 유사한 '함 팔기'라는 풍습이 있었다). 지구상의 여러 지역에
이러한 문화가 존재하는데, 서구인들은 이를 노예제의 일종
으로 이해했다. 급기야 1926년 국제연맹League of Nations에서
는 이런 종류의 관습을 금지하자는 논쟁이 벌어졌고, 여러 인
류학자가 그들의 오해를 해소하기 위해 노력하며 '신부 값
brideprice'을 대체할 '신부 재산bridewealth'이라는 용어를 제안
하기도 했다. 그레이버는 프랑스 인류학자 필리프 로스파베
Philippe Rospabé의 작업을 참조하며 다음과 같이 설명한다. 신
부와 화폐의 교환은 화폐로 인간을 사는 행위가 아니라 오히
려 그 반대다. 결혼이란 인간을 주고받는 것이고, 인간은 그
어떤 것으로도 대체될 수 없는 고유한 가치를 지닌다. 그러므
로 신부를 받는 쪽 집안은 신부를 주는 쪽 집안에 절대로 상
환할 수 없는 빚을 지는 것이 된다. 신부 재산은 이러한 상환
불가능한 부채의 존재를 인정하고 선언하기 위한 징표로 제
공되는 화폐다. 서구인은 상업 경제의 관점에 갇혀 있었기에
이 과정을 노예제로 오해했던 것이다.

그레이버는 북미의 이로쿼이Iroquois 연맹, 아프리카의
누에르Nuer인, 렐레Lele인, 티브Tiv인의 사례를 분석한다. 이들
은 각각 왐펌wampum(조가비 구슬로 만든 염주), 소, 라피아 야
자raffia-palm로 만든 직물, 황동 막대를 화폐로 사용하는데, 이

것들이 물건을 사고파는 데 쓰이는 경우는 극히 드물다. 오직 인간관계를 구성하는 부채의 관리를 위해 사용된다. 이런 의미에서 그레이버는 '원시 화폐' 대신 '사회적 통화social currencies'라는 용어를 사용한다. 전자에는 덜 발전된 초기 형태의 화폐라는 의미가 담겨 있기 때문이다. 이런 화폐가 사용되는 대표적인 경우가 방금 살펴본 결혼, 그리고 죽음이다. 그것의 실제 작동 방식은 매우 복잡하고 다양하지만, 도식적으로 요약하면 다음과 같은 식이다.

누군가 타인을 살해하면, 살인자의 가족은 희생자의 가족에게 '목숨 빚life-debt'을 지게 된다. 그때 공동체의 중재자는 피의 분쟁이 확대되는 것을 방지하기 위해 두 가족 사이에서 협상을 시도한다. 살인자의 가족은 희생자의 가족에게 일정량의 화폐, 예컨대 한 무리의 가축, 일정 길이의 왐펌 등을 제공해야 한다. 중재자는 희생자의 가족에게 사태의 평화적 해결을 부탁한다. 그레이버는 이러한 보상금을 '피의 재산bloodwealth'이라고 부른다. 피의 재산은 죽은 이의 '목숨 값'이 아니라는 사실에 주의해야 한다. 협상 과정 내내 이 사실이 계속해서 강조된다. 그것의 수량을 정하는 과정도 목숨의 가치를 측정하는 것과 아무런 상관이 없다. 오히려 목숨 빚은 어떤 경우에도 결코 상환될 수 없다는 것을 선언하는 데 그 보상의 목적이 있다. 신부 재산의 경우와 마찬가지로, 화폐는 '당신에게 결코 갚을 수 없는 빚을 지고 있습니다'를 지시하는 징표로서 제공되는 것이다.

피의 재산이 작동하는 방식을 보고 현대 사법제도의 보상금이나 합의금을 떠올리는 사람도 있겠지만, 이 두 가지는 명백히 다르다. 결정적 차이는 국가권력의 유무에 있다. 피의 재산을 이용해 협상을 이끄는 사람은 공동체의 중재자이지, 형법적 판단을 내리는 판사가 아니다. 국가 있는 사회의 권력과 국가 없는 사회의 권력은 작동하는 방식이 전혀 다르다는 점을 기억하자. (덧붙이자면, 한국의 형사 합의 제도를 일반적인 것으로 오해하지 않도록 주의해야 한다. 비슷한 제도는 여러 나라에 있지만, 한국 제도의 독특성은 별도의 분석이 필요하다.)

피의 재산이 실제로 해결하는 것은 없다는 점이 중요하다. 인간의 목숨을 대신할 수 있는 것은 존재하지 않기 때문이다. 굳이 인간의 목숨에 가장 가까운 대체물을 찾자면, 다른 인간의 목숨밖에 없다. 그래서 누에르인은 꽤 복잡한 제도를 운용한다. 한 남자가 살해당하면 그의 가족은 피의 재산으로 소 40마리를 받는데, 이는 신부 재산과 같은 양이다. 두 가지 양이 동일한 이유는 피의 재산을 신부 재산으로 활용해 '영혼 신부ghost-wife'를 찾아야 하기 때문이다. 영혼 신부는 형식적으로는 죽은 희생자와 결혼하지만, 실제로는 희생자의 가족 중 원하는 사람을 골라서 함께 산다. 그들 사이에 태어난 아이는 희생자의 아이로 간주되고, 그중 남자아이들에게는 언젠가 죽은 아버지의 복수를 이행해야 할 책무가 주어진다. 모계 사회인 이로쿼이에는 더 직접적인 방법이 있다. 남자가 죽으면—살해당했든 자연적 원인으로 죽었든 상관없이—그의 부인 쪽 가족은 적대적 관계에 있는 마을을 습격해 포로를 한 명 잡아온다. 경우에 따라 포로를 고문하고 죽이기도 하지만, 자기 마을의 구성원으로 받아들여 죽은 남자를 대체하기도 한다. 그의 이름을 받고, 그의 부인과 결혼하고, 그의 재산을 부여받아 그 사람의 생전 모습으로 살아가는 것이다.

그렇지만 누에르인과 이로쿼이가 정말로 사라진 인간을 다른 인간으로 대체할 수 있다고 믿는 건 아닐 것이다. 그들이 이런 복잡한 제도를 운용하는 것은 모든 인간이 대체 불가능한 고유한 존재임을 매우 잘 알고 있기 때문이다. 새로운 인간은 사라진 인간과 다른 존재지만, 그럼에도 사라진 인간을 대체할 수 있다는 일종의 **픽션**을 구축하기 위해 이런 제도를 운용하는 것이다. 고유성 없는 사물을 대체할 경우, 예컨대 쓰던 망치를 잃어버리고 새 망치를 구할 때는 별도의 의례가 필요하지 않다. 결국 목숨 빚을 완전히 청산할 방법은 존재하지 않는다. 그레이버도 지적하듯, 피의 재산이나 새로운 인간을 데려오는 행위는 문제의 해결을 뒤로 미루기 위한 수단일 뿐이다. 진정한 해결이 어차피 불가능하니, 현재의 분쟁을 막기 위해 부채의 청산을 영원히 미루는 것이다.[*]

그레이버는 사회적 통화가 이런 식으로 사용되는 경제를 '인간 경제human economy'라 부른다. 인간을 물건처럼 교환

---

[*] *Debt*, p. 134.

하는 경제라고 오해하는 사람이 있을 수도 있겠지만, 이 개념의 실제 의미는 물건의 가치로 환원되지 않는 인간의 절대적 가치를 인정하는 경제다. (하지만 인간 경제는 상업 경제에 포섭될 수 있으며, 여기서 발생한 가장 참혹한 결과 중 하나가 글로벌 노예시장이었다. 그레이버는 이 포섭 과정을 설명하는 데 책의 상당 분량을 할애한다.) 인간 경제나 앞서 언급한 증여 경제는 상업 경제보다 훨씬 이전에 등장해서 오랫동안 인류의 삶을 운영해왔다. 많은 이들이 그런 경제 형태를 '과거에 존재했던 전근대적인 것'으로 간주하고, 역사상 어느 시점에 상업 경제로 '이행'했다는 식으로 이해하지만, 비상업 경제는 여전히 인류의 삶을 구성하는 기본 영역으로 남아 있다. 그레이버가 참조하는 인류학 연구는 20세기 초중반 원주민 사회에 관한 것이고, 지금도 전통적 삶의 방식을 유지하고 있는 수많은 원주민 집단이 전 세계에 존재한다. 하나의 경제 형태가 다른 하나로 진화하거나 이행하는 것이 아니라, 다른 시기에 등장한 여러 형태가 계속 공존하고 있다.

상품 교환과 비상품 교환의 논리

지금껏 살펴보았듯, 《부채: 첫 5000년》은 좁은 의미의 부채를 다루는 책이 아니다. 그레이버는 인간 상호작용 일반의 경제적·도덕적 차원에 관한 인류학적 연구를 종합한다. 우리는 이 책에서 우리의 현재를 이해하는 데 필요한 개념적 도구와 틀을 찾을 수 있다. 복수의 문제를 본격적으로 다루기에 앞서, 상업 경제와 비상업 경제에 관한 그의 분석을 바탕으로 **상품 교환의 논리**와 **비상품 교환의 논리**를 정의하자.

상품 교환의 논리는 곧 **등가교환**의 논리다. 이는 교환되는 것의 가치를 양적으로 측정하고 비교할 수 있다는 전제에서 출발한다. 모든 것이 화폐와 교환 가능한 상품으로 간주되고, 교환은 항상 완료될 수 있다. 경우에 따라 교환을 완료하지 않고 부채를 남기는 것도 가능하지만, 이 역시 완전한 청산이 가능한 부채이고 언젠가는 청산되어야만 한다 (신용카드나 은행 대출이 작동하는 방식을 떠올려보라). 반면, 비상품 교환의 논리는 가치의 양적 측정과 비교가 불가능하다는 전제에서 성립한다. 모든 대상은 고유하고 독특한 질적 가치를 지니므로, 엄밀하게 동일한 가치를 지닌 두 가지 대상이 존재할 수는 없다. (앞서 언급한 '교환의 범위'처럼) 같은 범주에 묶인 비슷한 대상을 교환하더라도 비대칭성이 존재할 수밖에 없다. 따라서 가능한 것은 오직 **비등가교환**뿐이다. 이러한 교환은 결코 완료될 수 없으며, 항상 부채가 남게 된다.

우리는 자본주의적 상품 교환의 논리가 우리 삶 전체를 지배한다고 생각하지만, 그것이 지배하는 영역은 오히려 제한적이다. 인간 상호작용이 일어나는 다양한 사회적 관계들, 부모-자식, 친구, 연인, 직장 동료와의 협업, 낯선 사람과의 언어 교환, 팬과 연예인의 교류 등을 생각해보자. 이런 관계들에서 돈, 물건, 감정, 언어, 행위, 의미, 태도 등의 교환이 상품 교환처럼 깔끔하게 완료된다면, 삶이 이토록 골치 아프지는 않을 것이다. 이런 것들은 비상품 교환의 논리에 따라 부채를 남기고, 이 부채의 관리가 인간관계 운영의 핵심 문제가 된다. 자식은 부모에게 빚진 존재로 살아가는데, 이 빚을 부모와 자식이 어떻게 다루는지가 둘 사이의 관계를 규정한다. 친구 사이의 도움 교환이나 연인 사이의 감정 교환도 마찬가지다. 심지어 상품을 사고파는 과정에도 비상품 교환의 논리가 중첩된다. 손님이 식당에 들어갔을 때, 왜 '안녕하세요'와 '안녕히 가세요' 따위의 인사말이 오가는가? 돈을 주고 상품을 샀을 뿐인데, 왜 '감사합니다'라고 말하는가? 우리가 친절이나 호의라고 부르는 비상품의 교환이 상품 교환과 동시에 일어나기 때문이다.

이 두 가지 논리가 분리 및 접합되는 방식에 따라 사회적 삶의 형태가 결정된다. 지금 한국사회가 직면하고 있는 심각한 문제 상당수가 이 방식의 불안정성에서 비롯한다. 이는 대체로 다음 두 가지 단계로 드러난다. 첫째, 비상품 교환의 영역이 위기를 맞이하고, 둘째, 상품 교환의 논리가 그 영역에 침투해 삶의 조건을 엉망으로 만든다.

앞의 글 〈양적 교환이 지배하는 사회〉에서 다룬 결혼식 축의금을 보자. 부조扶助는 한국의 전통적 증여 경제에서 실천되던 관습으로, 근대사회의 작동 방식과 양립하기 어렵다. 하지만 그것은 과거의 유물로 사라지는 대신, 현금을 주고받는 형태로 변형되어 살아남았다. 이때부터 비상품 교환에 상품 교환의 논리가 개입할 여지가 생긴다. 최근에는 결혼식 자체가 이벤트 상품으로 변형되면서, 축의금이 식사 구매비의 기능을 수행하기에 이르렀다. 그렇지만 상품 교환의 논리가 축의금을 완전히 지배하는 것은 또 아니다. 만일 그렇다면, 결혼식 주최자가 하객에게 지출한 비용(식사비와 이전에 준 축의금 등)과 하객이 지출한 비용(교통비와 참석에 소요된 시간 등)을 돈으로 계산해서 차액을 주고받아야 할 테니 말이다. 결국 축의금은 상품 교환도 아니고 비상품 교환도 아닌, 정체를 알 수 없는 기묘한 관습이 되어버렸다.

한국의 부모-자식 관계는 서구적 의미의 '근대 가족'과 거리가 멀다. 부모는 자식을 위해 희생해야 하며, 부모를 돌볼 책임은 공동체가 아니라 자식에게 부과된다. 거의 모든 문화권에서 부모의 사랑은 '무조건적'인 것으로 간주되지만, 자식의 성공을 위한 한국 부모의 절대적 헌신과 희생은 분명 독특하다. 이런 가족 형태가 지속 불가능하다는 점에 많은 이들이 동의할 것이다. 여기에 상품 교환의 논리가 깊숙이 침투하면서 상황은 더 나빠졌다. 부모가 자식에게 주는 것이 돈의 액수로 계산되기 시작한 것이다. 이러한 경향은 가족관계가 부동산 시장의 한 부분으로 편입되면서 더욱 강화된다. 그래서 자식이 결혼할 때 정확히 얼마를 증여해줄 수 있는지가 부모의 헌신과 희생을 측정하는 기준이 되곤 한다.

친절이나 호의는 상품 교환의 논리가 적용되지 않는 영

역이다. 그것은 물건이 아니라 인간을 대하는 태도의 교환이
기 때문이다. 내가 타인을 존중하면, 타인은 그 빚을 갚기 위
해 나와 또 다른 타인을 존중한다. 문제는 존중이 교환되는
방식이 안정적으로 자리 잡지 못했다는 점이다. 즉 **한국에
는 친절의 표준이 없다**. 심지어 예의에 맞는 공통 호칭도 없
어서, 낯선 사람 간에는 '저기요'라는 말이 호칭처럼 사용된
다. 이런 상황에서 상품 교환의 논리가 친절의 영역까지 집어
삼켰다. 자영업자가 하루걸러 고객의 '갑질'에 시달리는 것은
친절과 호의가 돈과 교환할 수 있는 상품으로 여겨지기 때문
이다.

비상품 교환의 논리가 지배하는 대표적인 영역이 국가
와 개인의 관계다. 개인은 국가에 세금을 내고, 국가는 개인
에게 서비스를 제공하지만, 이는 돈을 내고 서비스를 구매하
는 것과 전혀 상관이 없다. 이 관계를 이해하는 방식은 다양
하다. 개인은 국가에 빚을 진 존재이고, 이를 갚기 위해 세금
을 내는 것이라는 원초적 부채 이론의 설명을 따를 수도 있
고, 근대 민주주의가 전제하는 '사회계약'으로부터 시민-국
가 관계를 규정할 수도 있다. 어쨌든 세금과 국가 서비스의
교환을 상품 교환으로 볼 수는 없다. 무엇보다 국가와 개인
은 분리된 두 행위자가 아니기 때문이다. 그런데 한국에는 개
인과 국가의 관계를 명확히 규정하는 공통 원리가 존재하지
않는다. 과거의 군사독재 정권이 만들어놓은 권위주의적 관
계를 대체한 것은 민주주의적 관계가 아니라 상품 교환의 논

리였다. 그래서 주민센터는 개인을 시민이 아니라 '고객'이라 부르고, 적지 않은 시민이 '내가 피 같은 세금을 냈으니, 공무원은 내가 시키는 걸 해야 한다'라는 식으로 생각한다.

비슷한 사례는 셀 수 없이 많다. 연예인과 대중의 관계에서 온갖 난잡한 사건과 혼란이 발생하는 것은 엔터테인먼트 시장이 상품 교환과 비상품 교환의 영역을 의도적으로 뒤섞어놓았기 때문이다. 연예인의 인격과 사적 영역은 상품으로 판매될 수 없고, 판매되어서도 안 된다. 그것의 가치를 양적으로 측정할 수 없고, 측정해서도 안 되기 때문이다. 하지만 연예 기획사, 미디어, 대중은 물론 심지어 연예인 본인조차 그것을 상품 교환의 대상처럼 다룬다. 자신이 돈과 '사랑'을 지불했으니, 연예인의 인격을 살 수 있다고 믿는 식이다.

이처럼 상품 교환의 논리가 일반화하는 것이 자본주의의 당연한 경향이라고 생각하는 이들이 있을지 모른다. 이 당연한 경향을 그대로 두면 사회의 유지 자체가 불가능해진다. 상품 교환의 논리가 가족관계를 완전히 지배하면 가족은 존재 이유를 상실한다. 국가와 시민의 관계가 서비스 판매자와 구매자의 관계로 규정되면 국가는 제 기능을 할 수 없다. 모든 가치가 화폐의 액수로 환산되는 곳에서는 양적 측정이 불가능한 가치, 즉 인간의 가치를 다룰 수 없게 된다. 지금 한국의 상황이 이렇지 않은가? 이 사회가 인구 소멸을 향해 나아가는 것은 필연적 결과다.

주목할 것은 상품 교환 논리의 확장이 훨씬 더 근본적인 수준의 변화를 동반한다는 사실이다. 지금 한국사회를 움직이는 가장 근본적인 믿음 중 하나는 나의 행위와 그 대가 사이에 등가관계가 성립해야 한다는 것이다. 내가 무엇인가를 하면 그에 대한 보상을 받아야 하고, 타인에게 가치 있는 것을 제공하면 그에 해당하는 것을 다시 받아야 하며, 피해를 보면 그에 맞는 보상을 받거나 가해자에게 같은 피해를 주어야 한다. 행위와 대가 사이의 비대칭적 교환, 완료되지 않은 교환은 결코 용납되지 않는다.

이런 태도가 드러나는 대표적 사례가 이른바 '공정'이다. 이 발상의 핵심은 능력과 보상의 등가교환에 있다. 능력 없는 자가 보상을 받거나, 능력 있는 자가 보상을 받지 않으면 불공정한 것으로 간주된다. 상품 교환의 논리가 모든 가치를 양적으로 측정하는 것처럼, 공정 역시 양적 측정에 대한 믿음에 기초한다. 시험 성적이라는 양적 지표로 검증된 것만이 능력으로 인정될 수 있고, 그 성적은 양적 보상과 교환되어야 한다는 식이다. 거칠게 요약하자면, 한국식 공정이란 **시험 성적과 소득이 등가교환되는 상태**를 말한다. 이는 사전적 의미의 '공정'이나 'fairness'와는 전혀 다른 말이다. 거의 모든 한국어 사전이 '공정'을 '공평하고 올바름'으로 정의한다. 이에 따르면, 예를 들어 연공서열에 따른 임금 체계와 성과급 체계는 그저 방식이 다른 것일 뿐, 어느 쪽이 더 공정하다는 식으로 말할 수 없다. 전자를 선택한 기업에서는 연공서열을 지키면 공정한 것이고, 아니면 불공정한 것이다. 후자를 선택한 곳에서는 성과와 임금 수준이 일치가 공정의 기준이 된다. 최근에 전자보다 후자가 더 공정하다고 말하는 사람이 많은데, 이때 '공정'은 특정한 교환 형식을 지칭하는 신조어다. 이는 교환의 형식이므로, 교환이 아닌 방식으로 무언가를 얻으면 불공정하다고 표현된다. 자식이 부모의 권력으로 취업하거나, 비정규직 노동자가 정규직으로 전환되거나, 복지 정책이 가난한 자에게 더 많은 서비스를 제공하는 것은 전혀 다른 상황이지만, 능력과 보상의 교환을 통해 이익을 얻은 것이 아니므로 불공정하다고 간주될 수 있다. 반대로 주식, 부동산, 가상 화폐 따위로 이익을 얻는 행위는 '투자 능력도 능력'이라는 논리에 따라 오히려 공정하다고 평가받는다.[*]

'민폐'를 용납하지 않는 태도 역시 비슷한 사례가 될 수 있다. 최근에 어느 대학교의 특정 학과에서 수업에 지각한 학생에게 학생회가 벌금을 물린다는 흥미로운 이야기를 들었다. 지각을 하면 해당 수업의 교수가 적절한 조처를 하면 될텐데, 학생회가 나선다는 게 특이하지 않은가? 이 제도의 작동 논리는 이렇다. 누군가 지각을 하면 교수가 해당 학년 전체에 나쁜 인상을 가지게 되고, 이것이 다른 학생들에게 피해

---

[*]   다음 보고서는 서울시 공공기관 노동자를 대상으로 이루어진 연구지만, 공정에 대한 일반적 인식을 이해할 실마리를 제공해준다. 박이대승, 윤태영, 정준영, 《서울시 공공부문 비정규직 정규직화 갈등사례 연구: 공정 인식을 중심으로》, 불평등과시민성연구소, 2021(https://www.nosaminjung.com/scouncil/files/166789029424340.pdf). '공정'과 '능력주의'의 문제는 2부의 글 〈공정과 능력주의는 고립된 수험생 세계에서 태어난다〉에서도 다룬다.

를 초래한다. 따라서 지각한 학생은 이런 피해에 대해 보상해야 하고, 학생회는 그런 학생을 제재할 권한이 있다는 것이다. 물론 이는 교수의 책임을 묻지 않으려 억지로 만들어진 논리다. 개별 학생에 대한 나쁜 인상을 학년 전체로 확장하는 교수가 있다면, 그가 이상한 것이다. 이를 지각한 학생의 책임으로 돌리는 것은 말이 안 된다. 이런 비합리적 논리가 가능한 것은 피해와 보상의 등가교환이 강력한 명령으로 작동하기 때문이다. 내가 입은 피해는 결코 그대로 놔둘 수 없고, 반드시 보상을 받아야 한다. 이때 누가 보상할 것인지는 핵심 문제가 아니다. 결국 '만만한 쪽'에 보상을 요구하게 된다.

방금 분석한 사례들을 들으며, 신자유주의의 영향을 떠올리는 사람이 있을 것이다. 한국 자본주의의 급격한 성장과 신자유주의가 상품 교환 논리를 강화한 주요 요인임을 부정할 수는 없지만, 이 사실만으로 이 논리의 무한 확장을 설명할 수는 없다. 무엇보다 이 논리는 자본주의에 선행하며, 더 근본적이다. 그것은 신자유주의의 파생 효과 중 하나로 환원될 수 있는 것이 아니다. 한국이 겪은 지난 30년의 변화를 '신자유주의적'이라 부르는 사람이 많은데, 이 용어는 사회관계의 실제 변화를 이해하기에 너무나 단순하고 표면적이다. 상품 교환 논리의 확장은 인간의 상호작용, 가치의 평가와 이동 방식, 정의와 부정의를 나누는 기준, 개인과 공동체의 관계 등을 조절하는 근본적인 형식의 변화를 의미한다. '공정'에 대한 집착, '불편'과 '민폐'에 대한 절대적 거부, 가해자-피해자 도식 등은 전혀 다른 현상으로 보이지만, 이 모두에는 그 논리가 직간접적으로 개입되어 있다.

복수란 무엇인가?

이제 1부의 핵심 주제인 복수의 문제로 돌아가자. 그레이버가 이 문제를 본격적으로 다루지는 않지만, 복수가 인간 경제를 규정하는 핵심 조건임은 쉽게 알 수 있다. 살인이 발생했을 때, 사회적 통화를 이용해 화해를 시도하는 것은 무엇보다 복수의 연쇄를 막기 위해서이기 때문이다. 이로부터 '복수의 이론'이라 부를 만한 것을 구상해볼 수 있다. 일단 **물건의 피해가 발생한 경우**와 **인간적 가치가 훼손된 경우**를 구별하자.

물건의 피해가 발행한 경우에는 상품 교환의 논리와 비상품 교환의 논리 중 하나를 선택할 수 있다. 철수네 집에 놀러온 영희가 유리컵을 깼다고 상상해보자. 이 둘이 어느 정도 친하다면 전통적 증여 경제의 원리가 적용될 가능성이 높다. 철수는 괜찮으니 신경 쓰지 말라고 할 수도 있고, 나중에 비슷한 다른 물건을 돌려받기로 약속할 수도 있다. 영희가 철수에게 빚을 지는 방식으로 해결하는 것인데, 이는 일상적 호의를 주고받는 상황 중 하나다. 이처럼 가벼운 피해나 도움을 주고받는 과정에서 발생하는 부채가 친밀성 형성의 핵심 조건으로 기능한다. 만일 둘 중 하나가 유리컵의 정확한 가치를 계산해서 돈으로 보상하자고 하면, 이는 친밀성의 청산을 선언하는 것으로 받아들여질 수 있다. 그레이버가 여러 번 언급하듯, 완료되지 않은 교환(부채)은 관계를 유지시키고, 완료된 교환은 관계를 청산케 한다.

물론 이는 전형적인 상황을 묘사한 가상의 사례일 뿐 현실에는 수많은 조건이 추가된다. 예를 들어, 파손된 물건이 유리컵이 아니라 자동차같이 비싼 것이라면 이야기는 달라질 수 있다. 과도한 규모의 부채는 오히려 관계의 부담으로 작용할 수 있기 때문이다. 이때는 차라리 상품 경제의 논리에 따라 정확한 액수를 보상하는 것이 나을지 모른다. 인간관계가 친밀할수록 교환에 관한 관습적 규칙은 느슨하고 모호해진다. 그런 규칙을 적절히 존중하며 부채를 능숙하게 활용할 줄 알아야 인간관계에 능하다는 평가를 받는다.

전혀 모르는 타인 사이에 물건의 피해가 발생할 경우, 대부분 상품 교환의 원리에 따라 해결하게 된다. 자동차 접촉 사고에서는 예외적인 경우를 제외하면 보험사를 통해 보상액을 주고받는 것으로 상황이 종료된다. 타인이 의도적으로 내 소유물에 피해를 주거나, 내 돈을 훔쳐간 경우에도 처리 방식은 비슷하다. 관련 법률과 규칙에 따라 보상과 처벌을 완료하면 부채는 청산되고, 인간관계도 남지 않는다. 행정 절차를 처리하는 것은 복잡하고 귀찮은 일이지만, 이는 인간관계의 부채를 관리하는 것과는 다른 유형의 어려움이다(여기서 화폐의 기원에 대한 국가 이론을 떠올려보자. 가치의 양적 측정과 법은 항상 밀접한 관련이 있다).

물론 예외는 있다. 어린아이가 가게에서 과자를 훔쳤을 때 가게 주인은 '법대로 처리'할 수도 있고, 같은 잘못을 저질렀던 자신의 어린 시절을 떠올리며 용서해줄 수도 있다. 자신을 용서해준 어른에게 받은 은혜를 눈앞의 아이에게 갚겠다는 마음으로 말이다. 이런 식으로 피해를 본 사람과 보상을 받는 사람이 꼭 일치할 필요는 없다. 완료되지 않은 교환은 부채를 남기고, 그 부채는 당사자를 떠나 제3의 관계에 개입할 수 있다.

인간적 가치가 훼손된 경우에는 전혀 다른 상황이 펼쳐진다. 상품 교환의 논리를 택하는 것은 불가능하고, 오로지 비상품 교환의 논리만 적용된다. 누군가 타인의 생명을 빼앗은 경우, 그 어떤 것으로도 보상할 수 없다. 교환은 완료 불가능하고, 한국어로 '죗값'이라 부르는 부채는 영원히 남는다. 앞서 살펴본 인간 경제의 전제, 즉 인간의 생명은 결코 양적으로 측정될 수 없고, 물건이나 돈과 교환되지 않는다는 원리는 특정 지역과 시기에만 유효한 것이 아니다. 자본주의가 사회의 모든 영역을 장악한 지금까지도, 그것은 인류의 보편적 원리로 작동하고 있다. 이를 부정하려면 수많은 이론적·실천적 반박을 이겨내야 할 것이다.

그렇다면 인간의 생명을 빼앗겼을 때 무엇을 할 수 있는가? 누에르인이나 이로쿼이처럼 외부에서 새로운 생명을 얻어올 수도 있겠지만, 사라진 인간을 다른 인간이 완전히 대체하는 것은 불가능하다. 모든 인간은 대체 불가능한 고유한 존재이기 때문이다. 청산 불가능한 부채를 청산하기 위해서는 교환의 논리 자체를 변형해야 할 것처럼 보인다. 그래서 피해와 보상의 교환이 아니라, **피해와 피해의 교환**, 빼앗음과 빼앗음의 교환이라는 발상이 등장한다. 이것이 '죽음에는 죽음으로, 고통에는 고통으로, 모욕에는 모욕으로'라는 복수의 논리다.

복수는 인간 경제의 문제다. 그것은 돈으로 환산할 수 없는 가치를 잃었을 때—인간의 생명, 존엄, 감정 등이 파괴되었을 때—시작된다. 부모를 죽인 원수와 같은 하늘 아래 살 수 없다는 《삼국지》의 장수들부터 가족의 복수를 위해 범죄 조직을 쓸어버리는 액션물의 히어로까지, 우리가 알고 있는 신화, 픽션, 역사적 사건 중에 돈이나 물건의 피해에서 복수가 시작되는 경우가 있던가? 쉽게 떠오르지 않는다. 영화 속 마피아 보스가 자기 돈을 가로챈 하부 조직원을 응징하는 것도 단순히 돈 때문이 아니라, 자신의 자존심과 권위를 무시했기 때문이다. 영화 〈존 윅〉의 주인공 '존 윅'(키아누 리브스)은 자신의 반려견을 죽이고, 차를 훔쳐간 마피아를 쓸어버린다. 그는 일종의 '또라이'로 묘사되지만, 관객은 복수의 동기를 어느 정도 납득한다. 그에게 개와 자동차는 단순한 소유물이 아니었기 때문이다.

물론 물건의 피해에서 시작되는 복수가 있을 수도 있다.

코미디 영화에 나올 법한 상황을 상상해보자. 유리컵을 깬 영희가 아무런 사과도 없이 가버리고, 그게 괘씸했던 철수는 영희네 집에 가서 실수인 척 다른 물건을 부숴버린다. 이런 것도 일종의 복수라고 할 수 있지만, 이때도 복수의 원인은 물건의 피해가 아니다. 영희는 주어야 할 것, 즉 '미안하다'는 말과 감정을 주지 않았으므로 철수에게 빚진 상태가 되었고, 철수는 이 빚에 해당하는 감정적 통쾌함을 얻기 위해 '소심한 복수'를 하는 것이다. 누군가 악의적으로 내게 사기를 치거나 내 물건을 훔쳐간 경우에도, 보통은 잃은 것을 돌려받고 그를 처벌하는 일에 집중한다. 복수를 위해 도둑의 물건을 다시 훔치거나, 사기꾼에게 역으로 사기를 치는 상황도 상상할 수 있겠지만, 이때도 복수의 동기는 내가 받았던 괴로움과 고통이다. 요약하자면, 물건의 피해에서 복수가 시작되기 위해서는 돈으로 환산할 수 없는 다른 가치가 반드시 개입되어야 한다.

누군가는 여기서 전혀 다른 유형의 복수를 떠올릴지도 모른다. 군사적 적대관계에 있는 두 국가 중 한쪽이 공격을 받으면, 인적 피해가 없더라도 상대방에게 보복 공격을 가한다. 기업 경영권을 두고 다투는 개인들은 '네가 나를 고발했으니 나도 너를 고발할 것이다'라는 식의 '맞고소'를 활용한다. 이런 식의 복수는 전략적 목표 달성을 위한 수단이며, 인간의 가치와 물건의 가치를 구별하지 않는다. 이는 우리가 지금까지 다뤘던 복수, 즉 인간 경제의 부채관계를 해결하기 위한 방법으로서의 복수와 다르다. **전략**과 **부채**는 전혀 다른 논리를 전제한다. 전자는 이성적이고 합리적이지만, 후자의 논리는 이성과 합리성에 제한되지 않는다. **전략적 복수**는 전략이 활용하는 여러 수단 중 하나일 뿐이므로, 더 효율적인 수단이 있다면 곧바로 대체된다. 자국을 공격한 적대국이—설사 그 공격으로 사람이 죽었다 해도—적절한 보상을 해준다면, 굳이 보복 공격을 할 필요가 없다. 상대방이 나에 대한 고소를 취하하면, 나도 그에 대한 '맞고소'를 취하할 수 있다.

인간 경제의 복수와 전략적 복수는 중첩될 수도, 분리될 수도 있다. 예컨대, 피의 분쟁을 멈추지 않는《로미오와 줄리엣》의 두 원수 가문, 또는 내전 상태에 있는 무장 세력들을 보자. 이들이 주고받는 복수는 두 가지 성격을 모두 갖는다. 한편으로는 내가 당한 것을 갚아주는 행위이고, 다른 한편으로는 '나를 건드리면 너를 가만두지 않겠다'라며 경고하는 것, 즉 나에 대한 재공격을 방지하기 위한 전략적 조치이다. 반면, 드라마나 영화가 다루는 복수극 대부분은 전략적 사고를 거부한 채 오로지 부채의 논리만 따른다. 사랑하는 사람을 잃은 주인공은 복수를 위한 복수를 할 뿐, 상위 목표를 위한 수단으로 복수를 선택한 것이 아니다. 이 글에서 전략적 복수의 문제를 더 자세히 다루지는 않겠다. 그것은 부채가 아니라 전략의 문제이기 때문이다.

복수의 역설과 통속적 복수극

복수와 용서는 항상 붙어 다니는 두 가지 테마다. 같은 문제에 대한 정반대의 해법처럼 여겨지기 때문이다. 복수를 좀 더 깊이 이해하기 위해 용서가 무엇인지 잠시 살펴보자.

부채를 청산하는 대표적인 방법은 상환이다. 완료되지 않은 교환을 완료하면 부채는 사라진다. 전혀 다른 방법도 있다. 부채를 취소해서 없던 일로 만드는 것이다. 채권자가 빚을 받지 않겠다고 선언하거나, 우월한 권력을 가진 제삼자가 개입해 부채를 무효화하거나, 채무자가 물리적으로 채무관계를 제거하는 것이다. 그레이버에 따르면, 고대 수메르의 지배자들은 자신의 신적 역량을 보여주기 위해 가진 자와 가난한 자 사이의 부채관계를 취소해주었다. 말 그대로 구원자로서의 왕이었던 셈이다. 고대사회의 농민 반란 대부분도 부채의 전면적 무효화를 첫 번째 목표로 삼았다. 가난한 농민들이 들고일어나 부자와 지주의 부채 장부를 불태우는 것이 반란의 클라이맥스였다.[*] 그레이버는 니체Friedrich Nietzsche의 작업을 참조하며, 구원이라는 기독교적 관념 역시 이런 식의 부채 취소에서 비롯되었다는 점을 보여준다. 한국어 '구원'이나 영어 'redemption'으로 번역되는 고대 히브리어 'ga'al' 또는 'padah'는 일상적으로 누군가에게 팔았던 것을 다시 사오거

[*]   *Debt*, p. 8, p. 82.

92

나, 채권자에게 담보물로 맡겼던 물건을 다시 찾아온다는 의
미로 사용되었다.** 이 말이 종교적 어휘로 차용되면서 부채
의 사슬 전체를 취소한다는 의미를 갖게 되었다. 이런 의미의
구원은 우리에게도 익숙하다. 모든 인간은 죄인, 즉 빚을 지
고 있는 자들이다. 최후의 날에 메시아가 등장해 이들을 구원
해주는데, 이는 인간의 죄를 용서해주는 것, 다시 말해 부채
관계를 깨끗이 지우고 모든 인간을 자유롭게 해준다는 의미
다.***

용서란 인간적 가치가 회복 불가능한 손해를 입었을 때
가해자의 부채를 면제해주는 것이다. 돈과 물건의 부채를 면
제해주는 것은 불가능한 일이 아니다. 그것을 받지 않아도 다
른 대체물을 찾을 수 있기 때문이다. 반면 인간적 가치는 다
른 것으로 대체될 수 없으므로, 인간 경제의 부채를 면제해주
기 위해서는 인간적 가치의 훼손 그 자체를 없던 일로 만드는
수밖에 없다. 이는 과거에 저지른 죄가 더 이상 죄가 아니게
되는 상태, 인간이 자신의 죄에서 해방된 상태를 의미한다.
이런 상태는 현세의 종말 이후에나 도래할 수 있는 것, 신화,

**   그레이버의 책에는 'ga'al'이 'goal'로 표기되어 있는데, 이는 철자 오류로 보인다. *Debt*, p. 80.

***   부채는 단지 인류학만의 주제는 아니다. 모스의 《증여론》, 레비-스트로스의 《친족의 기본 구조Les Structures élémentaires de la parenté》, 니체의 《도덕의 계보Zur Genealogie der Moral》, 들뢰즈와 과타리의 《안티 오이디푸스L'Anti-Œdipe》 등의 저작은 부채에 관한 인류학적·철학적 논쟁의 장을 만들어왔다. 그레이버의 작업은 이러한 논쟁의 역사 전체를 재소환한다.

픽션, 예술 등의 상징 구조를 통해서만 상상 가능하다. 용서가 여러 문화권에서 숭고하고 신성한 행위로 여겨져온 이유가 바로 여기에 있다. 그것이 종교적 구원과 다르지 않기 때문이다.

흔히 용서는 종교적 가르침에나 나오는 비현실적인 소리로, 복수는 현실적인 부채 청산 방법으로 간주된다. 그래서 세속인은 '복수냐, 용서냐'라는 양자택일에서 대부분 복수가 낫다고 생각한다. 하지만 복수가 과연 부채를 실질적으로 청산할 수 있는가?

보상compensation과 **복수**는 모두 부채에 대응하는 방법이지만, 그 작동 방식은 전혀 다르다. 보상은 잃은 가치를 돌려주는 것, 음의 가치를 양의 가치로 상쇄하는 방법이다. 물건의 피해에서 비롯한 부채는 보상을 통해 청산할 수 있지만, 인간적 가치의 피해가 남긴 청산 불가능한 부채를 이런 식으로 처리할 수는 없다. 이와 달리 복수는 당한 만큼 되갚아주는 것, 즉 자신이 잃은 가치만큼 상대방의 가치도 잃게 만드는 것이다. 이는 청산 불가능한 부채를 청산하기 위해 선택된 방법이다. 하지만 여기에 **복수의 첫 번째 역설**이 있다. 그런 방법을 쓰더라도 불가능한 것을 가능하게 만들지는 못하기 때문이다. 복수를 완수한다고 해도 모두에게 음의 가치가 남을 뿐, 가치의 상쇄는 발생하지 않는다. 그렇다면 왜 복수를 해야 하는가? 상대방의 것을 빼앗아도 내 것이 돌아오지 않는데, 복수가 무슨 소용인가? 이런 이유로 복수극은 복수의 무용함과 허망함이라는 주제를 피해갈 수 없다.

가장 완벽하고 이상적인 복수란 무엇일까? 내가 당한 것과 완전히 같은 것을 상대방에게 돌려주는 것이다. 그런데 '완전히 같은 것을 돌려준다'는 논리에는 가해자-피해자 위치의 역전이 함축되어 있다. 여기에 **두 번째 역설**이 있다. 복수가 이상적 모습에 가까워질수록, 가해자는 피해자로, 피해자는 가해자로 변모하게 된다. 결국 완벽한 복수가 끝난 후에 남는 것은 이중의 가해자-피해자 관계다. 한편에는 과거의 가해자였던 현재의 피해자가 있고, 다른 한편에는 과거의 피해자였던 현재의 가해자가 있다. 부채가 해소되기는커녕, 또 다른 부채가 추가된 것이다. 복수가 복수를 낳는 것은 필연적이다. 이 과정이 계속 반복되다 보면《로미오와 줄리엣》의 두 원수 가문 같은 것이 출현한다. 이들은 복수의 기원도 이유도 모르지만 그저 습관적으로 서로를 죽인다.

용서와 마찬가지로 복수 역시 부채를 청산하는 현실적 방법이 될 수 없다. 단순히 국가권력이 금지해서가 아니라, 복수 자체가 역설이기 때문이다. 그것 역시 픽션 속에서만 이루어질 수 있다. 물론 픽션의 소재로는 용서보다 복수가 훨씬 더 매력적이다. 이런 이유로 복수극은 오래전부터 대중문화 생산물의 한 장르로 자리 잡아왔다. 작품의 목적과 이야기의 구조는 다양하다. 복수의 복잡한 구조와 역설의 문제를 정교하게 다루는 작품도 있고, 복수의 단순한 통쾌함에 초점을 맞춘 통속적 작품도 있다. 전자에 속하는 작품 중 가장 널리 알려진 것이 박찬욱의 영화들이다. 최근 한국 영화와 드라마의 복수극은 대부분 후자에 속한다.

　　영화 〈올드보이〉는 가해자와 피해자의 위치 바꾸기 게임이다. '오대수'(최민식)는 과거의 가해자이자 현재의 피해자이고, '이우진'(유지태)은 과거의 피해자이기 긴세의 가해자나. 영화는 이중의 서사 구조로 구성된다. 표면적으로는 오대수가 자신을 감금한 이우진에게 복수하는 이야기지만, 심층에서는 오대수에 대한 이우진의 복수가 진행된다. 물론 이 두 가지 복수가 등가적이지는 않다. 오대수가 이우진의 누이를 의도적으로 살해한 것은 아니지만, 이우진은 악랄한 방법으로 오대수의 삶을 파괴했기 때문이다. 이 영화가 사실 이우진의 복수극이라는 것은 이우진이 자살하는 마지막 장면에서 드러난다. 그가 꿈꾸는 것은 완벽하고 이상적인 복수다. 자신과 누나의 근친상간 관계를 오대수와 그의 딸 '미도'(강혜정)의 근친상간 관계로 대체함으로써 가해자와 피해자의 자리를 완벽히 바꾸려고 하기 때문이다. 그렇다면 그의 복수는 성공했는가? 모든 것이 그의 계획대로 흘러갔으니 성공했다고 말할 수도 있다. 하지만 그의 누이와 달리 미도는 죽지 않았고, 오대수는 미도와 함께 살아간다. 오대수는 자기 혀를 잘랐지만, 이것이 죽은 누이의 보상이 되진 못한다. 그렇다면 그는 오대수를 용서하고, 자신이 살지 못한 누이와의 삶을 오대수와 미도가 대신 살도록 해준 것인가? 가해자와 피해자의 위치는 그와 오대수의 얽히고설킨 부채관계 속에서 여러 형태로 뒤바뀌고, 마지막에 용서라는 테마가 등장한다.

통속적 혹은 상업적 작품의 최종 목적은 관객에게 통쾌함을 제공하는 데 있다. 이를 위해 현실에 존재하지 않는 가상의 세계를 전제하는데, 그곳에서는 복수의 역설이 사라지고 복수를 통한 구원이 가능해진다. 가해자의 고통이 피해자의 고통과 등가교환되어 상쇄되고, 복수의 완료와 함께 폭력의 부채관계는 완전히 청산되어 새로운 시간이 시작된다. 지금부터 이런 종류의 판타지를 **통속적 복수극**이라 부를 것이다. 이런 유형의 작품은 앞의 글에서 내가 '가해자-피해자 도식'이라 부른 것을 클리셰로 활용한다. 한편에는 악랄한 가해자가 있고, 다른 한편에는 피해자의 편에서 가해자에게 고통을 가하는 정의로운 주인공이 있다. 인물 간의 관계와 플롯 전체가 **어떻게 가해자에게 최대한의 고통을 극적으로 안겨 줄 것인지**에 맞추어진다. 이를 위해 가해자와 피해자를 제외한 다른 요소를 최대한 제거하고, 모든 것을 이 둘 사이의 갈등으로 축소한다(통속적 복수극이 어떻게 복수의 역설을 무시할 수 있는지는 글의 마지막에서 다룰 것이다).

가해자-피해자 도식은 선과 악, 정의와 부정의의 구별을 대체한다. 즉 가해자가 악이고 피해자는 선이며, 피해자의 편에서 가해자에게 복수하는 것이 곧 정의다. 그러나 앞서 설명했듯, 복수는 부채에 대응하는 한 가지 방법일 뿐이므로 선악이나 정의의 문제와 연결되어야 할 필연적인 이유는 없다. 악한 피해자가 선한 가해자에게 복수할 수도 있고, 정의로운 복수와 정의롭지 않은 복수 모두 가능하다. 박찬욱의 영화 〈복수는 나의 것〉 마지막 부분에서 '동진'(송강호)은 자신의 딸을 납치했던 '류'(신하균)를 살해하는 것으로 복수를 마무리하는데, 그때 "너 착한 놈인 거 안다. 그러니까 내가 너 죽이는 거 이해하지?"라고 묻는다. 그리고 동진은 가해자로서 곧바로 다음 복수의 희생자가 된다. 이런 식으로 영화 내내 가해자와 피해자, 악인과 선인, 정의와 부정의가 유동적으로 움직이며 위치를 바꾼다. 그럼에도 등장인물들이 복수를 실행하고 있다는 사실은 바뀌지 않는다. 말하자면 통속적 복수극이 전제하는 악한 가해자와 선한 피해자는 모든 복수극에 반드시 등장해야만 하는 필연적인 구도가 아니며, 정의로운 복수 역시 정의를 이해하는 여러 방식 중 하나일 뿐이다.

또한 선과 악의 대결이 반드시 '가해자에 대한 복수'라는 형식으로 실행될 필요도 없다. 헐리우드 히어로물의 빌런은 가해자가 아니고, 그의 임무 역시 가해자 처벌이 아니다. 빌런은 재앙을 몰고 오는 악한 신의 모습에 가깝고, 히어로는 그런 재앙에 맞서 싸우는 초인이다. 이는 익숙한 영웅 신화의 기본 구도이기도 하다. 한국 드라마와 영화가 즐겨 사용하는 것은 이런 고전적 구도가 아니라 학교폭력, 갑질, 성폭력 등의 사회 현실이다. 이때 선한 주인공은 피해자의 보호자로, 악인은 폭력의 가해자로 등장한다. 부패한 정치인, 조폭, 재벌 따위가 가해자 카르텔을 만들고 약자에게 폭력을 행사하면, 영웅적 주인공이 등장해 피해자를 보호하고 가해자를 처벌하는 식이다. 그의 선함은 도덕적 선함이 아니라, 가해자 처벌을 통해 정의를 실현한다는 의미의 선함이다(도덕적으로 선한 주인공은 오히려 극히 드물다).

가해자-피해자 도식의 특징

통속적 복수극은 세상 어디에나 있지만, 한국처럼 주류 장르의 자리를 차지한 곳은 많지 않다. 더구나 한국에서 가해자-피해자 도식은 픽션을 구성하는 가상의 장치가 아니라, 현실의 문제를 인식하고 다루는 기본 형식이 되었다. 현실과 픽션이 상호작용하면서, 저 도식의 효과를 증폭시키고 있는 것이다. 그 효과 중 가장 주목해야 할 것은 모든 문제가 피해자와 가해자라는 물리적 개인 사이의 관계로 환원된다는 점이다. 폭력이 발생하면 사건의 성격과 상관없이 '가해자가 누구인가?'라는 질문이 가장 먼저 제기되고, '가해자를 강력히 처벌하라'는 요구가 곧바로 뒤를 잇는다. 폭력 뒤에 놓인 구조와 배경은 잊힌다(이 글에서 말하는 '폭력'이란 인간적 가치가 훼손된 모든 종류의 상태를 의미한다).

모두가 알다시피 악한 것이 항상 인간의 모습으로 존재하지는 않으며, 우리가 일상에서 경험하는 정의롭지 않은 일 대부분은 구조적 악에서 비롯된다. 예를 들어, 불평등한 사회 구조와 차별의 원인을 몇 명의 나쁜 정치인에게 돌릴 수는 없다. 권력자와 평범한 시민을 다르게 대하는 사법 체계 역시 특정한 권력자의 발명품이 아니라, 불평등에 의해 왜곡된 민주주의의 효과 중 하나다. 가난한 자를 보호하지 못하는 복지 정책도 악의적인 공무원 개인이 아니라, 중립적 외양을 한 정책 결정 단위에서 만들어진다. 앞이 글 〈가해사-피해자 도식을 넘어〉에서 말했듯, 사회적 참사는 '가해자 없이 피해자만 있는 사건'이고, 국가의 안전 유지 기능이 실패한 결과다. 참사의 원인을 책임자 몇 명에게 돌려서는 사건의 성격을 이해할 수도, 미래의 참사를 예방할 수도 없다.

비경험적인 것에 대한 인식을 거부하고, 보고 만질 수 있는 물리적 행위자에만 집중하는 경향은 한국 문화를 규정하는 근본적 특징 중 하나다. 구조적·추상적·역사적·사회적·정치적 차원 등을 모두 제거하고, 오로지 행위자 사이의 관계만 인정하려는 것이다. 가해자-피해자 도식은 이런 경향의 극단적 형태다. 이 도식은 개별 행위자의 배경에 존재하는 사회구조, 국가 제도, 공동체, 문화, 역사 등을 모두 삭제한다. 인간의 고통을 생산하는 사회적 폭력, 차별, 계급 불평등, 국가폭력, 무능한 국가장치 따위는 모두 가해자라는 인간으로 대체된다. 고통받는 인간은 모두 피해자로 규정되며, 그의 고통은 가해자 개인의 악행에서 비롯하는 것으로 간주된다. 통속적 복수극에 조폭이 자주 등장하는 이유가 여기에 있다. 등장인물이 겪는 구조적 고통을 눈에 보이는 신체적 폭력으로 표현하고, 폭력을 행사하는 가해자를 특정하기 위해서는 조폭 같은 존재가 필요하다.

〈뉴라이트의 헛소리가 가능한 이유〉에서 지적했듯, 이 도식은 심지어 국제 질서를 이해하는 기본 형식으로도 사용된다. '반일'이라는 관념은 역사적·국제적·이념적 차원의 문제를 모두 삭제하고, '가해자 일본/친일파'와 '피해자 한국'의 관계만 남긴다. (만일 이 글을 한국 민족주의에 대한 비판으로 이해한다면, 이는 완전한 오독이다. 이 글에서 비판하는 것은 '반일'이 전제하는 가해자-피해자 도식이지 민족주의가 아니다. 한국 민족주의는 '반일'이라는 단순한 관념으로 환원될 수 없다. '반일'에 관한 이야기를 무조건 민족주의에 관한 것으로 이해하는 경우가 많은데, 이것 자체가 별도의 비판적 분석이 필요한 현상이다.)

이 도식은 늘 사후적으로 등장한다. 폭력이 발생하기 전까지는 가해자도 없고 피해자도 없다. 그것은 이미 발생한 폭력을 다루기 위한 것이지, 미래의 폭력을 예방하는 일과는 관련이 없다. 그것이 폭력을 다루는 유일한 방법은 가해자에게 사후적 고통을 주는 것이다. 피해자나 주변인의 직접적 복수, 법적 처벌, 개인적 불행(흔히 '천벌'이라 부르는 것) 등 가해자의 고통으로 인정되는 것의 형태는 다양하다. 가해자가 행복하게 살면 정의롭지 않은 것이고, 어떤 이유로든 불행해지면 정의가 실현된 것이다(이런 발상을 명확히 표현하는 것이 요즘 유행하는 '참교육'이나 '정의 구현' 같은 온라인 은어다). 물론 현실에서 정당화될 수 있는 것은 법적 처벌이 유일하다. 우리가 목격하는 폭력의 맥락과 유형은 다양하지만, 모든 해법이 '강력한 처벌'로 수렴하는 이유도 여기에 있다. 이 도식을 현실에 적용하면 처벌 말고는 다른 방법이 보이지 않기 때문이다.

한국에서 흔히 벌어지는 비극적 사건의 레퍼토리를 보자. 폭력의 위험에 노출된 시민이 있고, 국가기구와 제도는 그것의 징후를 무시한다. 그 시민은 회복할 수 없는 손해를 입고, 국가는 뒤늦게 온갖 대책을 발표한다. 분노한 대중은 국가의 무능함을 성토하며, 가해자에 대한 강력한 처벌을 요구한다. 처벌이 이루어질 때도 있고 아닐 때도 있지만, 사건은 조만간 잊히고 얼마 뒤 비슷한 사건이 다시 발생한다. 강력한 처벌이 과연 이런 패턴에 마침표를 찍을 수 있을까? 이 질문에 답하는 것은 불가능한데, 애초 어느 정도가 강력한 처벌인지 알 수 없기 때문이다.

예를 들어, 성범죄를 강력하게 처벌한다는 것은 무엇을 의미하는가? 스웨덴은 일찌감치 부부강간을 인정했고, 지금은 가해자와 피해자 사이의 관계를 고려하지 않고 모든 강간을 똑같이 다룬다(형법전 6장 1절). 관련 조항은 '젠더 중립적 gender neutral'이므로, 이성 사이의 강간과 동성 사이의 강간도 구별하지 않는다. 강간을 판단하는 기준은 강제력이나 위협의 동원 여부가 아니라 피해자의 동의 여부에 있다.* 한국에

---

* 다음의 앰네스티 보고서를 참고하라. "Sweden: Criminalization and Prosecution of Rape in the Sweden – Submission to the UN Special Rapporteur on Violence against Women, its Causes and Consequences", Amnesty International, 2020. https://www.amnesty.org/en/documents/eur42/2426/2020/en/

서 그토록 강조하는 '성범죄에 대한 강력한 처벌'은 스웨덴의 방식을 의미할까? 그렇지는 않을 것이다. 범죄자의 형량을 늘리자는 주장만 흔할 뿐 '강간' 개념에 관한 진지한 관심은 드물다. 실제로 피해자의 동의 여부를 강간의 판단 기준으로 삼아야 한다는 주장이 꾸준히 제기되어왔지만(이른바 '비동의 강간죄' 도입), 실제 법 개정으로 이어질지는 불확실하다. 성범죄자에 대한 집단적 분노는 강력하지만 강간 개념에 대한 관심은 높지 않다는 것, 바로 여기에 '강력한 처벌'의 진정한 의미가 있다.

당연한 말이지만, 법이 어떤 원리에 기초하는지에 따라 동일한 범죄 행위에 대한 판단과 형량이 달라진다. 스웨덴은 강간에 대한 체계적이고 엄격한 법 규정을 가지고 있지만, 형량은 최소 3년~최대 6년이다. 미국의 강간 범죄 형량은 훨씬 더 길어서, 일부 주는 종신형까지 가능하다. '강력한 처벌'이 형량의 절대적 증가를 의미한다면, 이는 미국처럼 해야 한다는 주장이 될 것이다. 그런데 이런 논리를 계속 따라가면 미국보다 더 강력하게 처벌하는 것이 낫다는 결론이 나오고, 마지막에는 모든 폭력을 종신형이나 사형으로 다루는 것이 최선이라는 결론에 이르게 된다. 이런 의미의 '강력한 처벌'은 형법적 처벌이라고 할 수 없다.

재판부가 타당성 없는 이유를 대며 범죄자의 형량을 줄여주는 경우가 있다. 법률 자체에 허점이 있어서 재판부가 특정한 종류의 범죄를 처벌하지 않거나, 법 원리에 어긋나는 형량을 선고하는 경우도 있다. 특히 성범죄 재판에서 이런 경우가 흔히 발견되는데, 이로 인해 '한국 사법부는 성범죄에 관대하다'는 인식이 일반화되었다. 이것이 강력한 처벌을 요구하는 실질적 배경이기도 하다. 그런데 이런 경우에 요구해야 할 것은 강력한 처벌이 아니라, 합리적이고 정확한 법 근거에 따른 처벌이 아닌가? 필요하다면 법을 개정하거나 새로 만들어야 하며, 재판부는 체계적이고 일관된 양형 기준을 제시해야 한다. 법적 처벌의 정당성을 결정하는 기준은 해당 국가가 채택한 법 원리다. 한국 사법 체계의 문제는 이러한 원리 자체가 모호하고, 그 원리에 어긋나는 판결이 자주 나온다는 데 있다.

강력한 처벌에 대한 집단적 요구는 꽤 독특한 현상이다. 명확한 의미도 없고 현실의 문제에 대응하지도 못하는데, 많은 사람이 계속 그것에 집착한다. 이것이 가해자-피해자 도식의 주요 효과다. 가해자와 피해자를 제외한 모든 것을 삭제하고 나면 개인 사이의 부채관계만 남고, 가해자를 처벌하거나 징계하는 것만이 정의를 실현하는 유일한 방법이 되는 것이다. 하지만 그런 식의 정의를 실현한다고 해서 현실의 문제를 해결할 수 있는 것은 아니다. 이런 사례는 수도 없이 많다.

직장 내 '갑질'과 따돌림을 성토하는 사람은 많아도, 그런 일을 가능케 하는 노동법, 기업 조직과 문화, 노사관계, 위계적 사회관계의 문제를 고려하는 사람은 많지 않다. 드라마와 영화에서만 갑질하는 직장 상사를 '참교육'하는 장면이 반복될 뿐이다.

학교폭력대책심의위원회(학폭위)는 가해자-피해자 도식의 직접적 결과물이다. 한국에서는 학교폭력에 관한 모든 것이 학폭위에 떠맡겨지는데, 폭력이 발생하는 환경, 구조, 사회관계 등은 그 과정에서 모두 지워진 채 학생 사이의 개인적 폭력 사건만 남는다. 학교는 폭력의 발생을 기다리고 있다가, 일단 사건이 터지면 학폭위를 소집해 가해자와 피해자를 특정하고 징계 수위를 결정한다. 가해자와 피해자를 명확히 구별하기 어려운 다툼도 많지만, 관련 행위자는 반드시 둘 중 하나의 범주로 분류되어야 한다. 모든 해법이 징계로 수렴하므로, 가해자로 특정되는 것을 피하기 위한 격렬한 저항이 벌어진다. 행정소송이나 행정심판을 제기하고, 피해자를 압박하고, 교사를 괴롭힌다. 강력한 징계와 학교폭력 해결은 전혀 다른 수준의 문제지만, 전자에만 모든 주의가 집중되면서 후자는 완전히 잊힌다.

이른바 'n번방 사건'이 세상에 알려지자 많은 이들이 강력한 처벌과 가해자 신상 공개를 요구했다. 관련자들이 받은 처벌의 정도는 다양하다. 핵심 인물 몇 명은 30년형 이상을 선고받았고, 공범 중에는 10년 이하의 형을 받은 이들도 있다. 이들은 강력한 처벌을 받은 것일까, 아닐까? 사람마다 다르게 느낄 것이다. 계속 논의한 것처럼, '강력'의 기준 자체가 없기 때문이다. 강력한 처벌에 대한 집단적 요구가 쏟아지는 것과 달리, '어떻게 이런 온라인 집단 성폭력 사건이 발생할 수 있었는가?'라는 질문은 충분히 논의되지 못했다. 그런 폭력이 발생하는 환경과 구조를 이해하고 바꾸려는 시도 역시 거의 찾아보기 힘들다. 그 이후에도 유사한 사건이 반복적으로 발생하고 있지만, 집단적 분노는 놀라울 정도로 허약해졌고, 공동체는 여전히 이런 종류의 폭력에 어떻게 대응해야 할지 모른다.

대규모 참사는 안전 장치의 작동 실패에서 발생한다. 여기서 '안전 장치'라 부른 것에는 말 그대로 모든 것이 포함된다. 안전을 책임지는 개별 행위자들, 이들의 도덕의식과 행위를 조절하는 다양한 규칙들, 안전 관련 조직 내외부의 권력관계, 조직 및 행위자들과 국가기구의 관계, 안전에 관한 시민의 행동 방식 등, 수없이 많은 이질적 요소와 차원이 그것을 구성한다. 안전 장치의 작동 실패를 개별 책임자의 문제로 축소할 수는 없다. 그가 의무를 다하지 않아서 안전 장치가 고장 난 것인지, 장치가 제대로 작동하지 않아서 그가 의무를 방기한 것인지조차 구별하기 어렵기 때문이다. 책임자에 대한 처벌은 안전 장치의 다양한 오작동을 파악하고 수정하는 작업의 일부로 다뤄져야 한다. 가해자-피해자 도식이 적용되기 가장 어려운 것이 대규모 참사이지만, 한국에서는 오히려 가장 적극적으로 적용된다. 그래서 참사가 발생하면 가장 먼저 나오는 요구가 '진상 규명, 책임자 처벌'이다. 하지만 이는 오히려 참사의 원인을 종합적으로 이해하고, 누가 어떤 의무를 어떻게 방기했는지 정확히 파악하는 작업을 방해한다. 그 결과 안전 의무를 다하지 않은 개인 몇 명이 처벌과 징계를 받지만, 그 뒤로도 안전 장치는 정상화되지 않고, 참사의 위험은 여전히 남는다.[*]

이를 처벌의 무용함을 주장하는 것으로 오해해서는 안 된다. 세상에 그 누가 처벌의 필요성을 부정할 수 있겠는가? 문제는 가해자-피해자 도식이 처벌을 다루는 방식이다. 거기서 처벌은 단순히 가해자에게 고통을 주기 위한 수단 중 하나로 변형된다. 법적 처벌이란 국가권력이 법에 따라 처벌하는 것을 말한다. 공동체가 그것을 적절하고 효과적으로 사용하려면, 처벌을 어떻게 정당화할 것인지에 관한 법철학적 질문부터 처벌이 실제로 어떤 효과를 발휘하는지에 관한 사회과학적 질문까지 매우 다양한 것을 고려해야 한다. 청소년 범죄에 대한 처벌 문제를 생각해보자. 미성년자는 온전한 권리와 책임을 보유한 법적 주체가 아닌데, 그를 처벌한다는 것은 어떤 의미인가? 그에 대한 처벌을 강화하는 것이 과연 범죄 예방에 실질적 도움이 되는가? 가해자-피해자 도식으로 법적 처벌을 바라보면, 이런 모든 질문이 제거되고 가해자에게 어

---

[*] 이런 의미에서 사회학자 박상은의 다음 인터뷰는 매우 중요하다. "실무진들에게 '왜 이걸 안 했어'라고 추궁하는 대신 당신에게도 어떤 이유가 있었을 것이라는 전제하에 질문을 던져야 합니다. 그렇게 수많은 조사를 거쳐 전반적인 시스템이 드러나면, 나중에는 각각의 행위자들에 대한 합당한 '책임 배분'이 가능하리라고 생각합니다. 그러면서 검·경에 수사의뢰를 할 수도 있겠고요. 처음부터 '책임을 묻겠다'고 시작하면 잘못된 시스템을 확인할 수 있는 좋은 질문들이 나오지 않을 겁니다." 송윤경, 〈"처벌보다 '구조적 원인'에 집중하자, 그게 세월호 실패의 교훈"〉, 《경향신문》, 2023. 2. 6.

떤 고통을 줄 것인지만 문제가 된다. 그래서 강력 범죄 관련 기사에는 '그냥 사형시켜라'는 댓글이 수도 없이 달리고, 청소년 범죄에는 '애들이라고 봐주지 마라'는 반응이 쏟아진다. 이 도식이 법적 처벌에 대한 집착과 불신을 동시에 재생산하는 것은 당연한 일이다. '국가는 강력한 처벌을 해야 하지만, 그 어떤 처벌도 충분히 강력하지 않으니, 우리가 직접 하겠다'라는 태도가 만들어지는 것이다. 문제가 되는 것은 단순히 '사적 복수'에 호의적인 사회 분위기가 아니라, 법적 처벌조차 복수의 수단으로 사용되는 상황이다. 〈신상 공개라는 공적 복수 제도의 탄생〉에서 다룬 것처럼, 범죄자의 신상 공개가 그 결과물이다.

가해자-피해자 도식이 피해자에게 유리하다고 생각하기 쉽지만, 실제로 꼭 그렇지는 않다. 다른 모든 요소가 사라지고 두 편의 당사자만 남게 되면, 제삼자는 양자택일에 직면하게 된다. 피해자 편에서 '가해자를 강력히 처벌하라'고 요구하거나, 가해자의 편에서 피해자에 대한 공격에 동참하거나 두 가지 선택만 가능한 것이다. 공동체가 폭력의 복잡하고 다층적인 성격을 이해하고 대응책을 모색할 수 있는 공적 공간은 상상조차 할 수 없다. 결국 두 진영 사이의 싸움이 시작되고, 피해자는 가해자 지지 진영 전체와 맞서야만 한다. 더구나 사람마다 가해자와 피해자를 식별하는 기준이 달라서, 자신이 상상하는 피해자다움에서 벗어난 피해자가 있으면 곧바로 '거짓 피해자'로 낙인찍는다. 피해자는 어쩔 수 없이 자신이 피해자임을 호소하고 다닐 수밖에 없다.

이 도식은 폭력의 복잡성을 다루기도 어렵다. 전혀 모르는 타인이 갑자기 다가와 나를 때리는 식의 단순한 폭력은 오히려 드물다. 학교폭력, 성폭력, 직장 내 괴롭힘 등, 모든 유형의 폭력이 복잡한 관계와 맥락에서 일어난다. 친구들의 지속적인 놀림과 조롱에 지친 한 어린이가 위협이 될 만한 물건을 들이밀며 '계속 그러면 가만두지 않을 거야'라고 말하는 상황을 떠올려보자(이는 실제 사례를 적당히 각색한 것이다). 여기서 누가 가해자이고, 누가 피해자인가? 이 둘을 구별하는 것이 가능한가?

몇 년 전 한 유명 웹툰 작가가 자기 아이를 담당하던 특수교사를 아동 학대 혐의로 고소한 사건이 있었다. 자폐 스펙트럼을 가진 그 아이는 한동안 불안한 모습을 보였는데, 이를 걱정한 부모가 아이에게 녹음기를 달아서 등교시켰고, 거기에 녹음된 특수교사의 발언이 학대에 해당한다고 본 것이다. 이 사건에는 수많은 사회적·교육적 쟁점이 응축되어 있다. 아동 학대의 기준은 무엇인가? 특수 학급은 어떤 원칙에 따라 운영되어야 하는가? 사회는 자폐 스펙트럼을 가진 어린이를 어떻게 보호해야 하는가? 학부모는 학교 교육에 어느 정도 수준까지 개입할 수 있는가? 장애 아동의 보호를 위해 타인 간 대화를 녹취할 수 있는가? 하지만 이런 질문들이 진지하게 논의되는 대신 곧바로 가해자 찾기가 시작되었다. 교사 단체들은 학부모를 가해자로, 해당 교사를 피해자로 규정했다. 그전에 학부모의 괴롭힘으로 교사가 자살한 사건이 있었기에, 이러한 규정에 동조하는 이들이 많았다. 하지만 그 특수 교사의 행위가 아동 학대에 해당한다는 의견을 가진 이들도 적지 않았고, 이들이 보기에 가해자는 교사였다. 사실 이 사건에는 타인 간 대화 녹취와 아동 학대라는 두 가지 쟁점이 뒤섞여 있다. 여기서 가해자와 피해자를 단순히 구별하는 것은 불가능하다. 그런 구별을 통해 이 사건에 접근하는 한, 교사를 지지하는 진영과 장애 아동의 부모를 지지하는 진영의 세력 싸움만 계속될 뿐이다.

가해자-피해자 도식에 한번 갇히면 벗어나기 어렵다. 이 도식을 비판하면 '가해자 강력 처벌'이라는 절대적 명령을 거부하는 것이 되고, 이는 곧 '가해자 옹호'로 간주되기 때문이다. 이는 적대적 진영 논리의 변형이다. 즉 나를 비판하는 것은 적을 이롭게 하는 것이므로, 나에 대한 비판 자체가 허용되지 않는다는 식이다. 이 도식은 폐쇄적이고 배타적이며 자기반성이 불가능한 관점을 만들어낸다. 하지만 폭력에 대한 다른 접근법은 얼마든지 가능하다. 넷플릭스 드라마 〈소년의 시간〉을 보자. 이 작품은 다양한 위치의 행위자, 10대 문화, 가족과 학교의 환경, 남성성이 형성되는 사회문화적 구조, 수사와 재판 체계 등을 다루며 참혹한 사건을 이해하는 데 집중한다. 드라마 전체가 철저하게 가해자에게만 초점을 맞추지만, 그를 옹호하는 것과는 아무런 관련이 없다. 극 중(네 번째 에피소드)에 가해자와 피해자의 단순 대립 구도를 통해 사건을 이해하는 인물이 등장하기는 한다. 살인을 저지른 소년의 가족을 조롱하고 공격하는 동네 아이들, 비밀스럽게 희생자를 비난하며 가해자 편을 드는 점원이 그렇다. 그러나 드라마는 이들 모두를 어리석고 미성숙한 인간으로 그린다. 소년의 아버지는 그런 어리석음에 맞서 '도대체 무슨 일이 일어난 것인가?', '왜 그런 일이 일어났는가?'라는 질문에 집중한다.

폭력과 상품 교환의 논리

이제 미뤄두었던 중요한 질문으로 돌아가자. 통속적 복수극은 어떻게 복수의 역설을 무시하면서 복수를 통한 구원이 가능하다고 전제할 수 있는가?

복수란 고통의 교환이다. 내가 고통을 받으면 그만큼의 고통을 상대방에게 돌려주어야 한다는 것이 그 교환의 규칙이다. 여기에는 인간적 가치의 피해를 돈이나 물건으로 보상하는 것은 불가능하며, 인간의 고통과 교환 가능한 것은 다른 인간의 고통뿐이라는 믿음이 전제되어 있다. 그런데 설사 고통의 교환이 가능하다 하더라도, 그것이 등가교환일 수는 없다. 인간의 고통은 다른 것으로 대체될 수 없는 고유한 것이며, 피해자의 고통과 가해자의 고통은 전혀 다른 가치를 지니기 때문이다. 따라서 복수를 통해 부채를 청산하는 것은 불가능하다. 복수극의 설정과 플롯을 어떤 식으로 변형시켜도 이러한 역설을 제거하지는 못한다. 복수의 실행자가 가해자에게 아무리 끔찍한 고문을 가해도 그의 고통과 피해자의 고통이 같을 수는 없고, 등가교환되지도 않기 때문이다. 그래서 복수극은 결말이 아무리 통쾌하더라도 해피엔딩이기 어렵다.

그렇다면 복수를 통한 구원은 복수극 내부가 아닌 다른 곳에서 일어나야 한다. 그건 바로 **관객의 마음속** 아닐까? 피해자와 가해자의 고통은 관객의 심리적 경제 안에서만 등가교환될 수 있다는 말이다. 피해자의 고통에 공감한 관객이 느끼는 상실감, 분노, 슬픔 등이 가해자의 고통이 주는 통쾌함을 통해 해소되는 식이다. 이런 카타르시스를 얼마나 효과적으로 제공하는지가 복수극의 흥행을 결정한다.

통속적 복수극의 가해자-피해자 도식은 이런 식으로 폭력의 문제에 상품 교환의 논리를 재도입한다. 앞서 설명했듯, 이 논리의 핵심은 등가교환을 통한 부채의 완전 청산에 있다. 이를 '상품 교환의 논리'라고 부른 것은 상품을 사고팔 때 그것의 가장 순수한 형태가 드러나기 때문이다. 가해자-피해자 도식은 등가교환될 수 없는 것을 등가교환하기 위해 인간의 고통이 가진 고유성을 삭제하고, 가해자와 피해자의 고통을 관객의 심리적 효과로 번역한다. 이 효과들의 등가교환, 즉 심리적 보상이나 상쇄를 통해 부채는 완전히 청산된 것처럼 보이게 된다. 이런 식으로 상품 교환의 논리는 **심리적 등가교환의 논리**로 변형된다. 이를 인간적 가치에 대한 모독이라고 말할 수도 있는데, 인간의 고통은 관객의 심리적 효과를 위한 수단으로 활용될 뿐이기 때문이다. 통속적 복수극 대부분이 피해자에 대한 공감에서 시작하지만, 피해자의 존재는 곧 잊히고 가해자에 대한 폭력을 정당화하는 보조 장치 정도로 축소된다. 이런 종류의 픽션은 가해자에게 어떻게 고통을 줄 것인지에만 집중할 뿐, 피해자의 고통을 어떻게 재현할 것인지에는 별 관심이 없다.

가해자-피해자 도식은 통속적 복수극의 구조다. 그것은 픽션과 관객의 관계에서 작동하므로, 현실에 적용될 수 없다. 그렇지만 한국에서는 많은 사람이 그것을 통해 현실 사회의 폭력을 다루려고 한다. 가해자를 강력히 처벌하는 것이 정의의 실현이고, 이를 통해 부채관계가 청산된다고 믿는 것이다. 어떻게 해서 픽션의 구조가 현실의 문제를 인식하는 기본틀로 작동하게 된 것일까?

여기서 한국사회를 특징짓는 두 가지 사실을 다시 한번 확인할 필요가 있다. 이 둘은 서로 분리되어 있지만, 동시에 존재한다. 하나는 폭력을 다룰 공통 원리가 부재하다는 것이고, 다른 하나는 상품 교환의 원리가 무한히 확장하고 있다는 것이다. 성폭력을 생각해보자. 공동체가 이 문제를 다루려면 성폭력, 성평등, 성불평등, 강간, 동의, 젠더 기반 폭력, 차별, 여성혐오 등의 공통 개념이 필요하다. 하지만 사람마다 이 용어들을 이해하는 방식이 다르고, 국가기구조차 표준화된 개념 정의를 제시하지 못한다. 성폭력의 배경과 구조를 이해하기 위한 지식은 특정 영역 내에서만 유통될 뿐, 공통의 상식으로 인정받지 못한다. 심지어 '성별, 성정체성, 성적 지향 등에 상관없이 모든 인간은 권리상 평등하다'라는 헌법 원리조차 정치적으로 부정된다. 성폭력을 다루기 위한 최소한의 공통 원리도 없으니, 문제의 해법을 찾지 못하는 것도 당연하다. 이때 상품 교환의 논리가 폭력의 문제에 개입하고, 피해자의 고통을 가해자의 고통으로 보상하는 것만이 유일한 대응책으로 남는다. 이렇게 가해자-피해자 도식이 픽션을 벗어나 현실적 힘을 획득하게 되는 것이다. 결국, 다들 '강력한 처벌'을 외치지만, 실질적으로 변하는 것은 없다. 공동체는 가해자에게 분노를 쏟아낼 준비가 되어 있지만, 미래의 가해자를 막는 데는 별 관심이 없고, 그럴 역량도 없다.

여기서 다음 사실에 유의해야 한다. 상품 교환 논리에 따라 폭력을 다룬다고 해서 폭력의 피해를 돈으로 보상할 수 있다는 결론이 나오지는 않는다. 폭력의 가해와 피해가 비상품 교환에 속한다는 인간 경제의 원칙은 부정되지 않으며, 인간적 가치와 물건의 가치도 명확히 구별된다. 오히려 가해자-피해자 도식은 돈으로 문제를 해결하려는 가해자의 행위를 절대 용납하지 않는다. 이런 행위는 혐오스러운 '2차 가해'의 하나로 간주될 뿐이다.* 인간적 가치의 피해에서 발생한 부채관계는 또 다른 인간적 가치로만 청산될 수 있다. 피해자의 고통을 보상할 수 있는 것은 오로지 가해자의 고통뿐이라는 말이다.

　　그러므로 통속적 복수극을 향해 던졌던 질문을 다시 던져야 한다. 모든 인간적 가치는 고유한 것이고, 피해자와 가해자의 고통은 등가교환될 수 없으며, 가해자에게 어떤 고통을 주어도 훼손된 인간적 가치를 상환하는 것은 불가능한데, 어떻게 '강력한 처벌'로 부채를 청산할 수 있는가? 이 질문에 대한 가장 설득력 있는 답은 '현실이 픽션처럼 다루어지기 때문'일 것이다. 현실에서 폭력이 발생하면 대중은 관객이 된다. 시청자가 복수극 드라마를 보듯 대중이 현실의 폭력을 바라본다는 말이다. 그리고 관객의 심리 안에서 피해자와 가해자의 고통이 등가교환되는 것처럼, 현실의 고통도 대중의 심리 안에서 등가교환될 수 있는 것으로 취급된다. 여기서 가해자-피해자 도식의 숨겨진 작동 방식이 드러난다. 사실 폭력에서 비롯한 부채관계는 가해자와 피해자가 아니라, 가해자와 분노한 대중 사이에 형성된다. 이는 감정의 부채다. 대중은 가해자의 행위에서 감정의 피해를 보고, '강력한 처벌'을 통해 감정적 보상을 받으려 한다. 만일 이것이 피해자와 가해자 사이의 부채였다면, 처벌이 부채를 청산하는 일은 애초에

---

*　'2차 가해'라는 말은 가해자-피해자 도식의 또 다른 파생물이다. 이 말은 합리적 개념이 아니다. 예컨대, 가해자에 동조하는 제삼자가 피해자에게 언어적 폭력을 가했다면, 이는 별도의 폭력으로 다루어야 할 문제이지 '2차 가해'라고 불릴 수 있는 것이 아니다. 또한 가해자 편에 선다고 해서 모두 '가해'가 되는 것도 아니다. 가해자-피해자 도식은 대중의 여론을 가해자 진영과 피해자 진영으로 양분하고, 이 둘 사이에 적대적 전선을 형성하는데, 이때 가해자 진영을 비난하기 위해 탄생한 말이 '2차 가해'다. 이 말은 가해자-피해자 도식 내에서만 효과를 가진다.

불가능할 것이다. 결국 통속적 복수극에서 피해자의 존재가 잊히는 것처럼, 현실의 가해자-피해자 도식 역시 피해자의 존재를 삭제한다. 가장 중요한 과제는 항상 가해자에게 고통을 주는 것이기 때문이다.

마치며: 청산 불가능한 부채를 인정하기

부채를 다룬 인류학적·철학적 작업에서 발견할 수 있는 중요한 함의가 있다. 부채는 교환의 당사자를 벗어나 계속 돌고 돈다는 것이다. 신용 화폐 이론이 설명하듯, 헨리와 조슈아 사이에 주고받은 부채의 징표는 마을을 돌아다니며 화폐로 기능한다. 인간 존재가 곧 부채라는 종교적 믿음에 따르면, 태초의 인간이 지은 죄는 부채로 남아 현재와 미래의 인간에게 전해진다. 앞선 세대에게 받은 은혜를 후대에 갚거나, 부모의 원수를 자식이 대신 갚는 이야기는 현대인에게도 낯설지 않다. 인간 경제에 기초한 공동체가 살인 사건에 적극 개입하는 이유도 같다. 거기서 발생한 목숨 빚은 계속 이동하며 피의 분쟁을 부르기 때문이다. 부채의 형태와 성격은 천차만별이지만, 모두 예외 없이 **이동성**mobility이라는 특징을 갖는다. 완료된 교환과 완료되지 않은 교환의 결정적 차이 중 하나가 여기에 있다. 교환이 완료되면 아무것도 남지 않고, 이동할 것도 없다. 교환이 완료되지 않으면 부채가 남고, 이것은 끝없이 이동한다.

　폭력은 청산 불가능한 부채를 남긴다. 폭력이 대중의 마음속에 남긴 심리적 효과는 청산될 수 있을지 몰라도, 그 어떤 것도 폭력이 훼손한 인간적 가치 그 자체를 보상할 수는 없다. 이 사라지지 않는 부채를 관리하는 것이 공동체의 역할이다. 폭력의 구조와 맥락을 정확히 이해하고, 공통의 법 원리에 기초해 가해자를 처벌하고, 미래의 폭력을 방지하기 위한 변화를 시도하는 등 공동체는 그 부채를 관리하기 위해 수많은 과제를 수행해야 한다. 물론, 이렇게 해도 부채는 사라지지 않는다. 그것은 영원히 이동하며 무한한 요구를 남기고, 이것이 공동체의 영속적 존재 이유를 제공한다. 공동체community란 공통의 것common을 공유하는 집단이고, 그중 가장 강력한 것이 공통의 부채다. 공동체 내부의 폭력은 구성원 사이를 돌아다니는 공통의 부채를 남기고, 이 부채를 함께 관리함으로써 공동체가 유지된다.

　지금 한국을 지배하는 가해자-피해자 도식은 청산 불가능한 부채를 청산해보려는 헛된 집착이다. 나는 이런 집착이 상품 교환 논리의 확장에서 비롯되었을 것이라는 강한 의구심을 가지고 있다. 한국사회는 돈을 주고 물건을 사듯, 빌린 돈을 받고 채무관계를 정리하듯 폭력의 부채관계를 손쉽게 청산하려고 하지 않는가? 가해자가 강력히 처벌받으면 그것으로 정의가 실현될 것이라는 발상은 얼마나 무책임한가? 가해자를 향한 분노는 하늘을 찌르지만, 폭력에 대한 공동체의

책임은 너무나 가볍게 다뤄진다. '강력한 처벌을 통한 정의'
는 공통의 부채를 은폐하고, 공동체의 존재 이유를 삭제한다.
폭력이 사회관계의 한 가지 형태로 자리 잡은 지금의 참혹한
상황을 바꾸고 싶다면, 청산 불가능한 부채의 존재를 인정하
는 것에서 출발해야 한다. 통속적 복수극의 세계에 갇혀 있는
한, 인간의 고통은 한낱 감정적 효과를 위한 재료로만 소비될
것이다.

평등하지
않은

세상을
꿈꾸는

당신에게

2부

한국사회는 거시적 수준부터 미시적 수준까지 평등의 원리를 제서하는 방식으로 조직되어 있다. 개인 간의 평등한 관계가 무엇인지 이해하는 사람은 극소수다. 다수는 그런 관계가 무엇이고, 어떻게 가능한지조차 상상하지 못한다. 세상은 불평등하고, 계속 불평등해야만 한다는 명령이 이곳을 지배한다. "평등하지 않은 세상을 꿈꾸는 당신에게"라는 광고 문구는 그런 다수의 욕망을 너무나 솔직하게 표현하고 있다. 물론 "평등하지 않은 세상"이 전근대적 신분 사회 따위를 의미하는 것은 아니다. 그런 사회에는 '신분 상승의 사다리' 같은 것이 존재할 수 없기 때문이다. 다수가 원하는 것은 불평등한 사회 그 자체가 아니라 자신의 '부자 되기'와 신분 상승이다. 사회가 계속 불평등하게 유지되어야만, 자신이 불평등 구조의 위쪽으로 올라가서 아래쪽을 내려다볼 수 있다는 것이 핵심이다. 자신이 '노력'한 만큼 위로 올라갈 수 있어야만 한다는 것이 이 사회의 중요한 원칙이다. 이를 흔히 '공정'이라고 부른다.

지금의 한국사회를 규정하는 가장 근본적인 특징은 **연속적·미분적·상대적** 불평등이다. 즉 귀족과 평민, 양인과 천인, 부르주아와 프롤레타리아 같은 이산수학적 구별이 아니라, 월

120

소득 200만 원, 300만 원, 500만 원, 1000만 원 사이의 연속적 차이 같은 것이다. 그래서 서울 강북의 아파트에 사는 사람이 건너편 임대 아파트 주민보다 상위 계급에 속한다는 사실에 자부심을 느끼며, 언젠가 강남으로 이사 갈 날을 꿈꾼다. 한국에서 공장 노동자라는 직업은 선망의 대상이 아니지만, 정규직 공장 노동자와 비정규직 하청업체 노동자 사이에는 넘을 수 없는 벽이 세워진다. 이렇듯 하위 계층 아래에 하위의 하위 계층이 있고, 상위 계층 위에 상위의 상위 계층이 있다. 사회의 어떤 부분을 확대해보더라도 위와 아래의 구별을 발견할 수 있다.

불평등에 대한 긍정은 인간 존엄성에 대한 부정을 의미한다. 한국사회를 움직이는 것은 '이익을 위해 인간을 도구로 취급하라'는 명령이다. 이런 식으로 폭력이 사회적·경제적 관계의 기본 형식이 된다. 여기서 '폭력'이란 인간을 사물로 대하는 모든 태도, 행위, 제도, 구조 등을 의미한다. 실제로 죽거나 다친 사람이 없어도, 인간을 소모품 취급하는 제도와 구조가 있다면 그 자체가 폭력이다. 방금 말한 연속적 불평등은 만인에 대한 만인의 폭력으로 드러난다. 타인도 나를 도구로 대하고, 나도 타인을 도구로 대한다.

2부에는 불평등과 폭력에 관한 글들을 모았다. 마지막 '깊이 읽기'에서는 '민주주의란 무엇인가?'라는 질문으로 돌아갈 것이다. 평등을 거부하는 것은 민주주의 그 자체를 거부하는 것이나 다름없기 때문이다.

괴롭힘이
노동의 정상적 조건이
되었을 때

괴롭힘이라는 노동 규율

서울대 청소노동자가 자신의 일터에서 사망했다.[*] 노동 사고는 끊이지 않고, 노동자들은 괴롭힘을 당하다 죽어간다. '괴롭힘'은 은유적 표현이 아니다. 고인에게 강요된 필기시험의 목적은 괴롭힘을 통해 노동자를 길들이는 것이고, 이런 광경은 한국사회 어디에서나 흔히 목격된다. 괴롭힘은 특수하고 일탈적인 사건이 아니라 노동 통제의 일상적 수단이 되었다.

규율 혹은 훈육discipline은 현대 자본주의 노동의 핵심

---

[*] 2021년 6월 서울대학교 기숙사 청소노동자가 휴게실에서 숨진 채 발견된 사건이다.

이다. '직장에서 일한다'는 것은 정해진 시간에 출근해 정해진 방식으로 행동함을 의미한다. 규율된 노동의 등장은 인류사의 충격적 사건이었다. 〈모던 타임스〉의 찰리 채플린은 컨베이어 벨트를 따라 미친 듯이 나사를 조이다가 기계 안으로 휩쓸려 들어간다. 컨베이어 벨트는 단순히 기계 부품을 옮기는 장치가 아니라 인간을 기계의 리듬에 종속시키는 규율 장치다. 물론 규율은 공장 노동만의 특징이 아니다. 서비스 노동자는 매뉴얼에 따라 친절하게 인사하는 법을 연습한다. 지식 노동자는 상대적으로 자유로워 보이지만, 임금의 대가로 성과를 내야 한다는 절대적 원칙에서 벗어날 수는 없다.

노동에 대한 규율 그 자체를 두고 좋다 나쁘다 말할 수는 없다. 노동이 사회적 활동인 이상 규율은 필수 요소다. 특히 노동 현장의 안전을 보장하기 위해 적절한 통제와 지시는 꼭 필요하다. 하지만 오로지 이윤과 효율적인 착취를 위해 만들어진 통제 장치도 있다. 그중 가장 악랄한 것이 바로 괴롭힘이다.

서울대는 도대체 왜 청소노동자에게 업무와 상관없는 필기시험을 요구했을까? 괴롭힘을 통해 그들을 효과적으로 통제하기 위해서다. 그것은 노동자에게 모멸감을 주고 자존감을 파괴한다. 취약한 노동자의 영혼에 '당신은 존중받을 가치가 없으므로, 내가 시키는 대로 해야 한다'는 주문이 주입된다. (물론 이런 식의 권력 행사가 노동 현장만의 특징은 아니다. 최근 '가스라이팅'이라는 말이 광범위하게 사용되는 현상에 주목할 필요가 있다.) 이제 사용자와 노동자는 노동계약의 두 당사자가 아니라 우월한 인간과 열등한 인간으로 분리되고, '아랫사람'을 내려다보는 '윗사람'의 명령이 노동을 규율한다.

근로기준법은 '직장 내 괴롭힘'을 이렇게 정의한다. "지위 또는 관계 등의 우위를 이용하여 업무상 적정범위를 넘어 다른 근로자에게 신체적·정신적 고통을 주거나 근무 환경을 악화시키는 행위." 2017년 국가인권위원회 조사에 따르면 70% 이상의 노동자가 괴롭힘을 경험했다고 한다. 인터넷에 '직장 갑질'을 검색해보라. 노동이 있는 모든 곳에 괴롭힘이 있다는 것을 발견할 수 있다. 그 수준이 심각한 정도에 이르면, 그때서야 사회적 관심과 처벌의 대상이 된다.

괴롭힘이 이 정도로 일반적인 현상이라면, 과연 그것을 '예외적'이라고 말할 수 있을까? (한때 체벌이 교육의 정상적 수단이었고, 뇌물이 사회적 관계의 정상적 형태였던 것처럼) 괴롭힘은 오히려 일상적인 노동 관리 수단의 하나가 아닌가? 노동자가 상급자의 요구를 만족시키지 못하거나 지시에 순응하지 않을 때, 가장 편하게 택할 수 있는 대응책이 괴롭힘이다. 가해자는 회사 조직일 수도, 특정 개인일 수도 있지만, 어느 쪽이든 괴롭힘을 '성격 이상한 직장 상사의 일탈 행위'로 축소할 수는 없다. 그것이 노동 규율이라는 명확한 목적을 가진 폭력이기 때문이다.

플랫폼 노동의 별점 괴롭힘

플랫폼 노동은 노골적으로 괴롭힘을 활용하지만, '직장 내 괴롭힘'이라는 개념은 그 문제를 다루지 못한다. 얼마 전 환불 문제로 고객과 논쟁하던 식당 운영자가 사망한 사건이 있었다.[*] 《경향신문》의 기사에 따르면, 그것은 결코 예외적인 사례가 아니다. 별점 앞의 노동자는 아무 보호 장치 없이 괴롭힘에 노출된다.[**]

플랫폼은 기업, 노동자, 고객의 역할을 뒤집는다. 노동자는 피고용인이 아니라 독립적인 서비스 제공자로 취급된다. 기업은 노동자와 고객을 연결할 뿐, 서비스 제공 과정을 책임지지 않는다. 고객은 단순한 서비스 구매자가 아니라 노동자에게 직접 지시와 명령을 내리는 지위에 오른

[*]   2021년 6월, 새우튀김 한 개를 환불해달라는 소비자의 요구에 시달리던 식당 운영자가 뇌출혈로 사망한 사건이 있었다.

[**]   송윤경·김원진, 〈딸기주스서 침 뱉은 맛 난다, 별 1개… 별점노동의 시대〉, 《경향신문》, 2021. 7. 19.

다. 즉 사용자가 가지고 있던 노동 통제 권력이 고객에게로 이동하는 것이다.

고객의 취향과 요구는 절대적이다. 노동자가 그것에 맞설 방법은 없다. 고객과 노동자는 계약의 당사자가 아니므로 협상할 방법도 없고 단체 행동도 불가능하다. 결국 노동자는 고객에게 완전히 종속된다. 고객 입장에서도 이런 상황이 완전히 유리한 것만은 아니다. 기업의 역할을 본인이 직접 수행해야 하기 때문이다. 예컨대 노사관계에서 다루어지던 문제가 노동자와 고객 사이의 갈등으로 전환된다(얼마 전 발생한 택배 노동자와 아파트 주민 사이의 갈등을 떠올려보자).

플랫폼이 고객 권력을 강화할수록 기업은 더 큰 이익을 얻는다. 하지만 기업 권력은 축소되지 않는다. 고객의 명령은 플랫폼을 통해서만 전달되고, 그 작동 방식은 기업이 결정하기 때문이다. 결국 기업은 '고객의 이름으로' 절대적 권력을 행사하면서도, 노동 현장에서 발생하는 일을 책임지지는 않는다. 이것을 '중간착취' 말고 다른 이름으로 부를 수 있을까?

어떤 이들은 플랫폼 노동을 '통제 없는 자유로움'으로 묘사한다. 출퇴근 시간도 없고, 잔소리하는 직장 상사도 없이 원하는 때에 자유롭게 일할 수 있다는 것이다. 하지만 노동이 이윤의 수단인 이상 규율 없는 노동은 불가능하다.

플랫폼 노동의 (표면적) 규율 권력은 고객에게로 이동했고, 그들은 언제라도 괴롭힘의 가해자가 될 수 있다. 사실, 별점 평가의 작동 원리는 이미 괴롭힘의 가능성을 전제한다. 고객과 노동자가 대립할 경우, 고객이 택할 수 있는 가장 효과적이고 강력한 대응책은 별점 테러다. 고객 개인의 양심을 제외하면, 그런 식의 괴롭힘을 차단할 장치가 마땅히 존재하지 않는다.

노동자를 향한 괴롭힘은 사회적 노동 통제의 한 부분이다. 한국의 위계적 사회관계, 노동시장의 심각한 불평등이 그것의 이상적 환경을 구성한다. 플랫폼 노동은 거기에 최악의 조건을 더한다. 첫 번째 희생자는 괴롭힘을 통해 가장 손쉽게 통제할 수 있는 이들, 가장 취약하고 불안정한 위치에 있는 노동자들이다. 괴롭힘이라는 개별 행위를 규제하거나, 사후 조치를 강제하는 방식으로는 이 문제를 결코 해결할 수 없다. 기업의 책임을 면제하는 플랫폼 노동의 작동 방식을 손대지 않은 채 별점 괴롭힘을 제거하는 것도 불가능하다. 노동시장의 불평등 구조와 노동 규율 방식, 플랫폼 노동의 불안정성 그 자체를 문제로 삼아야 한다.

페미니즘 사냥에
어떻게 맞설 것인가?

페미니즘을 향한 백래시가 몇 개월째 난동을 부리고 있다. 페미니즘을 증오하는 남성들이 손가락 고리 모양을 찾아 헤매고, 이른바 '페미'를 색출한답시고 여성들에 대한 낙인찍기를 시도한다. 그리고 이제는 올림픽 국가대표 안산 선수를 겨냥하고 있다.* 이번에는 양상이 다르다. 그들의 주장과 행동이 워낙 황당한 수준이다 보니, 대중의 피로가 상당히 누적된 상황이다. 공격 대상이 '태극전사'라는 사실은 페미니즘에 대한 증오를 압도한다. 그렇다면 이번 사건을 계기로 반페미니즘 난동이 소멸하게 될까? 그렇지는 않을 것 같다. 이번 사건의 의미는 역설적이다. 올림픽

---

* 2021년 7월, 도쿄 올림픽 양궁 2관왕 안산 선수를 향한 온라인 공격이 확산되었다.

3관왕 정도의 '역사적 인물'이 피해자가 될 경우에만 백래시를 반격할 여론이 형성된다는 것이다. 더구나 지금 주류 여론을 주도하는 것은 안산 선수 개인에 대한 지지와 열광일 뿐, 백래시 그 자체에 대한 반대라고 하기도 어렵다. 언젠가 허약한 먹잇감이 등장하면 페미니즘 사냥은 언제라도 재개될 것이다. 그것의 사회적·정치적 조건을 해체하는 일이 중요하다.

'남성 혐오'라는 착각

일단 '혐오'라는 문제적 개념을 살펴보자. 이 개념은 다음 두 가지를 뒤섞는다. 첫째는 차별과 폭력이라는 사회 구조적 실재이고, 둘째는 타인을 미워하거나 경멸하는 감정의 표현이다. 민주주의 체제는 이 두 가지를 엄격히 구별한다. 타인의 권리를 침해하는 폭력과 차별은 무조건 나쁜 것이지만, 타인을 모욕, 비하, 조롱하는 행위는 때에 따라 다르게 평가된다. 그런 행위가 차별을 지지하고 강화한다면, 차별 행위의 일종이므로 허용되지 않는다. 이런 이유로, 여성을 향한 비하와 조롱이 성차별 구조 내에서 발생하는 경우 규제의 대상이 될 수 있다. 반면 사회적 약자가 지배 집단을 향해 적대감을 드러내거나, 시민이 권력자를 조들은 공포심과 죄책감의 모습으로 되돌아온다. 한국의 성장과 성공 뒤에는 이런 공포영화의 한 장면이 펼쳐져 있다. 이른바 'K-방역'도 별반 다르지 않다.

팬데믹은 세계의 모든 곳에서 사회적 불평등을 악화하지만, 지금 한국의 문제는 단지 '불평등'이라는 말로 설명할 수 없다. 국가가 방역 정책에서 발생한 사회적 부담을 소수 집단에 떠넘기고 있기 때문이다. 엄격한 거리두기 조치는 자영업자의 경제 활동을 대가로 삼는다. 학교와 공적 공간의 폐쇄는 돌봄노동을 가정, 특히 가정 내 여성에게 부과한다. 코로나 의료 체계는 의료진을 갈아넣으며 작동한다. 의료 서비스가 코로나에 집중될수록 질병과 장애를 가진 시민은 더 큰 위험에 노출된다. 시민이 자신의 권리를 위해 벌이는 집회와 파업도 엄격히 제한된다. 국가는 공적 자원을 어떻게 분배할지보다 어떻게 아낄지에 집중하며, 위기 극복을 위해 모두 참고 견디라고 요구한다. 감내해야 하는 고통의 정도는 평등하지 않지만, 그건 각자 알아서 할 일이다. 소수 집단에 집중되는 고통과 부담은 공동체의 문제가 아니라, 그들 각자의 문제일 뿐이다.

시민의 공동체는 없다

소수를 희생시켜 위기를 극복하는 시스템은 안정적으로 유지되기 어렵다. 일단, 누구나 다음 희생자가 될 위험이 있으므로 그런 시스템을 고집할 사람이 별로 없다. 그렇다고 특정 집단만을 희생 대상으로 삼을 수도 없다. 이는 계급사회로 회귀하는 것이기 때문이다. 이런 독특한 시스템이 한국에 존속할 수 있는 첫째 이유는 군사독재 시기에 형성된 국가 체제와 제도에 있다. 독재 국가가 반민주주의인 것은 단지 대통령 직선제를 폐지했기 때문은 아니다. 그것은 무엇보다 시민의 공동체 없는 국가였다. 박정희 국가는 시민의 공동체를 '국민'과 '민족'으로 대체하며, 시민 간 관계를 파괴했다. 개인은 오로지 국가의 동원 체제를 통해서만 사회적 관계를 맺을 수 있었다. 국가는 '공익'을 명목으로 개인의 권리를 박탈했고, 약한 집단을 희생시켜 '국민의 경제적 번영'을 도모했다. 1987년 이후 형식적 민주주의는 꾸준히 발전해왔지만, 국가와 제도의 기본적인 작동 방식은 크게 바뀌지 않았고, 시민의 공동체는 여전히 부재한다. 이제 개인들은 공동체를 새로 만들기보다 열심히 '노력'해서 생존의 가능성을 높이는 데 열중하고 있다.

민주주의의 기본 단위는 정치 공동체이고, 그 구성원을 시민이라고 부른다. 모든 시민은 자유로운 개인이고, 모

〈오징어 게임〉:
한국의 지옥도가 재현하는
세계 자본주의의 작동 방식[*]

이제 〈오징어 게임〉은 다소 지겨운 주제가 되었지만, 아직 해야 할 이야기들이 꽤 많이 남아 있다. 일단 언론의 반응에 시선을 돌려보자. 한국 언론 기사의 다수는 작품 자체보다 '한국 문화산업의 대성공'에 주목한다. 어쩌면 한국 관객에게 드라마 속 지옥은 그리 새롭거나 충격적인 광경이 아닐지도 모르겠다. 반면, 해외 언론이 보기에 이 작품은 공포다. 세상 어딘가에 그런 지옥이 존재하고, 그것이 세계의 미래가 될지도 모른다는 보편적 두려움이 〈오징어

---

[*] 이 글은 프랑스어로 번역되어 주간지 《쿠리예 앵테르나시오날Courrier international》에도 실렸다. "'Squid Game' sur Netflix : la Corée du Sud, décor idéal pour dénoncer l'enfer du capitalisme", *Courrier international*, 23 février 2022.

게임〉이라는 전 지구적 문화 현상의 한 가지 배경이다.《뉴욕 타임스》,《가디언》,《르몽드》,《리베라시옹》,《슈피겔》 등 영향력 있는 서구 언론 대부분이 한국사회의 불평등과 폭력을 조명하는 심층 기사들을 쏟아내고 있다. 한국 관객의 입장은 난처하다. 한국사회의 지옥도를 재현한 작품이 전 세계를 휩쓸고 있는데, 이것을 기뻐해야 하나 슬퍼해야 하나?

드라마, 한국, 자본주의

〈오징어 게임〉의 성공 원인은 다양한 맥락에서 분석할 수 있겠지만, 그중 하나는 드라마와 현실이 맺고 있는 독특한 관계에 있다. 이 작품은 흔히 생각하는 것 이상으로 독창적이다. 미지의 권력자가 평범한 이들을 고립된 장소에 가두어 죽음의 게임을 시작한다는 발상은 익숙하지만, 기존 작품 대부분은 판타지 형식을 택한다. 반면 〈오징어 게임〉의 폭력은 극단적이지만 충분히 현실적이고, 호러 판타지보다 범죄물에 가깝다. 가장 충격적인 장면 중 하나는 게임 진행자들이 가면을 벗는 순간이다. 그들은 베일에 싸인 전지전능한 존재가 아니라 게임 참가자와 똑같은 인간이다. 피가 튀고 내장이 잘려나가는 폭력은 초월적 존재가진 비극의 상당수는 가난이 아니라 서구의 국가 및 자본과 부채관계로 얽혀 있다는 사실에서 비롯되었다. 당장 한국만 보더라도, IMF 사태 이후의 사회적 폭력은 국가의 빈곤이 아니라 부채 때문에 벌어진 일이다. 현대 자본주의는 전 지구적인 부채 시스템이고, 금융자본은 돈을 빌려주는 방식으로 지배력을 행사한다. 부채의 유무와 빈부격차는 다르다. 부자도 빚을 질 수 있다. 정확히 말하면, 빚을 져야만 부자가 될 수 있다. '부자'란 단지 돈 많은 사람이 아니라 더 큰 규모의 부채를 운영할 수 있는 사람을 의미한다. 지금 문제가 되는 것도 단순한 빈부격차가 아니라 빚으로 더 큰 돈을 버는 사람과 빚더미에 깔린 사람의 불평등 아닌가? 가장 극단적인 폭력이 시작되는 순간은 자본가가 무산자를 착취할 때가 아니라 금융자본이 무산자에게 돈을 빌려줄 때인지도 모른다. '착취'와 '이자'의 차이는 노동자와 노예의 차이만큼 크다.

이 모든 것을 투명하게 볼 수 있는 곳이 한국사회다. 양극화된 노동시장, 높은 자영업자 비율, 급등하는 부동산 가격, '선진국' 수준의 GDP, 금융 소득에 대한 열광 등은 대출과 투자를 평범한 일상으로 만들었다. 어딜 가나 대출 광고가 넘치고, 인터넷에는 빚에 관한 경험담이 가득하다. 대중의 분노와 관심은 부자와 빈자의 불평등보다 부동산·주식·코인으로 '대박 난 사람'과 '빚더미에 앉은 사람'의 격차에 집중된다. 여기서 망하면 0으로 돌아가는 것이 아니라, 마이너스의 구렁텅이에 빠진다. 〈오징어 게임〉의 기훈처럼, 망하는 과정마다 부채가 개입한다. 구조조정을 당한 뒤 대출받아 자영업을 시작하고, 자영업 실패 후에는 빚으로 빚을 돌려막는 삶이 시작되는 것이다. 자본은 실패자를 무기력하게 놔두지 않는다. 조금이라도 여력이 남았다면 기꺼이 돈을 빌려줌으로써 경제 시스템 안으로 데려온다. 대출은 자본주의가 인간을 포획하는 가장 효과적인 도구다.

금융자본주의는 보통 사람의 이해 범위를 벗어난 난해한 체계로 묘사되곤 한다. 그것은 마치 월스트리트의 수학자가 만들어낸 통계 함수의 비밀같이 느껴진다. 하지만 그 본성을 이해하고 싶다면 드라마에 묘사된 한국 자영업자의 처지를 보면 된다. 빚더미에서 벗어나기 위해 무슨 짓이든 할 수 있는 인간, 이것이 자본주의가 부채를 통해 재생산하는 사회적 존재의 모습이다.

(1958)을 쓴 이후, 이 개념은 지식 엘리트 집단이 정치권력을 독점하고 있는 불평등한 사회구조를 주로 지시하게 되었다. 위계적이고 서열화된 현대 교육 체계는 표준화된 평가 방식을 통해 메리트를 측정하고, 지식 수준에 따라 정치권력이 차등 배분되는 사회를 재생산한다. 메리토크러시를 지지한다는 것은 이러한 상황을 긍정한다는 의미다.

반면, 한국의 능력주의가 지식 엘리트의 권력 독점과 불평등한 사회구조를 지지한다고 말하기는 어렵다. 정확히 말하자면, 이런 정치적이고 사회적인 문제는 능력주의의 관심사가 아니다. 그것의 내용은 앙상할 정도로 간단명료하다. 단순히 '능력 있는 사람이 더 많은 것을 가져야 한다'는 것이다. 예컨대 누군가 공정한 시험을 통과해서 '명문대'에 들어갔다면, 그에 맞는 보상을 받아야 한다. 능력주의는 오로지 여기에만 관심이 있다. 그동안 능력주의라는 말은 지겨울 정도로 쏟아져 나왔지만, 그 외의 문제들, 예컨대 지식 엘리트 집단에 관한 논의는 극히 드물었다. '메리토크러시'와 '능력주의'는 비슷한 상황과 문제를 다루는 말이지만, 바로 이 지점에서 분명히 구별된다. 전자에 관한 논의는 항상 정치적 맥락에 위치하지만, 후자는 시험과 보상, 그 이상의 생각을 거부하는 반정치적 담론이다.

능력주의와 공정

능력주의와 메리토크러시 사이의 간극은 '공정'이라는 말이 사용되는 방식에서도 확인될 수 있다. 메리토크러시는 공정의 적이지만, 능력주의는 공정에 의존한다. 주의할 것은 앞의 '공정'과 뒤의 '공정' 역시 의미가 다르다는 사실이다.

전통적인 '공정' 개념, 특히 롤스John Rawls가 정식화한 '공정으로서의 정의justice as fairness'는 시민의 자유와 평등을 보장하기 위한 원칙을 의미한다. 그것의 핵심은 기회의 평등이다. 민주주의 체제는 기회의 평등을 형식적으로 보장하지만, 사회경제적 불평등은 그것을 실질적으로 약화한다. 이로 인해 메리토크러시가 강화되고, 불평등 구조가 재생산된다. 메리토크러시는 공정을 향한 가장 강력한 위협인 것이다. 반면, 능력주의는 능력에 맞는 보상을 받는 것이 공정이라고 본다. 그러한 보상에 앞서 기회의 평등이 보장되었는지, 그 보상이 사회경제적 불평등에 어떤 영향을 주는지 따위는 관심사가 아니다. 또한 능력주의는 공정이라는 말로 '능력'을 정의한다. 시험이 공정한 절차에 따라 진행되었다면, 그 결과가 곧 개인의 능력을 결정한다. 이때 '공정'이란 '부정부패와 주관적 요소가 개입되지 않은 객관적인 평가 방식' 정도의 의미다. 전통적 '공정' 이론은 사회

당신은 민주주의에 진정으로 동의하는가?

2022. 2.

촛불시위에서 '대한민국은 민주공화국이다'만큼 자주 언급된 문장은 없을 것이다. 그런데 문재인 정부가 들어서자 저 문장을 말하는 사람들도 사라졌다. 참 역설적이다. 민주주의는 부정한 정권에 맞서기 위한 말일 뿐이고, 민주주의의 적이 패배하자 그 말도 함께 잊힌다. 한국에서 민주주의란 과연 어떤 것으로 이해되고 있는가.

근대 민주주의의 기본 모델

여기서 잠깐 근대 민주주의의 기본 시스템을 상기해보자. 민주주의란 '인민이 인민 자신을 통치하는 정치체제'

이고, 이는 곧 평등한 시민들의 공동체를 의미한다. 이러한 공동체는 두 가지 차원의 구별을 전제한다. 하나는 정치적 차원이고, 다른 하나는 사회적 차원이다. 몇몇 철학자들은 이 둘을 '정치적 국가'와 '시민사회'라고 불렀다.*

정치적 차원에서 모든 개인은 자유롭고 완전히 평등하다. 즉 그들은 시민이라는 동일한 지위에 있으며, 똑같은 시민의 권리를 누린다. 평등한 시민들의 집단을 인민이라고 부르고, 이들이 민주주의 공동체를 구성한다. 반면 사회적 차원에서는 종교, 재산, 고용관계, 성별, 교육 수준, 사용 언어, 거주 지역, 피부색, 나이, 섹슈얼리티 등 셀 수 없이 많은 요소들이 인간과 인간을 구별한다. 정치적 차원을 지배하는 것은 같음의 원리, 사회적 차원을 지배하는 것은 다름의 원리다.

이 두 가지 차원의 구별은 정치적 근대성의 핵심이다. 그런데 이 시스템은 뭔가 기묘하다. 한 개인이 두 가지 차원으로 나뉘어 살아가야 하기 때문이다. 사회적 차원에서 저 사람과 나는 고용자와 피고용자의 관계이고 나는 그의 지시를 받아야 하지만, 정치적 차원에서는 둘 다 평등한 시민이다. 불평등한 사회관계가 현실의 삶을 지배하고 있는데, 시민의 평등이 과연 실질적으로 가능할까? 평등은 단

당신은 민주주의에 진정으로 동의하는가?   153

적 차원에서 인간의 기본적 권리를 보편적으로 보호해야 한다. 노동법이 권리를 선별적으로 보호한다는 것은 곧 민주주의의 기본 원칙을 포기하는 일이다.

민주주의란 단순히 선거로 대표자를 뽑는 정치체제가 아니라, 민주주의의 모델에서 도출되는 규칙에 따라 국가를 운영하고, 그 모델에 부합하는 정치적 차원과 사회적 차원을 구성하는 일이다. 민주주의에 동의한다는 것은 이러한 관점에서 현실의 모든 문제에 접근한다는 의미다. 실제로 그렇게 해보면, 방금 말한 것과 비슷한 사례를 대거 찾을 수 있다.

이번 20대 대선을 보자. 거대 양당과 그 정치인들은 사회경제적 불평등과 노동의 문제에 무관심하다. 그렇다고 유권자 다수가 그 문제에 관심을 기울이는 것도 아니다. 흔히 '소수 진보정당에서나 다룰 만한 문제'로 취급될 뿐이다. 민주주의에 대한 일반적 합의가 존재한다면, 이런 상황은 발생할 수 없다.

자본주의는 민주주의의 가장 치명적인 장애물이다. 자본주의적 소유관계와 노동관계가 사회적 차원의 불평등을 강화하면서 시민적 평등을 위협하기 때문이다. 이 문제에 대응하기 위한 장치가 사회보장, 노동법, 고용 정책 등이다. 하지만 한국에는 정치 상품처럼 소비되는 개별적인 복지 서비스만 있을 뿐, 국가 모델에 기초한 전체적이고 체계적인 대응책이 존재하지 않는다. 그저 뜬구름 잡는 소리가 아니다. 지금 한국의 시민들이 살기 힘들다고 아우성치는 이유는 무엇인가? 안정적 노동관계에 진입하기가 너무나 어렵고, 안정적 주거지를 확보하기는 불가능에 가깝기 때문이다. 이것은 단순히 취직이 어렵고 집값이 비싼 문제가 아니다. 한국의 국가가 겉으로는 민주주의의 형식을 띠고 있지만, 실제로는 민주주의에 필요한 사회적·경제적 관계를 종합적으로 형성하지 못하기 때문에 발생하는 문제다.

엄밀히 말해, 지금 한국에는 민주주의적 선거제도가 존재할 뿐 제대로 된 민주주의 국가와 사회적 관계가 존재한다고 말하기는 어렵다. 그래서 민주주의에 무관심한 대통령 선거라는 모순된 광경이 펼쳐진다. 지금은 다시 자문해야 할 때다. 우리는 정말로 민주주의를 우리의 체제로 받아들이고 있는가? 그 민주주의의 내용은 정확히 무엇인가?

강자가 지배하는
이상한 사회

　한국에서는 모든 것이 강자 중심으로 돌아간다. 이런 사실을 모르는 사람은 없다. 그런데 강자란 정확히 누구일까? 가장 먼저 떠오르는 건 돈과 권력을 가진 사람들이다. 그래서 부조리한 사회를 고발하는 드라마와 영화는 부패한 재벌과 정치인을 공격 대상으로 삼는다. 하지만 우리가 경험하는 불평등, 차별, 배제의 직접적 원인이 모두 그들에게 있는 것은 아니다. 일상생활에서 마주치는 강자와 약자의 분리에 주의를 기울이면 여러 흥미로운 사실을 깨닫게 된다.

일상의 다양한 권력자들

강자와 약자의 구별은 여러 형태로 존재한다. 가장 익숙한 것은 사회계급이다. 자본주의는 가진 자와 못 가진 자를 나누고, 사회적 권력의 차이를 재생산한다. 이런 불평등의 해소가 현대 민주주의 국가의 존재 이유지만, 한국은 오히려 불평등을 강화하는 방식으로 국가를 운영해왔다. 〈기생충〉이나 〈오징어 게임〉의 생산지가 한국인 것은 우연이 아니다. 또한 다수자와 소수자의 구별도 있다. 이는 '정상과 비정상', '보편과 특수', '표준과 예외', '주류와 비주류' 등으로 표현된다. 이 두 가지를 구별하는 가장 흔한 기준은 성性, 인종, 신체 조건이다. 한국의 국가는 이런 종류의 불평등에도 무관심하다. 심지어 소수자에 대한 공격을 득표 전략으로 활용한 세력이 대선에서 승리하는 상황에 이르렀다.

'피지배계급'과 '소수자'는 근대사회의 약자를 지시하는 두 가지 대표 범주다. 그런데 한국사회는 이 두 가지 외에도 강자와 약자를 구별하는 새로운 논리를 끊임없이 만들어낸다. 이는 다른 사회와 구별되는 한국의 독특성이다. 사회적 갈등 조정, 노동관계와 조직 관리, 공적 자원의 배분 등 사회적 관계를 관리해야 하는 상황이 닥치면, 강자와 약자에게 권력을 차등 배분하는 식으로 문제를 해결한다.

가장 대표적인 장치가 위계 구조다. 윗사람과 아랫사람의 구별은 여전히 사회조직 다수의 기본적인 작동 원리다. 이를 위해 나이, 연차, 지위 등 온갖 기준을 끌어온다.

위계 구조 말고도 무궁무진한 장치가 존재한다. 한국 사회에 새로운 문제가 등장했을 때 어떻게 강자와 약자의 구별이 재생산되는지 확인하려면, 플랫폼 노동을 보면 된다. 새로운 노동과 판매 환경이 만들어지고 그에 따른 서비스 관리 방식이 필요해지자, 곧바로 별점 제도가 도입되었다. 소비자를 강자로, 판매자를 약자로 만들고, 이들 사이의 권력 차이를 이용해 판매자를 관리하는 것이다. 한국사회의 다양한 '갑을 관계'는 지배계급과 피지배계급, 다수자와 소수자의 범주로 설명되지 않는 독특한 발명품이다.

극히 다양한 형태의 권력관계가 일상생활 곳곳을 지배한다. 그 구조는 꽤 복잡하다. 예컨대 지하철 노약자석은 교통 약자를 위한 공적 재화이지만, 그것의 분배를 두고 경쟁과 갈등이 발생하자 나이에 따른 불평등한 분배가 해결책처럼 사용되었다. 노인은 그렇게 노약자석의 강자로 군림하게 된다. 하지만 시야를 지하철 내부 공간 전체로 넓혀보자. 대중교통은 노인에게 매우 불친절한 공간이고, 때로는 노인에 대한 노골적 혐오와 차별 행위가 벌어진다. 노약자석은 노인이 지배하는 공간인 동시에 노인들의 게토이기도 하다. 이런 권력관계의 세부 구조와 역사적 기원이 무엇이든 관계없이 중요한 것은 평등한 시민들의 공간이 존재하지 않는다는 사실이다. 일상생활을 구성하는 공간 대부분이 복잡하게 얽힌 권력관계로 가득 차 있고, 스스로 원하든 원하지 않든 모두가 강자와 약자의 자리를 왕복하며 살아간다.

'불편'이라는 배제의 논리

차별과 배제를 실행하는 방식 중에는 이런 것도 있다. 어떤 사회적 문제를 중심으로 갈등이 발생하면, 특정 집단의 권리를 제한하고 나머지에게 특권을 부여한다. 그 결과 약자와 강자가 분리되고, 강자의 목소리가 약자의 목소리를 삭제한다. 그러면 '시끄럽게 구는 자들'이 사라지고, 갈등은 없었던 일이 되어버린다. 이런 과정에서 자주 사용되는 언어적 도구가 '불편'과 '민폐'라는 말이다.

노키즈존 카페에서는 아이를 동반한 사람이 약자다. 그의 사회적 지위가 아무리 높더라도 타인에게 불편을 끼칠 수 있다는 이유로 카페 입장이 거부된다. 팬데믹 초기, 코로나19 감염자는 주변 이웃에게 민폐를 끼치는 몰지각한 사람으로 취급받으며 사회적 배제의 대상이 되었다. 장애인 단체의 지하철 시위를 공격할 때도 '일반 승객에게 불편을 준다'는 논리가 동원된다. 비슷한 논리가 노동조합의 파업이나 시위를 비난할 때도 사용된다.

그런데 '불편'이란 도대체 무엇일까? 이 말은 어떤 종류의 현상을 지시할 뿐, 규범이나 가치 판단을 포함하지 않는다. 바람이 불고 비가 와도 불편할 수 있고, 누군가는 나의 피부색이나 신체 조건, 혹은 존재 자체에 불편을 느낄 수도 있다. 문제는 불편이 아니라 권리다. 나는 카페에서 타인의 방해를 받지 않을 권리가 있지만, 아이와 함께 공적 공간에 접근할 권리도 있다. 코로나19 감염 여부에 상관없이 기본적 자유가 침해되는 일은 없어야 한다. 대중교통을 이용할 권리는 장애 여부에 상관없이 모든 시민에게 보장되어야 한다. 집회와 시위는 시민의 정치적 권리다. 타인에게 불편을 주든 말든 기본적 권리는 권리로서 보장받아야 하며, 필요한 경우에는 권리 실행에 필요한 협의와 조정을 거치면 된다.

하지만 한국사회는 이러한 권리관계에 따라 운영되지 않는다. 그 대신 특정 집단의 불편에 특권을 부여한다. 아이를 동반하지 않은 사람, 코로나19 비감염자, 비장애인의 불편은 일어나서는 안 될 피해로 인정하고, 아이를 동반한 사람, 코로나19 감염자, 장애인의 불편은 어쩔 수 없는 자연적 효과처럼 취급한다. 결국, 약자가 자신의 권리를 행사는 일이 강자에게 '불편'을 끼치는 '민폐'가 되어버린다. 약자의 권리는 노골적으로 제한되지만, 이런 상황에 저항하는 것은 극히 어렵다. 강자의 집단적 목소리가 그들의 저항을 진압하기 때문이다. '불편과 민폐'라는 언어는 기존의 불평등을 강화하고 재생산하며, 필요한 경우에는 새로운 형태의 차별과 배제를 발명한다.

한국의 불평등은 분명 독특하다. 불평등은 예외적 사실이 아니라 사회적 관계의 유일한 형식처럼 작동한다. 불평등이 정상과 일반이고, 평등이 비정상과 특수다. 현실의 사회를 변화시키고 싶다면 바로 이 사실에서 출발해야 한다. 즉 한국사회에서 평등의 실현이란 불평등이라는 예외를 제거하는 것이 아니라, 불평등이라는 정상적 관계를 평등이라는 정상적 관계로 대체하는 작업이다.

노동자의 죽음은
사고인가 폭력인가?

노동자의 죽음이 끊이지 않는다. 이윤을 위해 노동 현장의 안전을 희생한다는 것이 첫 번째 이유겠지만, 이런 일을 어떻게 이해해야 할지는 또 다른 문제다. 어떻게 인간의 생명을 소모품처럼 취급할 수 있는가? '소모품'은 일종의 비유인가 아니면 실제 사실인가?

폭력과 사고

우리가 '폭력'이라는 말을 들었을 때 가장 먼저 떠오르는 이미지는 전쟁이나 살인일 것이다. 인간이 물리적 힘으로 다른 인간의 신체를 파괴하고 생명을 빼앗는 것, 여기에 폭력의 원초적 의미가 있다. 교통사고의 경우, 인간의 신체를 파괴하지만 폭력이라고 불리지 않는다. 폭력과 사고의 차이는 무엇일까? 인간의 의지가 개입된 것은 폭력, 아닌 것은 사고라고 답할 수 있다. 사고는 인간 능력의 한계를 벗어난 것, 그래서 인간이 완벽히 막을 수 없는 것이기도 하다. 여기에는 인간과 자연의 구별이 전제되어 있다. 즉 폭력은 인간의 행위지만, 사고는 자연적 사건의 일종이다. 자동차는 인간의 발명품이지만, 교통사고는 길 가다 벼락을 맞거나 실수로 나무에서 떨어지는 것과 비슷하다.

하지만 사고가 인간의 책임과 무관하지는 않다. 교통사고는 자연적 사건에 가깝지만, 경우에 따라 인간이 책임을 져야 한다. 인간이 도구와 기술을 사용하는 도중에 발생한 사고에는 예외 없이 인간적 요인과 자연적 요인이 모두 개입한다. 문제는 인간적 요인을 특정하고 책임 범위를 명확히 규정하기가 극히 어렵다는 점이다. 후쿠시마 원전 사고에서 어디까지가 자연재해이고, 어디부터가 인간의 책임인가? 우리가 사고라고 부르는 것 대부분에서 비슷한 질문이 제기된다.

더 큰 어려움은 '책임'이라는 개념 자체에 있다. 전통적 개념은 인간과 인간의 관계, 시공간적 인접성을 전제한다. 인간적 요인과 자연적 요인이 뒤얽혀 다른 시간과 공간에 예상치 못한 결과가 초래될 경우, 누구에게 어떤 책임을 물을 수 있을까? 예컨대 오늘 우리가 배출한 탄소가 수많은 사건의 연쇄를 거쳐 수십 년 후에 남태평양 섬나라의 소멸을 초래한다면, 그것이 우리의 책임이라고 말할 수 있을까? 철학자 한스 요나스Hans Jonas는 이런 질문에 답하기 위해 '책임' 개념 자체를 재구성한다. 문화와 자연, 정치와 과학의 분할을 폐지하려 했던 브뤼노 라투르Bruno Latour의 작업이 중요한 이유도 이런 맥락에 있다.

산업재해에서도 같은 어려움이 발견된다. 노동 현장은 다양한 자연적 요소와 인간적 요소의 복합체다. 사고가 발생했을 때 여러 요인을 서로 구별하고 각 행위자의 책임 범위를 분명히 나누기가 쉽지 않다. 기업은 이러한 어려움을 책임 회피의 수단으로 이용한다. 산업재해를 노동자의 실수에서 비롯한 자연적 사건으로 몰고 가는 것이다. 애초에 '산업재해'라는 표현 자체에 이런 경향이 반영되어 있다. 서구어에서는 흔히 '노동 사고work accident'라는 개념을 사용하는데, 한국에서는 '노동' 대신에 '산업'을, '사건' 대신 '재해'를 쓴다. 표준국어대사전은 '재해'를 다음과 같이 정의한다. "재앙으로 말미암아 받는 피해. 지진, 태풍, 홍수, 가뭄, 해일, 화재, 전염병 따위에 의하여 받게 되는 피해." 이는 자연적 사건을 일컫는 말이다. '산업재해'는 산업 현장에서 발생하는 자연적 사건이라는 뉘앙스를 전달한다.

인간을 사물로 다루는 폭력

방금 말한 노동 현장의 특징을 좀 더 생각해보자. 안전 관리 비용, 노동시간, 투입된 노동자 수, 사용하는 재료와 물질, 작업과 공정 방식, 인적 조직의 구조, 고용 형태, 하도급 구조 등 수많은 요인에 따라 노동 사고가 발생할 확률이 달라질 수 있다. 기업은 그 확률을 예측하고 필요한 판단을 한다. 그 예측은 과학적 근거와 엄밀한 방법에 기초할 수도 있고, 관리자의 단순한 예감에 의존할 수도 있다. 또한 기존의 노동 사고에 대한 인과 추론에 근거할 수도 아닐 수도 있다. 어쨌든 예측 없는 노동 관리는 없다. 주먹구구식 운영 역시 나름의 예측에 기초한 판단이다.

중요한 것은 사고 확률을 제로(0)로 만들 수 없다는 사실이다. 예측의 목표는 그 확률을 적절한 수준으로 유지하는 것이다. 이때 인간의 생명 자체가 하나의 양적 크기로 표현된다는 점에 주목하자. 생명을 양적으로 다루는 기술은 현대사회를 유지하는 필수 요소다. 물론 그 기술 자체를 좋다 나쁘다 평가할 수는 없다. 국가는 사회적 거리두기 단계와 코로나19 사망률의 관계를 예측하며, 필요한 경우에는 사망률이 높아지는 선택을 한다. 오로지 사망률을 낮추기 위한 전략은 오히려 인간의 존엄성을 침해하는 결과를 불러올 수 있기 때문이다.

　　문제는 기업이 인간 생명의 가치와 사물의 가치를 양적으로 비교할 때다. 기업의 판단은 대략 두 가지 극단 사이에서 이루어진다. 하나는 주어진 조건 속에서 사고 확률을 최대한 낮추는 것이고, 다른 하나는 이윤을 위해 그 확률을 최대한 높이는 것이다. 두 번째에 가까운 기업에서 노동 사고가 발생했다고 하자. 사고의 책임자를 특정하는 것이 가능할 수도 아닐 수도 있다. 또한 사고의 원인이 인간의 잘못일 수도, 예측 불가능한 자연적 요소일 수도 있다. 어쨌든 기업은 사고 확률에 대한 예측과 특정한 판단을 했고, 그에 기초해 운영되던 노동 현장에서 사고가 발생했다. 그렇다면 당연히 기업의 책임을 물어야 하지 않을까? (물론 이때 ‘책임’은 법적 책임도 단순한 도의적 책임도 아닌, 새로운 방식으로 정의되어야 할 개념이다.)

　　노동 사고가 끊이지 않는 한국의 기업들은 방금 말한 두 번째 극단에 가까운 선택을 한 것으로 보인다. 이는 사고의 빈도 그 자체보다 노동자의 죽음에 대한 그들의 태도에서 드러난다. 기업 운영에 결정적 타격이 없는 범위 내에서, 사망률을 최대한 높여서라도 더 많은 이윤을 얻어야 한다는 것이 그들의 판단 아닌가? 이러한 판단은 인간의 생명을 소모품의 하나로 간주한다. ‘소모품’은 은유가 아니라 그들이 인간을 다루는 방식을 정확히 표현한 개념이다. 인간 생명의 가치가 비용으로 측정되는 순간, 인간은 실제로 하나의 사물이 된다. 그것은 사고팔 수 있고, 필요한 경우에는 버리거나 파괴할 수도 있는 사물이다.

인간이 사물이 된 곳에서 노동자가 죽었다면, 그것은 사고인가 폭력인가? 폭력이라고 부르는 편이 더 정확하지 않을까? 물론 그것은 전통적 의미의 폭력은 아니다. 총과 칼을 든 인간이 아니라 확률을 계산하는 인간의 폭력이고, 그것이 초래하는 죽음은 자연적 사고처럼 보인다. 하지만 그 사고에 담긴 인간의 의도는 쉽게 은폐되지 않는다.

돈의 논리가 지배하는 자기파괴적 사회

한국에서는 하루가 멀다 하고 사건 사고가 터지고, 언론과 여론은 현재를 따라가기 바쁘다. 과거는 곧 잊히고, 미래를 내다볼 여유는 없다. 가끔 제자리에 멈추어 현재를 객관적으로 바라볼 필요가 있다. 이미 알려진 사실 몇 가지를 재확인하자.

한국은 살 만한 곳인가?

한국 경제는 급속히 성장해왔다. GDP는 세계 10위권에 근접했고, 1인당 GDP는 2000년에 비해 세 배 가까이 올라서 유럽연합 평균과 비슷한 수준이다. 말 그대로 '잘

사는 나라'가 되었지만, OECD 최신 통계에 따르면 한국의 GDP 대비 사회복지 지출 비율은 38개국 중 34위다. 사회 보장에 관한 지표도 대체로 낮은 수준이다. 빈곤율은 높은 편이고, 특히 노인 빈곤율은 가입국 중 가장 높다. 소득 불평등(지니 계수)도 큰 편에 속한다.

성별 임금 격차는 지난 30년간 세계 1위를 기록하고 있다. 여성에 대한 폭력은 OECD 가입국 중 독일에 이어 두 번째로 높고, 성차별 정도를 나타내는 사회 도와 젠더 지수 SIGI도 높은 편이다. 산재 사망률은 가입국 중 최상위권에 속한다. 부상, 질병, 장애로 일할 수 없는 사람을 위한 공공 지출은 매우 낮은 편에 속한다. 노동시장의 이중 구조 또한 심각하다. 안정적 노동과 불안정 노동의 분리는 일반적이지만, 한국처럼 사회문화적 신분제로 작동하는 곳은 드물다. 자살률은 압도적 1위이고, 합계출산율은 2018년 이후로 0점대를 벗어나지 못하고 있다. 이는 전 세계에서 가장 낮은 수치다. OECD가 제공하는 1960년 이후 통계에서 합계출산율 1.0 이하를 기록한 유일한 나라가 한국이다.

한국의 사회적 지표가 나쁘다는 사실은 전혀 새롭지 않다. 주목해야 할 것은 통계 수치 자체가 아니라 그에 대한 한국사회의 반응이다. 한편에는 이런 지표의 의미에 무관심한 이들이 있다. 해외에 나가보니 한국만큼 안전하고 편리하고 살기 좋은 곳이 없더라는 사람을 종종 본다. 상당한 자산 또는 안정적 소득이 있는 사람, 차별의 경험과 거리가 먼 사람은 한국의 현실을 굳이 심각하게 고민할 필요가 없을지도 모른다. 하지만 여성, 빈곤 노인, 장애인, 아픈 사람, 비정규직 노동자 등에게 한국은 사람 살 곳이 못 된다. 더구나 이 사회에는 일종의 추락 지점이 존재해서, 그곳을 지나면 나락으로 떨어져 빚의 올가미에 걸려든다.

다른 한편에는 한국사회의 문제를 오로지 돈의 논리로 이해하는 이들이 있다. 앞서 나열한 지표는 사회보장 강화와 노동시장 개편을 요구하지만, 이 요구를 그대로 받아들이는 사람이 별로 없다. 박근혜 정부의 경제 민주화부터 문재인 정부의 포용적 성장까지, 사회적 삶의 문제는 '경제'와 '성장'이라는 박정희식 패러다임으로 환원된다. 과거 진보정당이 주장했던 무상교육, 무상의료와 이재명 대표가 제안한 기본소득도 돈의 논리에서 크게 벗어나지 않는다. 사회보장 강화를 '국가가 돈 많이 주는 것' 정도로 이해하는 것이다. 이는 정치인뿐 아니라 다수 시민의 기본 인식이기도 하다. 돈으로 환산 가능한 이익과 혜택이 사회보장을 평가하는 첫 번째 척도로 작동한다. 사회 서비스 영역 강화, 사회적 시민성과 권리에 기초한 사회정책, 노동시장과 사회보장의 통합체로서의 복지국가 등은 제대로 논의된 적이 없다.

사회적 재생산의 중단

2021년 퓨 리서치 센터Pew Research Center의 조사 결과가 언론의 주목을 받은 적이 있다. 조사 대상 17개국 중 유일하게 한국인만이 물질적 행복을 가장 중요한 삶의 가치로 선택했다고 한다. 이는 가족, 건강, 사회, 직업 등을 선택한 다른 나라와 분명히 대비된다. 이 결과가 단순히 '한국인은 돈에 집착한다'를 의미하지는 않을 것이다. 그보다 '돈이야말로 삶의 다양한 가치를 실현하는 유일한 수단'이라는 믿음이 반영된 결과 아닐까. 국가는 부자 나라가 되는 데 존재 이유를 두고, 개인 역시 부자 되기에 첫 번째 목표를 둔다. 돈이 많아지는 것이 사회와 개인의 문제를 해결하는 유일한 방법으로 인식된다.

돈의 논리에 따르면, 자신에게 얼마짜리 이익이 돌아오는지가 삶의 가장 중요한 판단 기준이 된다. 그 경우 굳이 사회보장을 지지할 이유가 사라진다. 나에게 이익이 될지 불이익이 될지 불확실하고, 자신이 가진 자원을 최대한 활용해 수익을 추구하는 것이 더 낫기 때문이다. 실제로 2021년 한국종합사회조사 결과를 보면, "정부는 가난한 사람들에게 주는 혜택을 줄여야 한다"에 대한 찬성 의견이 크게 늘었다. 최근 몇 년간 대중의 여론을 주도한 것은 사회보장을 강화하고 불평등을 완화해야 한다는 생각이 아니라, 나라는 개인의 자산과 소득을 극대화해야 한다는 믿음이었다. 공정에 대한 요구는 그 믿음을 실현하기 위한 공정한 규칙을 마련하라는 의미였다.

돈이 많아지면 문제를 해결할 수 있다는 믿음은 한심한 착각이다. 다른 문제에 대응하는 것은 어느 정도 가능할지 몰라도, 인구 감소는 절대 돈으로 해결할 수 없다. 그동안 수백조 원을 쏟아부었다는 '저출산 정책'은 목적부터 불분명하다. '애 낳으면 돈을 주겠다'는 수준으로 시행되는 정책도 적지 않다. 전례 없는 0점대 합계출산율은 한국이 인간을 낳고 기를 수 있는 사회가 아니라는 사실을 의미한다. 국가 경제가 성장하고 나 개인이 부자가 된다고 해서 인간이 인간답게 살 수 있는 사회가 만들어지는 것은 아니다. 이는 돈의 논리와는 전혀 다른 논리와 가치를 요구한다. 주거는 부동산 시장의 문제가 아니고, 노동과 고용은 소득의 문제로 환원되지 않는다. 한국사회는 아직도 인간적 삶의 기본 조건에 관한 진지한 성찰을 시작하지 못했다.

'각자도생'은 현 상황을 표현하기에 너무 부족한 말이다. 공동체가 무너져 개인이 각자 살길을 모색하는 것인가, 혹은 자산과 소득 증가만을 추구하는 개인들이 공동체를 파괴하고 있는 것인가? 이러한 개인은 자신의 이익만을 좇는 이기적 존재가 아니라, 부자가 되는 것 말고는 삶의 다른 방식을 상상할 수 없는 강박적 존재에 가깝다. 이들은 자신이 경제적 삶에 몰두할 뿐, 자신이 살아가는 사회가 어떠해야 할지는 생각하지 못한다. 결국 사회는 재생산 불가능한 상태에 이르렀고, 여기저기서 점진적 소멸이 시작되고 있다. 물론 소멸의 영향은 모두에게 평등하게 나타나지 않는다. 이제 그나마 나은 곳을 차지하기 위한 경쟁이 다시 시작될 것이고, 이번에도 부자가 되는 것이 승리를 위한 유일한 방법으로 선택될 것이다. 한국사회가 부자 되기의 강박에서 벗어나지 않는 한, 자기소멸이라는 정해진 미래에서 벗어나기란 불가능하다.

평등하지 않은 세상을 꿈꾸는 당신에게

얼마 전 한 아파트 시행사가 "언제나 평등하지 않은 세상을 꿈꾸는 당신에게 바칩니다"라는 광고를 걸었다가 사과하는 일이 있었다.* 해당 아파트의 분양가는 100억 원에서 400억 원에 이른다고 한다. 저런 광고 문구를 생각해 냈다는 것 자체도 놀랍지만, 그에 대한 비난이 쏟아졌다는 사실 역시 놀랍지 않은가? 평등하지 않은 세상을 꿈꾸는 사람은 주변 어디에나 널려 있기 때문이다.

SNS에는 '상류층'과 결혼하려는 사람을 모집한다는 결혼 정보 회사 광고가 뜬다. 결혼과 계급 차이는 익숙한 주제지만, 결혼 상대방의 '스펙'을 하나씩 따지며 인간의

---

* 강은, 〈평등하지 않은 세상 꿈꾸는 당신에게… 대놓고 내세운 아파트 광고〉, 《경향신문》, 2023. 6. 4.

등급을 분류하는 것은 최근의 일이다. 주거지에 따른 차별은 일상적 사건이 되어 별다른 뉴스거리도 되지 않는다. 기괴한 외국어 이름이 붙은 이른바 브랜드 아파트를 보라. 아파트 단지 입구에 서 있는 저 흉물스럽고 거대한 아치는 평등하지 않은 세상을 꿈꾸는 이들의 자기 존재 증명 같은 것이 아닌가? 이런 광경을 보고 있으면, 아이들이 친구 집의 등기부등본을 떼보고 전세 사는 친구를 따돌린다는 뉴스가 당연한 귀결처럼 느껴진다.

이런 사회에서 앞서 말한 광고 문구가 비난받는 상황을 어떻게 이해해야 할까? 그래도 아직은 불평등을 우려하는 목소리가 크기 때문인가? 아니면 단순히 표현의 수위가 문제인가? 혹은 내가 '상류층'이 되려는 건 괜찮지만, 이미 상류층이 된 이들의 계급놀이는 봐줄 수 없기 때문일까? 어쨌든 한 가지 확실한 건 평등한 세상을 꿈꾸는 것이 대세는 아니라는 사실이다.

평범한 부자가 되기 위한 삶

한국의 불평등은 극단적이고 독특하다. 일반적으로 사용되는 불평등 지수는 그 독특성을 표현하기에 불충분하다. 흔히 생각하는 '살 만한 삶'의 기본 조건을 따져보자.

일단 서울과 가까운 곳에 살아야 하고, 자기 소유의 아파트가 필요하다. 자녀의 사교육비 평균을 부담하고, 적절한 여가와 여행을 즐기고, 충분한 의료와 돌봄 서비스를 받을 수 있어야 한다. 문제는 부자가 되어야만 이런 조건에 도달할 수 있다는 것이다. 최근 공개된 한 통계에 따르면,[*] 가구 순자산 상위 10% 선이 9억 원 정도다. 서울 아파트 중위가격이 9억~10억 원 정도라는 사실을 고려하면, 방금 말한 삶의 기본 조건을 누리기 위해서는 상위 10% 이상의 자산가가 되어야 한다.

이제 한국에는 '부유하진 않지만 평범하고 행복한 삶' 따위의 관념은 존재하기 어렵다. 평범하고 행복하게 살려면 부자가 되어야 하기 때문이다. 그래서 인생의 상당 기간이 상위 10%에 들어가기 위한 노력으로 채워져 있다. 열심히 노력해서 좋은 대학에 입학하고, 좋은 직장을 얻고, 자산을 불리는 게 인생의 표준 경로처럼 여겨지지 않는가? 그 노력이 성공하면 어느 정도 여유로운 노후를 보낼 수 있지만, 실패하면 노인 빈곤의 위험에 노출된다.

어쩌다 이렇게 되었을까? 지역 불평등, 양극화된 노동 시장, 한국의 기이한 부동산 시장, 학벌 차별, 불충분한 사회보장 체계 등 불평등의 원인은 다양하다. 이에 관한 분석

---

[*]　　김은성, 〈대한민국 '상위1% 부자' 순자산 기준은?〉, 《경향신문》, 2023. 5. 20.

은 수없이 많지만, 정작 중요한 질문 하나가 충분히 다루어
지지 않았다. 한국인의 일반적 욕망은 어떤 세상을 향하는
가? 평등한 세상인가, 불평등한 세상인가?

당신은 평등한 세상을 꿈꾸는가?

자산과 소득의 차이는 곧바로 인간 존엄성의 차이를
만들어낸다. 상위 10%는 단순한 물질적 기준이 아니라, 인
간으로서 존중받고 살아갈 수 있는 기준이기도 하다. 자산
과 소득 수준이 낮아질수록 존엄성이 침해될 위험이 증가
한다. 이는 단순히 부자가 빈자를 멸시하는 현상이 아니다.
자산 100억 원을 가진 사람이 10억 원 가진 사람을 무시하
고, 10억 원을 가진 사람이 1억 원 가진 사람을 무시하는 식
이다. 더 결정적인 것은 외적 위험이 아니라 내적 위험이
다. 한 인간의 가치가 물질적 '스펙'으로 환원되는 사회에
서 그 누구도 내적 자존감을 온전히 지키기 어렵다. 그래서
어딜 가나 자기비하에 빠진 사람이 넘쳐난다.

이를 자본주의의 당연한 효과로 보기는 어렵다. 경제
적 불평등에서 인간 존엄성의 불평등이 자동으로 만들어
지는 것은 아니기 때문이다. 세상에 자본주의적 불평등이
존재하지 않는 나라는 없지만, '나보다 아래쪽에 있는 인간

을 무시해도 된다'는 관념이 한국처럼 일반적인 곳은 드물다. 이런 현상이 현실의 불평등을 심리적으로 내면화한 결과라고 해석하기도 하지만, 오히려 불평등에 대한 욕망이 현실의 불평등을 낳은 것은 아닌가? 한국의 불평등이 이토록 독특한 것은 다수가 평등하지 않은 세상을 꿈꾸기 때문은 아닌가? 한국사회의 일반적 가치관을 주도하는 것은 평등이 아니라 불평등과 계급 상승에 대한 욕망 아닌가?

불평등한 세상을 꿈꾸는 이들의 존재는 확고하다. 이들의 목소리는 어디서나 들을 수 있다. 반면, 평등한 세상을 꿈꾸는 이들은 찾기 어렵다. 이들이 정치적 힘을 발휘하는 집단 의지로 결집되어 있다는 증거도 발견할 수 없다. 불평등의 원인과 양상을 분석하는 경제학자는 많지만, 평등이란 무엇인지를 다루는 학자는 드물다. 불평등 완화를 주장하는 정치인은 흔하지만, 평등을 정치적 가치로 주장하는 정치인은 극소수다. 평등하지 않은 세상을 꿈꾸는 슈퍼리치에게 박탈감을 느끼는 사람은 많지만, 평등한 세상을 꿈꾼다고 말하는 사람을 만나기는 어렵다.

평등이란 무엇인가? 사회경제적 상황은 사람마다 다르지만, '모든 시민은 똑같은 권리를 보장받아야 하고 모든 인간은 똑같이 존엄하다'는 원칙, '모든 사람이 모든 타인을 똑같은 시민과 인간으로 대우해야 할 의무가 있다'는 원칙이다. 이런 원칙이 최소 수준이라도 합의되어 있었다면,

아이들이 전세 사는 친구를 따돌린다는 언론 보도가 나왔을 때 온 나라가 뒤집혔어야 한다.

이제 우리 모두 자문해봐야 한다. 내가 꿈꾸는 것은 평등한 세상인가, 평등하지 않은 세상인가? 평등한 세상을 원한다고는 하지만, 사실 내 아래로는 불평등하고 내 위로는 평등한 세상을 꿈꾸는 것은 아닌가? 아래를 향해서는 '세상은 원래 불평등하다'고 말하고, 위를 향해서는 '세상은 평등해야 한다'고 외치는 게 지금 한국의 상식 아닌가?

부자 되기에만 몰두하는 것은 생존을 위한 어쩔 수 없는 선택이 아니라 평등이라는 원칙을 망각하기 위한 노력이다. 한국의 시민들은 불평등한 사회구조의 피해자일 뿐 아니라 그 사회구조를 만든 당사자이기도 하다. 불평등 개선이나 완화가 아니라 평등 그 자체를 생각할 수 있을 때만 한국을 더 인간적인 곳으로 바꾸는 작업이 시작될 수 있다.

이민자는
노동력이 아니라
사람이다

한국 인구는 2020년을 기점으로 감소하기 시작했다. 이른바 '인구 절벽'을 경고하며, 대규모 이민의 필요성을 말하는 이들이 늘고 있다. 하지만 그중 상당수는 '일할 사람이 없으니 해외에서 수입해오자'는 정도의 단순하고 유치한 경제적 논리에 갇혀 있다. 이런 논리가 노골적으로 드러난 것이 '외국인 가사 근로자 도입' 사업이었다. 이민 정책에 관한 최근의 논의는 한 가지 분명한 사실을 보여준다. 한국은 대규모 이민을 받을 준비가 전혀 되어 있지 않다는 것이다. 정치인과 정책 결정권자 중에서 이민이라는 주제를 정확히 이해하고 있는 사람은 거의 없다. 한국인에게 이민은 여전히 낯선 주제다.

시민인가 노동력인가?

이민은 경제적 문제이기에 앞서 정치와 사회의 문제다. 노동력이라는 상품을 수입하는 행위가 아니라 인간 존재를 맞이하는 과정이기 때문이다.

정치라는 것은 정치 공동체를 운영하는 활동이다. 이 공동체는 일종의 회원제 동아리이고, 시민은 그 동아리의 회원이다. 개인이 정해진 조건을 만족해서 회원이 되면, 다른 회원들과 함께 동아리를 운영하기 위한 권리와 의무를 부여받는다. 동아리 회원의 자격 및 이 자격을 구성하는 다양한 요소를 '멤버십'이라 부른다. 마찬가지로, 법률이 정하는 조건을 만족한 사람은 대한민국이라는 정치 공동체의 시민이 될 수 있다. 시민은 권리와 의무의 주체로서, 다른 시민들과 함께 정치 공동체를 운영한다. 회원에게 멤버십이 부여되는 것처럼, 시민에게 부여된 시민의 자격을 '시민성citizenship'이라고 부른다.

회원이 부족하거나, 동아리 활동이 정체되어 새로운 회원을 모집하는 상황을 상상해보자. 이는 '우리'의 일부가 될 사람, 즉 기존 회원과 똑같은 권리를 가지고 동아리를 함께 운영해갈 동료를 찾는 과정이다. 이는 단지 회원 수의 증가가 아니라 동아리 공동체 자체의 변화를 의미한다. 기존의 '우리'가 변해야 외부인을 받아들일 수 있고, 그가 들어오면서 새로운 '우리'가 구성되기 때문이다. 정치 공동체가 이민자를 받아들이는 과정도 이와 다르지 않다. 유럽과 미국의 이민 역사를 보라. 외부인을 내부의 시민으로 맞이하면서 공동체는 본질적인 변화를 겪게 된다.

그런데 이민 확대를 주장하는 사람 중 상당수는 동아리의 새로운 회원을 찾는 것이 아니라, 동아리 사무실을 청소해줄 일꾼을 구하고 있다. 정치 공동체의 새로운 시민을 찾는 것이 아니라, 부족한 노동력을 충당해줄 노동력 상품을 구매하려는 것이다. 이런 발상이 가능한 것은 애초 시민들의 공동체라는 것을 고려하지 않기 때문이다. 이들이 생각하는 한국에는 시민과 시민의 평등한 관계는 없고, 자신의 노동력을 파는 쪽과 그걸 활용하는 쪽의 관계만 있다. 그래서 부족한 한국인 노동력을 외국인 노동력으로 메우면 된다고 생각한다. 이민자는 권리를 가진 시민이 아니라 노동력 상품으로만 다뤄진다.

이민 불가능 사회

이민이란 정치적 수준에서는 새로운 시민을 맞이하는 과정이고, 사회적 수준에서는 새로운 문화를 받아들이는 과정이다. '문화'란 한 사람이 나고 자란 환경 전체를 의미한다. 한 명의 이민자를 맞기 위해서는 그의 종교, 언어, 신체, 세계관, 도덕 등을 모두 맞이할 준비를 해야 한다.

같은 문화적 정체성을 지닌 집단은 하나의 사회적 그룹, 서구에서 흔히 '에스닉ethnic 그룹'이라고 부르는 것을 형성한다. 이민자가 들어온다는 것은 새로운 에스닉 그룹이 탄생한다는 의미다. 이민 정책이란 어떻게 이민자를 들여올 것인지가 아니라, 이러한 그룹 사이의 관계를 어떻게 관리할 것인지에 관한 정책이다. 이를 위해서는 이론화된 모델이 구축되어 있어야 한다. 예컨대 미국과 프랑스는 전혀 다른 모델에 기초한다. 미국은 그룹 사이의 차이를 인정하고, 그들 사이의 갈등과 협력을 통해 사회적 관계를 유지하려고 하지만, 프랑스는 그런 차이를 인정하는 것이 오히려 차별과 사회의 파편화를 강화한다고 본다. 물론 지금은 이 두 가지 방식 모두 격렬한 논쟁에 휩싸여 있다.

한국에는 다양한 에스닉 그룹을 다룰 모델 자체가 없다. '우리나라 사람'과 '외국인'이라는 빈곤한 이분법이 거의 유일한 인식틀로 작동한다. 심지어 이민자들을 부를 이름조차 없어서 '다문화'라는 정체불명의 말이 낙인처럼 사용된다. 이 말은 단지 '문화가 다양하다'는 의미를 담고 있을 뿐 사람이나 집단의 정체성을 지시하지 못한다. 더 치명적인 것은 차별과 평등에 관한 사회적 규범이 매우 허약하다는 사실이다. 당장 언론 기사만 검색해보더라도 한국의 이민자 차별 사례가 차고 넘친다는 것을 알 수 있다. 물론 한국의 인종차별이 다른 나라에 비해 더 심각하다고 단정하기는 어렵다. 나라마다 인종차별의 형태와 종류가 다르기 때문이다. 하지만 인종차별에 대한 합의된 규범, 특히 제도화된 규칙이 없다는 것은 분명하다.

이민 정책의 가장 기초적인 규칙은 차별 금지다. 이 규칙이 명확히 작동하지 않는 사회는 애초에 이민자를 받아들일 수 없다. 사회적 그룹 사이의 관계를 안정적으로 유지하는 것이 불가능하기 때문이다. 이민 확대를 주장하는 사람이 늘고 있지만, 그중 인종차별을 진지하게 다루는 사람은 드물다. '외국인 가사 근로자 도입'에 집착하는 정치인은 있지만, 차별금지법을 추진하는 정치인은 없다. 차별 행위를 금지하고 처벌하는 법률 하나 만들지 못하는 나라에서 대규모 이민 정책 운운하는 것은 실로 웃기는 일이다.

인종차별에 침묵하면서 이민 확대를 주장하는 이들의 속내는 뻔하다. 이민자를 사람이 아니라 노동력 상품으로만 취급하겠다는 것이다. 권리를 가진 인간이 아니라 노동력으로만 취급받는 인간을 우리는 '노예'라 정의한다. 그들은 새로운 시민을 맞이하고픈 것이 아니라 '외국인 노예'를 수입하고 싶은 것 아닌가? 한국의 이민 정책은 여전히 이런 태도에서 벗어나지 못하고 있다. 실제로 미국 국무부가 발표한 2023년 보고서는 이민자 강제노동을 근거로 한국을 2등급 국가로 분류했다. 이런 문제를 말하지 않고 이민 확대를 주장하는 것은 부끄러운 일이다.

저출생과 인구 감소가 의미하는 바는 '미래 노동력 부족'이 아니라 한국이 인간을 낳고 키울 수 없는 곳이라는 사실이다. 부족한 것은 노동력이 아니라 인간이 인간답게 살 수 있는 환경이다. 이런 환경을 갖추지 않고서 외부인을 내부 시민으로 맞이하는 것은 불가능하다. 사회의 재생산이 가능한 곳에서만 이민 정책도 성공할 수 있다.

'외국인'이란 누구인가?

앞의 글에서 이민에 관한 내용을 다뤘다. 그에 관해 논의하려면, '외국인'이라는 범주를 재검토하는 작업이 선행되어야 한다.

누가 외국인인가?

'우리나라 사람 vs 외국인'이라는 구도는 한국에서 인간에 대한 가장 기본적인 인식틀 중 하나로 작동한다. '외국인'의 정확한 의미는 무엇일까? 아마 대부분 '한국 국적을 갖지 않은 사람'이라고 답할 것이다. 〈국적법〉 역시 그렇게 정의한다. 그러나 저 말이 사용되는 실제 사례를 보면 꼭 그렇지는 않다.

　행정안전부는 매년 '지방자치단체 외국인 주민 현황'을 발표한다. 이 통계가 사용하는 세부 범주에는 흥미로운 점이 있다. '외국인 주민'은 다음 세 가지 하위 범주로 나뉜다—1) 한국 국적을 가지지 않은 자, 2) 한국 국적 취득자, 3) 국내 출생한 외국인 주민 자녀. 여기서 두 번째 항목인 '한국 국적 취득자'는 한국인 아닌가? 한국 국적을 취득한 사람이 왜 '외국인 주민'으로 분류되는 것일까? 외국인이 한국 국적을 취득하면 한국인이 되는 것이 아니라 한국 국적을 취득한 외국인이 되는 것인가?

　'국내 출생한 외국인 주민 자녀'에는 귀화인의 자녀도 포함된다. 출생과 동시에 한국 국적을 취득한 한국인이지만, '외국인 주민'으로 분류되는 것이다. 이 통계는 '다문화 가구'에 관한 내용도 포함하는데, '한국 국적 취득자'와 한국인이 결혼한 경우, 즉 한국인끼리 결혼했을 때도 다문화 가구로 분류된다.

　이런 이상한 분류법의 실제 의도를 드러내는 내용이 있다. 한국인이 한국 국적을 상실했다가 다시 회복한 경우에는 '한국 국적을 취득한 외국인'으로 간주하지 않는다는 것이다. 결국 이런 분류법 전체가 일종의 '오리지널 한국인'을 전제한다고 볼 수밖에 없다. 오리지널이 아닌 사람은 한국 국적을 취득해도 여전히 외국인으로 분류되고, 오리지널은 외국인이 되었다가 국적을 회복해도 한국인으로 인정된다.

분별 있는 사람이라면 이런 상황을 보고 기겁할 수밖에 없다. 누군가 '국가의 인종주의'라고 비난해도 반박하기 어려울 것이다. 생각해보라. 만일 당신이 한국에서 귀화인의 자식으로 태어나 한국 국적을 가지고 평생을 살았는데, 국가가 당신을 '외국인 주민'으로, 당신 가족을 '다문화 가구'로 분류한다면, 명백한 차별이라고 생각하지 않겠는가?

일상생활에서 사용하는 '외국인'이라는 말 역시 항상 국적에 관련된 것은 아니다. '일반적인 한국인의 외모'와 다른 사람을 보면 무조건 외국인이라고 부르는 사람이 많다. 한국에서는 언젠가부터 '외국인 예능'이 하나의 장르가 되었는데, 한국으로 귀화한 사람도 종종 출연한다. 이들이 외국인으로 인식되는 것은 국적 때문이 아니라 '일반적인 한국인'과 다른 신체적 특징이나 개인사를 가져서가 아닌가?

모든 국가가 국적에 따라 자국 시민과 타국 시민을 구별하지만, 한국에서 '우리나라 사람'이란 단지 한국 국적뿐 아니라, 한국인 부모, 한국어 사용 능력, 한국인의 외모 등을 모두 갖춘 사람을 가리킨다. 이 중 만족시키는 조건이 적을수록 외국인으로 간주될 가능성이 커진다. 즉 한국에서 외국인이란 다른 국적을 가진 사람이 아니라 '우리 아닌 사람'을 지칭한다. 이런 이해가 그 자체로 차별적이라고 할 수는 없지만, 수많은 차별적 행위가 여기에서 비롯한다.

'우리'만의 세상

특정 지역의 문화를 구성하는 근본 요소 중 하나가 '우리'와 '우리 아닌 사람'을 구별하는 방식이다. 거칠게 말해, 유럽인은 자신의 관점에서 비유럽인에 대한 인식 체계를 구축하면서 세계 전체를 '우리 유럽인'의 표준에 따라 재조직하려고 시도해왔다. 반면 동아시아인은 '우리 아닌 사람'에게는 무관심하고, 오로지 '우리'만의 세계를 구축하는 데 관심을 가진다. 그래서 유럽인은 타자를 자신의 존재론적 분류표 안에 배치하는 데 집착하지만, 동아시아인은 '우리'가 될 수 있는 조건을 강화하면서 순수한 '우리'를 유지하는 데 몰두한다. (가장 극단적인 경우가 북한이다. '우리'에 대한 그들의 집착을 보라). 이 두 가지 경향 모두 폭력적 차별로 드러날 수 있지만, 차별의 종류와 형태는 완전히 달라진다. 이민자에 대한 유럽과 한국의 대응 방식이 전혀 다른 이유 중 하나도 여기에 있다.

이런 맥락에서 '국어', '우리말', '우리글', '우리나라' 따위의 표현을 보면 꽤 흥미롭다. 여기엔 '국國'이 어느 나라인지, '우리'가 누구인지가 없다. 영국에서는 '영어'를, 프랑스에서는 '프랑스어'를 가르치지만, 한국 과목 이름은 '한국어'가 아니라 '국어'다. '우리말'과 '우리글'은 '한국어'와 '한글'을 대체하는 고유명사로 널리 사용된다. 이런 단어들은 특정한 상황에서 발화될 것을 가정하고 있다. 즉 화자와 청자 모두 한국어를 하는 한국인일 때만 정상 작동한다. 한국어를 하는 미국인이 모였을 때, 누군가 '우리말은 배우기 쉽다'라고 말한다면 이는 한국어와 영어 중 무엇을 지칭하는 것일까?

이런 상황은 상상 속에만 있는 것이 아니다. 디즈니 플러스에서 제공하는 영상의 엔딩 크레디트에는 언어별 더빙 및 자막 제작진이 나온다. 다른 모든 언어는 일본어, 프랑스어, 스페인어 등으로 표기되는데, 오직 한국어의 경우에만 '한국어 제작'이 아니라 '우리말 제작'으로 되어 있다. 한국인 시청자 대부분은 이상한 점을 느끼지 못하겠지만, 한번 상상해보자. 전 세계 사람들이 보는 엔딩 크레디트에 'english version'이 아니라 'our language version'이라고 표기되어 있다면, 시청자는 혼란스럽지 않을까?

'우리말' 같은 표현이 고유명사로 사용되는 것은 '우리말 사용자'와 '우리나라 사람'이 일치하는 순수한 언어 공간을 상정하고 있기 때문이다. 한국어를 하는 '외국인', 또는 '외국어'를 모국어로 하는 한국인이 그 공간에 들어오는 순간, '우리말'은 고유명사로서의 가치를 상실하고, 애매한 기표가 되어버린다. 물론 그런 순수한 언어 공간은 현실에 존재하지 않는다. 한국어가 공용어인 국가는 한국만이 아니고, 요즘 같은 시대에 한국인만 한국어를 하는 것도 아니기 때문이다.

'순수한 우리'를 가정하고 있는 건 비단 언어 영역뿐만이 아니다. 한국의 사회관계, 문화, 국가 제도 등 거의 모든 것이 '우리'만 존재하는 상황을 가정하고 있다. '외국인'과 '다문화'는 그런 순수성을 유지하기 위한 인식 도구다. 하지만 그런 도구가 작동할 수 있는 시대는 이미 끝나지 않았는가.

동성결혼을
반대하는 것은
가능한가?

얼마 전 대법원은 동성 부부의 건강보험 피부양자 자격을 인정하는 역사적 판결을 내렸다. 그들의 결혼이 법적으로 인정되지 않더라도, 사실혼 관계까지 부정하는 것은 차별임을 분명히 했다. 이제 동성결혼에 관한 진지한 논쟁이 시작되어야 한다.

동성결혼의 쟁점

현대 민주주의의 법적 원리에서 곧바로 답이 나오지 않는 문제들이 있다. 예컨대 태아를 법적 인간으로 볼 것인지 말 것인지, 마약이나 성매매를 허용할 것인지, 국내 체류 외국인에게 어떤 권리를 보장할 것인지 등에는 정해진 답이 없다. 그래서 정치적 논의의 결과에 따라 전혀 다른 결정을 할 수 있다. 실제로 유럽은 국가마다 성매매에 관한 법 제도가 다르고, 미국의 이민자 정책은 선거 결과에 따라 수시로 바뀐다. 반면 남성과 여성에게 동등한 투표권을 줄 것인지, 피부색에 따라 같은 권리를 보장할 것인지 따위는 애초에 쟁점 자체가 될 수 없다. 차별을 인정하는 것은 곧 민주주의 자체를 부정하는 것이기 때문이다. 그렇다면 동성결혼 법제화는 선택의 문제인가, 답이 정해져 있는 문제인가?

동성결혼 법제화를 둘러싼 논쟁은 나라마다 다양한 양상으로 전개되었지만, 반대 입장의 핵심 논리는 대부분 비슷하다. '결혼'이라는 법적 개념의 정의는 '남성과 여성의 결합'이므로 동성결혼은 개념적으로 인정될 수 없고, 법제화하지 않더라도 차별이 아니라는 것이다. 이 논리 자체에는 별문제가 없다. 결혼 개념을 어떻게 정의할지는 선택의 문제이므로, 기존의 정의를 그대로 유지하는 것이 잘못은 아니다. 하지만 그렇게 해야만 하는 필연적 이유가 있다고도 할 수 없다. 현행 헌법이 결혼을 이성 간의 결합으로 정의한다고 하더라도, 관련 조항을 바꾸는 것은 충분히 가능하다. 결혼을 남성과 여성의 결합으로 정의하든, 두 사람 간의 결합으로 정의하든 민주주의의 원칙은 침해되지 않기 때문이다.

결혼 개념의 정의보다 중요한 것은 가족을 이루고 행복하게 살 권리가 모두에게 똑같이 보장되어야 한다는 원칙이다. 이는 선택 사항이 아니라 누구도 부정할 수 없는 민주주의의 기본 요소다. 누군가 동성애자라는 이유로 그 권리를 보장받을 수 없다면, 이는 분명한 차별이다. 따라서 국가가 전통적 결혼 개념을 유지할 것이라면, '생활동반자'나 '동반계약' 같은 새로운 법적 개념을 도입해서라도 권리의 평등을 실현해야만 한다.

결국 동성결혼 법제화에 반대하는 보수주의자의 논리는 허약하게 무너질 수밖에 없다. '결혼' 대신 다른 개념을 사용해서 동성 커플의 법적 지위를 인정하자고 주장하기만 해도, 그들은 대응할 방법이 없기 때문이다. 이때 논쟁은 다음 단계로 이행한다. 전통적 결혼 제도를 유지한 상태에서 '동반계약' 같은 이름을 가진 포괄적 파트너 제도를 신설한다고 상상해보자. 이 경우, 결혼한 이성 커플과 동반계약을 한 동성 커플 사이에 중요한 권리의 차이가 발생해서는 안 된다. 그것은 제도적 차별을 인정하는 것이나 다름없다. 한마디로 기존 제도와 새로운 제도가 동등한 권리를 보장해야 하는데, 이렇게 되면 실질적으로 같은 제도를 이름만 다르게 부르는 꼴이 된다. 그렇다면 차라리 기존의 결혼 개념을 바꾸어 이성 커플과 동성 커플을 모두 포괄하도록 하는 게 낫지 않을까?

프랑스는 실제로 이런 논리 전개와 비슷한 과정을 거쳐 동성결혼을 법제화했다. 1997년 법원이 '결혼은 남성과 여성의 결합'이라는 전통적 해석을 재확인하자, 1999년 의회와 정부는 동성 커플과 이성 커플을 모두 포괄하는 '연대성 시민 계약PACS'이라는 새로운 파트너 제도를 민법에 추가했다. 하지만 결혼과 PACS는 애초에 다른 목적으로 설계되었고, 두 제도 모두에 접근 가능한 이성 커플과 PACS에만 접근 가능한 동성 커플은 동등한 권리를 인정받을 수 없었다. 결국 오랜 논쟁 과정을 거쳐 2013년에 동성결혼이 법제화되었다.

민주주의에 대한 무관심

이제 앞서 던졌던 질문의 답을 알 수 있다. 결혼을 어떻게 정의할 것인지는 선택의 문제다. 하지만 이성 커플과 동성 커플에게 동등한 권리를 보장해야 한다는 것은 민주주의의 원칙이다. 따라서 정치적 논쟁의 합리성이 어느 정도 유지되는 곳이라면, 동성결혼에 관한 논쟁은 필연적으로 법제화라는 결론에 이르게 된다. 21세기 국제사회에서 동성결혼 인정 여부가 민주주의 발전의 척도처럼 간주되는 이유도 여기에 있다.

한국에서 동성결혼 법제화는 아직 먼 미래의 일처럼 느껴진다. 물론 직접적인 원인은 극우 종교 집단의 영향력에 있겠지만, 더 근본적인 원인은 평등에 대한 정치적 무관심에 있는 것으로 보인다. 동성결혼의 법적 지위를 인정한 나라들은 수십 년에 걸친 격렬한 갈등을 겪어야만 했다. 과연 한국에서도 수만 명의 시민이 거리로 쏟아져 나와 이 문제를 두고 다투는 상황이 발생하게 될까? 결과는 둘째치고 그러한 싸움 자체가 일어나긴 할까?

이번 대법원 판결 이후 가장 주목할 만한 것은 일반적인 무관심이다. 다행히 몇몇 국회의원이 동성 부부의 권리를 보장해야 한다는 목소리를 냈지만, 국회에 별다른 움직임은 없다. 임신중단에 대해 그랬던 것처럼, 거대 양당은 앞으로도 '법원의 판단을 지켜보겠다'는 식의 소극적 태도를 보일 가능성이 높다. 임신중단과 동성결혼이라는 주제는 좌파와 우파, 리버럴과 보수를 구별하는 첫 번째 기준으로 작동해왔다. 정치 세력의 차이는 자유와 평등에 관한 이념 차이에서 비롯되기 때문이다. 한국의 거대 양당은 늘 싸우기만 할 뿐 정작 자신의 이념에는 관심이 없다. 오로지 권력을 장악하는 일만이 중요할 뿐이다.

이는 단지 정치인들의 문제만이 아니다. 눈에 보이는 사회적 폭력에 거친 분노를 쏟아내는 사람은 많지만, 감각

적으로 경험되지 않는 구조적 폭력과 차별에 관심을 두는
이는 드물다. 성폭력 사건이 터지면 모두가 강력한 처벌을
주장하지만, 성 불평등 구조 자체에 문제를 제기하는 이는
극소수다. 수많은 노동자의 죽음이 〈중대재해처벌법〉의 밑
거름이 되었지만, 노동시장의 불평등과 불안정노동에 관
한 정치적 논의는 여전히 미미하다. 동성결혼에 대한 일반
적 태도를 규정하는 것도 절대다수의 무관심이다. 사실 그
것은 차별에 대한 무관심, 민주주의의 기본 가치에 대한 무
관심이다. 앞으로 동성결혼에 대한 정치적 논쟁은 어떤 형
식으로 전개될까? 애초에 그런 논쟁이 벌어지기는 할까?
이 질문에 한국 민주주의의 발전 정도를 평가할 수 있는 기
준이 있다.

공통된 것 없는
공동체의 모습

넷플릭스 시리즈 〈흑백요리사〉에는 출연자 에드워드 리가 비빔밥을 영어로 설명하는 장면이 나온다. 거기서 그는 이렇게 말한다. "저는 이 흔한 요리를 특별하게 만들고 싶었어요." 이때 '흔한 요리'는 영어 "such a common dish"를 번역한 것이다. 이걸 보며 문득 생각했다. 한국에 '커먼 common'이라고 부를 만한 것이 있는가?

커먼의 의미

영어 '커먼'은 라틴어 'communis'에서 비롯된 말이고, 다른 서구어 대부분에도 비슷한 철자와 의미를 가진 단어가 존재한다. 메리엄 웹스터Merriam-Webster 영어 사전이 이 말의 핵심 의미를 잘 정의해놓았는데, '한 공동체나 그룹의 모든 구성원에게 공유되고 있는 것' 정도로 옮길 수 있겠다. 여기에 정확히 일치하는 한국어 단어는 없다. 흔히 '공통', '공동', '일반', '보통' 등으로 번역되지만, 이런 단어에 원래 의미를 온전히 담기는 아무래도 어렵다. 커먼에는 '널리 펴져 있는 것'이라는 의미도 있으니, 에드워드 리의 표현을 '흔한 요리'로 옮긴 것이 오역은 아니다. 하지만 단어의 기본 의미를 고려한다면, '한국인 모두가 너무나 잘 알고 있는 요리' 정도로 이해하는 게 나을 것이다.

'커먼'에 관한 이야기를 꺼낸 것은 이 말의 정치철학적 중요성 때문이다. '공동체community'와 '커먼'의 라틴어 어원은 같다. 공동체란 단순히 여러 개인이 모여 있는 상태가 아니라, 모든 구성원이 무엇인가를 공유하고 있는 집단이다. 이것이 '공화국'으로 번역되는 'republic'의 오랜 의미이기도 하다. 이 말은 라틴어 'res publica'에서 왔는데, 'publica'는 '커먼'을 의미하기도 한다. 그래서 'res publica'는 15세기 이후 영어에서 'commonwealth'로 번역되기도 했다. 언어의 변화는 복잡하지만, '커먼'은 여전히 민주주의 공동체를 설명하는 가장 기초적인 개념으로 사용된다.

한국에 '커먼'이라고 부를 만한 것이 존재하는가? 같은 것을 공유하는 개인들의 공동체를 발견할 수 있는가?

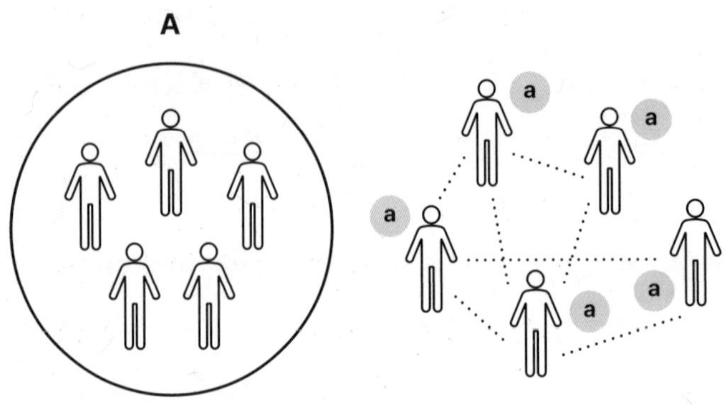

<〈그림 1〉 집단과 개인이 관계 맺는 두 가지 방식>

누군가는 왜 당연한 것을 묻는지 의아해할지도 모른다. 한국인 대다수가 '우리'라는 의식을 공유하고, 이를 바탕으로 '우리 한국인'이라는 강력한 집단 정체성을 구성하지 않는가? 한국인만큼 공통의 언어, 역사, 문화를 널리 공유하는 집단이 지구상 또 어디에 있을까? 하지만 이러한 집단과 '커먼'에 기초한 공동체는 다르다. 특수와 보편, 요소와 전체, 개인과 집단 등에 관한 복잡한 철학적 논의들을 미뤄두고, 아래 두 가지 그림을 비교해보자.

  '커먼'은 〈그림 1〉의 오른쪽과 같은 상황을 지시한다. 서로 다른 개인들이 (a)라는 공통의 권리, 지위, 생각, 경험, 감정, 규범 따위를 공유하고, 이를 바탕으로 공동체를 구성한다. 반면, 한국에서 집단이 만들어지는 방식은 왼쪽에 가깝다. 공통된 (A)는 개인에게 속한 특성이 아니라 개인을 묶는 범주나 전체이고, 개인들은 (A)의 부분이 된다. 국가, 민족, 정치 진영, 집단적 이해관계 등이 모두 (A)로 기능할 수 있다.

물론 이 두 가지 형태는 완전히 분리된 것이 아니다. 대부분의 사회에는 이 두 가지가 공존하고, 하나가 다른 하나로 쉽게 변형될 수 있다. 다만 민주주의 공동체는 기본적으로 오른쪽을 전제하고, 왼쪽으로 변형되는 것을 경계한다. 한국에서 오른쪽은 오직 헌법에 존재할 뿐이고, 현실에서는 왼쪽이 압도적인 지배력을 행사한다. 흔히 이해관계를 위한 연합은 오른쪽을 따를 것으로 상상되지만 한국에서는 그렇지 않다. 집단적 흐름에 불응하는 개인을 배신자로 낙인찍고 괴롭히는 의사 집단을 보라. 이들은 왼쪽 형태의 극단을 보여준다.

집단과 개인이 관계 맺는 두 가지 방식

두 그림의 결정적 차이 중 하나는 개인의 성격에 있다. 오른쪽에는 집단에 선행하는 개인이 존재하지만, 왼쪽에는 집단과 분리된 개인이 존재하지 않는다. 오른쪽의 개인은 상이한 두 가지 차원에 속한다. 하나는 타인과 공유하는 것들의 차원이고, 다른 하나는 외부와 공유하지 않는 자신만의 사적 차원이다. 공동체 구성원으로서의 개인, 그리고 온전한 개인으로서의 개인이 분리되는 것이다. 반면 왼쪽 그림의 개인에게는 사적 차원이 없다. 개인을 구성하는 모든 요소가 집단에 포함되기 때문이다. 이들은 집단의 부분일 뿐 엄밀한 의미의 개인이라고 할 수 없다. 한국인이 일상적으로 경험하는 무례함과 폭력의 상당수가 여기서 비롯한다.

소수자를 정의하고 다루는 방식에서도 차이가 있다. 오른쪽의 개인은 공동체 구성원이라는 평등한 지위와 그에 결부된 권리들을 공유하는데, 이런 지위와 권리를 누릴 자질과 역량이 부족하다고 간주된 개인은 공동체에서 배제된다. 이들이 '소수자'라고 불린다. 민주주의란 이러한 배제를 최소화하고, 평등한 지위와 권리를 보편화하려는 정치체제이자 운동이다. 왼쪽에는 이런 의미의 소수자가 없고, 힘 있는 강자와 힘없는 약자의 구별만이 있을 뿐이다. 애초에 같은 지위와 권리를 평등하게 공유하는 개인이 존재하지 않기 때문이다. 여기서는 평등이라는 관념 자체가 존재하기 어렵고, 자유는 단순히 자신의 이익을 극대화하는 것으로 이해된다.

민주주의 공동체의 기본 구조를 보려면, 오른쪽 그림의 (a)에 '시민'을 대입하면 된다. 이 말은 공동체의 구성원들이 공유하는 동등한 지위를 의미한다. 그것은 집단의 이름이 아니라 개인의 속성을 부르는 이름이다. 시민이라는 같은 지위를 공유하는 서로 다른 개인들이 '공통의 것'을 결정하기 위해 대화하는 과정이 바로 정치다. 시민들이 하나의 공동체를 이룬다고 해도, 공동체의 한 부분으로 귀속되는 것은 아니다. 공동체의 존재 이유는 인간 개인의 존엄성을 지키고, 이들 사이의 평등한 관계를 유지하는 데 있다.

왼쪽 그림의 (A)에 '국민'을 넣으면, 현재 한국의 모습을 볼 수 있다. 여기서는 개인과 집단이 구별되지 않고 '국민'이라는 하나의 명사로 불린다. 오로지 국민이 존재할 뿐이므로, 국민을 뛰어넘는 가치가 있을 수 없다. 국민의 이익을 위해 약자를 희생시키는 것도 문제가 되지 않는다. 이는 자신의 생존을 위해 자산 일부를 소비하는 행위와 다를 바 없기 때문이다. 부분으로서의 개인은 필요에 따라 처분할 수 있는 수단일 뿐이다. 이런 식으로 노동자는 기계가 되고, 여성은 출산 동물로 취급받는다. 차별도 문제가 되지 않는다. 애초에 국민이라는 집단에는 평등이라는 원리가 개입하지 않기 때문이다. 다수는 '국민의 먹고사는 문제'가 무엇보다 중요하다고 믿지만, 여기서 '국민'이 정확히 누구인지는 아무도 모른다. 이것이 커먼 없는 집단의 모습이다.

민주주의의
순수하고 단순한 정의

한국사회는 인간의 등급을 나누는 데 특화되어 있다. 개인의 정체성을 구성하는 요소, 각자가 놓여 있는 사회적·경제적 조건 모두가 차별의 기준으로 작동한다. 모든 개인은 서로 다르지만, 인간과 시민이라는 점에서 모두 평등하다는 민주주의의 원리는 어디에서도 찾기 어렵다. 이는 분명 이상한 상황이다. 2024년 12월에 모두가 목격했듯, 한국에는 민주주의를 위해 목숨 걸고 싸울 준비가 된 시민들이 있기 때문이다. 민주주의를 지키려는 사람은 많은데, 왜 평등에 관해 말하는 사람은 이토록 소수인가? 한국 시민들은 내란 세력을 진압하고 민주주의를 정상화하는 데 성공했지만, 그러한 '정상적' 민주주의에서 '차별금지법'에 대한 요구는 철저히 무시당하고 있다. 우리가 지금 목격하고 있는 것은 꽤 기이한 상황이다. 평등은 민주주의의 가장 근본적인 원리지만, 한국에서는 민주주의를 지키면서 평등을 무시하는 것이 가능하다. 지난 40년간 한국이 발전시켜온 것은 불평등을 긍정하는 민주주의였다. 지금 필요한 일은 '민주주의란 무엇인가?'라는 질문으로 돌아가는 것이다.

민주주의란 무엇인가?

고대 그리스의 '데모크라티아démokratía' 개념에서 시작된 서구의 지식 전통을 참조하며, '민주주의'의 가장 **순수하고 단순한** 정의를 찾아보자. 여기서 '순수'와 '단순'이란 민주주의가 민주주의이게끔 해주는 필수적인 요소만 남기고, 나머지를 완전히 삭제한 상태를 말한다.* 본격적인 논의에 앞서, 앞으로 사용할 용어를 간단히 정리하자. '인민people'이란 정치 공동체를 구성하는 집단이고, 이 집단을 구성하는 개인을 '시민citizen'이라 부른다. 인민은 시민들citizens이 아니라는 점을 기억해야 한다. 인민은 단순히 여러 시민이 모여 있는 상태가 아니라, 그들이 하나의 정치적 덩어리를 형성한 상태다.**

표준국어대사전은 '민주주의'를 다음과 같이 정의한

---

* 여기서 '민주주의'라는 말은 서구어(영어 'democracy', 프랑스어 'démocratie' 등)와 완전히 교환 가능한 것으로 사용된다. 즉 서구 용어가 한국어로 번역되면서 추가되거나 삭제된 의미는 고려되지 않는다. 개념의 번역에 관해서는 4부의 '깊이 읽기'를 참고하라.

다—"국민이 권력을 가지고 그 권력을 스스로 행사하는 제도. 또는 그런 정치를 지향하는 사상. 기본적 인권, 자유권, 평등권, 다수결의 원리, 법치주의 따위를 그 기본 원리로 한다." 그러나 이는 엄밀한 개념 정의가 아니다. 첫째, 3부와 4부의 '깊이 읽기'에서 자세히 분석하겠지만 '국민'이라는 말은 언어의 개념적 사용을 불가능하게 만든다. 이 말을 사용한 것은 그 무엇이든 정확한 개념 정의로 인정될 수 없다. 둘째, '데모크라티아'는 사상이 아니다. 이 단어를 '민주정'이나 '민주제'로 번역할 수도 있다는 사실을 떠올려보자. '민주주의'를 '이념', '사상', '주장', '학설' 등으로 정의하는 것은 '~주의'라는 기표에 결합된 다른 의미를 거꾸로 가져온 것이다. 물론 이런 정의를 수용할 수도 있지만, 그렇게 하면 '민주주의'는 '데모크라티아'와 다른 개념이 되어버리고, 무시할 수 없는 개념적·정치적 혼란이 발생한다. 셋째, 마지막에 나열된 "기본적 인권, 자유권, 평등권, 다수결의 원리, 법치주의 따위"는 개념 정의의 엄밀성을 떨어뜨린다. 민주주의의 기본 원리들 중에서 왜 이것들만 언급해야 하는지에 관한 명확한 기준이 없기 때문이다. 더구나 이 모두가 정말 '기본 원리'인지도 불확실하다. 예를 들어, 다수결이 아니라 만장일치를 원리로 삼는 민주주의, 또는 국가와 법이 없는 민주주의는 개념적으로 불가

능한가? 방금 인용한 정의에서 불필요한 부분을 제거하고 남는 부분을 다음과 같이 바꾸면, 적어도 오류나 부정확성은 방지할 수 있을 것이다—'인민이 권력을 가지고 그 권력을 스스로 행사하는 제도'.

다른 언어의 사전적 정의도 살펴보자. 메리엄-웹스터 영어 사전의 'democracy' 항목은 "인민에 의한 통치"라는 가장 명료한 개념 정의를 제공한다. 라루스Larousse 프랑스어 사전은 "주권이 인민으로부터 유래하는 통치 형태, 정치 체계"라고 정의한다. 각 사전은 기본적이고 일차적인 정의를 먼저 제시하고 그다음에 부가적이고 이차적인 정의를 나열하는데, 여기에서는 전자에만 집중하도록 하자. 이차적 정의에는 개념에 필수적이지 않은 요소도 포함되기 때문이다. 예를 들어, 메리엄-웹스터 사전은 방금 인용한 일차적 정의 아래에 "인민에 의해 선출된 대표자들이 법에 따라 결정을 내리고, 정책, 법률 등을 만드는 통치 형태"라는 이차적 정의를 추가한다.*** 하지만 인민이 대의 제도 없이 모든 것을 직접 결정하고 실행하는 통치 형태도 민주주의에 해당하므로, 이차적 정의에 따라 민주주의와 민주주의 아닌 것을 정확히 구별하기

***　메리엄-웹스터 사전의 영어 원문은 다음과 같다. "인민에 의한 통치government by the people: 인민에 의해 선출된 대표자들이 법에 따라 결정을 내리고, 정책, 법률 등을 만드는 통치 형태a form of government in which the people elect representatives to make decisions, policies, laws, etc. according to law". 라루스 사전의 프랑스어 원문은 다음과 같다. "주권이 인민으로부터 유래하는 통치 형태, 정치 체계système politique, forme de gouvernement dans lequel la souveraineté émane du peuple."

는 어렵다.

민주주의의 다양한 사전적 정의 중에서 '주권', '선거', '국가', '법', '권리' 따위의 개념을 포함한 것은 제외하자. 개념 정의에 필수적인 최소한의 요소만 남기기 위함이다. 그렇게 하면 '데모크라티아'를 구성하는 두 가지 요소, 즉 '데모-'와 '-크라티아'만 남게 된다. 이는 각각 'dêmos'(인민)와 'krátos'(통치, 지배, 권력 등)에서 온 말이다. 결국 우리가 찾는 개념 정의에 가장 가까운 것은 "인민에 의한 통치"일 것이다. 그런데 여기서 '통치'란 정확히 무엇을 통치한다는 의미인가? 이 질문에 대한 답이 생략되면, 민주주의의 핵심 원리가 모호해질 위험이 있다. 따라서 방금 언급한 정의를 다음과 같이 수정할 필요가 있다. 민주주의란 **인민이 인민 자신을 통치하는 정치체제**a political regime in which the people govern themselves다. 이 정도면 우리가 찾는 민주주의의 순수하고 단순한 정의에 부합한다.*

---

* 여기서 '정치체제'라는 용어를 '정치 체계political system'나 '통치 형태form of government'로 바꾸어도 무관하다. 이 용어를 추가한 것은 단지 민주주의가 여러 정치체제 중 하나라는 의미를 담기 위해서다. '정치'란 '공동체의 삶을 운영하는 활동' 정도로 이해할 수 있다.

평등의 원리

인민이 인민 자신을 통치한다는 것은 무엇보다 **통치하는 자**와 **통치받는 자**가 분리되지 않는다는 의미다. 즉 민주주의 아래에서 인민은 통치하는 자이면서 동시에 통치받는 자이기도 하다. 이것이 민주주의와 비민주주의를 구별하는 가장 날카로운 기준이다(군주정이나 독재 체제를 상상해보자). 프랑스혁명을 통해 수립된 근대 정치는 인민의 자기통치를 **자유**liberté와 **평등**égalité이라는 원리로 표현한다.[**] 정치적 차원에서 보면, '자유'란 그 어떤 시민도 타인의 지배에 종속되지 않은 상태이고, '평등'이란 모든 시민이 시민이라는 점에서 똑같다는 의미다. 조금만 생각해보면, '인민이 인민 자신을 통치하는 상태'와 '모든 시민이 자유롭고 평등한 상태'가 논리적으로 동등하다는 사실을 알 수 있다. 전자이면 후자일 수밖에 없고, 그 역도 마찬가지다. 그리고 자유와 평등은 하나가 다른 하나를 전제한다는 점에서, 동일한 하나의 원리로 결합되어 있다고 볼 수 있다. 자유롭지 않은 시민이 있다면 모든 시민의 평등이 불가능하고, 모든 시민이 평등하지 않다면 모두의 자유도 불가능하다.[***]

그런데 모든 시민이 시민이라는 점에서 똑같다는 것은

[**]　1789년에 발표된 〈인간과 시민의 권리 선언Déclaration des droits de l'homme et du citoyen〉(1789), 그리고 이 선언의 기초가 된 장-자크 루소Jean-Jacques Rousseau의 《사회계약론》을 참고하라.

어떤 의미인가? 나와 타인은 모두 시민이지만, 나는 타인과 구별되는 고유한 인간 존재가 아닌가? 앞의 글 〈당신은 민주주의에 진정으로 동의하는가?〉에서 이 질문을 이미 다루었다. 그 답은 근대 민주주의가 **정치적 차원**과 **사회적 차원**의 구별을 전제한다는 것이다.[*] 정치적 차원에서 모든 개인은 평등한 시민으로서 공동체의 삶에 동등하게 참여하지만, 사회적 차원에서는 다른 모든 개인과 구별되는 고유한 인간으로서 살아간다. 이러한 구별은 해소 불가능한 여러 문제를 남기는데, 가장 결정적인 것은 인간 사이의 사회적·경제적 차이들이 시민의 정치적 평등을 위협한다는 것이다. 현대 민주주의는 이 문제에 대응하기 위해 다양한 장치를 개발해왔다. 인간의 권리를 평등하게 보장하고, 사회적 권리들social rights을 인정하고, 노동계약을 법적으로 규율하고, 사회적 차별을 금지하는 것 등이 바로 그 장치다.

2부의 앞선 글들에서 다양한 사례를 분석했듯, 한국의 국가와 시민들은 평등을 위한 노력을 노골적으로 포기해왔

[***] 자유와 평등을 대립하는 두 가지 원리로 설명하는 경우가 흔한데, 이는 정치적 관점과 경제적 관점을 뒤섞는 것이다. 이 글에서 말하는 자유와 평등은 정치적 원리이며, 결코 '소유할 자유'와 '소유물의 평등' 같은 경제적 원리가 아니다. 자유와 평등의 동일성을 가장 명확하게 설명하는 사람은 프랑스 철학자 에티엔 발리바르다. 그가 1989년에 발표한 '자유평등'에 관한 고전적 논문과 그 후속 작업을 참고하라. Étienne Balibar, *La proposition de l'égaliberté. Essais politiques 1989-2009*, PUF, 2010.

[*] 이러한 분리에 대한 비판적 분석 중 가장 대표적인 것이 카를 마르크스Karl Marx의《유대인 문제에 관하여Zur Judenfrage》다.

다. 소득과 자산, 고용 형태, 교육 수준, 거주 지역과 형태, 성별과 성 정체성, 인종, 신체 조건 등에 따른 사회적·경제적 불평등이 심화되고, 이는 곧바로 정치적 불평등으로 이어진다. 공동체의 운영을 주도하는 것은 부자, 정규직 노동자, 주택 소유자, '일류 대학' 졸업자, 서울 거주자, 남성, 이성애자, 비장애인, 비이주민 등이고, 나머지는 정치적 참여에서 멀어진다. 모두가 1인 1표를 행사한다고 해서 정치적 평등이 보장되는 것은 아니다. 이런 식으로 통치하는 자와 통치받는 자가 점차 분리되고, 한국 민주주의는 민주주의 아닌 것이 되어간다.

민주주의의 수단과 목적

민주주의의 순수하고 단순한 정의는 그것의 **수단과 목적**을 명확히 구별해준다. 앞서 인용한 메리엄-웹스터 사전의 이차적 정의를 다시 살펴보자—"인민에 의해 선출된 대표자들이 법에 따라 결정을 내리고, 정책, 법률 등을 만드는 통치 형태". 이런 정의가 추가된 이유는 충분히 짐작할 만하다. 현대인의 일상 언어에서 '민주주의'는 대부분 '선거로 대표자를 뽑는 정치제도' 정도의 의미로 사용되기 때문이다. 그런데 선거제도가 민주주의의 필수 요소인가? 그렇지는 않다. 모두 잘 알고 있듯, 고대 아테네의 '직접민주주의'도 있기 때문이다. 이것과 오늘날의 '대의민주주의'를 모두 '민주주의'라고 부르는 이유는 무엇인가? 인민의 자기통치가 최종 목적이라는 점에서는 차이가 없기 때문이다. 즉 '직접'과 '대의'는 수단의 차이이지 목적의 차이가 아니다. 방금 언급한 이차적 정의는 민주주의의 목적이 아니라 수단에 관한 것이다.

민주주의의 최종 목적은 하나이지만, 수단은 다양하다. 예를 들어, 직접민주주의와 대의민주주의 중 하나의 제도가 다른 하나보다 무조건 우월하다고 말할 수 없다. 고대 아테네처럼 모든 시민이 광장에 모여 정치적 토론과 결정을 한다고 상상해보자. 현대인이 목격하고 있는 입법자의 배신, 즉 선출된 정치인이 시민의 의지와 분리되는 상황은 발생하지 않을 것이다. 하지만 광장의 민주주의는 목소리 큰 사람과 소극적인 사람, 말솜씨 좋은 사람과 아닌 사람, 지식이 많은 사람과 적은 사람의 차이 따위를 다루기 어렵고, 이는 자연스레 통치하는 자와 통치받는 자의 분리로 이어질 가능성이 있다. 다시 말해 '직접'과 '대의' 모두 장단점이 있고, 상황과 필요에 따라 둘 중 하나를 선택하면 된다. 흔히 민주주의의 필수 요소라고 생각하는 선거, 정당, 의회, 정부, 이념, 정책, 국가, 제도, 법률 따위는 모두 인민이 인민 자신을 통치하는 상태에 도달하기 위한 여러 수단일 뿐이다. 이런 수단을 어떤 형태로 사용할 것인지는 선택의 문제이며, 민주주의의 목적이 그런 선택의 기준이다.

민주주의의 수단과 목적을 구별하면, 이른바 '한국식 민주주의는 가능한가?'라는 질문에도 명확히 답할 수 있다. 나라마다 사용하는 수단이 다르므로, 한국 민주주의가 선택한 수단들을 유형화하기 위해 '한국식 민주주의'라는 표현을 쓰는 것은 문제가 없다. 민주주의를 특정 기준에 따라 유형화하고 분류하는 작업은 흔하고, 비교정치학적 관점에서 서로 다른 유형을 비교하는 작업도 친숙하다. 대의민주주의 제도의 형태, 정치적 차원과 사회적 차원의 접합 방식, 국가와 개인의 관계, 정치가 시장에 개입하는 정도, 공익을 형성하는 방식 등이 그런 유형화와 분류의 기준으로 사용될 수 있을 것이다. 유의할 것은 이런 작업이 모두 수단에 관련된다는 점이다.

반면, 민주주의의 목적에 따른 유형화와 분류는 불가능하다. 인민의 자기통치(또는 자유와 평등)라는 하나의 목적만 존재하기 때문이다. 만일 '한국식 민주주의'의 목적이 인민의 자기통치라면, 굳이 '한국식'이라는 말을 붙일 필요가 없다. 민주주의 일반의 목적과 다르지 않기 때문이다. 만일 그것이 자신만의 고유한 목적을 가지고 있다면, 그것은 이름만 '민주주의'일 뿐, 실제로는 전혀 다른 정치체제일 것이다. 따라서 목적의 관점에서는 민주주의와 민주주의 아닌 것이 있을 뿐 '한국식 민주주의' 같은 것은 존재할 수 없다.

'한국식 민주주의' 따위의 발상이 민주주의 아닌 것을 민주주의로 포장하기 위해 주로 사용된다는 점을 기억해야 한다. 최근의 사례를 살펴보자. 현대 민주주의는 인종, 성별, 성

정체성, 신체 조건 등에 따른 사회적 차별을 최대한 제거하는 방향으로 발전하고 있다. 한국 민주주의도 이런 발전을 수용해야 한다고 말하면, '우리가 서구 민주주의를 꼭 따라야 할 필요는 없다'고 반응하는 사람이 종종 있다. '서구 민주주의와 다른 한국식 민주주의'를 선택할 수 있다는 발상이다. 그러나 사회적 차별을 제거해야 한다는 명령은 인민의 자기통치라는 민주주의의 목적에서 곧바로 도출되는 것이다. '한국식'이라는 말이 사회적 차별을 묵인하는 정치체제를 의미한다면, 그것은 애초에 민주주의라고 할 수 없다. 이런 식의 거짓 표현은 오랜 역사를 가지고 있다. 과거 군사정권은 독재를 민주주의로 포장하기 위해 '자유민주주의', '민족적 민주주의', '산업민주국가' 따위의 말을 만들어냈다.

마치며

앞의 질문으로 돌아가자. '민주주의를 지켜야 한다'가 지배적 명령으로 인정되는 곳에서 평등의 원리가 이토록 무시되는 이유는 무엇인가? 이 글에서 제안하는 답은 이런 것이다. 한국에서 다수 시민이 방어하는 것은 대의민주주의 제도일 뿐, 자유와 평등이 아니다. 그들은 민주주의의 존재 이유가 무엇인지 생각하지 않은 채 역사적으로 수립된 현실의 제도를 지키는 데만 관심을 보인다. 민주주의의 목적을 망각하고, 수단에만 집중하고 있는 것이다. 민주주의의 파괴를 막기 위해서는 당연히 민주주의 제도를 방어해야 한다. 하지만 제도가 있다고 해서 민주주의가 실현되는 것은 아니다. 지금 한국의 정치체제를 '반反독재'나 '비非독재'로 규정할 수는 있겠지만, 그것이 본래적 의미의 민주주의라고 하기는 어렵다. 지금 가장 시급하게 필요한 일은 '민주주의' 개념의 정의를 공동체의 수준에서 재확인하는 작업이다.

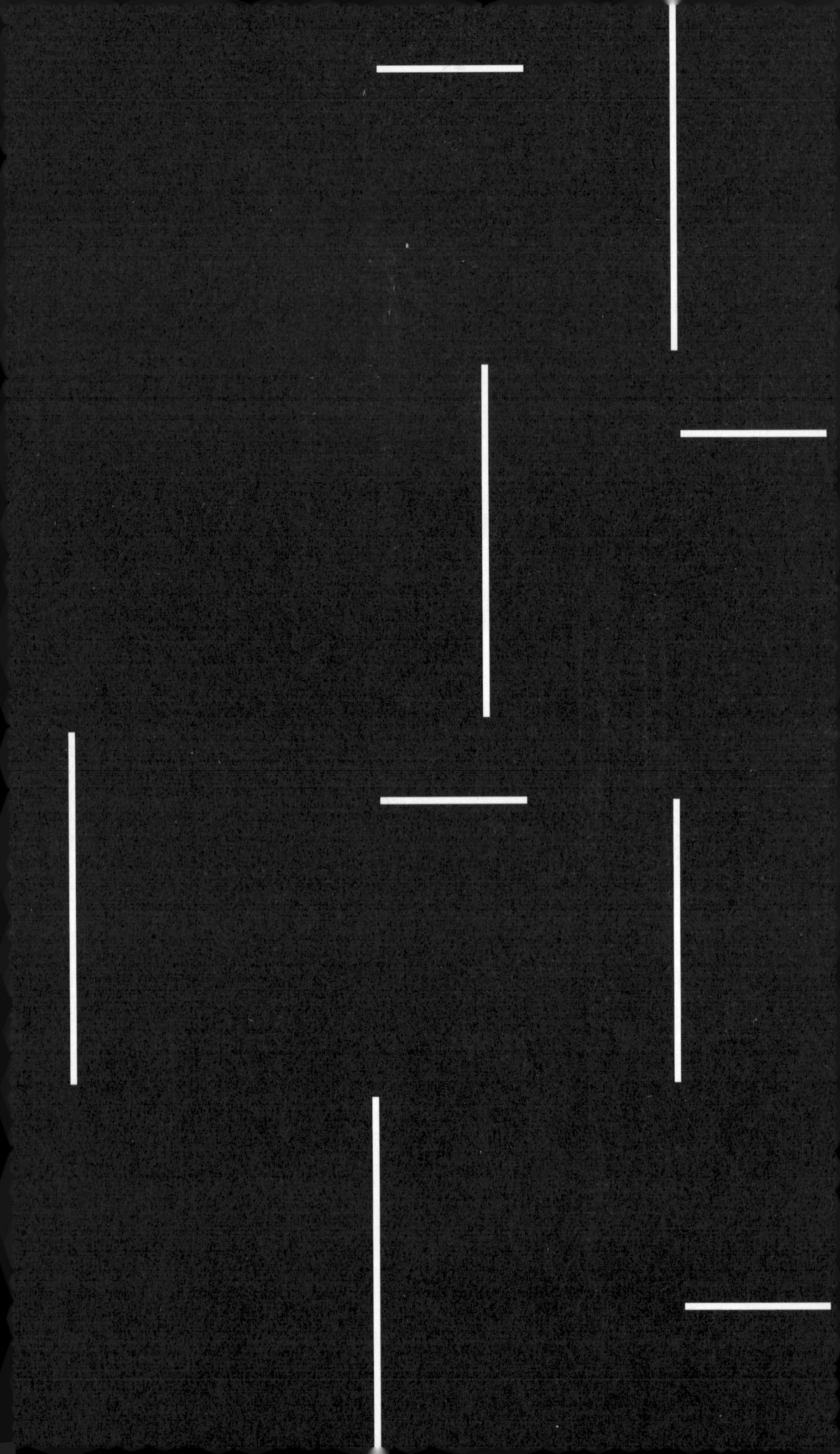

전진을
멈춘

민주주의

3부

많은 이들이 한국의 20세기를 투쟁의 역사로 이해한다. 일본 제국주의와 군부 독재에 맞선 민중의 거대한 투쟁이 숱한 실패와 좌절을 딛고 마침내 민주주의라는 꽃을 피웠다는 식의 역사 이해는 모두에게 익숙하다. 여기에 동의하는 사람도 있고 아닌 사람도 있겠지만, 한국 민주주의의 역사적 전진 자체를 부정할 사람은 거의 없을 것이다. 그런데 독재가 무너지고 대의민주주의 제도가 도입된 이후에도 한국 민주주의가 여전히 전진하고 있다고 말할 수 있는가?

근대 민주주의를 자유, 평등, 연대의 원리에 기초한 보편적 정치체제 모델로 이해한다면, 그리고 현실의 민주주의를 이 모델에 접근시키는 것이 '전진'이라면, 나는 저 질문에 '아니다'라고 답할 것이다. 제도로서의 한국 민주주의는 정상적으로 작동하는 것처럼 보이지만, 그것이 과연 민주주의의 기본 조건을 충족하고 있는지는 불확실하다. 더구나 박근혜 정권의 국정농단 사건과 윤석열의 쿠데타 시도는 제도의 안정성 자체에 의구심을 갖게 만든다. 두 번의 대통령 탄핵은 민주주의의 최소 조건을 방어한 것일 뿐, 전진이라고 보기 어렵다.

3부는 한국 민주주의의 현재를 검토하는 글들로 구성되

어 있다. 집단의 부분으로 존재하는 개인, 사적인 것에 대한 공
적인 것의 우위, 이념 없는 정당, 하위 계급의 목소리가 지워진
선거, 민주주의 모델의 부재 등이 한국 민주주의의 근본 특징
으로 다뤄진다. 이러한 특징은 근대 민주주의 모델과의 비교
를 통해서만 온전히 드러날 수 있다. 인구 감소와 기후위기를
다룬 글 역시 포함되어 있는데, 이 역시 민주주의의 문제이기
때문이다. 지금의 한국은 '사회의 종말'과 '지구의 종말'을 향해
달려가고 있지만, 한국 민주주의는 이를 저지할 역량이 없는
것으로 보인다. '깊이 읽기'에서는 민주주의의 문화적 조건을
다룰 것이다. 한국 민주주의의 현재는 결국 우리를 다음과 같
은 근원적 질문으로 인도하기 때문이다. 서구 문화의 발명품
으로 탄생한 민주주의 모델이 동아시아, 특히 한국에서 실현
될 수 있는가? 민주주의는 과연 보편적 정치체제인가? 이론적
으로 엄밀히 다루기에는 너무 큰 질문이므로, 몇 가지 사례를
분석하는 정도로 만족할 것이다.

민주화 이후의
'역사'를 묻다

요즘 한국 어디를 봐도 무기력하다. 사람들은 여전히 치열하고 바쁘게 살아가지만, 공동체는 변화의 동력을 상실한 것처럼 보인다. '어쩌다 이렇게 되었나'라는 의문은 우리의 시선을 역사로 돌린다.

집중과 흩어짐

한국의 20세기를 '민주주의를 향한 전진의 역사'라고 표현할 수 있다면, 그것이 일단락된 1987년 이후의 35년은 어떤 역사라고 부를 수 있을까?

대략 노무현 정부 초기까지는 민주당의 집권이 곧 민

주주의의 진전으로 간주되었다. 군사독재의 잔재 세력과 민주화 세력의 대결 구도가 20세기 역사의 연장으로 보였기 때문이다. 하지만 윤석열 정부가 들어선 현재의 관점에서 보면, 지난 35년의 정당정치는 어떤 경향을 가진 역사적 흐름이라기보다는 국가권력을 주고받는 핑퐁 게임에 가깝다. 모두의 기대를 받으며 민주당 정부가 들어서지만, 약속한 개혁은 이루어지지 않고, 결국 실패한 정권이라는 비난을 받으며 정권을 내준다. 이른바 '보수정당'은 과거 권위주의 체제에 대한 추억에만 젖어 있을 뿐 국가를 운영할 아무런 역량이 없고, 처참한 실패와 함께 사라진다. 그러면 민주당 정권이 재등장하지만, 과거와 비슷한 과정을 따라 선거에서 패배한다. 앞으로도 이런 패턴이 반복될 가능성이 큰데, 거대 양당은 일관된 목표나 이념 없이 선거라는 개별 상황에 따라 이리저리 움직이는 게 전부이기 때문이다. 한국의 정당정치에는 선거 승리 혹은 실패라는 개별 사건들만 있을 뿐, '정치의 역사'라고 부를 만한 것이 없다.

대중운동의 역사가 있다고 말하기도 어렵다. 예컨대 촛불시위의 기원은 2002년 주한미군 장갑차 중학생 사망 사건으로 거슬러 올라간다. 그 후 노무현 대통령 탄핵, 미국산 소고기 수입, 세월호 참사, 박근혜 정부 비선 실세 폭로, 조국 장관 임명과 검찰 수사 등 여러 정치적 사건이 대규모 촛불시위의 계기가 되었다. 1987년 이전의 대중운동들이 '반독재 민주화'라는 거시적 흐름의 부분들이었던 데 반해, 촛불시위의 다양한 형태와 목적을 묶을 일관된 흐름은 없다. 커다란 분노와 슬픔을 불러일으키는 사건이 발생하면 다수 대중이 광장과 온라인 공간에 집결하고, 집단적 요구가 전면적 혹은 부분적으로 수용되면 대중은 다시 흩어진다. 대중의 힘은 폭발적이지만 일회적이고, 일관된 목적을 향해 나아가지도 않는다. 이는 촛불시위의 한계가 아니라 본성이다. 운동의 목적이란 곧 이념인데, 최근의 대중운동은 어떤 형태의 이념도 거부하는 경향을 보이기 때문이다.

한국의 정치 공간에서 벌어지는 일들은 먹이를 쫓아 우르르 몰려다니는 물고기 떼의 운동과 비슷하다. 어떤 중심점이 등장하면 모두가 그쪽으로 달려들지만, 그것이 사라지면 다시 흩어져 다음 중심점을 기다린다. 선거에서 '청년'이 소비되었던 방식을 떠올려보자. 정당, 언론, 유권자 모두 그 기호를 따라 떼 지어 몰려다녔지만, 그것의 '약발'이 떨어지자마자 다른 기호를 찾아다닌다. 경제민주화, 복지국가, 기본소득 따위도 한 번 쓰고 버려지는 정치 상품일 뿐, 정당정치의 목적이 아니었다. 대중운동은 거대한 감정 덩어리의 꿈틀거림이다. 충격적 사건이 발생하면 대중의 거대한 분노와 열망이 그곳으로 쏟아지지만, 그때가 지나면 다시 잔잔해졌다가 다음 사건을 기다린다. 한국 정치의 지난 35년은 이러한 집중과 흩어짐의 반복 아니었을까? 그 반복에 '역사'라는 이름을 붙이기는 어려울 것이다. 어떤 시간을 (거시사든 미시사든) 역사라고 부르려면 개별 사건을 잇는 흐름이 있어야 하기 때문이다.

자본주의만 남은 역사

그렇지만 한 가지 목적을 향해 꾸준히 전진하는 것도 있다. 지난 35년간 한국의 자본주의는 멈춤 없이 성장하며 자기 역사를 만들어왔다. 그 결과 '역사=경제성장'이라는 박정희식 역사관은 민주화 이후에 오히려 더 강화되었다. 즉 한국에서 역사란 못 사는 상태에서 더 잘사는 상태로 이행하는 것이다. 많은 사람이 '대한민국의 위대한 역사와 발전'을 말하는데, 이때 '역사'란 곧 자본주의의 역사를 의미한다. 사실 한국사회와 정치의 많은 부분이 정체되어 있거나 퇴보하고 있다. 경제성장이라는 역사관은 개인의 인생사를 지배하는 수준에 도달했다. 이제 인생이란 못 사는 상태에서 잘사는 상태로 나아가는 것, 즉 불평등의 사다리 아래쪽에서 위쪽으로 올라가는 것을 의미한다.

우리는 자본주의의 역사만 남고, 다른 모든 역사가 사라진 시대를 살고 있는 것 아닌가? 한국 정치는 독자적 역사성을 상실하고, 자본주의 역사의 일부분이 되어버리지 않았는가? 누군가는 이것이 현시대의 자연스러운 경향이라고 말할지 모르지만, 민주주의의 관점에서는 전혀 그렇지 않다. 민주주의는 정치체제인 동시에, 그 자체가 하나의 역사다. 그것은 모든 인간의 자유와 평등이라는 도달 불가능한 목표를 향해 끝없이 전진한다. 민주주의와 비민주주의를 구별하는 것은 선거제도가 아니라, 이러한 전진 운동의 유무다. 역사로서의 민주주의가 사라진 곳에 민주주의는 없다.

1987년 이후의 한국 정치는 거대 양당의 핑퐁 게임이 되어버렸다. 그들은 오로지 선거 승리를 위한 집중과 흩어짐을 반복한다. 대중운동을 주도하는 것은 대중적 감정의 집중과 흩어짐이다. 물론 누군가는 이러한 평가를 반박하며 '87년 이후의 한국 정치사'를 성공적으로 쓸 수도 있겠지만, 그것이 민주주의를 향한 전진의 역사는 결코 아닐 것이다. 그렇다면 지금의 정치체제를 민주주의라고 부를 수는 있을까?

한국 정치의 무력함은 이중의 의미를 갖는다. 지금 겉으로 드러난 무력함은 위에서 '흩어짐'이라고 부른 시기의 특징이다. 새로운 정치인 혹은 정치 상품이 등장하거나 대중의 감정을 자극하는 충격적인 사건이 발생하면, 다시 '집중'의 시기가 시작될 것이다. 그러면 한국 정치가 다시 역동성을 되찾은 것처럼 보일 수도 있다. 하지만 그 뒤에는 다시 흩어짐의 시기가 이어질 것이고, 또다시 정치는 무력함에 빠질 것이다. 문제는 더 근본적인 무력함, 즉 전진 운동을 멈춘 한국의 민주주의 그 자체에 있다. 지금 우리는 윤석열 정부에서 한국 정치의 바닥을 목격하고 있다. 하지만 다음 질문들에 주목하지 않으면, 그 바닥 아래를 경험하게 될지 모른다. 어떻게 한국 민주주의의 역사를 다시 흐르게 할 것인가? 정당정치와 대중운동이 자본주의와 분리된 독립적인 정치사를 쓸 수 있으려면 무엇을 해야 하는가? 무엇보다, 우리가 추구하는 민주주의는 정확히 어떤 민주주의인가?

⟨이상한 변호사 우영우⟩:
윤리적 인간이 될 수 있는 것은
누구인가?

2022. 10.

얼마 전 종영한 드라마 ⟨이상한 변호사 우영우⟩의 한 장면이 기억에 남는다. 주인공 '우영우'(박은빈)는 현금입출금기 특허 재판에서 의뢰인 측 증인의 거짓말로 재판에서 이긴다. 얼마 후 상대편 기업 대표로부터 편지를 받고, '권모술수 권민우'(주종혁)와 언쟁을 벌인다. 우영우는 진실과 거짓이 무엇인지 질문하지만, 권민우는 어처구니없다는 식으로 반응한다. 권민우에게 중요한 것은 재판에서 이겼다는 사실뿐이다. 이 장면은 꽤 흥미롭다. 만일 우영우가 자폐 스펙트럼 장애를 가진 천재 변호사가 아니라 '평범한' 비장애인 신입 변호사였다면, 그는 이른바 '고구마' 캐릭터로 보이지 않았을까? 로펌이라는 조직의 생리를 이해하지 못한 채 무지하고 순진한 소리만 늘어놓으니 말이다. 그런데 어째서 시청자는 권민우가 아니라 우영우에게 감정이입을 하는 것일까?

윤리적 인간 우영우

우영우가 '이상한 변호사'인 이유는 그가 장애인이라는 사실이 아니라, 그가 윤리적 인간이라는 사실에 있다. 드라마에 등장하는 변호사 중 오로지 우영우만이 옳고 그름, 정의와 부정의, 진실과 거짓을 따지고, 규범에 어긋나는 행위에 부끄러움과 분노를 느낀다. 드라마 전체에서 그의 장애에 집중하는 에피소드는 초반 몇 개뿐이다. 우영우가 던지는 윤리적 질문과 그것을 둘러싼 갈등 구도가 이야기 전체를 이끌고, 인물 간 관계를 규정한다. 변호사 '정명석'(강기영)은 장애인 우영우를 보살펴주는 사려 깊은 선배가 아니라, 우영우가 주장하는 원칙과 현실적 조건 사이에서 타협점을 모색하는 일종의 전략가다. '태수미'(진경)와의 관계도 그의 자폐와 별 관련이 없다. 장관 임명을 위해 잘못된 길을 가려는 변호사 태수미와 그걸 저지하려는 변호사 우영우의 대립이 마지막 화의 핵심이다. 태수미가 우영우의 친모라는 사실은 이 대립 구도의 해소를 위한 부차적 장치일 뿐이다. 권민우의 역할이 중요한 것은 그가 '공정에 집착하는 이대남'이어서가 아니라, 윤리적 질문을 부정해야 한다는 원칙을 내재화한 인물이기 때문이다. 그는 애초에 '윤리적 변호사'라는 존재 자체를 받아들이지 못한다(그래서 권민우의 다른 면모를 보여주려 했던 작가의 시도는 설득력이 떨어진다).

이 드라마가 판타지인 이유는 서번트 신드롬이라는 설정이 아니라, 서울대 수석 천재가 순진할 정도로 도덕적인 인물이라는 사실에 있다. 우영우가 자폐인이 아니었다면 어땠을까. 서울대를 수석으로 졸업하고 대형 로펌에 들어간 비장애인 천재가 만사에 옳고 그름을 따진다는 것은 결코 일반적인 상황이 아니다. 시청자를 설득하려면 별도의 설정이 필요하다. 그 인물의 '아픈 과거사' 따위를 추가하는 것이 가장 흔한 방식이다. 〈이상한 변호사 우영우〉는 전혀 다른 길을 택한다. 천재 자폐인을 주인공으로 만든 것이다. 시청자는 '자폐인=윤리적 인간'이라는 연결을 자연스럽게 받아들이며 비윤리적 자폐인을 상상하지 못한다. 거짓말하고 사기 치는 자폐인의 모습을 떠올릴 수 있는가?

드라마 전반에 걸쳐 자폐는 우영우의 삶에 어떤 걸림돌도 되지 않는다. 그는 높은 지적 능력과 학벌, 신뢰할 만한 친구와 조력자, 훌륭한 업무 능력과 직업적 신념을 가졌으며, 심지어 사내 연애도 한다. 그에게 장애가 있다면, 오로지 '비윤리적으로 행동할 능력 없음'이라는 장애뿐이다.

정명석의 대사를 빌리자면, '그냥 보통 변호사'가 당연히 갖추고 있을 만한 능력이 우영우에게는 없는 것이다. 그래서 권민우가 보기에 우영우는 뜬금없는 행동을 하는 '이상한 변호사'일 뿐이다. 여기에 천재 자폐인 변호사라는 설정의 가장 중요한 기능이 있다. 순수하게 윤리적인 인물은 자폐라는 조건 아래에서만 드라마의 주인공이 될 수 있었다.

부정의가 정상인 세상

정상과 비정상은 윤리적 규범 혹은 통계 수치에 따라 규정될 수 있다. 물론 규범과 수치는 분리되지 않는다. 폭력이 규범에서 벗어난 비정상적 행위로 간주된다면, 이는 그 행위의 발생 횟수가 일정 수준을 넘지 않는다는 의미다. 만일 폭력적 행위가 통계적으로 다수가 된다면, 정상적 규범의 자리를 차지할 수도 있다. 조직의 비리를 폭로한 내부고발자가 비도덕적인 배신자로 낙인찍히는 것도 비슷한 이유다. 그렇다면 지금 한국에서는 무엇이 정상을 규정하는가?

미국식 히어로물의 세상은 중립적이다. 히어로와 빌런의 싸움에 따라 세상은 좋아지거나 나빠진다. 한국의 현실을 다루는 드라마와 영화는 '세상이 온통 썩어 있다'는 전제에서 시작한다. 폭력, 거짓, 부패, 부정의는 특정 인물의 속성이 아니라, 세상을 움직이는 정상적 원리다. 최근 전 세계적 인기를 얻은 한국 드라마 상당수가 이런 세계관에 기초한다. 그것들에 장르명을 붙일 수 있다면, '지옥도'가 가장 어울릴 것이다. 이런 종류의 작품에도 윤리적 인물이 등장하지만, 대개 정상과 일반의 범주에 속하지 않는 것으로 묘사된다. 〈오징어 게임〉에서 인간성을 끝까지 지킨 유일한 인물인 '강새벽'(정호연)은 탈북인이고, 그를 살리고 대신 죽은 '지영'(이유미)은 성폭력 피해자다. 〈비밀의 숲〉 주인공 '황시목'(조승우)은 감정 능력이 제거된 인물이다. 다수가 폭력과 거짓을 일삼고, 그것이 정상적 규범으로 작동하는 지옥도의 세상에서 윤리적 인간이 될 수 있는 것은 소수자, 비정상인, 타자들이다.

〈이상한 변호사 우영우〉의 세계관은 훨씬 더 밝고 낙관적이지만, 지옥도의 세계관과 전혀 다른 맥락에 속하는 것은 아니다. 여성 직원 구조조정 사건에 등장하는 노동 전문 변호사 '류재숙'(이봉련)을 보자. 우영우가 고심하는 문제는 의뢰인의 이익과 사회정의 중 하나를 선택해야 하는 딜레마에서 발생하는데, 류재숙은 그 문제의 간단한 답을 가지고 있는 사람이다. 즉 의뢰인의 승리가 곧 사회정의의 실현인 사건만 맡으면 된다. 우영우에게는 두 개의 길이 있다. 류재숙을 따라 정의로운 세상으로 가거나, 부정의가 정상으로 간주되는 세상에 남는 것이다. 그는 두 번째 세상을 택하고, 대형 로펌 한바다에 남는다. 이는 당연한 일이다. 시청자의 절대다수가 그런 세상에 살고 있기 때문이다. 류재숙은 정말 '양쯔강 돌고래' 같은 인물이다. 그런 변호사가 멸종되지 않기를 바라는 사람은 많지만, 그처럼 살아가려는 이는 별로 없다. 대부분은 부정의한 세상에 살면서, 언젠가 정의로운 인간이 될 수 있을 거라는 희망을 버리지 못한다.

〈이상한 변호사 우영우〉는 그 불가능한 희망을 다룬다. 그것은 오로지 '이상한' 존재를 통해서만 가능한 희망이 될 수 있다. 거짓과 부정의를 비정상으로 받아들이는 사람과 그렇지 않은 사람의 차이를 자폐인과 비자폐인의 차이로 대체하는 것이다. 바로 여기에 이 드라마의 가장 중요한 쟁점이 있다.

재앙은 미래가 아니라 현재에서 온다

2023. 10.

모두가 위기에 관해 말한다. 위기 아닌 것이 없고, 위기 아닌 때가 없었다. 지난 모든 글의 주제 역시 한국 정치와 사회의 위기였다. 위기란 도대체 무엇인가?

맹목적 보수주의

위기의 사전적 의미는 '위험한 시기나 고비'다. 여기서 시기와 고비가 구별된다는 점에 주목하자. 위기란 나쁜 일이 일어날 수 있는 '시기'이면서, 이 시기의 진행 방향에 따라 미래의 좋고 나쁨이 결정되는 '고비'이기도 하다. 흔히 '위기'로 번역하는 서구어(영어 'crisis', 프랑스어 'crise', 독일어

'Krise')도 이 두 가지 의미를 모두 담고 있다. 이 단어들의 원래 의미는 '결정적 시기'인데, 이는 '결정하다'라는 의미를 가진 고대 그리스어 '크리시스krísis'에서 온 것이다. 현대로 오면 여기에 '위험한 시기'라는 의미가 추가된다. 무엇보다 의학 용어를 보면 두 가지 의미가 어떤 식으로 결합하는지 쉽게 알 수 있다. 예컨대 지금 당장 환자에게 심각한 증상이 나타났고 이 증상의 진행 경과에 따라 생사가 결정되는 경우, 그 현 상태를 'crisis'라고 부른다.

이 점에서 '위기'란 현재와 미래의 관계를 의미하는 말이다. 흥미로운 것은 이 관계를 전혀 다른 방식으로 이해할 수 있다는 점이다. 기후위기를 생각해보자. 이 말은 '기후변화로 인한 파국의 전조가 이미 시작되었다'와 '파국은 아직 오지 않았다' 모두를 의미한다. '이미'와 '아직'의 차이는 꽤 크다. 파국은 이미 시작되었으니 그걸 회피하기 위해 노력해야 한다는 게 당연한 결론처럼 보이지만, 파국은 아직 오직 않았으니 급격한 변화는 필요하지 않다고 주장하는 사람도 많다. 이들은 위기 개념에서 결정적 시기라는 의미를 삭제하고, 위기를 '나쁜 일이 일어날 수도 있지만, 아직 일어나지 않은 시기'쯤으로 이해한다.

지금 인류가 직면한 질문은 '모든 것을 바꾸어 생존할 것인가, 익숙한 방식대로 살다가 재앙을 맞이할 것인가?'이다. 후자를 택한 사람은 기후위기에서 '아직'이라는 의미만 읽어낸다. 이런 태도를 '맹목적 보수주의'라고 부르자. 보수주의란 진보와 변화에 맞서 기존의 질서를 유지하려는 태도인데, 지금 우리는 인류의 생존을 대가로 기존 질서를 지키려는 보수주의, 목적 없는 보수주의를 목격하고 있다.[*]

위기와 파국의 반복

파국적 종말은 한 번에 오지 않는다. 현재의 위기는 그 자체가 앞선 위기의 결말이다. 위기는 파국을 낳고, 이 파국은 새로운 위기가 되어 더 심각한 파국을 불러온다. 한국은 지난 수십 년간 이런 위기와 파국의 반복을 겪어왔다.

합계출산율 0.78은 미래의 파국을 예고하는 위기의 지표이면서, 이미 도달한 파국의 지표이기도 하다. 이 수치는 '수십 년 후에는 대한민국이 사라질지 모른다'를 의미하는 동시에, '지금의 한국은 사람이 살 만한 곳이 아니다'라는 사실도 보여준다. 그러니까 '한국은 앞으로 망할지도 모른다'가 아니라 '한국은 이미 망했고 앞으로 더 망할 수 있다'라고 말해야 한다.

---

[*]   이 글은 다음 텍스트의 기본 발상을 담은 것이다. 박이대승, 〈기후재앙에 직면한 인류의 무능함을 어떻게 이해할 것인가?〉, 아이우통 크레나키 외, 《세계의 종말을 늦추기 위한 아마존의 목소리》, 박이대승·박수경 옮김, 오월의봄, 2024.

지난 20년을 돌아보자. 한국의 정치와 사회 모든 영역에서 위기를 알리는 경고음이 울렸다. 당시의 위기는 정당정치와 국가권력의 작동 방식뿐 아니라, 정치 공동체와 사회적 관계 일반의 형태, 지식과 문화의 생산 및 유통 방식, 공동체의 규범과 주체화 방식 등 모든 영역의 근본적 변화를 요구했다. 이는 한국의 근대화 과정 전체에 대한 반성과 수정을 의미한다. 그러나 한국의 대응 방식은 늘 같았다. 원래 하던 대로 하겠다는 것이다. 단 한 번도 근본적 변화를 시도해본 적이 없다. 지금도 저출생 문제를 둘러싼 막연한 우려만 쏟아질 뿐, 어떤 수준의 변화가 필요한지에 대한 진지한 논의는 시작하지도 못했다. 눈앞에서 화산이 폭발했지만, 원래 살던 대로 살면서 입으로만 큰일 났다고 중얼거리는 꼴이다.

한국의 주류는 기존 질서를 바꾸느니 살던 대로 살다가 파국을 맞겠다는 선택을 한 것처럼 보인다. 앞서 맹목적 보수주의라고 부른 태도의 극단적 형태를 볼 수 있는 곳이 바로 한국이다. 파국을 피하기 위한 새로운 질서는 상상의 대상조차 되지 못한다. 애초에 근본적 변화(혁명)라는 것 자체가 서구 문화의 발명품이라서 한국에서는 상상조차 하기 힘든 것일까?

위기와 파국이 반복되는 곳에서 살아남은 개인은 '아직'의 논리, 정확히 말하자면 '나는 아직 괜찮다'는 믿음에 의존한다. 공동체의 파국은 아직 오직 않았고, 내가 열심히 노력하면 적어도 나와 가족의 파국은 피할 수 있으리라는 것이다. 기존 질서의 변화를 기대할 수 없으니, 이런 믿음이 유일한 희망으로 기능한다. 그런데 이는 다시 맹목적 보수주의를 강화하게 된다. 지금의 내 노력이 유효하려면, 기존 질서가 그대로 유지되어야 하기 때문이다. 불평등한 사회에서 상위 신분으로 올라가기 위해 죽어라 노력했는데, 평등한 사회가 오면 어떡하나? 놀랍게도 근본적 변화를 통해 공동체의 파국을 회피하려는 사람보다 기존 질서를 지지하면서 '나만 아니면 된다'에 베팅하는 사람이 압도적으로 더 많다.

낙관의 종말

지금은 낙관주의자가 되기 어려운 시대다. 작은 노력이 쌓이면 세상이 조금이라도 나아질 것이라는 믿음, 현세대의 실패는 다음 세대의 성공으로 이어질 수 있으리라는 믿음은 한가한 소리가 되어버렸다. 현세대가 위기 대응에 실패하면, 이는 다음 세대의 파국으로 이어진다. 수많은 현재가 축적되어 새로운 미래를 만드는 진보의 시대에는 '민주주의를 위한 우리의 노력은 실패했지만, 다음 세대가 우리의 노력을 이어받아 새로운 나라를 만들 것입니다'라는 식으로 말할 수 있었다. 하지만 파국이 파국을 낳는 위기의 시대에 '우리는 탄소 중립에 실패했지만, 다음 세대가 우리의 노력을 이어갈 것입니다'라고 말한다면, 뻔뻔한 책임 회피나 헛소리로 취급될 것이다.

마르크스의 표현을 빌리자면, 지금은 죽은 세대의 유산이 살아 있는 세대의 머리를 무겁게 짓누르는 시대다. 현세대가 해야 할 일은 좋은 세상을 위한 작은 노력을 축적하는 것이 아니라, 지금 당장 세상을 완전히 바꾸는 것이다. 인간이 인간을 낳고 키울 수 있는 사회를 지금 당장 만들지 않는다면, 다음에는 더 심각한 파국이 올 것이고, 언젠가는 다음 세대라는 것 자체가 사라지게 될지도 모른다.

당연한 말이지만, 기존 질서를 그대로 유지하면서 재앙을 피할 방법은 없다. 만약 그럴 수 있다면, 애초에 재앙이 아닐 것이다. 결국 남는 건 선택의 문제다. 공동체의 생존을 위해 기존 질서를 근본적으로 바꿀 것인가, 아니면 원래 살던 대로 살다가 재앙을 맞을 것인가?

'보통 사람'이라는
성역

한국에는 '보통 사람들'에 관한 고정된 이미지가 있다. 그런 이미지는 현실의 정치적·사회적 문제를 다룰 때 심각한 걸림돌로 작동한다.

연예인과 일반인

배우 이선균이 세상을 떠났다. 이번에도 그 죽음이 누구의 탓인지를 놓고 수많은 말이 오가고 있다.* 피의 사실 공표를 여론전의 도구로 사용하는 국가권력, 사실과 소문

---

* 마약 투약 혐의로 조사를 받던 배우 이선균은 2023년 12월 말 스스로 생을 마감했다.

을 뒤섞어 뉴스 상품으로 가공하는 언론, 대중의 관심을 자신의 이익으로 전환할 수 있다면 무슨 짓이든 하는 미디어 창작자, 이들 모두에게 탓이 있다고 말할 수 있을 것이다. 하지만 이런 식으로 작성된 '빌런들'의 목록은 눈앞의 문제를 단순하게 만들고, 비극적 사건이 일어나게 된 배경을 파편화할 뿐이다. 맥락, 환경, 구조를 전체적으로 파악하는 일이 더 중요하다.

왜 한국의 국가권력은 이토록 여론전에 집착하는가? 연예인이라는 직종은 어쩌다 그런 여론전의 도구가 되었는가? 연예인 루머로 장사질을 하는 악인은 왜 이토록 많은가? 낯선 타인을 공격하고 비난할 거리를 제공하는 정보가 비싼 값에 팔리고, 타인의 인격을 파괴해서 이익을 얻을 수 있는 구조가 마련되어 있기 때문이다. 한국에서 감정의 경제는 인간의 존엄성을 파괴해 '재미'를 생산하는 방식으로 작동하고, 악인들은 이런 재미를 자신의 이익으로 전환한다.

대중은 이런 구조의 외부에 있는 존재가 아니다. 오히려 그 구조 전체가 대중이라는 기본 토대 위에 구축되어 있다. 대중이라는 덩어리 안에는 정보를 적극적으로 소비하거나 재생산하는 사람도 있고, 소극적인 관찰자도 있고, 아예 무관심한 사람도 있지만, 그 누구도 감정의 경제와 무관하게 살아갈 수는 없다. 그것이 곧 한국의 사회적 관계 자체이기 때문이다. 그러나 '보통 사람들'은 항상 사회적·정치적 문제가 발생하는 영역 외부에 있는 존재로 간주된다. 마치 '일반인'과 '연예인'이 전혀 다른 사회에 살고 있는 것처럼, '일반 대중'은 국가권력이나 언론의 작동 방식과 무관하게 살아가는 것처럼 말이다.

〈무빙〉의 착한 보통 사람들

강풀의 웹툰 원작을 토대로 제작된 디즈니+ 드라마 〈무빙〉은 '보통 사람들'에 관한 이해 방식 중 하나를 되풀이한다. 이 작품뿐 아니라 강풀의 작품 대부분이 '보통 사람들'에 대한 깊은 신뢰와 애정에 기초한다.

〈무빙〉의 세계는 두 축으로 이루어진다. 한편에는 선한 본성을 가진 평범한 사람들이 있고, 다른 한편에는 악한 국가권력이 있다. 남한과 북한의 초능력자 모두 기본적으로는 전자에 속한다. 그들이 정의롭지 않은 일을 저지르는 것은 대부분 국가권력의 개입 또는 강제 때문이다. 하지만 그들은 국가권력에 대한 윤리적 또는 정치적 판단을 하지 않는다. 그들이 남한과 북한의 권력자들에게 요구하는 것은 결국 '우리가 행복하게 살도록 가만히 내버려두라'는 것이다. 그런데 생각해보면, 남북의 초능력자 대부분이 수동

적 피해자가 아니라 국가권력의 악행에 자발적 또는 비자
발적으로 협력한 이들이다.

'악한 국가권력 vs 착한 보통 사람들'이라는 구도는 가
해자-피해자 관계의 변형이다. 이 점을 각인시키기 위해
국가권력이 초능력자들에게 행사하는 폭력의 잔혹함이 강
조된다(여러 한국 드라마가 신체적 폭력에 집착하는 것 역시 비
슷한 이유다). 그러나 이런 식의 구도로는 무엇이 보통 사람
들의 연대를 가능케 하는지 답할 수 없다. 피해자라는 공
통점만으로 국가권력에 함께 맞서 싸우기는 어렵기 때문
이다. 바로 여기에 가족이라는 장치가 개입한다. 〈무빙〉의
초능력자들이 목숨 걸고 싸우고, 서로 연대하는 것은 오직
'자식을 지키기' 위함이다. '자식 가진 부모의 마음'이나 '행
복한 가족'에 대한 희망이 보편적 휴머니즘의 원천으로 작
동한다. 드라마의 마지막까지 살아남은 북한 초능력자는
희수네 치킨집으로 들어와 '삼촌'이 된다. 타자를 받아들이
는 방법 역시 유사가족 관계를 맺는 것뿐이다. 결국 가족이
사회적 관계의 유일한 형태가 된다.

한국인의 의식을 오랫동안 지배해온 반정치적 믿음이
있다. '정치는 권력자의 영역이고, 평범한 국민들에게 중요
한 건 먹고사는 문제'라는 것이다. 이런 믿음은 개인을 민
주주의의 시민이 아니라, 정치와 분리된 백성으로 만든다.
〈무빙〉의 세계를 구성하는 것도 이와 비슷한 믿음이다. 드

라마는 가족애를 통한 백성의 연대를 꿈꾸지만, 이는 실현 불가능한 망상에 가깝다. '내 자식을 지키기 위해서라면 무슨 짓이든 할 수 있다'는 태도와 '제 자식 귀하면 남의 자식 귀한 줄도 아는' 보편적 감각은 양립할 수 없기 때문이다. 우리는 '귀한 제 자식'을 위해 타인을 향한 폭력도 불사하는 부모의 모습을 수없이 목격하고 있지 않은가? 자신과 가족의 행복에만 몰두하는 반정치적 백성이 '평범한 사람'으로 이해되는 곳에서 평범한 사람 사이의 폭력이 반복되는 것은 당연한 귀결일지 모른다.

탈정치적 성역화

일반인, 일반 대중, 일반 국민 따위의 말은 어떤 양극화된 구조를 전제한다. 한편에는 돈, 권력, 명성을 가진 이들이 있다. 공동체의 문제를 다루는 건 이런 특권층이다. 문제를 일으키는 것도 이 계층이고, 문제를 해결해야 하는 것도 이들이다. 다른 한편에는 수동적 관찰자인 보통 사람들이 있다. 이들은 특권층을 지지하거나 반대하는 방식으로만 행동한다. 공동체의 문제에 직접적으로 개입하지 않으며, 그런 문제에 관한 책임에서도 자유롭다.

이런 양극화된 구조에서 탈정치적 성역화라 부를 만

한 현상이 나타난다. 현실 정치의 더럽고 복잡한 문제는 정치인들이 맡고, '일반 국민'은 순결한 공간에 남아 명령(혹은 읍소)을 해야 한다는 것이다. 일반 국민도 온라인 여론을 조직하고 대규모 거리 시위에 참여하지만, 이런 활동 대부분은 본래적 의미의 정치가 아니라 정치인에 대한 사랑 혹은 증오를 조직하는 것으로 귀결된다.

물론 이런 식의 성역화는 배제의 한 가지 형태일 뿐이다. 그래서 정치 참여의 고전적 방식, 즉 대안정당운동, 노동운동, 사회운동 등은 노골적 조롱과 공격의 대상이 된다. 일반 국민은 결코 정치라는 특권층의 영역을 침범해서는 안 된다. 이런 상황을 대의민주주의의 일반적 특성으로 생각하는 사람이 많은데, 이는 잘못된 이해다. 현대 민주주의는 모두 대의 체제지만, 아래로부터 조직되는 사회운동과 정치운동이 한국처럼 극단적으로 위축된 곳을 찾기는 어렵다. 일반 국민과 정치의 극단적 분리는 한국의 고유한 특성이다. 한국 민주주의는 그런 분리를 무시하고 스스로 정치의 영역에 진입하는 시민이 '평범한 사람'의 지위를 차지할 때만 정상화될 수 있다.

민주주의의 진정한 적은 누구인가?

독재자는 민주주의의 도래를 저지한다. 억압적 권력자는 폭력으로 민주주의를 파괴한다. 하지만 이들이 무슨 짓을 하든 민주주의는 사라지지 않는다. 오히려 그것에 대한 상상과 욕망은 더욱 강렬해지고, 끊임없는 저항이 일어날 뿐이다. 민주주의의 진정한 적은 민주화 이후에 등장한다. 한국 민주주의가 상상의 대상이 아니라 현실의 제도로 구축되어야 하는 시대가 도래하자, 그 제도를 내부로부터 무너뜨리는 질병도 함께 나타났다. 지금의 거대 양당은 민주주의의 실행자보다 그런 질병을 퍼뜨리는 병원체에 가깝다. 위성정당은 그들이 만들어낸 최악의 질병이다.[*]

[*] 2024년 거대 양당은 22대 국회의원 선거를 위해 다시 한번 국민의미래와 더불어민주연합이라는 위성정당을 창당했다.

공통의 규칙

준연동형 비례대표제에 대한 평가는 다양할 수 있지만, 선거제도 개혁을 위한 오랜 노력의 결실이라는 점을 부정하기는 어렵다. 위성정당은 가짜 이름을 내건 빈껍데기 정당이고, 그 결실을 무력화하는 천박한 꼼수다. 이런 꼼수가 실행될 수 있는 이유는 단순하다. 다수가 '우리의 이익을 위해서라면 공통의 규칙 따위 무시해도 좋다'고 생각하기 때문이다. 파렴치한 정치인들만 그런 것이 아니다. 수많은 유권자가 자신이 지지하는 정당의 의석을 늘릴 수 있다면, 선거제도의 파행을 감수할 수 있다고 생각한다. 형식적 법은 만들어졌지만, 그것을 실질적 법으로 운영하려는 사람이 없다. 결국 제도는 제도 아닌 것이 된다.

위성정당의 등장이 의미하는 것은 한국 민주주의가 공통의 정치적 규칙을 수립하는 데 실패했다는 사실이다. 흔히 그런 규칙을 게임의 공정한 룰에 비교하곤 하는데, 이 두 가지는 전혀 다르다. 정치는 자기 이익을 추구하는 세력 간의 경쟁이 아니라, 공동체의 삶을 함께 운영하는 활동이다. 정치는 공동체의 구성원이 공유하는 공통의 원칙과 가치에 기초해야 한다. 마찬가지로 선거제도는 단순히 정당 간 경쟁을 공정하게 관리하기 위한 게임의 룰이 아니다. 선거는 인민의 일반의지를 형성하기 위한 제도적 장치이고,

제도의 세부 내용 전체가 이러한 목적에 충실하게 구성되어야 한다. 준연동형 비례대표제는 '정당 지지율에 부합하도록 의회를 구성하는 것이 일반의지를 더 민주적으로 형성하는 방법'이라는 것을 공통의 규칙으로 수립하려는 시도였다. 위성정당은 이를 정면으로 부정하고 조롱한다.

한국에 떠도는 미신 중에 이런 것이 있다. '선진국은 정당 사이의 협의와 타협으로 국가를 안정적으로 운영하는 반면, 한국의 정당들은 서로의 이념과 원칙만 내세우면서 극단적 갈등으로 치닫는다.' 이런 논리에 빠진 사람은 모든 정치적 문제를 거대 양당 간 협상의 문제로 축소한다. 정치란 이런 것이 아니다. 이른바 선진국, 즉 자신의 고유한 민주주의 모델에 따라 어느 정도 안정된 정치를 운영하는 서구 국가와 한국의 근본적인 차이는 정치적 협상의 유무가 아니라 정치적 공통 규칙의 유무에 있다. 그런 규칙의 종류와 수준은 다양하지만, 그중 가장 기초적인 것 중 하나가 합리성의 규칙이다. 정치는 합리적 언어의 소통을 통해 이루어지는 활동이고, 법과 제도는 모순이 없는 정합적 체계로 구축되어야 하며, 모든 정치적 행위는 헌법의 기본 원리에 따라 정당화될 수 있어야 한다는 것 등이 그 규칙에 해당한다.

정치 공동체와 공통의 표준

공통 규칙의 부재는 정당정치의 수준을 넘어서는 정치 공동체의 문제다. 공동체community란 공통의 것common을 공유하는 사람들의 모임이다. 한국의 언어 및 문화 공동체는 너무나 확고해서 '우리나라 사람'과 '외국인' 사이에 건널 수 없는 경계를 만들 정도다. 그러나 정작 한국의 정치 공동체는 어떠한가?

민주주의 정치 공동체에서는 모든 구성원이 시민이라는 동등한 지위를 공유한다. 그 공동체의 삶을 유지하는 것은 수많은 규칙의 체계다. 민주주의의 기본 원리에 따라 공동체의 여러 영역을 구분하고 관계 맺는 규칙들이 구성된다. 거시적으로는 국가, 정치, 사회, 가족의 관계가 규정되어야 하고, 구체적인 수준마다 그에 맞는 규칙이 필요하다. 예컨대 국가와 기업, 서울과 지방, 교육과 시장의 관계 등을 다루는 공통의 규칙, 또한 언론과 의회, 정당과 정당, 사회운동과 정치의 관계에 관한 규칙도 있어야 한다.

어떤 규칙이 공통의 것으로 공유되가 위해서는 객관적 표준으로 수립되어야 한다. 정치 공동체를 운영하는 활동, 즉 정치란 표준 규칙들을 수립하고 개선하는 작업이다. 그러나 한국에는 제대로 된 정치적 표준이 존재하지 않는다. 한국의 근대화는 외부의 규칙을 변형시켜 내면화하는 과정이었다. 미국, 유럽, 일본에서 들어온 것이 뒤섞이고, 그마저 한국 현대사의 정치적 변화를 통해 왜곡되면서, 규칙의 표준 체계를 정합적으로 구성하는 것이 불가능한 지경에 이르렀다. 예컨대 '모든 개인은 시민으로서 평등하다'는 민주주의 헌법의 원리조차 여전히 표준 규칙으로 작동하지 않는다. 그래서 자신의 권리를 주장하는 소수자들이 국가와 사회의 폭력에 직면하고, 파업하는 노동자는 노골적 탄압을 받으며, 성평등은 어느새 금기어가 되어버렸다.

한국의 모든 논쟁이 이른바 진영 논리로 수렴하는 것도 같은 이유다. 공통된 규칙이 없고, 그것을 수립할 의지도 없으니, 모두가 자기 세력의 이익을 극대화하는 방식으로만 움직인다. 한국에서 정치는 공동체를 운영하는 활동이 아니라, 국가의 권력과 재화를 독점하기 위한 경쟁으로 이해된다. 어떤 규칙에 따라 공동체를 운영할 것인지가 아니라, 누가 정권을 잡을 것인지가 정당정치의 근본 질문이 되었다. 표준 규칙의 체계가 없으니, 정권의 성격에 따라 국가 운영의 방향이 널뛰듯 바뀐다. 이는 한국 정당정치의 특징만이 아니다. 윤석열 정부가 의대 정원 확대를 발표한 이후 보건 영역에서 벌어지는 사건을 보라. 보건 제도의 목적과 체계가 공통의 규칙으로 존재하지 않으니, 모두가 자기 직종의 이익을 확대하기 위한 싸움에만 몰두한다.

이번 총선에서는 모든 종류의 규칙이 사라지고, 의회

권력을 향해 경쟁하는 잡다한 세력의 이합집산만 남았다. 총선 관련 뉴스를 보라. 정당이 어떻게 합쳐지거나 찢어지고, 누가 어느 정당으로 갔고, 누가 공천을 받았거나 받지 못했다는 소식만 가득하다. 연예면과 정치면의 구별이 사라지고, 진정한 의미의 정치적 논쟁은 그 어디에서도 발견할 수 없다. 이는 정치 공동체와 정당정치가 완전히 분리된 결과다. 위성정당은 이런 엉망진창의 상징이다. 한국 민주주의의 진정한 적은 공통의 것을 부정하고 파괴하는 자들, 정치 공동체를 망각하는 자들이다. 물론 정치인들만 여기에 해당하는 것은 아니다.

가족을 이뤄야 하는 이유는 무엇인가?

인구 감소 문제의 어려움 중 하나는 원인을 특정하는 것이 불가능하다는 데 있다. 흔히 불안정노동과 주거, 사회경제적 불평등, 높은 양육 비용, 열악한 돌봄 서비스, 성 불평등, 사교육 부담 등을 원인으로 꼽는데, 나열된 것 하나하나가 저출생만큼이나 해결하기 어려운 문제들이다. 이 문제들 각각은 다시 수많은 원인에서 비롯하고, 이 원인은 또다시 다른 원인들에서 나온다. 이런 식으로 원인의 원인을 찾아봐야, 한국의 모든 것이 저출생의 원인이라는 결론에 도달할 뿐이다. 흔히 문제를 해결하려면 먼저 원인을 찾아야 한다고 생각하지만, 이런 식의 접근법이 유용한 경우는 그다지 많지 않다. 이제 다른 관점의 질문이 필요하다.

관계 맺음의 피로함

여러 분야의 전문가들이 저출생 정책의 근본적 전환을 요구한다. 이런 요구에는 다음과 같은 생각이 전제되어 있다. 아이를 낳고 싶은 개인이 많지만 열악한 사회경제적 조건이 그들의 바람을 차단하고 있으며, 그런 조건을 개선할 국가 정책이 시행되면 출산율이 올라가리라는 것이다. 그러나 여기서도 원인과 결과를 명확히 구별하는 것이 쉽지 않다. 열악한 사회조건 때문에 아이를 낳지 못하는 것인가, 아이를 낳고 싶은 열망이 그다지 강하지 않아서 열악한 사회조건이 바뀌지 않는 것인가?

참고해야 할 몇 가지 사실을 살펴보자. 합계출산율뿐 아니라 혼인 비율도 동시에 떨어지고 있다. 통계청이 발표한 자료에 따르면, 30~34세 인구 중 결혼을 하지 않은 비율이 2000년에는 18.7%였지만, 2020년에는 56.3%으로 상승했다. 2021년 퓨 리서치 센터Pew Research Center는 삶을 의미 있게 만드는 것이 무엇인지에 관해 조사했는데, 오로지 한국인만 물질적 풍요를 1위로 꼽았다. 2위는 건강, 3위가 가족이었다.* 2023년에는 가구 기업 이케아가 가족생활에 대한 글로벌 보고서를 발표한 적이 있다. 한국인 응답

---

* Pew Research Center, "What Makes Life Meaningful? Views From 17 Advanced Economies", November, 2021.

자 중 14%만이 '함께하는 사람들과 웃는 것이 집에서의 생활에 즐거움을 준다'고 답해 조사 대상 38개국 중 최하위를 기록했다. '가족과의 좋은 관계가 집에서 정신 건강을 유지하는 데 중요하다'고 답한 응답자는 18%에 불과하며, '자녀나 손주를 가르치며 자긍심을 갖는다'고 답한 비율도 8%에 그친다. 이 두 가지 모두 세계 최하위다. 반면 '혼자서 시간을 보내는 것이 집에서 생활하는 데 가장 큰 즐거움을 준다'고 답한 비율은 40%로 세계 1위다.[*]

혼인 건수와 합계출산율은 별도의 문제이고, 가족에 대한 남성과 여성의 의견은 확연히 다르지만, 방금 언급한 수치들에서 한국사회를 지배하는 일반적 경향 한 가지를 분명히 발견할 수 있다. 가족을 이루어 함께 사는 것의 중요성이 점차 희미해지고 있다는 것이다. 이는 단순히 '가족의 위기' 같은 상투적 표현으로 설명되는 현상이 아니다. 가족이라는 사적 공간 내에서의 인간관계, 친구나 동료 사이에 형성되는 친밀성의 관계, 타인과의 계약 관계, 공적 공간에서 형성되는 사회적 관계, 시민과 시민 사이의 정치적 관계 등 거의 모든 영역에서 '관계 맺음의 피로도'가 높아지고 있다. 한국은 갈수록 관계 맺음 자체를 회피하는 곳으로 변모하고 있지 않은가?

---

[*] 〈라이프 앳 홈Life at Home 보고서 2023: 한국 조사 결과 하이라이트〉, 이케아.

사회적 관계의 곤란함은 근대 세계의 일반적 특성이지만, 그럴수록 가족의 중요성은 더 커진다. 가족이야말로 그런 곤란에서 벗어나 평화롭고 안정적인 관계를 누릴 수 있는 유일한 공간이기 때문이다. 하지만 한국에서 가족은 휴식과 신뢰의 공간이 아니라, 또 다른 유형의 피로가 쌓이는 공간으로 여겨진다. (이를 '개인주의 강화'로 설명하는 것은 부정확하다. 개인주의란 사회적 관계의 기본 단위를 개인으로 전제한다는 것이지, 관계 맺음을 회피한다는 의미가 아니다.)

가족을 이루어야 할 이유

한국에서 자식 교육에 모든 것을 바치는 부모, 자식의 계급 상승 또는 유지를 위해 헌신하는 부모를 찾기는 쉽다. 하지만 그들이 '행복한 가족'을 추구한다고 말할 수 있을까? 가족이라는 인간관계 자체를 삶의 가장 기초적인 가치로 생각하는 사람이 과연 다수일까? 지금 시급히 필요한 것은 가족 자체에 관한 질문이다. 즉 개인이 가족을 이루고, 아이를 낳아야 하는 이유는 무엇인가?

가부장적 전통 사회에서는 이 질문에 대한 분명한 답이 존재했다. 결혼을 하고 아버지가 된다는 것은 남성의 존재 이유 같은 것이었다. 가부장이 되지 못한 남성은 남성으로 인정받지 못했다. 여성이 비혼 상태로 혼자 살아가는 것은 매우 어려운 일이었고, 노동시장과 가족제도 전체가 가사노동, 출산, 양육, 돌봄의 부담을 떠안은 하위 인간으로서의 여성을 재생산했다. 개인에게 행사되는 가부장적 권력이 곧 가족 구성과 출산의 이유이자 동력이었다.

근대사회는 그런 권력을 허용하지 않는다. 결혼은 개인과 개인의 민법적 계약으로 정의되고, 개인의 고유한 행복이 가족 구성과 재생산의 동력으로 작동한다. 아이를 낳고 키우는 기쁨이 개인의 인생에서 가장 중요한 가치 중 하나로 자리 잡는다. 또한 가족은 인간 자체를 재생산하는 일차 공간이라는 점에서, 가족-사회 관계와 가족-국가 관계를 적절히 관리하는 것이 공동체 유지의 필수 조건이 된다.

한국에 과연 근대적 가족, 근대적 가족-사회-국가 관계가 수립된 적이 있었는가? (박정희식 가족 정책은 국가 동원 체제의 일부일 뿐 '가족의 근대화'라고 볼 수 없다.) 한국의 근대화는 형식적 민주주의 제도의 도입과 파괴적 자본주의의 발전이라는 두 축을 따라 진행되어왔다. 그 과정에서 근대를 구성하는 다른 요소들, 민주주의 정치 공동체와 시민성, 시민적 권리의 실질적 보장, 근대적 사회관계와 가족제도 등은 진지한 고려 대상조차 되지 못했다. 결과적으로 가부장적 가족제도는 약화했을 뿐 사라지지 않았고, 그것을 대체할 가족 질서는 여전히 부재하다. 그래서 한편에는 가부장제의 망상에서 벗어나지 못한 남성이 수두룩하고, 다른 한편에는 그런 망상을 적극적으로 거부하는 여성들이 있다. 그사이 '부자 되기'의 논리가 가족관계까지 집어삼키면서, 결혼은 자산 증식의 한 가지 수단이 되어버렸다.

한마디로 한국에는 근대적 가족 모델이라는 것이 없다. 그래서 개인과 개인이 만나 어떤 가족을 만들 것인지 합의하기 어렵고, 국가는 결혼하고 아이를 낳으면 돈을 주겠다는 식의 정책만 쏟아낸다. 지금 필요한 것은 가족-사회-국가 관계의 일관된 모델에 따라 모든 것을 동시에 개선하는 작업이다. 모델 수립을 위한 노력 없이 문제되는 것을 나열하고 각각의 해결책을 찾는 방식으로는 아무것도 바꿀 수 없다.

우리는 어떤 시대를
살고 있는가

유럽, 아프리카, 남아메리카 연구자들이 참여한 학술 대회에서 한국의 근대화와 탈식민에 관해 발표한 적이 있다.[*] 발표의 핵심 질문은 '한국은 어떻게 탈식민의 문제를 완전히 잊어버리게 되었는가'였다. '한국에서는 자본주의의 발전이 모든 문제의 해결책으로 여겨지므로, 이제 근대화나 탈식민 따위를 생각할 필요가 없다'는 것이 내가 제안한 결론이었다. 이런 취지의 발표를 한 것은 비유럽 지역에서 한국을 바라보는 시선이 크게 달라졌기 때문이다. 식민주의와 제국주의의 피해자였던 나라 중 한국 정도의 경제

---

[*] "Un capitalisme décolonial ? Le déclin des théories critiques en Corée du Sud", 2023년 7월 12일 프랑스 툴루즈에서 개최된 학술대회 '장소에 관해 말하기, 공통된 것을 다시 존재하게 만들기Parler les lieux. Ré-exister le commun' 발표문.

발전을 이룬 나라는 거의 없다. 탈식민과 근대화가 여전히 중요한 문제로 남아 있는 아프리카와 남아메리카 사람들에게 한국은 일종의 대안 근대화 모델로 인식되기도 한다. 과연 한국이 그런 역할을 할 수 있을까?

한국식 근대화

한국 현대사에서 근대화란 곧 서구화를 의미했다. 그런데 이는 단순한 따라 하기가 아니라 모방의 모방, 끊임없는 변형과 재변형 과정이었다. 한편으로는 유럽을 모방한 일본을 재모방하고, 다른 한편으로는 미국 모델과 유럽 모델을 구별 없이 뒤섞었다. 모두 '우리는 서구 근대를 모방하고 있다'고 생각했지만, 실제로는 원본과 전혀 달라진 모방, 극단적으로 변형된 '한국식 근대'를 창조하고 있었던 셈이다.

한국식 근대화를 이끌어온 힘은 대략 두 가지로 요약된다. 파괴적 자본주의의 발전과 형식적 민주주의의 수립이다. 물론 다른 힘들도 존재했다. 사회운동은 다양한 방식으로 대안적 근대화를 모색해왔고, 남북의 통일은 오랫동안 '근대 국가 수립의 조건'으로 간주되었다. 하지만 2000년대 이후 다른 힘들은 사라지고 자본주의가 변화의 거의 유일한 동력이 되었다. 군사독재가 무너진 후 민주주의는 꾸준히 발전해온 것처럼 보이지만, 이는 사실 형식적 민주주의의 발전일 뿐이다. 인민이 인민 자신을 통치한다는 민주주의의 실질적 내용은 논의 대상조차 되지 못했고, 그 결과 형식적 민주주의는 빈 껍데기가 되어버렸다.

아마도 대다수가 '한국은 선거를 통해 대표자를 선출하고, 발전된 자본주의를 가지고 있으니 이미 근대화를 이루었다'고 생각할 것이다. 하지만 근대라는 것은 훨씬 더 다양한 영역과 층위를 포함한다. 지식 생산과 교육 체계, 예술과 지적 생산물, 기술과 물질적 생산 양식, 노동과 사회적 관계, 가족, 개인의 생각, 행동, 심리, 무의식, 섹슈얼리티 등 인간의 삶을 구성하는 모든 수준에서 근대화를 고려해야 한다. 각 수준에서 근대라는 말이 지칭하는 것은 모두 다르고, 근대를 구성하는 여러 수준과 요소는 수시로 충돌한다. 하지만 일정 정도 이상의 조화와 일관성을 유지해야만 근대적 공동체가 지속될 수 있다.

과연 한국은 근대를 살고 있는가?

한국은 매일매일 터지는 사건을 쫓아가기에 바쁘다. 하나의 '이슈'가 터지면 모두 그곳에 집중했다가 금방 잊어버리고 다음 이슈가 터지길 기다린다. 이런 단절적인 사건의 연속에서 벗어나 장기적이고 객관적인 시선으로 한국의 현재를 바라보자. 한국은 근대적 공동체의 지속을 위한 조건을 갖추고 있는가?

한국사회는 모든 영역이 나이, 직업, 권력 등으로 위계화되어 있다. 이런 조건에서 근대적 사회관계를 수립할 수 있을까? 존댓말과 반말의 구별이 근대화의 가장 큰 걸림돌이라는 말은 단순한 농담이 아니다. 한국의 가족제도는 여전히 결혼-성관계-출산의 일치를 전제한다. 결혼 없는 성관계나 출산, 출산을 목적으로 하지 않는 성관계, 성관계와 분리된 출산 등은 여전히 정상적인 것으로 인정받지 못한다. 사적인 것과 공적인 것의 근대적 구별도 존재하지 않는다. 언론에서는 수시로 연예인의 '사생활 논란' 운운하는데, 이는 형용모순이다. 사생활이라면 논란거리가 될 수 없고, 논란거리가 될 수 있다면 사생활이 아니라 공적 생활에 속하는 것이다.

한국의 능력 검증은 거의 예외 없이 정량화된 시험에 의존한다. 한국에만 존재하는 수많은 시험, 공채, 고시가 보여주는 것은 개인의 역량을 평가할 제도적 역량이 부재하다는 사실, 사회를 운영할 공통의 표준 규범이 결여되어 있다는 사실이다. 경제관계와 노동에서는 '인간을 수단이 아니라 목적으로 대하라'는 근대적 윤리 지침이 배제되고,

대신 '이윤을 위해 인간을 수단으로 대하라'는 파괴적 자본주의의 규칙이 작동한다. 정치인은 위성비례정당을 만들고 유권자는 거기에 표를 던진다. 그것이 민주주의를 부정하는 꼼수라는 사실을 인정하는 사람이 오히려 소수다. 이런 상황에서 한국의 민주주의를 말한다면, 그것은 어떤 의미에서 민주주의인가?

이런 광경은 서구적 의미의 근대에서는 찾아볼 수 없는 것이다. 어떤 이들은 한국의 이러한 특성을 전근대적인 것으로 이해하지만, 세상 어디에도 이런 전근대는 존재한 적이 없다. 이는 근대도 아니고 전근대도 아니다. 근대와 전근대의 단순한 혼합도 아니다. 근대와 전근대의 구별을 무력화하는 근대, 서구와 전혀 다른 서구의 모방, 원본을 파괴하고 부정하는 모방물이다.

한국식 근대의 핵심은 고유한 조잡함과 기괴함에 있고, 이는 인간의 삶을 구성하는 여러 수준과 요소 사이의 일관성과 조화를 불가능하게 만든다. 그런데도 한국이 이른바 선진국 수준의 경제 규모에 도달한 것은 파괴적 자본주의의 논리가 한국식 근대의 조잡함을 틀어막는 데 어느 정도 성공했기 때문일 것이다. 한국의 대학은 공동체 유지에 필요한 지식을 포기하는 대신, 자본주의의 발전에 필요한 기술적 지식에 모든 것을 바친다. 노동 환경은 비인간적이고 주거는 불안정하지만, '부자 되기'를 향한 의지는 개인을 움직이는 강력한 동력으로 기능한다. 재벌은 근대사회 어디에서도 찾기 힘든 독특한 기업 체계지만, 자본주의의 파괴적 본성을 효과적으로 실행하는 도구가 되는 데 성공했다.

하지만 이런 식의 자본주의는 결코 인간 삶의 재생산이라는 문제를 다룰 수 없다. 이는 당연한 일이다. 삶의 조건을 파괴하고 연료로 삼아 성장한 자본주의가 인간을 재생산한다는 것은 불가능하다. 한국의 저출생과 인구 감소는 세계사적 의미가 있다. 제국주의와 식민주의의 피해자로서 탈식민과 근대화의 독특한 경로를 보여주었던 한국이 마지막에 도달한 것은 자기소멸이기 때문이다. 20세기의 비극적 역사는 결국 비극적 결말로 끝나는가? 가장 놀라운 점은 자기소멸에 대한 지금의 무관심이다. 이는 지금의 결말을 이미 알고 있었기 때문인가, 혹은 파국에 무감각해졌기 때문인가. 이제 우리 모두 자문해보자. 지금 한국은 어떤 시대, 어떤 세계를 살고 있는가?

〈매드 맥스〉부터 〈원피스〉까지:
다른 국가와 정치를 상상하기

대중은 현실에 존재하지 않는 세상의 이야기를 사랑한다. 작가의 역량은 상상의 세계를 얼마나 치밀하게 구축할 수 있는지에서 드러난다. 거기서 국가와 정치에 관한 상상이 빠질 수는 없고, 이는 우리가 경험하는 현실에도 영향을 미친다. 몇 가지 사례를 살펴보자.

종말 이후의 국가

영화 〈매드 맥스: 분노의 도로〉와 〈퓨리오사〉는 아포칼립스라기보다는 국가의 탄생과 변형에 관한 창조신화에 가깝다. 영화 속 세계는 서로 구분되는 세 가지 정치 형태로 구성된다. 사막을 떠돌아다니는 약탈적 유목민, 시타델이라는 유사 국가, '퓨리오사'(샤를리즈 테론)가 돌아가려는 어머니들의 푸른 땅이다. 유목 집단을 이끄는 '디멘투스'(크리스 헴스워스)는 국가의 자원과 권력을 욕망하지만, 그걸 운영할 역량은 없는 비겁하고 포악한 인물이다. 시타델을 지배하는 '임모탄 조'(러치 험)는 근대적 독재자보다 고대국가의 왕에 가깝다. 유목민에 맞서 국가를 지키는 것이 그의 첫 번째 임무다. 그의 권력은 억압적 국가기구가 아니라, 물과 식량의 분배, 추종자들의 신뢰와 숭배에서 나온다. 그는 기본적으로 '베푸는 자'이고, 그와 백성 사이의 물질적·종교적 부채관계가 시타델의 기초를 이룬다.

　　이 영화의 핵심은 국가와 가부장제의 동시 발생을 전제한다는 점에 있다. 시타델은 여성을 가축으로 취급함으로써 유지될 수 있다. 여성은 심지어 성적 욕망의 대상으로 간주되지도 않는다. 오로지 아이를 낳고 모유를 생산하는 가축으로서의 가치만 지닌다. 퓨리오사는 정반대의 정치 형태를 대표한다. 그의 고향은 아나키스트 어머니들의 공동체로, 그곳에는 국가도 가부장제도 없다. 그가 살아가는 이유는 '집으로 돌아갈 길을 찾으라'는 어머니의 유언에 있지만, 이 말의 진정한 의미는 먼 훗날 드러난다. 고향이 이미 사라졌다는 것을 알았을 때, '맥스'와 퓨리오사는 단지 희망으로만 존재하는 푸른 땅 대신 시타델로 돌아간다. 이때 유언이 예언으로 변모한다. 퓨리오사가 여성들과 함께 폭력의 중심으로 되돌아가 가부장 국가를 전복하고, 그곳에 새로운 어머니들의 땅을 세우리라는 것이다.

세계 종말 이후의 정치 형태를 다룬 작품은 다양하다. HBO 드라마 〈더 라스트 오브 어스〉에서는 인류 대부분이 균류에 감염되어 좀비로 변한다. 생존자들은 미국 각지에 공동체를 이루어 살아가는데, 정치 형태는 제각각이다. 가장 흔한 것은 군사-정치 복합체가 지배하는 전체주의 체제이고, 이에 맞서는 저항 조직도 탄생한다. 가장 평화롭고 안전한 곳은 지배 권력이 따로 존재하지 않는 공산주의 공동체다. 공포 영화에 나올 것 같은 종교 공동체도 있다. 하지만 미국 드라마답게, 주인공이 집착하는 것은 공동체의 형태나 정치체제가 아니라 가족이라는 가치다.

정치의 다양한 형태

일본 만화 〈나루토〉와 〈원피스〉도 견고한 정치적 세계관을 구축한다. 〈나루토〉 전체를 관통하는 질문은 혈족 중심의 닌자 사회를 어떻게 '닌자 마을'이라는 유사국가 체제로 개편할 것인지다. 이 질문을 두고 하시라마와 마다라가, 그리고 나루토와 사스케가 대립한다. 하시라마와 나루토는 혈족 사회의 끝없는 폭력을 끝내기 위해 닌자 마을이 주도하는 평화 질서를 구축하려 한다. 반면, 혈족의 계승자들인 마다라와 사스케는 닌자 마을이 위선적인 폭력의 체제임을 폭로하며, 전혀 다른 형태의 평화에 도달하려 한다. 나루토는 마을을 매개로 한 '동료' 관계에 집중하지만, 사스케에게 가장 중요한 것은 자기 일족의 고통스러운 역사와 경험이다.

〈원피스〉의 세계를 구성하는 것은 세 가지 정치 유형, 즉 세계 정부라는 법-군사 복합체, 다양한 정치체제를 가진 개별 나라들, 해적이라는 유목 집단이다. 이 만화의 혁신적인 발상은 유목 집단에 약탈자와 해방자라는 이중의 정체성을 부여했다는 점에 있다. 고정된 영토에서 살아가는 정주민은 생존을 위해 포악한 군주를 몰아내거나, 외부의 공격을 막아내면서 국가 내부의 문제를 해결해야 한다. 반면 해적은 국가의 완전한 외부에 존재한다. 이들은 문제가 터지면 다른 곳으로 도망가면 그뿐이다. 외부 권력의 어떤 간섭도 허용하지 않으며, 지배 체제의 도덕이나 규칙에서도 자유롭다. 약탈자가 되거나 해방자가 되는 건 전적으로 개인의 성향에 의존한다.

마블의 드라마 〈로키〉를 보자. 시간 변동 관리국TVA을 묘사하는 첫 장면은 국가 관료주의에 관한 블랙코미디로 가득 차 있다. 국가는 번호표를 나눠주고, 줄을 세우고, 지루한 서류 심사를 요구하는 귀찮은 존재지만, 규칙에서 벗어난 자를 가차 없이 제거하는 살인자이기도 하다. 드라마가 던지는 질문은 꽤 현실적이다. 시간의 소멸을 막기 위해 학살자 국가를 유지할 것인가, 그런 국가를 거부하고 소멸을 선택할 것인가? 주인공 로키는 이 양자택일에서 벗어나기 위해 발버둥친다. 비록 태생적인 폭력의 실행자라 할지라도 국가를 어떻게든 고쳐 쓸 수는 없는가? 드라마의 결론은 신화적 방식으로 이 질문에 답한다.

지금까지 말한 작품은 모두 국가의 부재 또는 소멸을 상상의 대상으로 삼는다. 아나키스트 여성 공동체, 약탈적 유목민, 해방자 유목민, 공산주의 공동체, 혈통 중심 사회 등, 구체적 유형은 다양하다. 물론 이런 상상이 전적으로 작가의 머릿속에서 나온 것은 아니다. 19세기 중반 인류학자 루이스 모건Lewis Morgan은 야생, 야만, 문명이라는 세 가지 사회 유형을 제안했고, 이는 마르크스주의에도 큰 영향을 미쳤다. 프랑스 인류학자 피에르 클라스트르Pierre Clastres는 국가 있는 사회와 국가에 맞서는 사회를 구별하고, 들뢰즈Gilles Deleuze와 과타리Félix Guattari는 여기에 유목 사회를 추가한 새로운 사회 유형학을 제안한다.

국가 없는 상태에 관한 상상은 단순한 지적 즐거움이나 극적 재미를 위한 것이 아니다. 무슨 혁명적 영감 따위를 얻기 위한 것도 아니다. 기존의 지배 체제가 무엇인지 이해하고 작은 변화라도 시도하려면, 그것이 없는 세상을 상상할 수 있어야만 한다. 최근 한국사회는 그런 상상을 적극적으로 거부하는 경향을 나타낸다. 한국의 영화, 드라마, 웹툰은 기존 사회구조의 폭력과 부조리를 분석하고 비판하는 데는 뛰어난 역량을 보여주지만, 새롭고 다른 세상을 구축하는 것에는 별 관심이 없다. 그래서 이야기의 목적이 폭력을 규탄하는 것인지, 폭력을 재현하며 도착적 쾌락을 제공하려는 것인지 모호한 경우가 많다. 정치 담론, 학술 연구, 일상 대화에서도 마찬가지다. 한국에서는 이미 존재하는 세상이 상상력의 한계를 규정한다. 그러나 변화는 상상력이 세상의 한계를 규정하는 곳에서만 가능하다.

이른바 '사생활 논란'은 미디어의 연예 면에서 가장 잘 팔리는 콘텐츠다. 이 말은 그 자체로 형용모순이라 할 수 있다. 어떤 사건이 사생활에 속한다면 공적 논란의 대상이 될 수 없고, 공적 공간에서 다루어져야 할 사건이라면 애초에 사생활이라 할 수 없기 때문이다. 현대에 등장한 미묘한 문제 중 하나가 공적인 것과 사적인 것의 관계다. 한국사회는 이 관계를 다룰 정교한 규칙을 수립하는 대신, 오히려 난잡하게 뒤섞으려는 경향을 보인다. 이를 잘 보여주는 것이 사생활 논란이라는 역설적 표현이다.

공사의 구별

한국어 '공公'과 '사私'는 주로 서구어 '퍼블릭public'과 '프라이빗private'의 번역어로 사용되지만, 두 개념쌍의 의미가 항상 일치하는 것은 아니다. 퍼블릭은 '한 공동체의 모두가 공유하고 있는 것들의 영역' 정도로 정의할 수 있을 것이다.* 정치체제 및 제도, 국가가 제공하는 서비스, 누구나 접근 가능한 열린 공간 등이 퍼블릭에 속한다. 프라이빗은 타인과의 관계가 배제된 공간, 개인이 오로지 자기 자신과 관계 맺는 공간이다. 흔히 이 공간의 범위를 가족으로 넓히기도 하는데, 가족이란 각자의 프라이빗을 공유하는 관계이기 때문이다. 이런 공간은 개인의 존엄성 자체를 구성하므로, 그것을 침범하는 행위는 존엄성을 훼손하는 것으로 간주된다.

한국에서는 '공과 사를 구별해야 한다'는 규칙이 일종의 격언처럼 떠돌아다닌다. 회사 사장이 직원에게 저 규칙을 언급하는 광경을 상상해보자. 이때 '사'는 프라이빗의 의미겠지만, 회사 업무를 의미하는 '공'은 퍼블릭 개념과 상관이 없다. 그의 의도는 '개인 생활이 회사 업무에 영향을 미치지 않도록 하라' 혹은 '개인 생활을 어느 정도 희생

---

* '퍼블릭'에 관해서는 2부의 글 〈공통된 것 없는 공동체의 모습〉을 참고하라.

해서라도 회사 업무에 집중하라'는 것일 테다.

여기에는 중요한 비대칭이 있다. 공과 사의 구별을 문자 그대로 적용하면, 개인 생활이 노동시간을 침범할 수 없는 만큼, 회사 업무가 사적 시간을 침범해서도 안 된다. 그런데 회사 직원이 사장에게 '공과 사는 구별되어야 하니, 회사 업무가 내 개인 생활을 방해하지 않도록 해달라'고 요구하지는 못한다. 회사는 업무 시간 이후에 회식을 요구하거나 휴일에 메시지를 보내면서 사적 시간을 침범하지만, 공사 구별이 이런 행위를 금지하는 규칙으로 작동하지는 않는다. 결국, 저 규칙의 명시적 표현과 실제 의미는 정반대라는 것을 알 수 있다. 공을 위해서는 공사를 구별하지 않고 사를 희생해야 하지만, 반대의 경우는 결코 용납될 수 없다는 것이다.

별개의 사례처럼 보이지만, 연예인의 사생활을 상품화하고 소비하는 미디어 시장에서도 비슷한 경향을 발견할 수 있다. 연예인이 공인인지 아닌지는 언어의 정의에 달려 있다. 공인을 '국가기구의 권한을 부여받은 사람public person'으로 정의할 경우, 연예인은 공인이 아니다. 이 말을 단순히 '널리 알려진 인물public figure'로 정의한다면, 연예인은 공인이라고 말할 수도 있다. 실제로 그들은 다른 직종에 비해 사생활의 많은 부분을 대중에게 노출한다. 하지만 어떤 경우에든, 공적 매체에 노출할 수 있는 영역과 사적인 것으로 보호받아야 할 영역 사이의 경계가 필요하다. (이런 경계를 수립하기 위해 노력하는 것이 좋은 미디어고, 그러지 않는 것이 나쁜 미디어다. 지각 있는 콘텐츠 소비자와 그렇지 않은 소비자를 구별하는 기준도 여기에 있다.) '공인'을 어떻게 정의하든, 지금 한국에서는 이 말을 언급하는 것만으로도 두 영역의 경계를 지우는 효과가 나타난다. '공'이라는 글자의 의미는 상황에 따라 달라지지만, '공'과 '사'가 개념쌍으로 사용될 때는 대부분 사적인 것을 소비하고 침범하는 행위를 정당화하는 기능을 수행한다.

규칙 없는 상태의 지속

한국사회의 권위주의는 오랫동안 사에 대한 공의 우월함을 강요해왔다. 사적 영역에 권위를 행사할 수 있다면, 그것이 바로 공적인 것이다. 그래서 퍼블릭이 아니라 프라이빗에 속하는 회사나 사회 조직도 자신을 공적인 것으로 분류할 수 있었다. 오늘날 이런 식의 권위주의는 허약해졌지만, 앞서 살펴본 것처럼 여전히 많은 사회 영역과 언어 습관에 영향력을 행사하고 있다. 더구나 그것을 대체할 새로운 규칙이 등장할 조짐은 아직 보이지 않는다.

이른바 'MZ세대'가 화제인 것은 그들이 권위주의적

공사 관계를 적극적으로 거부하기 때문일 것이다. 애초에 업무와 사적 영역의 관계가 노동계약에 따라 엄밀히 규정되고, 업무 범위와 성격을 관리할 정교한 규칙이 존재했다면, 지금과 같은 혼란은 발생하지 않았을 것이다. 계약과 합의된 규칙이 아닌 '시키면 그냥 한다'는 식의 규칙에 의존한 조직은 예전 같은 통제력을 발휘하기 어렵다. 업무와 사적 영역의 관계는 무엇보다 고용자와 피고용자가 노동계약의 당사자라는 사실에 따라 규정되어야 한다. 중요한 문제는 회식과 야근을 거부할 수 있는지가 아니라, 회식과 야근이라는 문제를 계약관계에 따라 다룰 수 있는지다. 하지만 새로운 세대가 이러한 새로운 질서를 수립하고 있는지는 의문이다. 타인과의 협의를 통해 공통의 제도와 규칙을 수립하려는 노력은 갈수록 적어지는 것처럼 보이기 때문이다.

지금의 아노미 상태를 보여주는 또 다른 사례를 정치인에게서 발견할 수 있다. 세상 어디에나 권력을 이용해 개인의 이익을 추구하는 정치인들이 있다. 그런데 한국의 부패한 권력자 중에는 기묘한 사고방식을 드러내는 경우가 많다. 그들은 '내 사적 이익을 위해 공적 지위를 이용하겠다'고 생각하는 것이 아니라, '내가 하는 모든 일은 사적인 것이 아니라 공적인 것이다'라고 생각한다. 자신의 부패를 정당화하기 위해 거짓말을 하는 것이 아니라, 그것이 부패라는 생각 자체를 하지 않는 것이다. 최근 폭로된 윤석열, 김건희, 명태균 사이의 대화를 보자. 이들은 사적 관계와 사적 관계 아닌 것을 전혀 구별하지 못한다. 이는 공과 사에 대한 기존 규칙을 극단적 형태로 내면화한 결과물이다. 즉 '나는 국가를 운영하는 공인이고, 공적 활동을 위해 내 사적 영역 전부를 바쳤으므로, 내가 하는 모든 일은 그 자체로 공적 행위다'라고 믿는 것이다. 이들은 단순히 사적 이익을 위해 권력을 남용하는 것이 아니라, 국가 운영과 사적 활동을 일치시킴으로써 국가 제도 자체를 무력화하고 있다. 지금 많은 사람이 '국정농단'이라는 말을 떠올리는 것은 전혀 이상하지 않다.

복지가
선착순 서비스인가

지난 3월 말, 《경향신문》은 서울 가로수길 근처 반지하에 살던 60대 남성의 고독사 사건을 보도한 적이 있다.[*] 그는 '긴급복지지원'을 신청하려 주민센터를 방문했지만, 예산이 소진되어 지원을 받지 못했다고 한다. 결국 홀로 세상을 떠났고, 시신은 수 개월이 지나 발견되었다. 다른 가난한 이들의 죽음처럼, 그의 죽음도 빠르게 잊히고 있다. 그러나 한국 복지 제도의 핵심을 드러내는 이 사건을 더 진지하게 살펴볼 필요가 있다.

---

[*] 서현희, 〈화려한 가로수길 옆 반지하, 수개월 방치된 외로운 죽음〉, 《경향신문》, 2025. 3. 20.

권리 없는 복지

2005년에 제정된 〈긴급복지지원법〉은 '위기 상황'에 처한 사람을 적극적으로 찾아내 '금전 또는 현물'을 직접 지원하도록 규정한다. 이 법이 제정된 배경에도 비극적 사건이 있다. 2004년 12월, 대구 불로동의 저소득층 가정에서 다섯 살 아이가 영양실조로 사망하는 사건이 있었다. 당시 언론 보도에 따르면 30대 어머니는 정신장애를 가지고 있었고, '막노동'을 하던 30대 아버지는 일거리가 없어서 사실상 실직 상태였다. 가족 전체가 굶는 날이 많았고, 결국 둘째 아이가 세상을 떠나고 말았다. 어찌할 줄 모르던 부모는 아이의 시신을 며칠 동안 장롱에 보관해두었다. 사망한 아이는 선천적 장애를 가지고 있었지만, 병원에 가본 적이 없었고, 가족은 기초생활보장의 혜택조차 받지 못했다.

이런 참혹한 사건 이후에 〈긴급복지지원법〉이 제정된 것은 다행스러운 일이지만, 그렇다고 해서 정책의 목적을 달성했다고 보기는 어렵다. 말 그대로 '긴급복지'를 위한 정책인데, 예산이 떨어지면 중단되기 때문이다. 재료가 소진되면 영업을 종료하는 식당도 아니고, 어떻게 국가의 복지 서비스가 '예산 소진 시'까지만 제공될 수 있는가? 바로 여기에 한국 복지 제도의 근본적인 특징이 있다. 권리에 기반한 제도가 아닌 것이다. 특정 조건을 만족한 시민은 복지 서비스를 받을 수 있지만, 그것을 요구할 권리는 없고, 국가가 반드시 제공해야 할 의무도 없다. 결국 비슷한 패턴이 반복된다. 참혹한 사건이 발생하면 뒤늦게 복지 정책이 만들어지지만, 권리 기반으로 운영되지 않으니 또다시 '사각지대'가 발생한다.

빈민 구제는 지역을 불문하고 국가의 기본 기능 중 하나였다. 영국의 〈엘리자베스 구빈법〉은 복지국가 교과서에 빠지지 않고 등장한다. 고려와 조선에도 구휼救恤 제도가 있었다. 20세기 중반에 이전 역사에 없던 새로운 개념이 등장하는데, 바로 사회적 권리다. 이때부터 국가가 제공하는 서비스는 '불쌍한 빈민을 도와주는 자선'이 아니라 사회적 권리를 실현하는 수단으로 규정되었다. 이 권리를 국제적 수준에서 보장하는 것이 〈경제적·사회적 및 문화적 권리에 관한 국제 규약〉이고, 한국도 1990년에 가입했다.

사회적 권리에 기초한 제도는 어떻게 작동하는가? 유럽 사회국가에서 구체적 사례를 찾을 수 있다. 프랑스는 수혜 대상자의 조건을 규정하고, 그 조건에 맞는 모든 시민이 서비스에 대한 권리를 지닌다는 내용을 법전에 명문화한다. 서비스의 종류에 따라 시민과 국가가 계약서를 작성하는 경우도 있다. 예컨대, 시민은 구직 활동에 필요한 현금 수당을 받을 권리가 있고, 국가는 그것을 제공할 의무가 있으며, 시민은 국가가 요구하는 구직 활동을 수행할 의무가 있다는 식이다. 나라마다 제도의 형태가 다르므로, 사회 서비스에 관한 권리를 법령에 명문화하지 않을 수도 있다. 하지만 그것을 권리로 인정하는 한, '예산 소진 시까지만 서비스를 제공하는 복지 정책' 같은 것은 존재할 수 없다. 이런 정책은 그 자체가 권리 침해이기 때문이다.

경품 행사처럼 제공되는 복지

한국의 복지 정책은 무척 다양하다. 보건복지부에서 제공하는 '복지 서비스 안내 책자'를 보면 놀라울 정도로 많은 서비스가 있다. 그런데 이 안내서를 보고 있으면, 시민의 사회적 권리를 보장하기 위한 서비스 목록이라기보다는, 신용카드 회사나 통신사에서 제공하는 부가 혜택 카탈로그 같다는 인상을 받는다. 일단, 아는 사람은 받고 모르는 사람은 못 받는다. 어딘가에 선물 꾸러미를 쌓아놓고, 눈치 빠른 사람이 알아서 찾아가는 경품 행사와 다를 바가 없다. 더구나 서비스 상당수의 예산과 지원 규모가 이미 정해져 있어서 긴급복지지원처럼 예산이 떨어지면 받을 수 없다. 이는 앞줄에 서면 받고, 뒷줄에 서면 못 받는 일종의 '선착순 서비스'다. 이 모든 것은 한국의 복지 제도가 권리

기반으로 운영되지 않는다는 사실을 보여준다. 복지 서비스가 반드시 전달되어야만 하는 이유가 없고, 따라서 전달되지 않아도 권리 침해로 보지 않는다. 받지 못한 사람이 억울할 뿐이다.

다소 거칠게 도식화하자면, 한국에는 사회적 권리에 기초한 '사회정책'이 없고, '불우이웃 돕기'처럼 시행되는 '복지 정책'만 있다. 그래서 정책이 실제로 작동하는 방식을 보면, 그것의 목적이 서비스 제공인지, 부정수급 방지인지 헷갈리는 경우가 많다. 서비스 수혜자가 권리를 주장할 수는 없고, 자신의 가난과 고통을 증명하면서 국가에 시혜를 부탁해야만 한다.

누군가 '예산에는 한계가 있는데 뭘 더 어쩌란 말인가?'라고 반문할지 모른다. 중요한 질문이다. 바로 여기에 유럽 국가들이 재정 적자와 국가 부채를 감수하는 이유가 있다. 권리 기반의 사회정책을 운영하면 재정 적자의 위험을 피할 수 없다. 유럽 국가들은 사회 서비스에 대한 통제를 강화하는 방식으로 (수당을 받은 시민의 구직 활동을 강제하거나 낭비라고 판단되는 의료비 사용을 줄이는 등) 재정 문제에 대응하고 있는데, 한국처럼 '선착순 복지'를 시행하는 경우를 발견하기는 어렵다. 이는 사회적 권리의 보장이라는 사회국가의 목표 자체를 포기하는 것이기 때문이다. 심지어 통제를 강화하는 것조차 사회국가의 퇴행이라는 비판이 거세게 제기되고 있다.

최근 수십 년간 온갖 종류의 복지 정책이 한국에 도입되었는데, 사회적 권리를 인정하지 않는다는 기본 원리는 변하지 않았다. 이를 비판하면 '그런 정책이라도 없는 것보다는 낫다'는 반응이 돌아온다. 하지만 과연 그럴까? 권리 기반 사회정책이 아니라면 차라리 도입하지 않는 편이 나을지 모른다. 백지상태에서는 제대로 된 정책을 만들 기회라도 있지만, 잘못된 원리에 기초한 정책을 한번 도입하고 나면 제대로 된 것을 만들 기회가 사라지고 만다. 현행 복지 제도를 권리 기반으로 재편하는 것과 아예 새로운 제도를 처음부터 만드는 것 중 어느 쪽이 쉬울까? 모두가 이 질문을 진지하게 고려해봐야 한다.

금융과 투자가
사회보장을 대체한 시대

코스피가 사상 최고치를 찍었다. 흥미로운 것은 주식 시장이 이해되는 방식이다. 수많은 개미 투자자가 주식 투자를 일종의 생계 활동으로 간주한다. '먹고살기 위해 일하는 것'처럼 '먹고살기 위해 투자한다'는 것이다. 주가 상승은 현 정부의 대선 공약이었다. 지난 6월 민주당은 심지어 '코스피 5000 특별위원회'를 출범시키기도 했다. 이들 역시 주가 상승을 '먹고사는 문제'로 접근한다.

20세기 중반 이후, 국가가 다루는 '먹고사는 문제'란 무엇보다 두 가지를 의미했다. 하나는 일자리와 노동이고, 다른 하나는 사회보장이다. 이 두 가지의 결합 방식에 따라 복지국가의 유형이 달라진다. 여기에 가장 큰 변화를 불러온 것이 신자유주의였다. 이 개념으로 현재 한국을 설명하려는 사람도 있겠지만, 지금 우리가 목격하고 있는 것은 상당히 다른 상황이다.

신자유주의 국가는 사회의 모든 영역에 적극적으로 개입해 시장화, 상품화, 효율화의 논리를 도입하려 시도한다. 그렇다고 노동과 복지의 중요성이 무시되지는 않는다. 즉 '먹고사는 문제'는 여전히 이 두 가지에 기초하며, 이를 어떻게 신자유주의적으로 재편할 것인지가 새로운 문제로 제기된다. 지금 한국에서 벌어지고 있는 일을 노동과 복지의 신자유주의화라고 부르기는 어렵다. 요즘 노동시장 유연화, 공적 서비스 민영화, 복지 서비스의 상품화 따위를 주장하는 사람은 별로 없으니 말이다(그럴 필요가 없을지도 모른다. 이런 것들은 이미 오래전에 극단적인 수준으로 완료되었기 때문이다).

그보다 '먹고사는 문제'의 정의 자체가 바뀐 것처럼 보인다. 즉 노동과 복지가 사라지고, 금융 경제가 그 자리를 차지한 것이다. 지금 한국에서 먹고사는 데 가장 필요하다고 여겨지는 활동이 무엇인가? 바로 부동산과 금융 자산에 투자하는 것이다. 일자리를 찾아 취직하고, 노동의 대가로 임금을 받고, 사회 서비스를 강화해 삶의 안정성을 보장하는 것 따위는 오히려 보조적 수단으로 간주된다. 정부와 여당은 주가 상승이 마치 복지 정책이라도 되는 것처럼 말한다. '국민의 먹고사는 문제를 해결하기 위해 코스피를

5000으로 끌어올리겠습니다'라는 식이다.

복지로 포장된 금융 상품

눈여겨볼 만한 또 다른 사례가 있다. 한국의 민간 은행은 1990년대에 역모기지 상품을 판매하기 시작했다. 주택을 담보로 월 일정액을 대출받는 금융 상품이지만, 관련 시장이 성장하지는 않았다. 2000년대에 들어 노인 빈곤 문제가 주목받기 시작하자, 다시 국가가 보증하는 역모기지 상품이 개발되었다. 재미있는 점은 이 상품을 주택연금이라고 불렀다는 것이다. 국가가 운영하는 것이기는 해도 명백히 대출 상품인데, 왜 여기에 '연금'이라는 이름을 붙이는가?

직접 신청해본 사람은 알겠지만, 주택연금이 실제 운영되는 방식도 대출 상품과 동일하다. 그래서 '국가가 내 생활을 보장해주는구나'라는 생각은 거의 들지 않고, '역시 한국에서 살려면 집이라도 한 채 있어야 하는구나'라는 사실만 재확인하게 된다. 물론 일정액을 매월 수령한다는 점에서 '연금과 비슷한 형식'이라고 말할 수는 있겠지만, 그렇다고 해도 '연금'으로 규정하긴 어렵다. 이 말은 기본적으로 사회적 연대에 기초한 재분배 수단을 의미한다. 주택연금을 국민연금이나 공무원연금 따위와 같은 범주에 묶는 건 어딘가 이상하지 않은가?

퇴직연금도 마찬가지다. 이 명칭을 들으면 자연스레 영어 '펜션pension'을 떠올리게 된다. 노동자가 임금의 일정 부분을 분담금으로 내고, 퇴직 후 매월 수당을 받는 시스템이다. 그런데 한국에는 여기에 해당하는 제도가 따로 있으니 바로 국민연금이다. 영어 명칭도 'National Pension Service'다. 그렇다면 퇴직연금은 무엇인가? 내가 받은 퇴직금으로 운영하는 금융 상품이다. 이것을 국민연금과 비교해보자. 돈을 받는 형식이 비슷하다는 점 외에는 공통성이 거의 없지만, 둘 다 연금이라고 불린다.

주택연금과 퇴직연금은 사회보장 제도가 아니다. 내가 나 자신의 소득이나 자산으로 안정적 생활을 유지하도록 보조해주는 금융 상품일 뿐이다. 이런 상품의 독특한 점이 있다면, 국가가 직접 관리하면서 일종의 사회보장 제도인 것처럼 포장한다는 것이다. 이런 식의 포장이 가능한 것은 개인들도 사회보장과 금융 상품을 엄격히 구별하지 않기 때문이다. 각자에게 중요한 것은 자신이 받는 돈의 액수일 뿐, 그것이 사회보장 수당인지 아닌지는 별 상관이 없다. 국민연금에 대해 불만을 갖는 이유 중 하나도 여기에 있다. 사회보장 제도로서의 국민연금을 어떻게 운영할 것인지에는 대부분 별 관심이 없고, 자신이 받을 돈의 액수만

이 중요할 뿐이다. 그래서 국민연금에 낼 돈으로 차라리 주식 투자를 해서 더 높은 수익률을 노려보겠다는 반응이 나온다.

노동과 복지의 실종

지난 9월 국무회의에서 이재명 대통령은 저신용자의 대출 금리가 높은 것이 '너무 잔인하지 않냐'고 반문한 적이 있다. 며칠 뒤 민주당 김병기 원내대표는 저신용자가 고금리를 부담하는 것이 '역설적'이라는 발언을 하기도 했다. 일부 언론은 이를 두고 시장 원리에 대한 부정이라고 비판하는데, 현 정부와 여당이 대출 시장의 논리를 모르고 한 말은 당연히 아닐 것이다. 그럼 어떤 의미에서 저런 발언을 한 것일까? 여기에는 대출을 일종의 복지 제도로 보는 관점이 개입되어 있다. 이재명 대통령은 경기도지사 재임 시절에 이미 '복지적 대출 제도'의 필요성을 언급하기도 하였다.

지금까지 언급한 모든 사례는 모두 비슷한 경향을 공유한다. '노동'과 '복지'라는 단어를 언급하는 것 자체가 촌스러운 일로 취급되는 것이다. 이런 영역은 마치 존재하지 않는 것처럼 간주되고, 모두가 금융만을 이야기한다. 마치

가난한 자를 위한 최선의 복지 제도는 서민 대출이고, 가난하지 않은 자를 위한 최선의 제도는 투자인 것처럼 말이다. 하지만 이는 순수한 환상이다. 국가가 주도하는 금융 상품과 주가 상승이 시민의 삶을 개선한다면 좋은 일이겠지만, 이것이 노동과 복지를 대체할 수는 없다. 개인을 먹여 살리는 가장 기초적인 활동은 여전히 노동이고, 앞으로도 그럴 것이다. 국가가 개인의 생활을 보장하는 가장 기초적인 수단은 여전히 사회보장이다. 지금 한국에서 안정적이고 행복한 삶을 살기 어려운 이유도 불평등한 노동시장과 허약한 사회 서비스에 있다. 지금 우리가 목격하고 있는 것은 '부자 되기'와 '먹고 사는 문제'가 뒤섞이고, 인간다운 삶이란 무엇인지에 관한 기준이 파괴된 사회의 모습이다.

민주주의의
문화적 조건

민주주의의 보편성

민주주의에 관한 논의에서 항상 염두에 두어야 할 사실이 있다. 그것의 궁극 목적과 존재 이유는 모든 인간의 자유와 평등이라는 가치에 있지만, 이 **보편 가치가 유럽 문화의 고유한 발명품**이라는 것이다. 즉 그것은 유럽인이 모든 인간을 위해 만든 정치 모델이다. 이 사실 앞에서 단지 '그렇구나' 하며 고개를 끄덕일 수는 없다. 여기서 숱한 비판적 질문이 제기되기 때문이다. '모든 인간은 자유롭고 평등해야 한다'라는 원칙을 일종의 보편 공리로 받아들인다고 할지라도, 이 원칙에 기초한 정치체제를 지구상의 모든 곳에 수립해야 하는지, 또한 수립할 수 있는지는 또 다른 문제다. 지난 2세기 동안의 세계 역사가 이 문제의 복잡성을 증언한다. 비서구 지역의 민주주의는 서구 식민주의와 신식민주의, 근대화, 탈식민화가 뒤얽힌 역사적 과정에서 도입된 것이다. 라틴아메리카, 아프리카, 아시아의 역사를 잠깐이라도 살펴보면, **민주주의의 보편성**이 얼마나 논쟁적인 발상인지 재확인하게 된다. 한국 근대화와 민주주의의 근본 문제도 여기에 관련되어 있다. 민주주의라는 생소한 '수입품'을 어떻게 이곳에서 실현할 것인지가 20세기 이후 한반도 역사 전체를 규정한다.

민주주의는 인류 역사에 등장했던 여러 정치체제 중 하나이며, 다른 체제와 구별되는 특정한 원리에 기초한다. 2부의 '깊이 읽기'에서 살펴본 **인민의 자기지배**가 그 원리의 핵심이다. 그런데 이 원리는 특정한 문화적 조건을 요구한다. 2부의 글 〈공통된 것 없는 공동체의 모습〉에서 그 조건 중 하나를 다뤘다. 근대 민주주의는 특정한 형태의 개인-집단 관계를 요구한다(202쪽 〈그림 1〉 중 오른쪽). 한국의 개인-집단 관계는 왼쪽 그림에 가까운데, 이런 형태에 기초한 민주주의 공동체를 구성하기는 어렵다. 그 외에도 요구되는 조건은 셀 수 없이 많다. 예를 들어, 민주주의는 합리적 판단력을 갖춘 시민의 존재를 전제하므로, 공동체 다수가 자신의 지성이 아니라 신의 가르침을 따르는 곳에서는 그 체제를 수립할 수 없다. 정확히 말하자면, 민주주의 그 자체가 서구의 문화적 생산물이다. 결국, 민주주의가 보편화되려면 그것이 요구하는 특정한 문화적 조건 역시 보편화되어야 한다. 유럽이 발명한 정치 모델이 다른 지역에서 실현되려면, 유럽의 문화도 그곳에 이식되어야 한다는 말이다.

이는 한국인에게 익숙한 사실이다. 한국에서 근대화란 곧 서구화였으며, 서구 문화를 이곳에 이식하는 것이 핵심이었다. 여기서 문제는 이식된 것이 어떤 '서구 문화인지'다. 한국인은 자신이 '서구 문화'라고 생각하는 것을 받아들이기 위해 노력해왔는데, 과연 그것이 서구인이 보기에도 '서구 문화'일까?* 유럽 여행을 간 한국인이 종종 경험하는 일이 있다. 현지에 있는 아시아 식당에서 음식을 주문했는데, 유럽, 동남아시아, 중국의 요리법이 묘하게 뒤섞인 정체불명의 음식이 나오는 것이다. 그 식당을 자주 드나드는 유럽인은 그것을 '아시아 요리'라고 생각할 가능성이 높다. 유럽인이 '아시아 문화'라고 생각하는 것과 아시아인이 '아시아 문화'라고 생각하는 것은 동일하지 않다. 마찬가지로, 한국인이 '유럽 문화'라고 생각하는 것은 유럽인이 생각하는 '유럽 문화'와 전혀 다를 수 있다. 서울의 이탈리아 식당에서 파는 요리를 이탈리아인이 보면, 과연 그것을 자기네 음식이라고 생각할

---

* 이 글에서 '한국인'과 '서구인'은 어떤 물리적인 인구 집단을 지시하는 것이 아니라, 한국 문화와 서구 문화의 지배적인 경향을 인격화한 표현이다. 또한 여기서 '문화'라고 부르는 것은 서로 다른 삶의 방식이 서로 맞닥뜨렸을 때 '발명'되는 것을 말한다. 즉 유럽 또는 북미 사람들과 한반도 남쪽 사람들이 서로가 살아가는 방식을 처음 목격했을 때, 자신과 타인의 차이로부터 '한국 문화'와 '서구 문화'라는 것이 발명된다. 마찬가지로 유럽인이 미국인과 만났을 때, '유럽 문화'와 '미국 문화'라는 것이 발명될 수도 있다. '문화의 발명'이라는 개념은 인류학자 로이 와그너에게서 빌려온 것이다. Roy Wagner, *The Invention of Culture*, University of Chicago Press, 1975.

까? 우리가 생각하는 우리와 그들의 차이, 그리고 그들이 생각하는 그들과 우리의 차이는 결코 동일하지 않다. 우리는 우리 문화를 통해 우리 문화와 다른 문화 사이의 차이를 이해한다. 타인은 그들의 문화를 통해 그들의 문화와 우리 문화 사이의 차이를 이해한다. 다시 말해 우리의 관점에서 본 차이와 그들의 관점에서 본 차이는 서로 다르며, 이러한 차이의 차이, 관점의 차이가 바로 '문화적 차이'라고 불리는 것이다.

그러므로 민주주의의 문화적 조건을 이식하는 작업은 복잡한 문제를 제기한다. '서구 문화'라는 말 자체가 서구 문화와 비서구 문화에서 같은 것을 지칭하지 않기 때문이다. 한국에 이식된 것은 한국인이 생각하는 '서구 문화'이며, 이는 서구인이 생각하는 '서구 문화'와 전혀 다를 수 있다. 유럽인은 오리엔탈리즘이라 불리는 재현 체계를 통해 아시아를 이해했다. 그들은 자신이 '아시아'를 보고 있다고 믿었지만, 사실 그들이 보던 것은 그들 자신이 창소한 '아시아'였던 셈이다. 근대 한국인 역시 일종의 **옥시덴탈리즘**occidentalism을 발전시켜왔다. 그들은 자신이 서구를 따라가고 있다고 믿었지만, 그것은 사실 한국인 자신이 창조한 '서구'였다. 한국에 '서구 문화'를 이식한다는 것은 결국 한국 문화의 창조물을 한국에 설치한다는 말이다. 그것이 자신의 창조물이라는 점을 자각하기 힘들 뿐이다. 그렇다면 이런 식으로 이식된, 또는 창조된 '서구 문화'가 민주주의의 문화적 조건을 충족할 수 있을까? 이 질문을 제대로 다루려면 정교한 인류학적 탐구가 필요하다.* 여기서는 몇 가지 사례를 검토하는 것으로 이 질문의 의미와 중요성을 살펴보자.

민주주의의 문화적 조건 (1): 헌법의 언어

민주주의의 문화적 조건에는 언어적 차원이 포함된다. 민주주의를 이해하고, 구상하고, 실현하려면, 그에 적합한 언어가 필요하다. 서구와 한국의 헌법 언어를 예로 들어보자. 많은 이들이 〈대한민국 헌법〉은 서구 근대 헌법의 모방이라 믿는다. 그러나 서구 언어가 집단으로서의 'people', 단수 개인으로서의 'citizen', 복수 개인으로서의 'citizens'를 명확히 구별하는 데 반해, '국민'은 집단과 개인, 복수와 단수를 구별하지 않는다.** 이 말은 서구 용어의 번역이 아니라, 동아시아의 새로운 창조물이다. 〈대한민국 헌법〉 제1조 제2항 "대한민국의 주권은 국민에게 있고, 모든 권력은 국민으로부터 나온다", 제7조 제1항 "공무원은 국민전체에 대한 봉사자이며,

---

*   다음 발표문은 이런 탐구를 위한 초안으로 작성된 것이다. Daeseung Park, "Equivocation of Europe - The South Korean Political Reality as a Reverse Anthropology", International Colloquium – Rethinking Decoloni-sation, 서울대학교, 2025. 1. 24.

**   여기서 서구 개념은 편의상 영어로 표기하겠다. 서구어 내부의 차이, 특히 영어, 프랑스어, 독일어 개념의 차이도 여러 문제를 제기하지만, 이 글에서 이런 문제까지 다루지는 않을 것이다.

국민에 대하여 책임을 진다", 제12조 제1항 "모든 국민은 신체의 자유를 가진다"에서 사용된 '국민'을 보자. 이는 서구인이 만든 '서구의 헌법 언어'를 모방한 것이라기보다는 한국인이 이해한 '서구의 헌법 언어'를 모방한 것에 가깝다. 즉 집단과 개인, 복수와 단수를 개념적으로 엄격히 구별하지 않는 한국 문화를 통해 서구의 헌법 조항들을 읽고 나서, 이를 바탕으로 '서구의 헌법 언어'라고 생각되는 것을 나름대로 재창조하고(1차 모방), 이것을 다시 모방하는 식으로 한국의 헌법 언어를 구성한 것이다(2차 모방). 이러한 모방의 모방, 이중의 모방은 반드시 원본의 변이를 동반한다. 한국의 근대화를 규정하는 것이 바로 서구 문화의 **모방**과 **변이**다.***

당연한 말이지만, 서구의 민주주의 모델은 한국인이 재창조한 '서구의 헌법 언어'가 아니라 서구인이 역사적으로 발전시켜온 '서구의 헌법 언어'에 기초한다. 그 모델의 실현을 위해서는 서구 개념을 정확히 표현할 수 있는 언어가 필요하다. 집단과 개인, 복수와 단수의 구별을 무시하는 '국민'이라는 말로 민주주의에 관한 엄밀한 논의를 이어가기는 불가능하다. 이 말은 특히 주권의 근거인 'people'과 권리의 담지자

*** 1948년 제헌헌법의 초안을 작성한 유진오는 독일 바이마르 공화국, 프로이센, 미국, 오스트리아, 일본, 중화민국, 필리핀, 프랑스 등의 헌법을 참고했다고 밝힌다(헌정사 자료 DB, https://db.history.go.kr/item/cons/level.do?levelId=cons_001_0010_0020_0010). 이 헌법들과 제헌헌법을 비교해보면, 서구의 헌법 언어가 어떤 식으로 재창조되고 모방되었는지 알 수 있다. 모방과 변이라는 주제는 4부의 '깊이 읽기'에서 더 자세히 다룰 것이다.

인 'citizen'을 뒤섞으며 민주주의 모델 자체에 대한 오해를 재생산한다.*

누군가는 맥락에 따라 '국민'의 의미를 정확히 규정할 수 있을 것이라고 생각할지 모른다. 〈대한민국 헌법〉의 주권 관련 조항에서 '국민'은 'people'에 대응하고, 권리 관련 조항에서는 'citizen'에 대응한다는 식으로 말이다. 그러나 이런 구별은 〈대한민국 헌법〉 자체에서 나오지 않는다. 거기에는 '국민'이라는 하나의 용어만 있기 때문이다. 이 용어를 맥락에 따라 다르게 해석하려면, 항상 서구의 문헌과 개념을 참조할 수밖에 없다. 여기서 역설적인 두 가지 사실을 확인할 수 있다. 첫째, 앞서 설명했듯 '국민'은 단순한 번역어가 아니라 서구 개념을 이중으로 모방한 것이고, 이런 의미에서 일종의 재창조물이라고 할 수 있다(이 말의 탄생에는 일본어의 영향도 있을 것이므로, 동아시아적 재창조물이라고 해야 할 것이다). 둘째, '국민'으로 체계적인 논변을 구성하려면, 한국의 관점에서 벗어나 서구의 관점에서 '서구의 헌법 언어'를 참조해야만 한다. 물론 이러한 관점의 이동은 상당한 노력과 지식이 필요하므로, 현실의 언어생활에서 일상적으로 실현되기는 어렵다.

〈대한민국 헌법〉에서 '국민'이라는 용어를 제거하고 집단으로서의 '인민'과 개인으로서의 '시민'을 사용하면, 지금보다 훨씬 더 합리적이고 체계적인 헌법을 만들 수 있겠지만,

*   '주권'에 관해서는 4부의 글 〈누가 주권자인가?〉를 참고할 수 있다.

그렇다고 문제가 해결되지는 않는다. 흔히 '시민'이 'citizen'
에 대응하는 말이라고 생각하지만, 이 둘의 의미는 동일하지
않다. 이 서구 용어의 기본 의미는 '민주주의 공동체를 구성
하는 개인'이지만, '시민'이 이런 의미로 사용되는지는 불분
명하다. 더 중요한 차이는 다른 개념들과 맺는 관계에 있다.
'citizen'은 민주주의의 기본 개념들, 예컨대 'people', 'nation',
'civil rights', 'civic rights', 'human rights', 'citizenship',
'liberty', 'equality', 'solidarity' 등이 구성하는 이론적·실천
적 담론 안에서 특정 의미를 부여받지만, '시민'은 전혀 다른
담론 안에 놓여 있다. 특히 'citizen'은 'citizenship'과의 관
계 속에서만 하나의 개념으로 정의될 수 있는데, 한국어에는
'citizenship'에 해당하는 표준 용어가 없다. 이런 이유로 '시
민'을 'citizen'의 직접적인 대응어로 사용하는 것은 불가능하
다.**

　'citizen' 개념이 민주주의를 떠받치는 핵심 기둥의 하나
인 만큼, 그것의 부재에서 발생하는 효과를 몇 가지로 단순화
해 나열하는 것은 별 의미가 없다. 그렇더라도 가장 심각한

** 이 책의 다른 곳에서는 'citizenship'을 번역하기 위해 '시민성'이라는 용어를 쓰지
만, 이 용어가 표준으로 인정된 것은 아니다. 고려한국어대사전은 '시민성'을 '어떤
시민에게 공통적으로 나타나는 가치관, 행동 양식, 사고방식, 기질 따위의 특성'이
라고 정의하는데, 이런 의미는 'citizenship'과 별반 관련이 없다. 어떤 이들은 이
서구 용어를 '시민권'으로 옮기기도 하지만, 이는 원래 개념을 왜곡하는 번역이다.
'citizenship'은 권리가 아니기 때문이다. 이런 이유에서 한국어에는 'citizenship'
의 표준 대응어가 없다고 말할 수 있다. 'citizenship' 개념에 대해서는 다음 책을
참고하라. 박이대승, 〈3강. 시민성의 재구성〉, 《개념 없는 사회를 위한 강의》.

효과를 하나 꼽자면, 권리를 정확히 다룰 수 없게 만든다는 점일 것이다. 민주주의가 보장하는 기본적 권리들은 'citizen'과 'human'이라는 지위에 결부되어 있으므로, 이에 대한 표준 개념이 없다면 당연히 그 권리들을 온전히 다룰 수 없다. 예를 들어, 3부의 글 〈복지가 선착순 서비스인가〉에서 한국의 복지 제도는 사회적 권리들social rights을 인정하지 않는다고 지적했다. 권리 기반의 제도를 수립하기 위해서는 어떻게 해야 하는가? '어려운 처지에 있는 국민을 도와주는 복지가 필요하다'라는 식의 논리가 아니라, '우리는 모두 민주주의 공동체의 구성원citizen으로서, 평등한 권리의 물질적 보장을 위한 사회 서비스에 접근할 권리를 가진다'라는 원칙에 기초해야 한다. 'citizen' 개념 없이 이런 원칙을 수립할 수는 없다.

이 개념의 부재에서 비롯하는 또 다른 효과는 정치 이념ideology의 불가능성이다. 한국 정당정치의 가장 근본적인 특징은 이념의 부재에 있고, 이 점에서 대부분의 정당은 정당이라기보다 정치 파벌에 가깝다. 그렇다면 이념이란 무엇인가? 여러 수준에서 다양한 방식으로 정의할 수 있겠지만, 대의민주주의 제도 내에서 활동하는 정당의 이념이란 **자유와 평등에 관한 특정한 이해 방식**이라고 할 수 있다. 이러한 이해는 이론적 언어로 표현되어야 한다. 그런데 한국의 제도 언어에는 'citizen'에 해당하는 개념 자체가 없으므로, 정당이 자유와 평등에 관한 이론적 해석을 구성하기 어렵고, 체계적인 이념을 수립할 수도 없다.

　방금 언급한 '국민', '인민', '시민'은 극히 일부의 사례일 뿐이다. '정치', '자유', '평등', '권리', '의무', '국가', '주권', '권력', '공화국', '인권' 같은 헌법 용어를 보자. 이 모두가 한국의 관점에서 창조된 '서구의 헌법 언어'를 번역하기 위해 만들어진 것이다. 여기서 앞서 던진 것과 같은 질문을 던져보자. 이 용어들은 민주주의의 실현을 위한 문화적 조건을 만족하는가? 이것들로 민주주의 모델을 구성하는 서구 개념들을 다룰 수 있는가? 각 용어를 개별적으로 분석해보면, 이 질문에 긍정적인 답을 하기 어렵다는 사실이 분명하게 드러난다.

　〈대한민국 헌법〉 전문에 있는 "자유 권리에 따르는 책임과 의무를 완수하게 하여"라는 문구를 보자. 여기에 사용된 '자유', '권리', '책임', '의무'라는 말은 서구 개념 'freedom', 'right', 'responsibility', 'duty'를 의미하지 않는다. 이 개념들로는 저런 식의 문구를 구성할 수 없기 때문이다. 예컨대 생명에 대한 권리right to life에 따르는 책임과 의무는 도대체 무엇인가? 내가 생명에 대한 권리를 보장받기 위해서는 특정한 책임과 의무를 완수해야 한다는 뜻인가? 혹은 이 권리를 보장받는다는 사실로부터 특정한 책임과 의무가 발생한다는 것인가? 사실 저 구절은 박정희 정권이 1968년에 발표한 '국민교육헌장'에 처음 등장하고, 전두환이 정권을 장악한 직후에 개정된 〈헌법 제9호〉(1980년 10월 27일 시행)에서부터 헌법 전문에 포함되기 시작했다. 다시 말해, 군사독재 정권이 시민의 권리와 자유를 억압하기 위해 서구 개념을 전혀 엉뚱한 방식으로 왜곡한 결과물인 것이다. 현재 사용되는 헌법 언어가 서구어의 번역이라고 생각하기 쉽지만, 그중에는 과거의 독재권력이 제멋대로 창조한 것들이 적지 않다.

이런 식의 분석은 얼마든지 계속될 수 있다. 지금 한국에서 사용되는 '주권'의 의미는 'sovereignty' 개념과 다르고, '인권'은 이미 오래전부터 'human rights' 개념과 분리되기 시작했다. 문제는 단순히 한국말과 서구말의 의미가 다르다는 데 있지 않다. 민주주의를 구성하는 서구 개념 모두가 한국 문화를 통해 변이되고, 그 변이로부터 한국의 헌법 용어가 만들어진다는 점이 중요하다. 방금 지적했듯, 집단과 개인, 복수와 단수를 명확히 구별하지 않고, 개념과 개념의 관계가 체계적이지 않다는 것은 한국 문화의 언어적 특징이다. 개인의 권리와 자유에 대한 억압적 태도 역시 한국 문화의 특징 중 하나다. 더 근본적인 수준의 특징도 있는데, 기표와 기의의 관계를 고정하지 않는 방식으로, 즉 반反개념적으로 언어를 사용한다는 것이다. 다소 거칠게 비교하자면, 서구 문화와 한국 문화는 언어를 다루는 방식 자체가 다르다. 전자를 지배하는 것은 개념적 언어 사용이고, 후자를 지배하는 것은 반개념적 언어 사용이다(4부의 '깊이 읽기'에서 이 두 가지를 본격적으로 다룰 것이다). 반개념적 언어가 지배하는 한국 문화는 민주주의 모델을 구성하는 서구 개념을 끊임없이 변이시키며, 민주주의의 언어적 조건 자체를 파괴한다.

민주주의의 문화적 조건 (2): 권리에 대한 이해

문화마다 개인이 해도 되는 것과 안 되는 것을 정하는 고유한 행위 규칙이 있다. 근대사회에서 이 규칙은 권리의 형식으로 존재하며, 민주주의는 권리에 대한 특정한 이해를 전제한다. 문제는 서구 문화와 한국 문화에서 권리가 이해되는 방식이 전혀 다르다는 점에 있다. 이 차이를 일반적으로 설명하기는 어려우니, 개인의 일상 경험 몇 가지를 사례로 활용하자. 문화적 차이를 설명할 때는 개인의 경험을 활용하는 편이 유용하다. 일상생활에 그러한 차이 전체가 응축되어 있기 때문이다.

내가 프랑스에서 겪었던 인상 깊은 경험 중 하나는 어린이가 권리에 관해 말하는 것이었다. 언젠가 버스에서 대여섯 살 정도 된 어린아이가 엄마에게 화내는 광경을 본 적이 있다. 정확히 어떤 상황인지는 알 수 없었지만, 엄마가 무엇인가를 하지 말라고 한 듯했다. 그러자 아이가 울면서 "엄마에겐 그럴 권리가 없어요!"라고 외치는 게 아닌가. 그 모습이 귀여우면서도 신기해서 아직도 기억에 남아 있다. 프랑스에서는 이런 식의 대화를 종종 들을 수 있다. 이제 말문이 트이기 시작한 어린아이가 '나에게 이걸 할 권리가 있어요?Est-ce que j'ai le droit… ?'라는 질문 형식을 사용하기도 한다.

여기서 '권리'라고 옮긴 프랑스어는 'droit'인데, 사실 이는 정확한 번역이 아니다. 이 말이 법을 의미하기도 하기 때문이다. 영어는 '권리right'와 '법law'이 두 가지 단어로 분리되어 있지만, 다른 대부분의 서구어에는 이런 식의 구별이 없다. 프랑스어 'droit', 독일어 'Recht'는 권리와 법을 모두 의미한다. 그래서 이를 '법/권리'라고 옮기는 경우도 있는데, 이 역시 아주 만족스럽지는 않다. 저 단어들에는 법과 권리의 구별 자체가 담겨 있지 않기 때문이다. 영어 'right'는 프랑스어 'droit subjectif', 독일어 'subjektives Recht'에 해당한다. 한국어와 영어에서 '권리'와 'right'라고 말하는 것을 프랑스어와 독일어에서는 '주관적 법'이라고 부르는 것이다.* 따라서 방금 말한 프랑스 어린이의 표현을 좀 더 정확히 옮기면, '나에게 이걸 할 주관적 법이 있어요?'가 된다.

대륙법civil law과 영미법common law은 상당히 다른 전통에 기초하며, 유럽과 영어권의 법 언어도 서로 다르다. 이러한 차이는 꽤 복잡한 비교법적 문제를 제기한다. 그럼에도 '~에 대한 권리'라는 형식은 공통적이며, 이는 세 가지 요소로 구성된다. 첫째, 권리의 담지자인 **개인**, 둘째, 개인과 관계 맺는 **사물이나 행위**, 셋째, 개인의 속성 또는 자격으로 부여된 **권리**다. ⟨자동차 소유자-자동차-자동차에 대한 권리⟩ 또는 ⟨시민-정치적 의사 표현-표현에 대한 권리⟩ 같은 식이다. 권리

---

* 이 문제를 다룬 고전적 텍스트 중에서는 한스 켈젠Hans Kelsen의 다음 책이 유용하다. Hans Kelsen, *General Theory of Law and State*, tr. Anders Wedberg, Harvard University Press, 1945, pp. 78-79. 프랑스어의 '주관적 법' 개념에 관한 교과서로는 다음 책을 참고하라. Jean Dabin, *Le droit subjectif*, Dalloz, 1952.

는 법률에 규정될 수도 있고, 다른 도덕적 근거에 기초할 수도 있다. 즉 권리는 개인의 주관적 속성이나 자격이지만, 객관적 법률이나 도덕 체계에 등록되어야 한다. 이런 객관성이 권리의 정당성을 보장한다.

권리와 법을 구별하는 영어보다 이 둘을 구별하지 않는 프랑스어나 독일어가 권리의 객관성을 더 분명히 드러낸다고 말할 수 있다. 주관적 법은 개인의 속성이나 자격이지만, 이는 객관적 법의 주관적 측면일 뿐이다. 이 사실이 주관적 법의 객관적 정당성을 보장한다. 그렇지만 영어 'right'가 이런 객관성을 결여하고 있는 것은 절대 아니다. 객관성 없이 주관성만 있는 것은 권리로서 정당화될 수 없기 때문이다. 내가 내 권리라고 주장하는 것이 어떤 객관적 법률이나 도덕 원리에도 근거하지 않는다면, 어떻게 그것의 정당성을 주장할 수 있겠는가?

여기서는 혼동을 피하기 위해 편의상 영어 'right', 프랑스어 'droit subjectif', 독일어 'subjektives Recht'를 모두 '권리'라고 옮기고자 한다. 다만, 프랑스어와 독일어에서는 '권리=주관적 법'이라는 사실만 기억하자. 위에서 말한 프랑스 어린이의 사례는 **권리의 객관성**이 어떻게 일상 언어에 자리 잡고 있는지 보여준다. 부모와 아이의 관계에서도 객관적 규칙으로서의 권리가 인정되며, 이것은 행위자의 의지로 환원되지 않는다. 즉 아이가 부모에게 '나에게 이걸 할 권리가 있어요?'라고 물을 때, 아이는 부모의 선호나 의지를 확인하는 것이 아니라 자신의 행위에 정당성을 부여해주는 객관적 기준이 있는지 질문하는 것이다. 부모가 아이에게 '네게는 그럴 권리가 있다/없다'라고 답할 때도 마찬가지다. 이 말은 '내가 허락한다/안 한다'라는 의미가 아니라, 아이의 행동을 정당하게 만들어줄 객관적 근거의 존재 여부에 관한 것이다.

물론 아이에게 적용되는 규칙을 결정하는 것은 부모다. 하지만 그 규칙을 타당하게 만들어주는 객관적 근거가 필요하다. 아이에게 '네게는 그럴 권리가 있다' 또는 '없다'라고 답할 때, 왜 그런지에 관한 설명을 해주어야 한다는 것이다. 그래서 아이의 질문에 대한 프랑스 부모의 대답은 대체로 단호하지만, 그 뒤에는 아주 긴 부가 설명이 따라붙는다. '너는 그럴 권리가 없는데, 왜냐하면 어쩌고저쩌고……' (나는 가끔 프랑스 아이들이 부모의 통제를 따르는 것이 이런 장황한 설명에 질려버렸기 때문은 아닐까 하는 생각을 한다.) 이런 설명 없이 자신의 허락 여부만 알려주는 부모도 있겠지만, 만일 그렇다면 이들은 '권위주의적 부모'로 간주될 것이다. 물론, 이런 사례를 서구 문화 일반으로 확장하기는 어렵다. 권리 언어가 이토록 일상적으로 사용되는 것은 프랑스적 현상일 가능성이 높다. 하지만 그렇다고 해도 권리의 객관성은 서구 문화 일반의 특징이고, 프랑스어가 이를 좀 더 분명한 형태로 보여줄 뿐이다.

반면 한국에서는 규칙의 객관성을 경험하기 어렵다. 얼마 전 서울의 한 백화점에서 엄마가 아이에게 '너 그렇게 떼

쓰면 저 아저씨가 이놈 한다'라고 말하는 장면을 본 적이 있다. 한국의 부모는 아이에게 해도 되는 것과 안 되는 것을 알려줄 때, '엄마/아빠가 이거 하라고 했어, 하지 말라고 했어?'라는 식으로 말하곤 한다. 아이가 부모에게 던지는 질문도 부모의 허락을 구하기 위해서지, 자신의 행위가 객관적 규칙에 부합하는지를 확인하기 위해서가 아니다. 즉 한국의 부모와 아이 관계에서 규칙 대부분은 부모라는 **행위자의 주관적 의지나 선호**로 환원된다. 규칙의 객관적 정당성은 중요하게 고려되지 않는다. '넌 그걸 하면 안 된다. 왜냐하면 부모인 내가 하지 말라고 했으니까'라는 식의 논리가 작동하는 것이다.

문제는 부모와 아이 관계만 이런 것이 아니라는 점이다. 한국의 사회 영역 대부분에서 권리 언어는 거의 쓰이지 않고, 일상생활에 권리 관념이 개입하는 경우도 드물다. 해도 되는 것과 안 되는 것을 나누는 기준은 개인이 보유한 권리가 아니며, 권리의 정당성을 보장하는 객관적 근거도 진지하게 고려되지 않는다. 규칙을 규칙으로 만드는 것은 권력이나 권위를 가진 누군가의 의지다. 다시 말해, '힘을 가진 내가 금지/허용했으니 너는 그것을 따르면 된다'라는 논리가 규칙을 구성한다. 따라서 규칙의 필요성과 타당성을 설명하고 동의를 구하는 과정이 굳이 필요하지 않다.

처음의 질문으로 돌아가보자. 민주주의는 특정한 **정치**체제이며, 이 체제는 적합한 **사회관계**를 요구한다. 시민과 시민의 평등이라는 민주주의의 원칙은 인간과 인간의 평등 없이 실현될 수 없다. 모든 개인이 인간으로서 같은 권리를 보장받는 사회, 개인과 개인이 권리라는 규칙에 따라 관계 맺는 사회를 필요로 하는 것이다. 권력이나 권위를 가진 자의 의지가 권리보다 더 중요한 기준으로 작동하는 곳, 위계질서가 사회관계 일반을 지배하는 곳에서는 온전한 민주주의가 수립되기 어렵다. 권리가 법률 문서에 명시되어 있다고 해서 자동적으로 민주주의적 사회가 만들어지지는 않는다. 권리가 실질적인 규칙으로 작동하려면, 사회에서 살아가는 실제 인간들이 그것을 규칙으로 인정해야 한다. 이는 **문화**의 문제다. 권리를 이해하고, 규정하고, 다루는 방식 자체가 문화에 의존하기 때문이다.

세상 어디에나 위계질서가 지배하는 사회 영역이 있다. 대부분의 기업 조직에는 상위 직급과 하위 직급의 차이가 있고, 대학에는 학업을 지도하는 교수와 지도를 받는 학생의 차이가 있다. 그러나 민주주의는 인간과 인간 사이의 상하 관계는 허용하지 않는다. 기업에서는 피고용자와 고용자가 노동 계약의 평등한 당사자로서, 법률과 계약에 명시된 권리에 따라 위계질서를 운영한다. 상급자와 하급자의 권한과 지위는 다르지만, 인간으로서 같은 권리를 갖는다는 사실은 변하지 않는다. 교수와 학생도 기능과 역할의 차이이지, 인간적 지위의 차이가 아니다.

그런데 한국을 보라. 고용자와 노동자, 상급자와 하급자, 교수와 학생 사이에는 위계 구조만 있고, 권리의 평등은 없다. 이른바 '갑질'은 격렬한 비난의 대상이 되지만, 사회 영역 전체가 '갑을 관계'로 구성되어 있는 상황은 특별한 문젯거리가 되지 않는다.* 회식 자리의 광경을 떠올려보자. 이른바 '상석'이라는 것이 있어서, 권력이나 권위를 가진 인간에게 우선적으로 배분된다. 조직 내에서 흔히 '막내'라고 불리는 사람은 자신에게 보장된 권리를 행사할 때도 눈치를 봐야 한다. 일상적 대화에서 말을 하는 것은 대부분 '윗사람'이고, '아랫사람'은 그저 들을 뿐이다. 대학원 학생과 교수가 모여 학과 운영에 관해 협상하고 논쟁하는 자리는 상상하기도 어렵다. 이런 식의 위계적 사회관계는 민주주의가 요구하는 문화적 조건을 충족하지 못한다.

마치며

지금까지의 논의를 요약해보자. 한국인에게 근대화란 서구의 문화를 자기 땅에 이식하는 과정이었다. 그런데 이는 한국인이 생각하는 '서구의 문화'이지, 서구인이 생각하는 '서구의 문화'가 아니다. 이러한 차이를 구체적으로 설명하기 위해, 헌법의 언어와 개인의 행위 규칙이라는 두 가지 사례를 들었다. 첫째, 한국인은 자신이 '서구의 헌법 언어'에 따라 민

* 4부의 글 〈폭력을 왜 갑질이라 부르는가?〉를 참고하라.

주주의를 구성했다고 믿지만, 그것은 한국인이 생각하는 '서구의 헌법 언어'이지, 서구인이 생각하는 '서구의 헌법 언어'가 아니다. 이 둘은 같지 않으며, 전자는 후자를 모방하고 변이시킨 결과물이다. 둘째, 한국인은 자신이 서구인을 따라 전통사회에서 근대사회로 이행했다고 믿지만, 서구인이 생각하는 '근대사회'와 한국인이 생각하는 '근대사회'는 다른 것이다. 전자는 권리 기반의 사회지만, 후자는 권리보다 위계질서의 지배를 받는다.* 이 또한 모방과 변이의 결과물이다.

이런 분석틀은 서구 문화의 발명품인 민주주의 그 자체에도 적용된다. 즉 서구인이 생각하는 '민주주의'와 한국인이 생각하는 '민주주의'는 같지 않다. 전자는 인민이 자기 자신을 통치하는 정치체제로 정의되지만, 후자는 오랫동안 독재 반대와 대의제의 수립으로 이해되었다. 문제는 이 둘 사이의 차이를 단순히 '민주주의에 대한 이해가 다르다'라는 식으로 말할 수 없다는 데 있다. 인민의 자기통치는 민주주의의 존재 이유이자 최종 목표지만, 군사독재 종식과 대의 제도는 그러한 목표에 도달하기 위한 수단 중 하나일 뿐이다. 한국인은 수단을 목표의 자리에 올려놓았는데, 이런 식으로는 체계적이고 자기완결적인 민주주의 모델을 수립할 수 없다. '독재

정권을 끝내고, 대의 제도를 수립하는 것은 결국 무엇을 위한 것인가?'라는 질문에 '대의 제도 그 자체가 최종 목표다'라고 답할 수는 없기 때문이다. 가능한 답은 오직 '인민의 자기통치를 실현하기 위해서'뿐이다. 결국, 한국인이 생각하는 '민주주의'는 서구인이 생각하는 '민주주의'에 의존할 수밖에 없다. 후자가 민주주의의 모델, 원본, 표준이라면, 전자는 그것의 모방, 변이, 파생물이기 때문이다.

수단과 목표의 혼동이 어떤 효과를 발휘하는지는 최근의 정치 상황에서 쉽게 확인할 수 있다. 1980년대 말부터 1990년대에 걸쳐 군사독재 체제가 무너지고, 선거제도가 작동하기 시작하자, 한국인이 이해하는 '민주주의'의 의미 자체가 불분명해졌다. 오랫동안 "타는 목마름으로 민주주의여 만세"를 외쳐왔지만,** 막상 열망하던 세상이 도래하자 민주주의의 문제는 오히려 주변화되었다. 모두가 민주주의를 다시 말하게 된 계기는 박근혜 국정농단 사건과 윤석열의 쿠데타 시도였다. 다시 말해, 민주주의가 중요하게 고려되는 것은 대의제가 위협받을 때뿐이다. 평화로운 시절에 그것을 이야기하는 사람은 별로 없다.

앞서 한국 문화는 민주주의 모델이 요구하는 조건을 충족하지 못한다고 지적했는데, 이는 당연한 일이다. 민주주의 모델이란 서구인의 것이고, 한국인이 생각하는 민주주의

** 잘 알려져 있듯, 김지하가 1970년대에 쓴 시 〈타는 목마름으로〉의 한 구절이다.

는 그것의 일부를 변이시켜 재창조한 것이기 때문이다. 모델은 민주주의에 필요한 사회적·문화적 조건을 체계적으로 규정하지만, 한국 민주주의는 그럴 필요가 없었다. 독재자를 쫓아내고, 대통령과 국회의원을 투표로 뽑으면 그걸로 족하기 때문이다. 그래서 오늘날 선거제도는 잘 운용되고 있지만, 이 제도를 생각하고 논의하는 데 적합한 헌법 개념은 불충분하다. 투표는 '1인 1표의 원칙'에 따라 운영되지만, 정치적 권리의 평등한 보장을 문제 삼는 사람은 별로 없다. 장애인은 여전히 투표권 행사에 어려움을 겪고 있지만, 이는 공동체의 문제로 다뤄지지 않는다. 사회관계 일반은 여전히 위계질서의 지배 아래 있고, 모든 개인이 동등한 위치에서 목소리를 내며 공동체의 삶에 참여하는 민주주의를 상상하는 사람은 별로 없다. 한마디로, 대통령과 국회의원을 투표로 선출하는 세상이 왔지만, 그게 전부일 뿐이다. 민주주의 모델을 구성하는 다양한 요소 사이의 일관성과 체계성은 무시된다.

한국의 상황을 직시하려면, 발전과 진보를 단선적이고 보편적으로 이해하는 관점에서 벗어나야 한다. 서구의 산업혁명과 부르주아 혁명이라는 이중의 사건에서 자본주의와 민주주의의 발전이 시작되었고, 이러한 발전 경로를 따라가는 것이 근대화라는 식의 논의 말이다. 이는 일종의 달리기 시합으로 간주되어, 서구가 한국보다 먼저 출발해 앞서가고 있으니 속도를 내 따라잡아야 한다는 식의 이야기를 흔히 들을 수 있었다. 최근 20여 년간 한국 자본주의는 급격히 성장했고, 지금은 '이제 우리도 서구 선진국 못지않다'는 자부심이 폭발하고 있다. 많은 사람이 세계 자본주의의 달리기 시합에서 앞선 주자를 거의 따라잡았다고 느낀다. 근대화란 결국 자본주의와 민주주의의 발전인데, 전자는 거의 완료되었다고 보는 것이다(물론 정말 그런지에 관해서는 별도의 면밀한 분석이 필요하다). 그렇다면 민주주의의 발전은 어떠한가? 앞선 분석이 보여주는 바는 한국 민주주의가 서구 민주주의에 비해 뒤처져 있었다는 것이 아니라, 이 두 가지가 애초에 서로 다른 경로를 따라 움직이고 있었다는 것이다. 한국인은 자신이 서구인을 뒤따라가고 있다고 착각했을 뿐이다.

지금까지의 분석은 한국 문화가 민주주의의 온전한 실현에 필요한 조건을 충족하지 못한다는 명료한 결론으로 향한다. 여기서 '온전한 실현'이란 서구에서 수립된 민주주의의 이상적 모델, 즉 인민이 자기 자신을 통치하는 정치체제를 향한 전진 운동을 말한다. 이 모델에 도달하지 않더라도, 그것을 향해 올바로 전진한다면, 그것을 민주주의의 온전한 실현이라고 부를 수 있다(물론, 현실의 정치체제가 그것에 실제로 도달하는 것은 어차피 불가능한 일이다). 한국 민주주의의 문제는 이상적 모델에 도달하지 못했다는 것이 아니라, 그 모델을 향해 움직이지 않는다는 것, 정확히 말하자면 어디를 향해 움직이고 있는지 알 수 없다는 점에 있다.

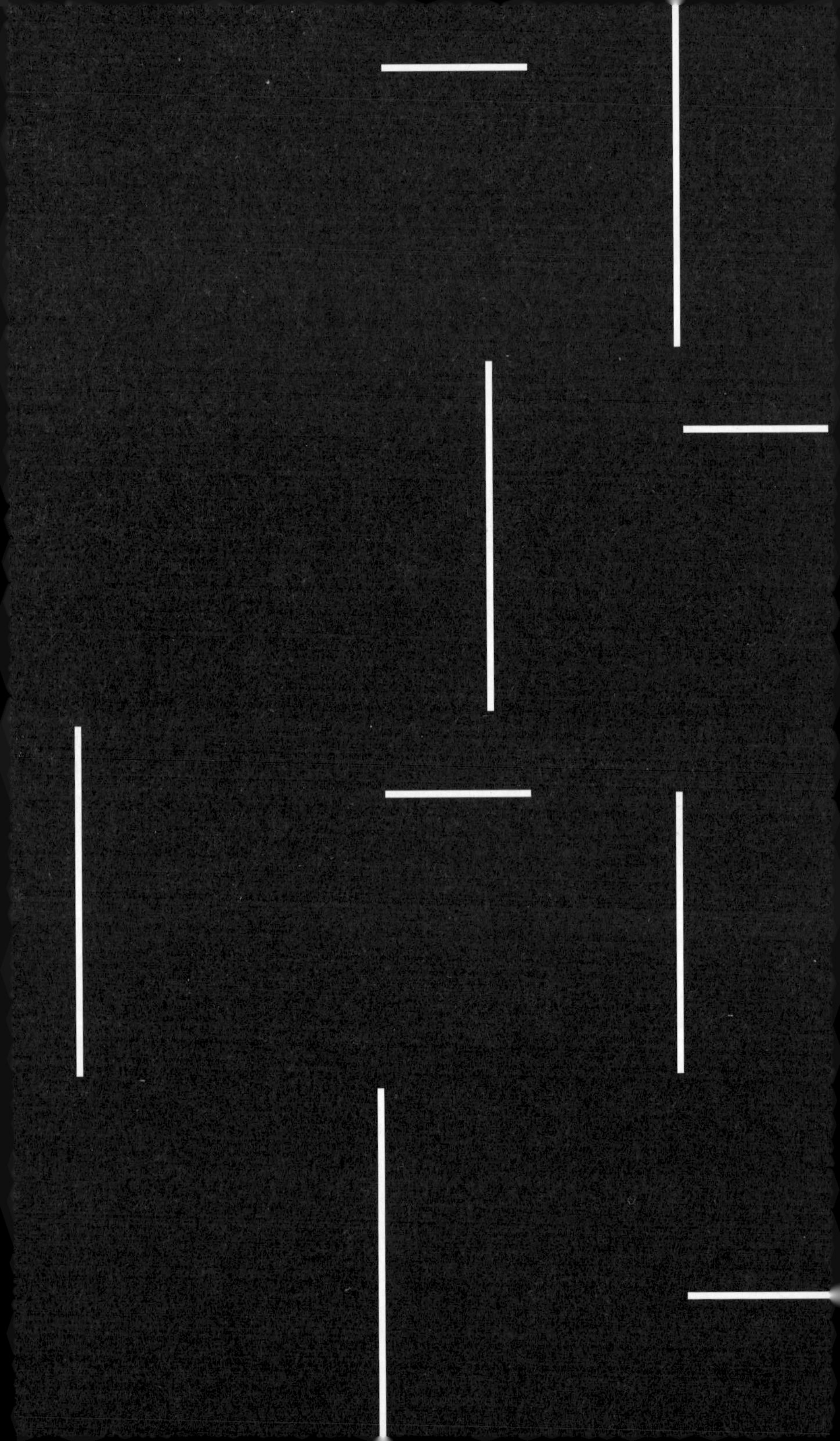

언어의
규칙을
거부하는
사회

4부

한국을 지배하는 근본적 경향 중 하나는 공동체 유지에 필요한 **규칙의 표준 체계**를 거부한다는 것이다. 여기서 '규칙'이란, 간단히 말해 해도 되는 것과 안 되는 것을 나누는 기준이다. 개인의 행위 규칙만 보더라도 체계라는 것이 없다. 물론, 규칙은 존재한다. 문제는 그것이 체계적 근거를 가졌는지다. 한국인 대부분이 '시끄러운 소리로 주변 사람에게 불편을 주어서는 안 된다'를 행위 규칙으로 인정한다. 이를 정당화하는 근거는 무엇일까? 여기서 말하는 '불편'의 정확한 정의는 무엇인가? 이런 질문을 진지하게 다루지 않는 것이 한국 문화의 특징이다. 그래서 상황이 조금만 복잡해져도 유효한 규칙을 수립하지 못한다. '어린아이가 시끄러운 소리로 주변 사람에게 불편을 줄 가능성이 있으므로, 노키즈존이 필요하다'라는 주장을 생각해보자. 지금의 한국사회는 노키즈존을 설치해도 되는지 안 되는지 판단할 수 없다.

개인이 해도 되는 것과 안 되는 것을 정하는 규칙이 바로 권리다. 권리의 내용, 권리와 권리의 관계, 권리를 정당화하는 근거 등은 하나의 체계를 구성한다. 그러나 한국사회의 행위 규칙은 권리의 체계를 따르지 않는다. 전통적 습관, 다수의 선호나 이익, 권력관계 등이 권리보다 우선한다. 그래서 '연예인의 사생활 정보를 알 권리' 따위는 존재하지 않는데도 소비자 대중이 원한다는 이유로 마치 그런 권리가 있는 것처럼 여겨진다. 노동자의 파업할 권리보다 이른바 '시민의 불편'이 더 중요하게 고려되고, 정치인은 '사회적 합의' 운운하며 차별받지 않을 권리를 무시한다. 차별금지법 거부는 곧 헌법적 권리의 부정이라는 사실도 진지하게 고려되지 않는다. 노키즈존에 대해 판단하지 못하는 것도 권리의 관점이 없기 때문이다.

권리 기반 규칙을 거부하는 것은 여러 사례 중 하나일 뿐이다. 규칙의 표준 체계를 거부하는 경향은 여러 영역에서 다양한 양상으로 드러난다. 그런 체계의 대표적 형태가 법인데, 법의 체계성과 일관성은 빈번히 무시된다. 그래서 해도 되는 것과 안 되는 것을 알려주지 못하는 법 조항이 드물지 않다.* 정치인이 해도 되는 것과 안 되는 것을 나누는 기준은 정치 이념이지만, 한국의 정당은 이념을 거부한다. 복지국가 모델에 따라 시행해도 되는 정책과 안 되는 정책이 구별되는데, 한국이 어떤 모델을 선택했는지는 여전히 불분명하다.

현실의 민주주의는 민주주의의 이상적 모델을 전제한다. 이 모델이란 '모든 시민은 자유로운 시민이라는 점에서 동일

---

* 한국 〈의료법〉의 문제를 지적한 다음 논문을 참고하라. 신유경·박이대승, 〈영국, 프랑스, 한국의 간호 제도 비교 연구: 법체계를 중심으로〉, 《보건사회연구》 43(4), 2023, 8~28쪽. 이는 법의 자기모순이 노골적으로 드러난 대표적 사례이고, 비슷한 문제를 가진 다른 사례도 얼마든지 찾을 수 있다.

하다'는 원리 위에 세워진 거대하고 복잡한 규칙의 체계다. 이로부터 해야 하는 것과 해서는 안 되는 것이 구별된다. 예를 들어, 국가는 사회경제적 불평등이 시민의 평등한 지위를 훼손하지 않도록 해야 한다. 그러므로 정규직과 비정규직의 문제는 무엇보다 민주주의라는 규칙에 따라 다뤄져야 한다. 하지만 한국에서 민주주의란 여전히 '독재자 없는 상태' 정도의 소극적 의미만 가질 뿐, 규칙의 체계로 이해되는 경우가 드물다.

방금 언급한 권리, 이념, 법, 제도, 민주주의 등이 규칙의 표준 체계로 존재하는 데 반드시 필요한 것이 있다. 바로 명확한 규칙을 따르는 언어 사용이다. 말의 의미를 분명히 규정하고, 말을 쓸 때는 규정된 의미를 따라야 한다는 것이다. '권리' 개념에 기초하지 않고서는 권리의 체계를 수립할 수 없다. '자유'와 '평등' 개념을 분명히 정의하지 않는다면, 정치 이념도 구성할 수 없다. 법과 제도가 하나의 체계를 이루려면, 그것을 구성하는 수많은 용어의 의미부터 엄밀히 규정되어야 한다. '시민'과 '인민' 개념 없이 민주주의를 사고하는 것은 불가능하다.

규칙의 체계를 거부하는 경향은 무엇보다 먼저 언어 사용의 규칙을 거부하는 것으로 나타난다. 말과 의미 사이의 고정된 관계를 거부하고, 언어 규칙의 끊임없는 변이를 추구하는 것이다. 4부의 글 〈교권이 아니라 인간, 시민, 노동자의 권리다〉에서도 지적하겠지만, '교권'이라는 말의 의미는 교사의 권위, 권한, 권리 사이에서 끊임없이 흔들린다. 사람마다 이를 각기 다른 의미로 쓰고, 같은 사람이 같은 자리에서 이야기할 때조차 다양한 의미 사이를 왕복한다. 결과적으로 이 단어로 일관성 있는 논변을 구성하는 것은 불가능하고, 합리적 대화를 할 수도 없다. 다른 글에서 다루는 '반지성주의', '정치적 올바름', '문해력', '인권', '불편', '민폐', '갑질' 등도 마찬가지다. 한국의 공적 공간은 모든 어휘를 **유동적 말**, 즉 고정된 기의에 매여 있지 않고, 아무 기의나 지시할 수 있는 말로 변형하려 한다.

4부에 실린 11편의 글은 권리 없는 사회관계와 유동적 언어 사용의 문제를 다룬다. 그동안 한국에서 쟁점이 되었던 몇 가지 사건을 분석하며, 규칙의 표준 체계를 거부한다는 것이 구체적으로 어떤 효과를 생산하는지 보여준다. '깊이 읽기'에서는 한국의 공적 언어를 '반反개념적 언어'로 규정하면서, 좀 더 이론적이고 일반화된 분석틀을 제시할 것이다.

'반지성주의' 사용 금지

　　윤석열 대통령은 취임사에서 "지나친 집단적 갈등에 의해 진실이 왜곡되고, 각자가 보고 듣고 싶은 사실만을 선택하거나 다수의 힘으로 상대의 의견을 억압하는 반지성주의가 민주주의를 위기에 빠뜨리고 민주주의에 대한 믿음을 해치고 있습니다"라고 말했다. 그 뒤로는 자유에 대한 장황한 이야기가 이어진다. 이 연설은 의미를 종잡을 수 없는 헛소리에 가까운데, 최근 언론과 SNS를 보니 '반지성주의'라는 말이 대유행인 듯하다. 대통령 발언의 의미를 분석하는 기사들이 쏟아져 나오고, 리처드 호프스태터Richard Hofstadter를 인용하며 학술적 논의를 시도하는 칼럼도 보인다.

반지성주의라는 언어적 상품

한 걸음 물러서서 이 광경을 바라보면, 이게 웬 소동인 가 싶다. 취임사에 대한 가장 정확한 평가는 '대통령이 알 수 없는 모호한 이야기를 늘어놓았다' 정도가 아닐까? 취임사에 등장한 반지성주의가 어떤 의미인지도 알 수 없고, 그가 반지성주의에 맞선 투쟁을 선언한 것도 아닌데, 굳이 저 단어에 이토록 집중할 필요가 있을까? 물론 이 소동에는 그럴 만한 이유가 있다. 한국사회에서, 특히 정치적 공간에서, 언어적 표현은 그 자체가 하나의 상품으로 유통된다. 어떤 단어가 주목받으면 언론은 앞다퉈 그것을 제목에 배치한다. 어뷰징 기사의 제작 및 유통 방식과 크게 다르지 않다.

이는 단지 유행어의 문제가 아니다. 한국 문화의 특징 중 하나는 모든 언어적 표현이 '떠다니는 기표'의 성격을 가진다는 점이다. 이것은 고정된 기의가 없는 기표, 간단히 말해 아무 데나 가져다 붙일 수 있는 기표를 말한다(인류학자 레비-스트로스Claude Lévi-Strauss는 폴리네시아의 '마나'라는 말을 분석하기 위해 이 개념을 제안했고, 정치철학자 라클라우 Ernesto Laclau는 이러한 기표의 등장이 정치적 실천의 핵심 조건임을 논증한다). 서구 문화에서는 기표와 기의의 고정된 관계를 추구하는 언어 사용과 유동적인 관계를 추구하는 언어 사용이 공존한다. 첫 번째를 대표하는 것이 과학적 혹은 제도적 언어이고, 두 번째를 주로 활용하는 것은 문학과 정치다. 반면 한국 문화는 언어의 고정된 표준을 적극적으로 거부하고, 언어의 참된 가치를 무한한 변이 가능성에서 찾는다.*

'진보'와 '보수' 같은 오래된 말부터 '공정', '능력주의', '이대남', '이대녀', '혐오'같이 최근에 등장한 말까지, 한국의 정치적 논쟁을 주도했던 언어는 모두 떠다니는 기표로 작동해왔다. 즉 아무 데나 갖다 붙일 수 있는 말일수록 강력한 정치적 영향력을 발휘한다. '반지성'을 언급하는 최근의 언론 기사를 검색해보자. 정치인의 거짓 주장, 정부의 잘못된 인선과 정책, 극우 시위대의 소란, 과학과 지식인에 대한 불신 따위가 모두 '반지성'으로 분류된다. 과거에 '적폐'라는 말이 그랬던 것처럼, 조만간 나쁜 것에는 어디에나 '반지성'이라는 딱지가 붙을지도 모른다. '반지성주의'가 거짓말쟁이, 나쁜 놈, 멍청이의 또 다른 표현이 되는 것이다.

---

* 이 글에서는 편의상 레비-스트로스의 '떠다니는 기표' 개념을 사용했지만, 4부의 마지막에 배치된 '깊이 읽기'에서는 혼동을 피하고자 '유동적 말' 또는 '유동적 기표'라는 용어를 사용하고자 한다. '떠다니는 기표'는 레비-스트로스의 작업에 관한 논의에서만 언급한다.

문제는 언어의 사용법

한국의 언어 사용자들은 창조적 역량의 극한을 보여준다. 기표와 기의는 자유롭게 붙었다 떼어지고, 필요하다면 어떤 말이든 떠다니는 기표로 전환할 수 있다. 반면, 언어의 고정된 표준을 수립하려는 노력은 찾아보기 힘들다. 이는 인터넷 문화를 위한 비옥한 토대일지는 몰라도, 정치 공동체의 유지에는 해악을 미친다. 페미니즘을 둘러싼 사회적 논쟁이 항상 제자리를 맴도는 것도 '극단적 의견 차이' 따위의 단순한 이유 때문이 아니다. 대화 자체가 불가능한 상황이 문제다. '여성혐오'에서 '혐오'가 떨어져 나와 '남성 혐오'라는 새로운 기표가 탄생하고, 학술적 개념으로 정의된 '젠더'가 '젠더 갈등'이라는 전혀 엉뚱한 의미를 획득하는 환경에서, 상이한 의견 사이의 합리적 소통은 불가능하다. 민주주의에 대한 가장 큰 위협은 시민들이 서로 말귀를 알아듣지 못하는 상황이다. 서로 말이 통해야 싸우든 협력하든 할 것이 아닌가.

윤석열 대통령의 취임사와 그에 대한 반응은 소통 불가능성의 위험을 드러낸다. 그는 자유를 가장 중요한 가치로 제시하는데, 이 부분의 내용을 요약하는 것이 거의 불가능하다. 도대체 무슨 말인지 이해하기 어렵기 때문이다. 그는 개인의 자유가 유린된다면 "모든 자유 시민은 연대해서

도와야 합니다"라고 말한 뒤에, "모두가 자유 시민이 되기 위해서는 공정한 규칙을 지켜야 하고, 연대와 박애의 정신을 가져야 합니다"라고 한다. 여기서 '공정한 규칙'이 갑자기 왜 튀어나온 것인지 아무리 살펴봐도 알 수 없다. 그 뒤에는 한국의 상황을 언급하며 "과학과 기술, 그리고 혁신은 우리의 자유민주주의를 지키고 우리의 자유를 확대하며 우리의 존엄한 삶을 지속가능하게 할 것입니다"라고 말하는데, 연대와 박애가 어떻게 과학과 기술로 연결되는 것인지도 알 수 없다.

취임사 전체에 걸쳐 '자유민주주의'라는 냉전 시절의 용어와 민주주의의 기초 개념들('연대', '시민', '공동체', '존엄', '인권')이 뒤섞이고, 전혀 다른 문제들(권리로서의 자유, 시장의 자유, 과학과 기술)이 알 수 없는 방식으로 연결된다. 머릿속에 들어 있는 잡다한 관념들을 아무거나 꺼내 커다란 통속에 넣고, 대충 흔들어 섞어놓은 느낌이다. 대통령이 언급하는 핵심 개념 대부분이 모호하고, 맥락에 따라 전혀 다른 의미로 사용된다. 이러한 문제는 그의 말을 듣는 쪽으로도 확장된다. 원래 발언에 고정된 의미가 없으니, 대중 마음대로 해석하고 새로운 의미를 부여할 수 있는 것이다. 실제로 취임사에 대해 제 나름의 해석을 제시한 언론 기사와 칼럼이 많은데, 그 대부분의 목적은 각자의 정치적 의도에 따라 대통령의 말에 새로운 의미를 부여하는 데 있다. 이는 의견과 의견 사이의 토론이 아니라, 서로 딴소리하며 '아무 말'에 또 다른 '아무 말'을 보태는 상황에 가깝다.

앞서 분석했듯, '반지성주의'라는 말이 대표적 사례다. 이 말은 사용될 때마다 새로운 의미를 부여받으면서 이미 떠다니는 기표로 변모하고 있다. '자유'라는 말의 상황도 별반 다른 것 같지 않다. 취임사에 등장한 단어들이 앞으로 얼마나 더 유행할지는 모르겠지만, 널리 사용되면 될수록, 사람들이 같은 단어를 발화하면서도 전혀 다른 의미를 부여하는 답답한 광경이 펼쳐질 것이다. 그러니 당분간은 '반지성주의' 같은 말은 아예 쓰지 않는 것이 좋다. 다소 유치한 방법이지만, 비판적 언어가 타인에 대한 욕설로 변형되는 것을 방지하고, 영향력 있는 기표가 의사소통의 방해물로 작동하는 상황을 막으려면, 그것의 재생산과 유통을 멈추는 것이 가장 효과적이다.

'정치적 올바름'은 쓸모없다

한국에서는 정체불명의 언어가 수시로 튀어나와 정치적 대화를 방해한다. 그중 대표적인 것이 '정치적 올바름 political correctness', 즉 PC라는 말이다.

PC의 기원

PC는 어떤 학자가 이론적으로 정의한 개념이 아니라, 정치운동과 사회적 논쟁 과정에서 자연적으로 형성된 말이다. 그것은 두 단어의 기이한 조합으로 이루어진다. 일단 '올바름'은 어떤 규칙이나 조건에 부합하는 상태를 의미하고(정확, 교정, 적절 등), 이 점에서 윤리적 '옳음right'과 구별된다. 그런데 '정치적으로 올바르다는 것'은 도대체 무슨 의미인가? 문자 그대로 해석하면, 정치적 규칙이나 지침에 부합한다는 것이다. 이 의미를 이해하려면 저 말의 역사적 기원을 살펴봐야 한다.

브리태니커 백과사전에 따르면, 이 말을 처음 사용한 이는 20세기 초반 공산주의자들이라고 한다. 누군가 공산당의 지침에 부합하지 않은 발언을 하면 '정치적으로 올바르지 않다'라고 지적하는 식이다(북한에서 '당성'이나 '계급성' 같은 말이 쓰이는 방식을 떠올려보자). 애초 그것은 고정된 의미를 지시하기 위해 만들어진 개념이 아니라, 마르크스-레닌주의 정당의 권위주의를 실행하기 위한 레토릭이었다.

PC가 현대적 방식으로 쓰이기 시작한 것은 1970년대 이후다. 영국의 문화이론가 스튜어트 홀Stuart Hall에 따르면, 이 시기의 PC는 미국식 농담의 하나였다. 예컨대 미국 대학의 좌파 학생들이 성차별적이거나 인종주의적 발언을 하는 동료를 보면, 문화혁명 시기의 홍위병을 흉내 내며 이렇게 주의를 주었던 것이다. '동지, 그 발언은 정치적으로 올바르지 않소!' 그러니까 PC는 흉내 내기, 장난, 농담에 쓰이는 운동권 은어였던 셈이다. 일종의 '자학 개그'이기도 한데, 서구 신좌파에게 기존 공산주의는 사상적 기원인 동시에 희화화의 대상이었기 때문이다.

그 후 미국의 비판적 지식인 사회와 사회운동, 특히 페미니즘과 반인종주의 내에서 일반화되었지만, 사용법이 다 제각각이라 공통된 의미를 찾아내는 것이 불가능하다. 단순히 자신이 지지하는 규칙이나 노선을 PC라고 부르는 경우도 있고, 너무 엄격하거나 정통적인 규칙을 고수하는 상대방을 놀리기 위해 그 말을 쓰기도 했다. 그 말에 대한 태도가 긍정적이든 부정적이든, 그것을 사용하는 것 자체가 '공산당의 엄격한 지침'이라는 기존 의미를 비꼬면서 활용하는 일종의 언어유희라는 점이 중요하다. 말하자면 '당신은 참 정치적으로 올바르군요' 따위의 표현에는 늘 반어적인 의미가 내포되어 있다.

1980년대 후반 미국 보수 진영이 PC를 공격하면서, 이 말은 특정 정치 진영을 넘어 대중적 논란의 장으로 진입한다. 이때부터 'PC란 차별적 발언 규제에 과도하게 집착하면서 표현의 자유를 억압하는 태도'라는 이미지가 만들어졌다. 좌파가 PC의 의미를 비틀어 자조적 농담이나 장난으로 사용했다면, 보수주의자는 그것의 원래 의미를 재추출해서 상대방을 낙인찍는 도구로 전환한 것이다.

지켜야 할 것은 PC가 아니다

애초 PC는 엄밀한 정치적 대화를 위해 탄생한 말이

아니다. 무엇이 정치적으로 올바른지 진지하게 따지는 것은 무의미하다. 하지만 미국 보수주의자들이 그 말을 거창하게 포장한 이후, 좌파나 사회운동 진영도 그것을 농담의 대상으로 삼을 수 없게 되었다. 이제 PC라는 말이 유행할수록 우파와 보수주의가 이득을 보는 상황이 만들어진 것이다.

PC를 둘러싼 논란은 매우 미국적인 것이지만, 그와 비슷한 현상은 다른 지역에서도 반복된다. 그 이유는 근대 민주주의의 윤리적 공백에 있다. 예를 들어, 민주주의는 타인의 권리를 침해하거나 차별하는 것을 엄격히 금지한다. 그렇다면 차별의 흔적이 남아 있는 언어를 사용하는 것은 어떨까? 그런 언어를 은유적 방식으로 사용하는 것은 또 어떤가? 특정 집단에 대한 증오심이나 거부감을 표출하는 것도 차별적 행위인가? 이런 질문에 대한 답은 민주주의의 기본 원리에서 곧바로 도출되지 않으므로, 개별 사례마다 새로운 방법을 동원해 필요한 규범을 창조해야만 한다.

이를 위한 논의 공간은 혼란스러울 수밖에 없다. 객관적 규범과 개인의 취향이 뒤섞이고, 때로는 '불편함'을 느끼는 사람의 많고 적음이 행위의 좋고 나쁨을 규정하기도 한다. 그래도 평등이라는 원칙과 개인의 권리를 고려하며 객관적이고 일관성 있는 **규범의 체계**를 건설하는 작업을 멈추지 말아야 한다. 문제는 그런 혼란을 틈타 보수주의자가 등장한다는 것이다. 이들은 새로운 규범을 만들기 위해 노력하는 대신, 상대방에게 다짜고짜 PC라는 딱지를 붙인다. 그 목적은 상대방의 주장을 반박하는 것이 아니라, 그의 입을 막고 논의 공간 자체를 폐쇄하는 데 있다.

한국에서도 PC는 페미니즘과 차별 반대 운동을 공격하는 이들의 언어가 되었다. 사회운동 활동가 중에 자신을 'PC주의자'나 'PC 지지자'로 부르는 사람이 과연 얼마나 있을까. 이런 식의 이름은 반대 진영의 낙인찍기가 남긴 결과물이다. 차별에 맞서 싸우는 사람에게 중요한 것은 PC가 아니라 구체적 행위나 발언이다. 예컨대, '절름발이'나 '외눈박이'는 차별적 표현이므로 사용하면 안 된다는 주장이 있다. 여기에 반대하는 것은 당연히 가능하고, 찬반 토론은 꼭 필요하다. 이런 논쟁을 통해 객관적 규범을 구체적으로 구성해나갈 수 있기 때문이다. 여기서 구체적인 반대 논변 없이 PC 운운하는 것은 '그런 지적질 피곤하다'고 불평하며 규범 수립을 위한 논의의 장 자체를 거부하는 것이나 다름없다. 중요한 것은 PC에 대한 지지나 비판이 아니라 문제가 되는 행위가 차별인지 아닌지 함께 논의하고 결정하는 일이다.

자신의 도덕적 우월감을 위해 타인의 차별 행위를 지적하는 사람이 있다고 하자. 그의 지적이 정확하고 합리적이라면, 그것은 그것대로 받아들이고 그의 우월감을 비판하면 된다. 만일 지적 자체가 잘못되었다면, 그의 모든 것을 거부하면 된다. 어느 경우든 PC를 문제 삼는 건 뜬금없는 일이다. 만일 차별 행위에 대한 규제가 표현의 자유를 억압할 위험이 있다면, 개인의 자유를 세밀하게 규정하는 작업부터 먼저 시작해야 한다. 이때도 PC를 언급할 필요는 없다. PC라는 허수아비를 공격하는 집단을 향해 '그래도 PC는 중요하다'라고 소심하게 반박하는 사람들이 있다. 이들은 엉뚱한 방향을 잡은 것이다. 지금 방어해야 할 것은 페미니즘, 반인종주의, 차별 반대 등이지 PC가 아니다. 현실의 문제를 해결할 때 이 말은 아무런 쓸모가 없다.

노동운동의 위기는 곧 민주주의의 위기다

작년 말에 있었던 화물연대 파업은 패배로 끝났다. 윤석열 정부는 노동조합을 탄압하기 위해 온갖 기발한 방법을 동원하고 있다. 이제 '노조 때리기' 말고는 지지율을 유지할 다른 방법이 없다고 판단한 것 같다. 많은 이들이 현 정부를 규탄하고 있지만, 다른 한편에서는 노동조합의 자기 변화를 요구하는 목소리도 작지 않다. 시민들이 등 돌린 노동운동은 살아남기 힘들다는 것이다.

왜 노조가 국민의 지지를 얻어야 하는가?

노동조합이 파업을 하기 위해서는 대중의 지지가 필

요하다. 이는 현 상황에 대한 객관적 묘사다. '살기 위해서는 물을 마셔야 한다'와 마찬가지로 부정하기 힘든 사실 판단이다. 하지만 그러한 상황 자체가 정상적인지는 다른 문제다. 노동자가 파업에 대한 권리를 행사하기 위해 '국민의 지지'를 얻어야 하는 상황이 과연 정상적인가?

오로지 자기 조합원의 이익만을 위해 움직이는 노조가 실제로 존재한다. 비정규직 차별을 묵인하는 정규직 노조도 있다. 민주노총은 정규직 중심의 조직이고, 불안정 노동자의 권리에 무관심하다는 비판도 어느 정도 타당할 것이다. 이런 것들 외에도 노동조합이 대중에게 미움을 살 이유는 수없이 많다. 애초에 파업이라는 수단 자체가 비조합원의 불편을 필연적으로 동반하지 않는가. 누군가는 그런 불편에도 불구하고 파업의 필요성에 공감할 것이고, 다른 누군가는 파업을 '집단 이기주의'의 일종으로 간주할 것이다. 지금 한국에는 후자의 경우가 더 많고, 그 주요 원인 중 하나가 노동운동 내부에 있다는 점을 부정하기는 어렵다.

하지만 노동운동에 대한 일반적 시선과 상관없이 절대 변하지 않는 원칙이 있다. 파업은 노동자의 헌법적 권리라는 것이다. 권리의 주체가 선하든 악하든, 이기적이든 이타적이든, 주변의 지지를 받든 말든, 권리는 권리다. 지금 한국에서는 파업에 공권력의 노골적인 탄압이 뒤따른다. 파업에 대한 권리가 사실상 부정당하고 있다. 이에 맞서는 유일한 방법이 여론전이다. 대중의 지지가 파업의 전제 조건이 되었다는 것은 권리가 권리로서 인정받지 못하고 있음을 의미한다. '국민을 설득하지 못해서 노조의 파업이 실패했다'라고 말하는 이들이 있는데, 이는 권리가 부정되는 비정상적 상황을 정상적인 것으로 인정했을 때만 나올 수 있는 평가다. 내가 내 권리를 행사하는데, 왜 타인을 설득해야 하는가? 물론 타인의 지지와 공감은 나의 권리 행사를 위한 유리한 조건을 제공하겠지만, 그것이 권리의 전제 조건이 될 수는 없다.

노동조합이 대중의 신뢰를 어떻게 회복할지는 노동조합이 신경 쓸 문제다. 이걸 외부에서 대신 고민해줄 필요는 없다. 시민들이 집중해야 할 문제는 헌법적 권리가 비정상적 법률과 억압적 국가권력에 의해 부정당하고 있는 현실이다. '왜 사람들은 노동조합을 이토록 싫어하는가?'보다 '왜 다른 시민의 권리가 침해당하는 상황을 용인하거나 지지하는 시민이 이토록 많은가?'라는 질문이 훨씬 더 중요하다. 정부가 노조 때리기에 나서면, '국가권력이 우리 시민을 억압한다'는 인식보다 '내 마음에 들지 않는 집단을 국가가 대신 때려잡아준다'는 인식이 더 큰 정치적 힘을 발휘한다. 이러한 사실은 단지 노동운동의 패배뿐 아니라 한국 민주주의 자체의 위기를 의미한다.

권리를 대체하는 권력관계

시민의 몇 가지 권리와 의무를 재확인하자. 모든 시민은 정치적 의제에 대해 자기 주장을 표현하고, 타인의 의견을 찬성 또는 반대할 권리가 있다. 하지만 타인의 발언 자체를 막을 권리는 없다. 여당과 야당 지지 단체 모두가 집회를 하고 서로 갈등하지만, 상대방을 향해 집회 자체를 중단하라고 요구하지는 않는다. 마찬가지로 안전운임제를 반대하는 발언이나 행위는 시민의 권리로서 보장된다. 하지만 안전운임제를 위한 노동자의 파업을 중단하라고 요구할 권리는 없다. 파업은 그들의 권리이기 때문이다. 내 차가 막힌다고 다른 시민의 집회를 막을 수 없는 것처럼, 내 생활이 불편하다고 파업 중단을 요구할 수는 없다.

다른 시민의 권리가 제대로 보장되도록 노력하는 것은 모든 시민의 정치적 의무다. 노동조합 자체에 적대감을 가지고 있거나 파업이 마음에 들지 않더라도, 국가권력이 파업에 대한 권리를 침해한다면 단호히 반대해야 한다. 지금 한국의 상황을 보면, 이런 의무가 일반적 규범으로 자리 잡지는 못한 듯하다. 오히려 그것을 적극적으로 거부하는 사람이 다수인 것처럼 보일 정도다. 자신이 증오하는 집단을 국가권력이 때려잡아주기를 기대하는 사람이 여전히 많다. 이들은 다른 시민의 권리뿐 아니라 자신의 의무도 거부한다. 이는 민주주의 자체에 대한 부정이다.

화물연대 파업 당시, 몇몇 조합원들이 파업 불참 노동자의 화물차에 쇠구슬을 발사한 사건이 있었다. 파업 상황에서 노동자들 사이의 폭력이 발생하는 일은 드물지 않다. 이 사건을 언급하며 '파업에 대한 정부의 강경 대응은 문제지만, 불법행위를 저지른 노조도 잘못했다'고 평가하는 이들이 많지만, 이 두 사건은 같은 수준에서 비교할 것이 아니다. 설사 노동조합에 악인만 가득하다고 해도, 파업에 대한 권리가 침해당하고 있다는 사실은 별도의 문제다. 타인에게 폭력을 행사한 노동자는 그에 맞는 처벌을 받으면 된다. 그의 폭력과 파업의 정당성은 아무 상관이 없다. 어떤 행위가 권리로서 보장된다는 말은 그 행위를 하는 것 자체가 정당하다는 의미다. 나는 친구의 다이어트를 지지 혹은 반대할 수 있지만, 정당한지를 판단할 수는 없다. 그것은 개인의 권리이기 때문이다. 주변의 상관없는 요소들을 제거하고, 파업에 대한 노동자의 권리가 권리로서 보장되고 있는지 자체에 집중해야 한다.

한국에서는 권력관계가 권리-의무 관계를 대체한다. 약자의 의무와 강자의 권리만 넘쳐나고, 약자의 권리와 강자의 의무는 쉽게 무시된다. 내게 힘이 있으면 내 요구가 권리로 인정되지만, 힘이 없으면 '생떼' 취급받는다. 이런 권리는 권리가 아니다. 약자의 권리를 위한 투쟁에는 으레

‘국민의 지지를 얻기 위한 노력을 해야 한다’라는 훈계가 뒤따르는데, 이는 그들의 권리를 인정해줄 생각이 없다는 말과 다름없다. 약자는 애초에 다수의 지지를 얻을 수 없기 때문에 약자인 것이다. 법률에만 존재하는 형식적 권리와 현실에서 작동하는 실질적 권리를 구별하는 기준이 여기에 있다. 그 누구의 지지도 얻지 못한 힘없는 사람이 누릴 수 있는 권리만이 실질적 권리라고 불릴 수 있다. 다수의 마음을 얻어야 인정받을 수 있는 권리는 종이 쪼가리 위에나 존재하는 텅 빈 권리일 뿐이다.

문제는
문해력이 아니다

대통령실 홈페이지에는 '대통령의 말과 글'이라는 메뉴가 있다. 이곳에 올라온 윤석열 대통령의 발언과 연설문을 읽다 보면 '한국에서 말과 글의 기능은 무엇인가?'라는 근본적 질문을 하게 된다. 그는 분명 말을 하고 있지만, 그것은 의미가 담긴 언어적 표현이라기보다 물리적 소리와 문자의 무의미한 연쇄에 가깝다. 이건 대통령 개인만의 문제가 아니다. 일정 시간을 채우기 위해 말을 하고, 정해진 지면을 채우기 위해 글을 쓰지만, 아무런 의미도 전달하지 않는 언어 사용자가 적지 않다. 교장 선생님 훈화 말씀, 주례사, 기관 홈페이지의 대표 인사말, 학술대회 개회사, 정치인의 연설, 저명인사의 신문 칼럼 등 비슷한 사례는 여기저기에 널렸다. '어쩌고저쩌고'나 '중얼중얼'로 대체해도 별

반 다르지 않을 것 같은 말과 글을 듣거나 읽다 보면, 리터러시literacy의 문제를 다시 생각하게 된다.

리터러시의 의미

흔히 '문해력'으로 번역되는 리터러시는 단순히 글을 읽고 이해하는 능력이 아니다. 유네스코는 텍스트나 디지털 정보를 식별하고, 이해하고, 해석하고, 창조하고, 소통하는 능력(스킬) 일반을 리터러시로 정의한다. 리터러시 측정 지표 중에는 문자 이해력에만 초점을 맞춘 것도 있지만, 글을 쓰고 정보를 생산하는 활동 역시 리터러시의 핵심이다. 개인의 읽기와 이해 능력을 평가하는 것이 유의미하려면, 애초에 이해 가능한 방식으로 글과 정보를 생산하는 사람이 있어야 하지 않겠는가. 따라서 문해력은 리터러시의 정확한 번역이 아니다. 문해력, 즉 글을 읽고 이해하는 능력은 리터러시의 핵심 구성 요소이지 결코 전체는 아니기 때문이다.

최근 한국의 문해력 논의는 대부분 '요즘 애들'에 대한 한탄에서 시작된다. 물론 '사흘'을 '4일'로 이해하고 '심심한 사과'를 '따분하다'는 의미로 이해하는 것은 황당한 일이지만, 과연 이것이 리터러시의 가장 중요한 문제일까? 포털 사이트에서 문해력을 검색해보라. 문해력 사교육 광고가 첫 페이지를 도배한다. 리터러시를 문해력으로 축소하고, 문해력을 다시 어휘 이해력 정도로 간주하며, 이것을 사교육 상품으로 가공하는 경향 자체가 한국의 리터러시 수준을 보여주는 지표 아닐까?

리터러시는 일차적으로 개인의 능력을 의미하지만, 이 능력은 말, 글, 지식, 정보 일반을 생산하는 사회적 시스템의 일부분이다. 리터러시의 문제를 다루려면 이 시스템 전체를 봐야 한다.

일단 교육 과정을 보자. 입시 교육을 비판하며 '학교는 지식 전달이 아니라 인성 교육에 집중해야 한다'고 말하는 사람이 많다. 하지만 한국의 교육 시스템은 지식 전달조차 제대로 하지 못한다. 기초 교육 과정의 유일한 목적은 대입이고, 대학 교육의 목적은 취업이다. 시험에 대비한 훈련 과정만 존재할 뿐, 지식 전달 자체를 목적으로 하는 교육 과정이 없다. 대학원에 간 뒤에야 시험 대비에서 벗어날 수 있지만, 한국의 석박사 이수율은 OECD 평균보다 훨씬 더 낮다. 더구나 한국의 대학원을 과연 지식 그 자체를 다루는 곳으로 논할 수 있을지도 의문이다.

이런 교육 시스템은 당연히 텍스트를 이해하고 쓰는 능력을 길러주지 못한다. 수능 국어 영역이나 법학적성시험 따위는 텍스트 독해력을 요구하지만, 이런 종류의 시험이 리터러시에 강화에 얼마나 기여할지는 불분명하다. 주어진 텍스트를 읽고 문제를 푸는 능력과 자신이 원하는 텍스트를 능동적으로 찾아서 이해하고 재가공하는 능력은 다르기 때문이다. 대입이나 취업 논술 시험을 준비하는 것만으로는 텍스트 작성 능력을 기르기 어렵다. 글쓰기를 잘하려면 무엇보다 쓰고 싶은 욕망이 있어야 하고, 구조화된 논변의 형식으로 생각하는 습관이 들어 있어야 한다.

말과 글에 대한 무관심

사회적 수준에서 리터러시 강화가 필요한 이유는 대략 두 가지다. 첫째는 개인의 능력을 향상하기 위해서, 둘째는 시민과 시민이 합리적 언어로 소통하기 위해서다.

한국에서는 첫 번째 이유가 그다지 절실하지 않다. 앞서 말했듯, 교육 과정 전체가 시험을 위해 존재한다. 학생 개인은 시험 합격을 위한 능력이 필요할 뿐, 말과 글을 정확히 이해하고 생산하는 능력에 집중할 필요가 없다. 그래서 교육 과정을 마치고 실무에 투입되는 시점에 커다란 혼란을 겪게 된다. 타인과 언어로 소통하는 방법을 제대로 교육받은 적이 없으니 당연한 일이다. 그렇다고 실무 현장에서 이런 교육이 충분히 제공되는 것도 아니다.

시민과 시민의 합리적 소통에 관한 사회적 요구도 강하지 않다. 간단히 말해 합리적 소통이란 타당한 근거에 따라 말과 글을 생산하고 전달하는 활동이다. 하지만 공적 공간에서 근거의 타당성에 관심을 두는 사람은 소수다. 자기주장의 전제와 논리 구조를 아무리 자세히 설명해봐야 '그래서 결론이 뭐야?' 혹은 '당신은 어느 편이야?'라는 반응이 돌아오기 일쑤다. 다수가 집중하는 것은 논리와 근거가 아니라, 말을 하고 글을 쓰는 행위가 가져올 실질적 이익과 불이익이다.

대통령실 홈페이지에 올라온 대통령의 발언들을 보자. 아무리 읽어봐도 무슨 소리인지 알 수 없다. 누군가는 대통령의 지적 능력을 탓하겠지만, 더 중요한 것은 무의미한 소리를 늘어놓는 인물도 대통령에 당선될 수 있다는 사실이다. 한국에서는 발언 자체의 내용보다 어디에서 누가 누구를 향해 발언했는지가 더 중요하다. 바로 이것이 대통령 윤석열이 탄생할 수 있었던 배경 중 하나다. 한국의 유권자는 정치인의 리터러시를 대의민주주의의 결정적 요소로 간주하지 않는다.

한국 문화의 특징 중 하나는 리터러시와 지식에 대한 무관심이다. 한국의 대졸자 비율은 70%에 육박하지만, 독자는 정확한 글이 아니라 쉽게 읽히는 글을 선호하고, 언론사는 '중학교 2학년도 이해할 수 있는 쉬운 글'을 기사 작성의 기준으로 삼는다. 정부기관은 시민과 소통하기 위해 형식화된 텍스트가 아니라 알록달록한 시각적 이미지를 만든다. 다양한 분야의 지식이 콘텐츠 상품으로 유통되지만, 정작 고급 지식을 생산하는 인력과 시스템은 너무나 부족하다. 이쯤 되면 허약한 리터러시와 지식 생산 시스템으로도 유지될 수 있는 사회를 만드는 것이 모두의 목표인 것처럼 보인다.

지금 진지하게 고심해야 할 문제는 사회적·정치적 삶에서 말과 글이 차지하는 지위가 무엇인지다. 무엇보다 언어적 소통 능력 강화에 큰 중요성을 부여하지 않는 언어 사용 환경을 반성적으로 분석해볼 필요가 있다. 당연한 소리지만, 말과 글을 소홀히 대하는 사회가 제대로 유지되기는 어렵다.

노키즈존과
일상의 무례함

이른바 노키즈존을 둘러싼 논란이 주기적으로 반복되고 있다. 노키즈존은 차별적 공간임이 확실하지만, 탄생 이유에 대한 별도의 분석은 필요하다.

노키즈존이 차별인 이유

2016년 제주시에서 노키즈존 식당 이용을 거부당한 어린이와 부모가 국가인권위원회에 진정을 제기한 적이 있다. 당시 인권위는 "특정 집단을 특정한 공간 또는 서비스의 이용에서 원천적으로 배제하는 방식으로 구현되는 경우에는 그에 합당한 사유가 인정되어야만 한다"라고 밝히며, 해당 식당의 조치가 아동 차별이라는 판단을 내렸다. 여기서 언급된 '합당한 사유'에 관해 좀 더 생각해보자.

서비스 상품을 판매하는 공간이 배타적 방식으로 운영되는 경우는 흔하다. 미성년자는 술집에 들어가지 못하고, 영화관은 영상물 연령 등급에 따라 운영된다. 여성 전용 헬스장이나 외모를 기준으로 입장객을 받는 클럽도 있다. 공간마다 배제의 합당한 근거가 있는지 따져봐야 한다. 청소년의 유흥업소 출입 금지는 충분히 합당하다고 말할 수 있을 것이다. 클럽처럼 '스타일 좋은 사람들'만의 배타적 공간을 운영하는 것은 차별일까 아닐까? 농담처럼 보이는 질문이지만, 생각해볼 가치가 있다.

확실한 것은 노키즈존에는 합당한 근거가 없다는 사실이다. 설사 어린이와 부모 대다수가 소란스럽고 무례하다고 해도, 특정 나이의 어린이 전체를 배제할 근거는 없다. 외국의 식당 주인이 무례한 한국 관광객을 몇 차례 경험한 후에 모든 한국인의 출입을 금지한다면 뭐라고 할 것인가? 특정 집단 일부의 행동을 이유로 그 집단 전체를 배제하는 것이 바로 차별이다. 노키즈존은 차별의 전형적 사례다.

안전을 위해 노키즈존이 필요하다는 주장 역시 타당하지 않다. 이런 논리라면 어린이를 집 안에 가둬놓고 키우자는 주장도 가능하다. 어떤 공간이든 어린이의 안전사고 확률이 상대적으로 높기 때문이다. 만일 특정 손님이 사고를 일으킬 위험이 더 크다면, 공간 관리자와 손님 모두 그 위험에 맞는 안전 의무를 이행해야 한다. 그 손님의 출입 자체를 금지하자는 것은 완전히 엉뚱한 해법이다.

노키즈존이 영업의 자유에 속한다고 생각하는 사람도 많다. 하지만 인권위가 밝혔듯, 그 자유가 비합리적인 배제의 권리를 포함하지는 않는다. 침실 같은 개인적인 공간에서는 모든 것을 내 마음대로 할 수 있지만, 영업장은 그런 종류의 공간이 아니다. 모든 시민이 모든 시민을 평등하게 대해야 한다는 것은 민주주의 헌법의 원칙이며, 영업의 자유에 이 원칙을 위반할 권리는 포함되지 않는다.

무례함에 대한 경험

대부분의 여론조사에서 노키즈존 찬성이 반대 의견을 압도한다. 하지만 노키즈존이 차별이 아니라는 체계적인 논증을 찾아보기는 어렵다. 논란의 핵심은 차별인지 아닌지에 있지 않다. 찬성 의견을 가진 이들 상당수가 차별의 문제에는 무관심하고, 일상에서 경험하는 무례함을 어떻게 해결할 것인지에만 관심을 가진다. 이런 태도가 타당하다고 말할 수는 없지만, 왜 다수가 그런 믿음을 갖게 되었는지는 생각해봐야 한다.

앞서 언급한 인권위 결정문에는 노키즈존을 운영한 식당 주인의 주장도 담겨 있다. 식당 주위에서 놀던 어린이가 넘어지자 부모가 치료비를 요구한 적이 있고, 식탁 위에서 기저귀를 갈던 부모를 제지하자 그들이 화를 내며 기저귀를 집어던지고 나간 일도 있었다고 한다. 이 주장의 정확한 사실관계는 별도로 확인해봐야겠지만, '몰지각한 부모'에 관한 자영업자의 경험담은 어디서나 들을 수 있다.

이런 상황에 필요한 것이 공통의 규범이다. 예컨대 '타인의 권리를 침해하는 사람은 누구든지 출입을 제한한다'라는 일반 원칙, 그리고 서비스 판매자와 소비자, 소비자와 소비자 사이의 명확한 권리-의무 관계가 수립되어 있어야 한다. 하지만 한국사회에서는 그 규범이 제대로 작동하지 않는다. 그래서 자영업자는 상시적 무례함에 노출되고, 소비자와의 분쟁에 대응할 방법도 마땅치 않다. 자영업자와 소비자의 불평등한 관계는 이런 상황을 악화한다. 그래서 찾아낸 것이 노키즈존이라는 꼼수다. 이는 자영업자의 권리를 보장하는 것이 아니라, 권리 주장을 할 대상 자체를 제거하는 조치다. 이런 식으로 회피할 수 있는 무례함과 분쟁은 제한적이다. 문제가 생길 때마다 '○○ 출입 금지'를 계속해서 늘려갈 것인가?

어린이의 권리

　방금 말한 공통의 규범을 수립하려면, 어린이의 권리에 관한 규범이 필요하다. 예컨대 어린이 특유의 소란함이 있다. 공동체는 어느 정도의 소란함까지 허용해야 하는가? 소란함에 대한 어린이의 권리는 어디까지 인정되어야 하는가? 이런 질문을 진지하게 다루는 사람은 많지 않다. 몇 가지 예를 들어보자.

　자기 아이의 소란함이 전적으로 허용되어야 한다고 주장하는 부모가 있다. 이런 사람이 많지는 않겠지만, 자신의 이익을 절대화하면서 일상의 무례함을 생산해낸다. 반대편에는 주변에 불편을 주는 소란함은 결코 허용될 수 없다는 이들이 있다. 이는 어린이의 존재 자체를 인정하지 않는 태도다. 소란스럽지 않은 어린이는 어린이가 아니고, 어린이의 소란함은 필연적으로 주변의 불편을 동반하기 때문이다. 다행스럽게도 어린이에게 너그러운 태도를 가진 이들도 있다. 하지만 너그러움은 의무가 아니다. 다수의 국제 협약이 어린이에게 성장을 위한 적절하고 충분한 조건을 제공해야 함을 규정한다. 어린이가 소란스러운 존재임을 인정하는 것은 너그러움이 아니라 시민의 의무다. 자기 아이가 주변에 불편을 끼치지 않도록 최선을 다하는 부모도 적지 않다. 안타깝게도 이런 부모는 어린이의 권리가

명확히 합의되지 않은 사회에서 끊임없는 미안함에 시달
려야 한다. 방금 나열한 이들의 태도는 모두 다르지만, 권
리가 아니라 이익과 불편의 논리에 갇혀 있다는 점에서는
같다.

자기 아이에 대한 업주의 통제를 거부하는 부모, 그리
고 어린이와 한 공간 안에 있는 것 자체를 불편해하는 사
람이 같은 카페에 있는 상황을 상상해보자. 그 아이가 소란
스러운 행동을 할 때, 업주는 어떻게 할 수 있을까? 어린이
의 소란함이 권리로 인정되고, 그 소란함의 허용 정도가 관
습적으로 합의되어 있다면, 업주는 적절한 대응을 위한 규
칙을 찾을 수 있을 것이다. 하지만 모두가 어린이의 이익과
타인의 이익을 비교할 뿐 권리를 고려하지 않는 사회에서,
업주는 충돌하는 이익 사이의 딜레마에서 벗어날 수 없다.
이때 가장 손쉬운 대응책은 이익의 한쪽 당사자를 없애버
리는 것이다. 어린이보다 어른의 이익에 공감하는 사람이
압도적으로 많으니, 당연히 어린이를 배제하는 편이 낫다.
노키즈존은 권리, 의무, 규범, 정당성 따위가 사라지고 다
수의 이익과 불편이 유일한 판단 척도가 된 한국사회의 상
징적 장소다.

교권이 아니라
인간, 시민, 노동자의
권리다

　서이초등학교 교사의 죽음은 예외적 사건이 아니다. 권리 없는 사회의 일상적 폭력이 복합적으로 축적되는 곳이 바로 학교다.

권리 없는 사회

　근대의 인간관계는 권리와 의무라는 형식을 따른다. 내가 타인과의 관계에서 무엇을 할 수 있고, 해야 하는지에 관한 공통 규범이 공동체의 토대를 제공한다. 그러나 이런 식의 근대적 관계가 한국에 실질적으로 뿌리내린 적은 없다.

권리-의무 관계에 기초한 사회를 상상해보자. 그곳에서 권리 주장은 마땅한 것이고, 권리 침해는 무조건 부당한 것이다. 공통의 규범 위에서 각자의 권리와 의무가 세부적으로 규정된다. 노동자는 고용자에게 '안전 물품은 노동자의 권리이니 당신은 지급할 의무가 있습니다'라고 말한다. 정시 퇴근은 권리이므로 '칼퇴'라는 말이 존재하지 않는다. 교사는 부당한 요구를 하는 학부모에게 '당신은 그런 요구를 할 권리가 없고, 나는 그것을 수용할 의무가 없습니다'라고 답한다. 아이가 자라서 글을 읽게 되면, 권리란 무엇인지, 어린이의 권리는 어떤 것인지 교육한다.

반면, 한국의 노동자는 고용자에게 안전 물품 지급을 '부탁'한다. 정시 퇴근이나 휴가도 권리가 아니라 '양해'의 대상이다. 교사는 무리한 요구를 받으면 '이러저러한 사정으로 그렇게 해드리기는 곤란합니다'라고 이해를 구한다. 옳고 그름에 대한 공통 기준이 없으니, 자신이 싫어하면 그른 것, 좋아하면 옳은 것이다. 그래서 권리 주장을 하는 대신 각자의 좋고 싫음에 따라 '민원'을 넣는다. 정당한 요구는 물론, 억지, 괴롭힘, 분풀이 따위가 모두 '민원'이라는 말로 뭉뚱그려진다. 권리와 의무의 세부 내용이 개인의 내면에 자리 잡지 못하니 '진상'과 '갑질'이 넘쳐난다. 판매자와 소비자, 고용자와 피고용자, 교사와 학부모, 시민과 공무원, 임대인과 임차인, 위층 주민과 아래층 주민 등 거의 모든 종류의 사회적 관계에서 폭력과 갈등이 반복되는 이유가 여기에 있다.

권리 없는 사회는 민주화의 실패를 의미한다. 군사독재 시절에는 폭력을 동반한 권위주의적 관계가 사회 전체를 지배했다. 국가기관은 시민 위에 군림했고, 학교는 국민 훈육을 목적으로 삼았다. 민주화 이후 권위주의를 다른 것으로 대체하려는 시도가 계속되었지만, 한국사회는 단 한 번도 체계적인 권리-의무 관계에 기초한 적이 없었다. 시민과 국가기관은 기본권의 주체와 보호자의 관계로 재설정되었어야 했지만, 실제로는 정말 엉뚱하게도 고객과 서비스 제공자의 관계로 변형되었다. 교육 현장의 권위주의는 약해졌지만, 행위자 사이의 실질적이고 구체적인 권리-의무 관계를 구성하려는 시도는 없었다.

지금 학교의 문제는 단순히 '진상 학부모'의 존재가 아니라, 부당한 요구와 정당한 요구를 구별하고 관리할 기준 자체가 없다는 사실에 있다. 결국 교육 현장의 상황은 우연성에 의존하게 되었다. 운 좋게 친절한 학부모와 교사가 만날 수도 있지만, 운 나쁘게 악의를 가진 행위자가 한 명이라도 있을 때는 교실 전체가 혼란에 빠진다.

교권이라는 정체불명의 언어

지금 가장 시급한 과제는 사회의 공적 영역 전체를 권리-의무 관계로 재구성하는 일이다. 교육 현장도 마찬가지다. 이 작업의 가장 큰 걸림돌이 '교권'이라는 용어다. 이 말의 정확한 의미는 도대체 무엇인가? 〈교원지위법〉은 '교권 보호'를 규정하지만, 정작 교권이 무엇인지는 정의하지 않는다. 누군가는 교사의 '권위'로 이해하고 군사부일체 같은 의미를 부여한다. 학생 인권에 대응하는 '교사의 기본권' 같은 것으로 이해하는 사람도 있다. 교사가 자율적으로 교육 활동을 할 '권한'이라는 의미로 사용되기도 한다. 이 말의 가장 나쁜 효과는 '권리'와 '권한' 개념을 뒤섞는다는 것이다.

교사 개인은 권리의 주체이지만, 그 기본적 권리 대부분은 교사라는 직업이 아니라 인간, 시민, 노동자라는 지위에서 나온다. 교사는 인권의 주체로서 모든 종류의 폭력으로부터 보호받아야 할 권리가 있고, 시민으로서 교육 정책 수립과 정치에 참여할 권리가 있다. 다른 모든 시민은 이러한 권리를 보호하고 존중할 의무가 있다. 교사는 노동자로서 안전한 노동 환경에 대한 권리가 있고, 학교 관리자는 그러한 환경을 제공할 의무가 있다.

이러한 권리와 교육 활동에 대한 교사의 권한은 다른

차원에 속한다. 국가, 교육 당국, 학교, 학부모, 학생과의 관계에서 교사에게 어떤 자율성을 부여할지는 교육 정책의 궁극적 목표를 고려하면서, 민주주의적 절차를 통해 구체적으로 협의하고 정해야 한다. 중요한 것은 교사의 권한과 자율성을 어떻게 규정하든, 기본적 권리를 절대적으로 보호해야 한다는 사실이다. 기본적 권리의 절대성을 전제한 상태에서만 권한과 자율성을 논할 수 있다.

그동안 모두가 교권이라는 정체불명의 말에만 집착하면서, 정작 교사가 인간, 시민, 노동자라는 사실은 망각하지 않았는가? 교권 보호를 외치는 사람은 많지만, 정확히 무엇을 보호해야 하는지 아는 사람이 얼마나 되는가? 교사의 권한과 자율성을 구체적으로 규정하고, 사회적으로 합의하려는 노력이 과연 존재했는가? 이 질문들이 학교를 망치고 있는 폭력과 괴롭힘의 주요 원인을 지목하고 있지 않은가?

권리 없는 사회의 법

한국에서는 사회적 폭력이 발생하면 법 개정에 관한 주장부터 나온다. 이번에도 마찬가지다. 하지만 공통의 규범보다 힘과 힘의 투쟁이 더 지배적인 이곳에서, 법은 그런 투쟁의 도구로 전락하거나 무력화된다. 아동의 권리 보호를 위한 〈아동학대처벌법〉은 교사를 괴롭히는 도구로 활용되고, 교사를 보호하기 위한 〈교원지위법〉은 제 기능을 하지 못한다. 개인이 권리와 의무를 가진 도덕적 주체가 되고, 이러한 개인들이 사회의 다수를 차지해야 한다. 그렇지 않으면 아무리 법을 고쳐봐야 종이 쪼가리 위의 문장으로만 남을 것이고, 처벌과 제재를 강화해봐야 별 실효성 없이 부작용만 낳을 것이다.

지금 해야 할 일은 분명하다. 첫째, 교사가 가진 기본적 권리들과 이에 대응하는 국가, 교육 당국, 학교, 학부모, 학생의 의무를 사회적으로 재확인하고 합의해야 한다. 둘째, 교육 정책의 궁극적 목표를 명확한 언어로 표현해야 한다. 이를 위해서는 교육의 목표를 대입과 취업 준비에 둘지, 자율적 시민의 양성에 둘지에 관한 정치적 결정이 필요하다. 셋째, 앞의 두 가지 작업에 기초해 교육 현장에 개입하는 행위자들의 권한을 세부적으로 정해야 한다. 물론 이 세 가지는 학교 공간을 아득히 벗어나는 작업이다. 교육을 비롯한 사회와 정치 영역 전체의 변화를 요구하기 때문이다. 그러나 이런 노력 없이는 교실 하나조차 제대로 바꿀 수 없다.

우리 모두는
누군가의 불편이다

2023. 8.

한국에서 절대적 명령처럼 작동하는 규칙이 있다. '남에게 불편을 끼치면 안 된다'는 것이다. 사회적 분쟁과 갈등이 발생할 때마다 첫 번째로 소환되는 것이 바로 이 규칙이다. 그런데 불편이란 도대체 무엇일까?

불편의 모호함

'불편'의 의미는 광범위하다. '불편을 끼치지 말라'는 규칙에는 '타인의 권리를 침해하면 안 된다', '타인에게 손해를 끼치면 안 된다', '타인에게 괴로움을 주면 안 된다', '타인의 마음을 불편하게 해서는 안 된다' 따위가 모두 혼재되어 있는데, 이런 모호함에서 여러 혼란이 발생한다.

성차별적 농담을 한 직장 상사가 '불편을 끼쳤다면 죄송하다'고 사과하는 장면을 떠올려보자. 불편이라는 말은 그의 잘못을 휘발시켜버린다. 그가 타인의 권리를 침해한 것인지, 단순한 손해를 입힌 것인지, 싫어하는 행위를 한 것인지 알 수 없기 때문이다. 정치인들도 '국민 여러분께 불편을 드려 죄송합니다'라는 식의 사과를 자주하는데, 이 역시 '불편'이란 말의 모호함을 악용하는 것이다.

온라인에서 누군가 잘못된 말을 했을 때, 그게 차별적 발언인지, 사실 왜곡인지, 타인을 모욕한 것인지 등을 구별하지 않고 '나는 불편하다'는 식으로 반응하는 경우 역시 적지 않다. 이는 옳고 그름, 좋고 나쁨의 문제를 모두 감정적 호불호나 취향의 문제로 환원한다. 자기 마음에 든다거나 들지 않는다는 것을 판단 기준으로 삼으면, 어떤 공적 대화도 불가능해진다.

불편의 종류

한국에서는 자기 영역을 보호하려는 강박적 경향이 갈수록 강화되고 있다. 이러한 경향과 불편이라는 말의 모호함이 결합하면, 사회적 관계 자체를 파괴하는 효과를 발휘한다.

　'남에게 불편을 끼치면 안 된다'는 규칙은 대부분 자기 자신이 아니라 타인을 향한다. 이 규칙을 자신의 도덕적 행위를 위한 준거로 삼는 경우보다 '타인이 나에게 불편을 끼치는 것을 용납하지 않겠다'는 자기보호 장치로 사용하는 경우가 더 많다. 이때 '불편'이란 나에게 좋지 않은 것을 싸잡아 이르는 말이다.

　타인과 사회적 관계를 맺을 때는 다양한 불이익이 동반된다. 그중에는 명백한 권리 침해도 있지만, 어쩔 수 없이 감내해야 할 손해나 괴로움도 있다. 모두가 서로의 권리를 완벽히 존중하고, 친절함으로 가득 찬 사회에서도 불가피한 불이익이 발생할 수 있다. 이를 어떻게 관리할지가 사회적 관계의 핵심 문제 중 하나다. 몇 가지 사례를 생각해보자.

　도심 집회는 교통 체증을 유발한다. 누군가는 시위대를 향해 '불편을 초래하는 행위를 그만두라'고 화를 내는데, 이는 부당한 요구다. 시위에 대한 권리는 시민의 기본적 권리 중 하나이기 때문이다. 시민의 정치적 활동이 혼잡한 상황을 만들 수 있다는 사실을 정상적인 것으로 인정하고, 그 정도를 줄일 방법을 모색해야 한다.

　기계 조작이 익숙지 않은 노인이 무인 키오스크 앞에 서 있는 상황을 상상해보자. 그로 인해 뒤쪽에 줄을 선 다른 사람들은 더 오랫동안 기다려야 할 것이다. 그가 불편을 끼친다고 짜증 내는 사람도 있겠지만, 그 노인이 잘못한 것은 전혀 없다. 사람마다 도구를 다루는 능력이 다르고, 이러한 능력 차이는 마땅히 존중되어야 한다. 이 두 가지 상황을 불편의 언어로 접근하면, 시위대와 노인은 주변에 불편을 끼치는 나쁜 존재라는 결론만 남는다. 이는 명백한 오류이고, 현실의 문제 해결에도 아무런 도움을 주지 못한다.

다른 모든 사람이 그렇듯, 정신장애인도 주변인에게 불이익을 줄 수 있다. 중요한 것은 그 불이익의 종류를 세밀하게 구별하고, 그를 사회적 관계에서 배제하지 않으려면 어떤 종류의 불이익을 어느 정도로 감수해야 할지 정하는 일이다. 나의 불편을 용납하지 않겠다는 규칙은 이런 작업을 불가능하게 만들고, 장애인을 주변 공간에서 배제하는 것만을 유일한 해법으로 남긴다.

내 것에 대한 강박

'타인이 나에게 불편을 끼치는 것을 용납하지 않겠다'는 규칙은 나에게 좋지 않은 것이 완전히 사라진 나만의 청정 구역을 만들겠다는 선언이다. 이런 결벽증적 태도의 일반화는 단순히 세상 각박해졌다는 정도로 묘사될 만한 것이 아니다. 괴로움을 동반하지 않는 사회적 관계는 없으므로, 내 불편을 용납하지 않겠다는 것은 곧 관계 자체를 거부하겠다는 의미다. 요즘 많은 사람이 인간관계에서 어려움을 겪는 이유도 여기에 있지 않은가? 불편이라는 말로 뭉뚱그려진 관계의 다양한 요소를 구별하고 관리하는 방법을 익히지 못한 채, 그 어떤 불편도 거부하려는 태도만 강화되는 것이 아닌가?

누군가는 이런 태도의 원인을 무례하고 몰상식한 사람의 존재에서 찾으려 할지 모른다. '갑질'이나 '진상'이 너무 많다 보니, 그에 대한 반작용으로 내 불편을 용납하지 않겠다는 태도가 강해진다는 것이다. 하지만 거꾸로 볼 수도 있지 않을까? 그런 태도를 깊이 체화한 사람일수록 자신을 불편의 피해자로, 타인을 가해자로 간주하는 경향이 강해진다. 결국 나의 무례는 무례가 아니라, 타인이 나에게 끼치는 불편을 제거하기 위한 정당한 행동이라고 생각하게 된다. 갑질과 진상의 가해자가 오히려 자신을 피해자로 생각하며 억울해하는 경우가 많은데, 그 이유 중 하나가 여기 있다.

지금 교육 현장을 보라. '교사와 다른 아이가 내 자식에게 끼치는 불편을 용납하지 않겠다'는 것은 몇몇 '진상 학부모'만의 태도가 아니다. 이는 '내 자식만이 중요하다'는 단순한 이기주의가 아니라, 외부의 나쁜 것으로부터 내 영역을 지켜야 한다는 강박이다. 이런 강박에 사로잡히면, 자기 주장의 객관적 정당성을 묻지 않고, 자신의 행동은 원래 자기 것이었던 것을 지키기 위한 정당한 싸움이라는 착각에 빠지게 된다. 이런 착각은 당연히 권력관계의 영향을 받는다. 더 많은 권력을 가질수록 '원래 내 것'의 범위가 커지고, 불편이라는 말의 외연도 넓어진다. 자신에게 불편을 끼치지 말라는 요구는 결국 자기 영역에 속한 그 어떤 것도 건드리지 말라는 경고다.

관계 맺음은 항상 불이익이나 괴로움을 동반한다. 그것의 정도를 줄일 수는 있지만 완전히 없앨 수는 없다. 사회적 관계 안에서 살아가는 한, 우리 모두는 누군가의 불편이다. 중요한 것은 불편의 종류를 구별하는 일이다. 객관적으로 옳지 못한 행위를 불편이라는 말로 흐리지 않아야 하고, 어쩔 수 없이 발생하는 불이익은 받아들여야 한다. 이런 구별 없이 불편 일반을 강박적으로 거부하는 것은 '내가 싫은 것과는 손절하겠다'는 선언이나 다름없다. 그 손절의 대상은 사회적 관계 그 자체다.

모두가 평등하게 막말하는 사회

지난 4월 민희진 어도어 당시 대표의 기자회견이 폭발적인 관심을 끌었다. 그는 공적 공간에서 사용 가능한 표현의 한계를 의도적으로 무시하며 막말과 욕설을 쏟아냈는데, 오히려 이 점이 대중의 열광적인 반응을 끌어냈다. 한국사회는 막말에 관대한 것일까? 이 문제를 좀 더 자세히 들여다보자.

막말의 기능

'막말'의 사전적 의미는 '말을 함부로 하거나 속되게 하는 것'이다. 여기에는 말의 내용과 표현 모두가 포함된다. 예컨대 처음 만난 사람에게 '당신의 외모는 제가 생각했던 것만큼 아름답지는 않군요'라고 말한다면, 이건 막말일까? 표현은 정중하지만, 발언 내용의 무례함 때문에 막말로 받아들여질 수 있다. 반면 평범한 일상어에 습관적으로 욕설과 비속어를 덧붙이는 사람, 나이 어린 사람에게 다짜고짜 반말하는 사람이 있는데, 이들의 발언은 내용보다 표현 방식 때문에 막말로 간주된다.

많은 사회에 '품위 있는 언어를 써야 한다'는 관습적 규칙이 존재하는데, 이 규칙이 일차적으로 다루는 대상은 언어의 내용이라기보다 형식이다. 이런 이유로 공적 공간에서 욕설이나 비속어를 쓰지 않는 것이 '교양인'의 기본 조건으로 간주된다. 이는 누구나 잘 알고 있는 익숙한 사실이지만, 정작 왜 그 규칙을 존중해야 하는지 설명하기는 어렵다. 여기에는 상위 문화와 하위 문화의 구별이라는 전통적 문제, 그리고 공적 공간과 사적 공간의 구별이라는 근대 사회의 문제가 모두 개입되어 있다.

공적 공간이 저속한 표현과 욕설을 허용하지 않는 핵심 이유 중 하나는 그것이 공적 대화의 기본 토대를 파괴한다는 데 있다. 막말이 난무하는 곳에서 합리적 대화를 이어가기는 불가능하다. 그런 언어 교환은 말싸움일 뿐, 대화라고 할 수 없다. 막말은 사적 공간이나 친밀성의 관계에서만 조건부로 허용된다.

상위 문화, 정확히 말해 지배계급의 엘리트 문화는 막말을 배제하고 '교양 있는 언어'를 요구한다. 이는 지배계급이 자신의 문화와 도덕을 사회 전체의 규칙으로 일반화함으로써 지배 리더십을 유지하기 때문이다. 즉 '사회의 유지를 위해서는 교양인의 언어가 필요하고, 그 교양인이란 바로 우리 엘리트 계급'이라는 식이다. 그람시Antonio Gramsci는 이런 리더십을 헤게모니라고 부른다.

결국 교양 있는 언어는 역설적 성격을 갖는다. 한편으로는 공적 대화를 위한 기본 형식을 제공하지만, 다른 한편으로는 엘리트 집단의 지배를 정당화하는 이데올로기적 도구로 작동하는 것이다. 그래서 교양인의 언어는 위선적 언어이고, 막말이야말로 진실한 언어라는 발상도 등장한다. 부패한 정치인의 비리 사건을 두고 '교양과 품위 있는 언어'로 토론하는 광경을 보고 있으면, '왜 ○○○을/를 ○○(이)라고 부르지 못해!'라는 분노가 치밀지 않는가? 막말이 일종의 저항 수단으로 생각되는 것도 마찬가지다. 하위 문화는 교양인의 언어에 대립하는 은어와 비속어를 끊임없이 창조하고, 지배 질서에 맞서 싸우려는 투사와 예술가는 욕설을 언어적 무기로 채택하기도 한다.

한국에 상위 문화가 존재하는가?

방금 이야기한 내용은 현대사회의 일반적 특징이지만, 한국사회에 그대로 적용하기는 어렵다. 과연 한국에 '교양과 품위 있는 언어를 사용함으로써 지배 권력을 유지하는 엘리트 집단', 즉 문화적·도덕적 헤게모니를 갖춘 지배층이 존재하는가? 이 질문 앞에서 곧바로 떠오르는 것이 의사들이다.

한국에서 의사는 흔히 특권적 직업으로 간주된다. 소득 수준이 다른 모든 직종에 비해 압도적으로 높고, 의사를 '최고의 엘리트 집단'으로 보는 시선도 흔하다. 의사 중에는 기이한 선민의식을 가진 사람도 많다. 그런데 대한의사협회 관계자들이 쏟아내는 막말은 상상을 초월한다. 그들은 사적인 술자리에서나 나올 저속하고 무례한 언어를 공적 언어로 사용하고, 인터넷 하위 문화에서 볼 수 있는 조롱과 모욕의 표현을 거침없이 내뱉는다. 교양 없는 엘리트, 상위 문화를 파괴하는 지배계급, 공적 언어와 사적 언어를 구별하지 못하는 전문가 집단은 한국사회의 특징을 보여주는 핵심 지표다.

의협에 비할 바는 아니지만, 막말을 정치적 도구로 활용하는 정치인도 많다. 이는 '정치인의 품위 없음' 정도의 문제가 아니다. 모든 정치인은 교양인이 되어야 한다. 정치적 이념이나 진영에 상관없이 교양 있는 언어를 사용하는 것, 즉 상위 문화를 실천하는 것이 지배 엘리트로 인정받기 위한 기본 조건이기 때문이다. 정치인의 막말은 그런 인정을 포기하는 전략이다. 이는 시민 일반의 지지를 거부하고, 열성 지지자들에게 몰두하는 쪽이 더 유리하다는 판단에 기초한다. 이런 전략이 가능한 것은 공적 공간이 교양 있는 언어로 구성되어야 한다는 규범 자체가 허약하기 때문이다. 달리 말해, 한국에는 하위 문화와 구별되는 상위 문화, 정확히 말하자면 문화적 헤게모니가 분명한 형태로 존재하지 않는다.

다른 나라에도 관습적 언어 규칙을 무시한 채 저속하고 거친 발언을 내뱉는 정치인이 있다. 그들에게는 대체로 '극우'나 '포퓰리즘' 같은 딱지가 붙는다. 포퓰리스트는 지배 엘리트에 대한 반감을 이용하고, '교양 있는 척, 똑똑한 척 말하는 엘리트 집단에 맞서 보통 서민들의 언어로 말하겠다'는 전략을 구사한다. 이런 점에서 한국 정치인의 막말을 포퓰리즘적이라고 말하기는 어렵다. 그들이 내뱉는 비속어와 조롱의 목적은 반엘리트적 정서를 이용하는 것이 아니라 정치적 경쟁자를 공격하는 데 있을 뿐이다. 앞서 말했듯, 한국에 교양인으로서의 지배 엘리트가 존재하는지 자체가 의심스럽다.

물론 한국에도 상위 문화와 하위 문화의 구별이 존재

하기는 한다. 공중파 방송과 유튜브 콘텐츠가 분리되고, 학교에서 가르치는 지식과 숏폼에 떠돌아 다니는 정보가 다르다. 하지만 상위 문화는 표준의 역할을 하지 못하고, 하위 문화의 영향력은 '하위sub'라고 부르기 어려울 만큼 강하다. 주류 언론은 인터넷 밈을 모방해서 콘텐츠 장사를 하고, 사교육 스타 강사의 발언이 해당 분야 연구자의 영향력을 압도한다. 인터넷 커뮤니티에서 '집게손 논란'이 괴담처럼 떠돌면, 국가기관과 대기업이 납작 엎드려 사과한다. 민희진 전 대표의 기자회견은 하위 언어가 주류 매체의 규칙을 압도한다는 것을 보여준 사건이었다. 이곳에서는 교양인의 언어가 놀림감이 되고, 막말이 모두의 언어로 기능한다. 그래서 공적 토론은 거의 예외 없이 비하와 조롱으로 끝난다. 모든 사회 영역이 미세한 계급관계로 구성되어 있지만, 문화적으로는 놀라울 정도로 균질하고 획일적인 것이 이 사회의 특징이다.

폭력을 왜
갑질이라 부르는가?

갑질 의혹을 받던 강선우 여성가족부 장관 후보자가 자진 사퇴했다. 정치인의 갑질은 지겨울 정도로 익숙한 문제지만, 정작 갑질이라는 말의 타당성이 진지하게 검토된 적은 별로 없다.

문제적 용어 '갑질'

갑질은 문제적 용어다. 2019년 정부가 공개한 〈공공 분야 갑질 근절을 위한 가이드라인〉에 따르면, "갑질은 사회적·경제적 관계에서 우월적 지위에 있는 사람이 권한을 남용하거나, 우월적 지위에서 비롯되는 사실상의 영향력

을 행사하여 상대방에게 행하는 부당한 요구나 처우를 의
미한다". 언뜻 보면 그럴듯한 개념 정의 같지만, 좀 더 자세
히 살펴보면 의미가 지나치게 포괄적이고 모호하다는 것
을 알 수 있다. 권력관계에서 발생하는 온갖 종류의 폭력과
부당한 행위 모두를 갑질이라는 범주에 집어넣을 수 있기
때문이다. 실제로 저 가이드라인에 따르면, 지위를 이용해
법을 어기거나 뇌물을 받는 행위, 인사 관련 부정, 언어적·
신체적 폭력, 기관이 부담해야 할 비용을 용역 업체에 떠넘
기는 행위, 부당한 업무 지시, 민원 접수를 부당하게 거부
하는 행위 등이 모두 갑질로 규정된다. 심지어 어떤 공공기
관은 성폭력도 갑질로 분류한다.

그런데 뇌물을 받거나, 직원에게 사적 심부름을 시키
거나, 직장 내 괴롭힘과 성폭력을 저지르는 것 따위를 모두
갑질이라 부른다면, 갑질의 해결은 정확히 무엇을 해결하
겠다는 것인가? 모든 것을 의미하는 용어는 사실상 아무것
도 의미하지 않으며, 모든 문제를 해결하겠다는 말은 아무
것도 해결하지 않겠다는 말이기도 하다. 구체성과 정확성
이 결여된 언어로 현실의 문제를 다루는 것은 불가능하다.
이쯤 되면 의문이 생길 수밖에 없다. 갑질은 문제를 실질적
으로 해결하기 위한 개념인가, 무언가를 하고 있다는 것을
보여주기 위한 홍보 문구인가?

이 용어의 더 심각한 문제는 행위의 실제 성격을 은폐

한다는 점에 있다. 갑질의 전형적 사례 중 하나가 정상적 업무 범위에서 벗어난 가사노동이나 사적 심부름을 강요하는 것이다. 그런데 이런 행위는 갑질을 운운할 것이 아니라, 강제노동forced labour에 해당하지 않는지 따져야 할 문제다. 흔히 이 말을 들으면 '염전 노예' 같은 것을 떠올릴 테지만, 불이익이나 처벌의 위협 때문에 비자발적으로 수행하는 모든 일이 강제노동에 해당한다. 지금 한국에서는 '고용자가 피고용자에게 동의하지 않은 노동을 강제했다'고 말해야 할 것을 '갑질했다'고 표현한다. 이런 식의 완곡어법은 도대체 누구를 위한 것인가?

갑질이라는 말이 이토록 광범위하게 유통되는 것은 비판을 하는 쪽과 받는 쪽의 암묵적 합의가 존재하기 때문이다. 비판하는 쪽에서는 간결하고 단순한 언어로 손쉽게 대중의 분노를 조직할 수 있으니 편하다. 누군가의 행위를 강제노동의 관점에서 평가하려면, 복잡하고 장황한 분석과 논변이 필요하다. 하지만 그 행위를 갑질이라고 부르면, 이 말이 대중의 일상 언어 속에서 자유롭게 떠돌아다니며 분노를 발생시킨다. 비판을 받는 쪽에서도 폭력, 강제, 불법 같은 노골적이고 명확한 표현을 회피할 수 있으니 좋다. 갑질이라는 말의 애매모호함을 이용하며 비판을 적당히 피해가기도 편하다. 논쟁을 말장난으로 전환하는 것이다. 강선우 후보자의 갑질 의혹에 대한 민주당의 대응이 이러했다.

갑질로 분류되는 행위 대부분이 인간의 기본적 자유와 존엄성을 심각하게 침해하는 폭력이다. 이를 폭력의 문제로 다루는 대신, 다른 목적을 위한 수단으로 활용하면서 (상대 진영을 향한 정치적 공격, 언론 기사의 조회수 증가, 바이럴 콘텐츠 따위), 갑질이라는 말이 일반화되었다. 국가 제도는 이런 신조어를 배제하고 정확한 개념을 사용해야 하지만, 한국에서는 오히려 국가가 직접 나서 반개념적 언어 사용을 주도하고 있다. 한국의 제도가 어떻게 자기 합리성을 부정하는지 알고 싶다면, 갑질이 제도의 언어로 자리 잡게 된 과정을 살펴보면 된다. 폭력의 피해자는 반복적으로 발생하지만, 덧없는 언어유희만 계속되는 이유가 여기에 있다.

갑을 관계의 정상화

갑질이라는 말에서 주목해야 할 또 다른 문제는 한국 사회가 불평등을 이해하는 방식이다. 민주주의 체제에서 권력의 차이는 존재할 수 있지만, 그 차이가 인간과 시민의 평등한 지위를 위협하는 상황이 용납되지는 않는다. 교수와 학생이 하는 일은 다르고, 직장 상사와 직원이 가진 권한과 책임도 다르고, 정치인과 비정치인의 영향력도 다르다. 하지만 이들 모두가 똑같은 인간이자 시민이라는 것이 평등이라는 원칙이다.

윗사람과 아랫사람, 갑을 관계 같은 표현에는 이런 원칙을 부정하는 인식이 내포되어 있다. 단순히 조직 내 지위나 권한 등의 차이를 말하기 위해 이런 표현을 즐겨 쓰는 사람도 많지만, 그때마다 인간을 차별화하는 인식이 재생산된다. 고용자와 피고용자가 윗사람과 아랫사람이라 불릴 때, 이들은 노동계약의 동등한 두 당사자가 아니라 '주인'과 '머슴'처럼 이해된다. 민주주의의 평등 원칙은 이런 종류의 인식을 인정하지 않는다. 개인 사이에 권력의 차이가 발생하는 것은 피할 수 없지만, 이런 차이가 윗사람-아랫사람 관계나 갑을 관계로 전환되어서는 안 된다. 조직과 업무의 특성에 따라 지위의 위아래는 존재할 수 있지만, 사람의 위아래는 없다. 계약이란 동등한 개인 사이에 이루어지는 상호 합의이지, 갑에 대한 을의 종속을 강제하는 수단이 아니다.

그러나 갑을 관계는 정상이고, 갑질이 비정상이라는 식으로 말하는 사람이 많다. 이는 마치 주인과 머슴의 관계는 존재할 수 있지만, 주인이 머슴을 함부로 대하면 안 된다고 말하는 것과 같다. 한국연구재단은 갑질로 징계를 받은 연구자의 사업 신청을 제한하는데, 갑질을 "사회경제적 관계에서 상대방인 을乙보다 우월적 지위에 있는 갑甲이 권한을 남용하여 을에게 행하는 부당한 요구나 처우"라고 정의한다. 흥미로운 점은 갑과 을의 존재 자체는 인정한다는 사실이다. 교수가 갑이고, 대학원생이 을인 상황은 당연하지만, 갑질은 허용되지 않는다는 식이다. 대학원생이 교육 과정에 있는 젊은 연구자라면, 교수는 그를 양성할 책임이 있는 다른 연구자이다. 이 두 연구자 사이에 평등한 관계가 형성되어야 하지 않을까? 이들이 갑을 관계를 형성하고 있는 상황 자체가 비정상 아닌가?

여기서 한국사회를 지배하는 일반적 경향 하나를 발견할 수 있다. 불평등 자체는 정상으로 인정하면서, 거기서 필연적으로 발생하는 과도한 폭력만을 비정상으로 간주하는 것이다. 물론 이는 눈 가리고 아웅 하는 짓이다. 이런 식으로 폭력을 제거하는 것은 불가능하다.

누가 주권자인가?

'주권자'는 두 번의 대통령 탄핵을 거치며 널리 쓰이는 말이 되었다. 하지만 한국의 공적 공간에서 사용되는 다른 어휘들과 마찬가지로, 이 말의 정확한 의미를 찾기는 어렵고, 이 모호함이 정치적 수단으로 활용된다.

주권과 주권자

'주권'을 가장 흔하게 듣는 때는 선거 시기일 것이다. 언론이나 국가기관이 '소중한 주권을 행사해달라'며 투표를 독려하는 모습을 자주 볼 수 있다. 이때 '주권'은 투표에 대한 권리나 정치적 권리를 의미한다. 그런데 "대한민국의 주권은 국민에게 있고, 모든 권력은 국민으로부터 나온다”
는 헌법 조항과 ‘주권을 행사’하러 투표장에 가는 사람을
동시에 떠올려보면 어딘가 혼란스럽다. 헌법에 언급된 ‘주
권’은 권리가 아니고, 개인이 행사할 수 있는 것도 아니기
때문이다.

2024년 12월 내란 사태 이후 집회 현장 곳곳에서는
‘주권자의 요구다, 윤석열을 탄핵하라’ 또는 ‘우리는 주권자
로서 집회에 참여했다’ 같은 발언이 들려왔다. 이때 ‘주권
자’란 정확히 누구일까? ‘시민주권’이라는 표현을 쓰는 사
람도 있는데, 그렇다면 주권자는 시민인가, 국민인가? 모
든 것이 모호해서 말의 정확한 의미를 포착하기가 쉽지 않
다. ‘주권’은 ‘주인의 권리’를, ‘주권자’는 ‘나라의 주인’ 정도
를 의미하는 것처럼 보이기도 한다. ‘나는 주권자 국민이므
로, 나라의 주인으로서 이러저러한 요구를 할 권리가 있다’
는 식의 논리도 찾아볼 수 있다.

이런 모호함은 다음의 두 가지 혼동에서 비롯한다. 첫
째, ‘주권’이 권리right와 권력power이라는 전혀 다른 개념 사
이를 오간다. 둘째, ‘국민’이 개인으로서의 시민citizen과 단
일한 덩어리로서의 인민people을 뒤섞는다.

이런 혼동을 제거하기 위해 헌법 개념을 살펴보자. 대
한민국 헌법에 언급된 ‘주권’은 서구 개념의 번역이다. 편
의상 영어로 설명하면, ‘sovereign’(주권자)의 어원적 의미

는 '최상위에 있는 자'이고, 신이나 왕을 지시하는 말로 쓰였다. 'sovereignty'(주권)는 최상위에 있는 자가 가진 힘이다. 이것이 정치철학적 개념으로 사용되면서 절대권력을 의미하게 되었고, 현대에는 법 자체를 만들거나 중지시킬 수 있는 권력으로 정의되기도 한다. 주권은 권리가 아니라는 점을 반드시 기억하자. 권리는 개인에게 속한 것이지만, 민주주의 체제의 주권은 인민에 속한다. 주권이 개인이나 몇몇 개인들에게 속한다면, 그건 군주정이나 독재 체제다.

시민, 시민들, 인민도 명확히 구별해야 한다. '국민'이라는 말은 이 세 가지 개념을 뒤섞으며 온갖 혼란을 일으킨다. 시민은 정치 공동체를 구성하는 개인이고, 시민들은 말 그대로 시민 여럿이고, 인민은 단일한 정치적 덩어리다. 어떤 한 명이 '윤석열 탄핵'을 주장한다면, 이는 시민 개인의 의지다. 100명이 모여 같은 주장을 한다면, 이는 시민들 100명의 의지다. 그렇다면 모든 시민이 단 한 명도 빼놓지 않고 같은 주장을 하는 경우에는 어떤가? 이 역시 시민들 모두의 의지이지, 인민의 의지는 아니다. 선거와 의회를 비롯한 민주주의 절차와 제도를 통해 다양한 의지들이 하나로 종합되었을 때, 비로소 인민의 일반의지라는 것이 탄생한다.

주권은 시민들이 아니라 인민으로부터 나온다. '주권자'라고 불릴 수 있는 것은 일반의지를 형성한 인민밖에 없다. 아무리 많은 시민이 모인다고 해도 주권자는 아니다. '우리가 주권자다'라는 시민들의 발화는 인민을 참칭僭稱하는 것이다.

부분이 전체를 자임할 때

이재명 정부의 최근 결정, 특히 장관 인선과 특별 사면에 대한 반대 목소리가 존재한다. 흥미로운 것은 민주당 정부를 비판하는 목소리가 자신을 '주권자'라 칭하는 경우가 거의 없다는 점이다. 박근혜와 윤석열에 저항하던 시민들이 항상 '주권자'를 자임했다는 것과 분명히 대조된다. 이유는 모두가 잘 알고 있을 것이다. 저 말은 인민을 지칭하는 헌법 개념으로 사용된 것이 아니라, 민주당을 중심으로 결집한 반박근혜·반윤석열 진영이 자신을 부르는 이름이었다.

이런 식의 이름 붙이기가 한국에만 있는 것은 아니다. 부분이 전체를, 특수가 보편을 자임하는 것은 헤게모니의 핵심 논리이고, 이는 모든 정치적 실천의 필수 요소다. 이 논리를 가장 극단적 방식으로 활용하는 것이 서구의 극우 포퓰리즘이다. 극우 정치인이 지지자들 앞에서 '우리가 인민이다'라고 선언할 때, 이는 '엘리트 계급과 이주민을 배제한 우리야말로 참된 인민이다'를 함축한다. 시민들이 자신을 인민이라 부르는 행위는 논리적 거짓이지만, '우리'라는 정치 진영을 구축하는 수행적 발화처럼 작동한다.

물론, 한국의 독특성도 있다. 첫째, 부분이 전체를 자임하는 논리를 가장 적극적으로 활용하는 것은 극우가 아니라 오히려 극우에 맞서는 진영이다. 국민의힘과 그 주변 세력은 전체와 보편을 자임할 역량도 의지도 없다. 둘째, 그 논리가 가진 비합리적·비개념적 본성을 고려하는 사람이 별로 없다. 헌법 개념이 사회적으로 명확히 공유된 곳에서는 '우리가 인민이다' 같은 발화가 개념적 오류라는 것을 대부분 알고 있다. 즉 사람들은 그것이 정치적 레토릭임을 분명히 자각하면서 사용한다. 반면, 한국에서는 '우리가 주권자다'라는 표현이 개념적 오류라는 사실을 대부분 모르거나 무시한다. 그것이 정치적 레토릭임을 자각하면서 쓰는 사람도 별로 없다.

이런 논리의 사용은 유용하지만, 위험하기도 하다. 그것은 강력한 배제의 논리이기 때문이다. '우리 주권자가 윤석열 탄핵을 요구한다'는 식의 발화는 '윤석열을 지지하는 그들은 주권자가 아니다'라고 선언하는 것과 같다. 이런 선언은 '우리'를 구성하는 동시에 '그들'의 결집을 초래하고, 여기서 예측하지 못한 반동이 발생할 수 있다. 또한 그 논리는 외부의 대상뿐 아니라, 내부의 작은 목소리도 배제한다. 얼마 전까지 탄핵에 찬성하는 이질적 집단 모두가 '주권자'를 자임했고, 이재명 정부는 스스로에게 '국민주권정부'라는 명칭을 붙였다.

이 명칭에 언급된 '주권자'에는 차별금지법 제정을 요구하는 시민들도 포함되는가? 현 정부와 여당의 모습을 보면, 그렇게 생각하지 않는 것 같다. 그래서 질문을 제기할 수밖에 없다. 거리의 시민들이 분노와 자부심을 담아 외쳤던 '주권자'란 도대체 누구인가? 그것은 민주주의의 수호자를 부르는 이름인가, 아니면 주류에서 벗어난 작은 목소리를 삭제하는 자의 이름인가? '주권자'가 승리하자 이 말의 진정한 기능이 드러나고 있다.

개념에 맞서는 말 깊이 읽기

머리말에서 밝혔듯, 이 책은 2017년에 쓴 《개념 없는 사회를 위한 강의》의 후속편이라 할 수 있다. 정작 당시에는 '개념 없는 사회'라는 표현을 자세히 설명하지 않았는데, 이는 '개념에 맞서는 사회'를 완곡하게 바꾼 것이었다. 피에르 클라스트르와 일군의 인류학자들이 사용하던 '~ 없는 사회' 또는 '~에 맞서는 사회'라는 표현 형식과 '개념 없다'라는 한국어 일상 표현을 조합한 언어유희이기도 하다.[*] '개념에 맞서는 사회'의 일차적 의미는 말의 개념적 사용에 맞선다는 것이다. 이는 사회를 유지하는 데 필요한 합리적 규칙 체계 일반을 거부하는 것으로 이어진다. 이런 체계는 모두 개념으로 구

---

[*] 클라스트르의 책 제목 《국가에 맞서는 사회La Société contre l'État》(1974)가 가장 유명할 것이다. 인류학자들은 특정 사회의 특징을 설명하기 위해 '~ 없는 사회 society without ~'라는 형식을 종종 사용한다.

성되기 때문이다. 지난 책에서 특히 집중했던 것은 개인의 행위 규칙과 국가 운영의 규칙, 즉 권리와 국가 제도의 문제였다. 4부의 글들은 합리적 규칙 체계의 부재라는 문제를 더욱 다양한 측면에서 다룬다.

《개념 없는 사회를 위한 강의》는 두 가지 언어 사용법을 구별하는 작업에서 시작한다. 첫째는 **말의 개념적 사용**, 즉 기표와 기의의 관계를 고정하려는 경향이고, 둘째는 이 둘의 고정된 관계를 파괴하고 끊임없이 변형하려는 **반개념적 경향**이다.** 이 두 가지가 경향이라는 점을 기억하자. 즉 분류를 위한 종류나 유형이 아니라, 말을 사용할 때 선택할 수 있는 두 가지 방향이다. 따라서 이 둘 사이에는 명확한 경계선이 아닌 정도의 차이가 있을 뿐이다. 4부의 마지막 글 〈누가 주권자인가?〉에서 다룬 '주권자'를 보자. 이 말을 '법을 만들

** 이 구별은 다음의 두 작업을 참조한 것이다. 하나는 들뢰즈와 과타리가 《천 개의 고원》 4장에서 '다수 언어langue majeure'와 '소수 언어langue mineure'를 구별한 것이고, 다른 하나는 라클라우가 '개념적 규정conceptual determination'과 '이름 붙이기naming'를 구별한 것이다. 첫 번째 구별을 참조해 이야기하자면, 한국 문화의 특징은 고정된 표준으로서의 다수 언어를 거부하고, 무한한 변이로서의 소수 언어를 재생하는 데 있다. 라클라우는 두 번째 구별을 통해 기의로부터 해방된 기표, 아무런 개념적 규정이 없는 이름, 즉 빈 기표의 가능성을 설명한다. 그는 이를 위해 크립키Saul Kripke와 지젝Slavoj Žižek의 작업을 참조하며, 기술주의descriptivism와 반기술주의anti-descriptivism의 대립을 가져온다. "기술주의자들은 기표와 기의의 고정된 상관관계를 수립하려는 반면, 반기술주의적 접근은 기의의 얽매임으로부터 기표를 해방하는 것에 관련된다." Ernesto Laclau, *On Populist Reason*, Verso, 2005, p. 102. 한국의 공적 공간에는 빈 기표가 가득한데, 그와 함께 주목해야 할 것은 기의를 파괴하고 창조하는 기표, 개념적 규정 자체를 불가능하게 만드는 이름 붙이기, 개념의 질서를 파괴하는 말의 작동이다.

거나 중지시킬 수 있는 절대적 권력자'라는 정치철학적 개념
으로 사용할 수도 있고, 고정된 의미 없이 이러저러한 권력이
나 권리를 지칭하는 말로 사용할 수도 있다.

그렇지만 이런 선택이 언제나 가능한 것은 아니다. 눈에
보이는 구체적 대상을 지시하는 말, 예를 들어 '자동차'를 반
개념적으로 사용하기는 아무래도 어렵다(물론 시도해볼 수는
있을 것이다). 비감각적인 대상을 지시하는 말을 반개념적으
로 사용하기가 상대적으로 더 쉽다. 즉 '자동차'보다는 '불쾌
함'이나 '민주주의' 같은 말이 유동적이라고 할 수 있다. 그런
데 비감각적 대상을 지시하지만 개념 정의에 강력히 결합해
있어서, 반개념적으로 사용하기 어려운 말도 존재한다. '자연
수'나 '방정식' 같은 수학 용어가 그렇다. 또한 '빈 기표empty
signifier'에 대한 라클라우의 분석이 보여주듯, 특정 상황에서
개념적 사용이 허용되지 않는 말도 있다. 주어진 말을 개념적
혹은 반개념적으로 사용할 수 있는지는 그 말의 성격과 주변
상황에 달려 있다.

개념적 언어 사용의 전형적 사례를 찾을 수 있는 곳이
학술 영역 및 국가의 법과 제도이고, 반개념적 사용을 목격할
수 있는 곳은 정치적 실천의 공간이다. 빈 기표 없이는 정치
적 집단 정체성을 구성할 수 없다. 공적public 공간에는 두 가
지 언어 사용법이 공존해야 하며, 둘 중 하나만으로는 그 공
간을 구축할 수 없다. 개념적 언어 없이는 법과 제도를 합리
적으로 수립할 수 없고, 반개념적 언어 없이는 정치적 실천이

불가능하기 때문이다. 한국 공적 공간의 특징은 반개념적 언어가 지배적이라는 사실에 있다. 그것이 개념적 언어 자체를 파괴하고, 공적 공간에서 밀어낸다. 4부의 글들에 등장하는 언어 표현 모두가 그 구체적 사례다.

말의 개념적 사용

우리는 말의 개념적 사용에 이미 익숙하다. 학교에서 배운 교과서적 언어생활을 떠올리면 된다. 즉 개념을 적절히 정의하고, 그것을 지시하는 말을 통해 생각하거나 소통하는 것이다. 이를 위해서는 무엇보다 말이 개념에 고정되어야 한다. 하나의 말이 아무 개념이나 지칭할 수 있다면, 개념을 통한 생각과 소통은 불가능할 것이다.

개념이 무엇인지에 대한 답은 매우 다양하지만, 오늘날 사용되는 개념을 단순히 설명하면 **무엇인가에 대한 추상적이고 일반적인 관념**이라고 할 수 있다. 수학 시간에 배우는 '함수'나 '자연수' 개념, 또는 '포유류'나 '척추동물' 같은 생물학 개념을 떠올려보자. '개념concept'의 라틴어 어원을 거슬러 올라가면(conceptus, concipio, capio……), 무엇인가를 받고, 포함하고, 붙잡는다는 의미가 발견되는데, 이는 현대에도 여전히 살아남아 있다. 즉 개념이란 어떤 것을 관념의 형태로 붙잡은 것이다. 같은 라틴어 어원에서 파생된 프랑스 어휘

'conception'과 'concevoir'가 '수태하다', '이해하다', '구상하다', '감정을 품다' 등을 의미한다는 사실과 비교해보면, '개념'이라는 말이 어떤 의미 흐름에 속해 있는지 알 수 있다. 영어 'comprehend', 프랑스어 'comprendre'의 어원에도 '붙잡는다'는 의미가 있음을 고려하면, 개념과 이해 사이의 또 다른 연결고리를 찾을 수도 있다. 무엇인가를 이해한다는 것은 그것을 개념의 형태로 정신 속에 붙잡아두는 일이다.* 모든 사유 방식과 언어 사용이 개념적이지는 않다. 문학과 예술은 전혀 다른 방식의 생각과 언어를 생산할 수 있으며, 때로는 개념적 사유를 비판하는 데 몰두하기도 한다.

개념은 정의되어야 한다. 개념의 정의란 그 개념을 특징 짓는 것이 무엇인지를 언어적으로 규정하는 것, 그 개념이 지시하는 대상의 한계를 규정하는 조건이다. '정의de-finition'는 '끝을 부여함', '한계 지음', '경계를 만듦' 등의 어원적 의미를 가진다. '삼각형' 개념을 세 개의 선분으로 구성된 도형이라고 정의함으로써 삼각형과 다른 도형 사이에 경계를 긋게 된다. 도형 중에 '세 개의 선분'이라는 조건을 만족하는 것이 있으면 삼각형으로 식별된다. 물론 그 경계의 분명함은 개념마

---

* 나는 이를 '개념적 포획conceptual capture'이라 부르는데, 바로 여기에 서구 사유의 근본적인 특징 한 가지가 있다. 이는 마치 유럽 식민주의 시절의 탐험가가 전 세계를 여행하며 포획해온 잡다한 수집품을 자기 서재에 전시해놓는 것과 같다. 그의 수집품이 그의 개념이 되고, 그의 서재가 세계에 대한 그의 이해가 된다. 근대 학문도 이런 식으로 구축되지 않았는가? 개념적 포획 없이는 과학도, 합리성도, 근대도 없다.

다 다르다. 중요한 것은 불완전한 정의를 가진 개념은 있을 수 있더라도, 정의되지 않은 개념은 개념이 아니라는 점이다. (지금 설명한 것은 개념의 **내포적 정의**이고, 개념의 **외연적 정의**도 있다. '태양계 행성'을 '태양 둘레를 도는 천체'라고 정의하는 것은 내포적이고, 수성, 금성, 지구, 화성 등의 지시대상을 모두 나열하는 방식으로 정의하는 것은 외연적이다. 이 글에서는 내포적 정의만 다루고 외연적 정의는 고려하지 않을 것이다.)

우리는 언어를 통해 개념을 생각하고, 타인에게 전달한다. 전통적이고 교과서적인 설명에 따르면, **말**word은 **의미**meaning를 갖는데, 이때 의미란 **내포**intension와 **외연**extension으로 나뉜다. **정의된 개념이 내포를 구성하고, 말이 지시하는 대상들이 외연을 이룬다.** 예를 들어, 네 음절로 이루어진 '반려동물'이라는 말이 '반려동물' 개념을 의미한다. 이 개념을 '인간과 함께 살며 보살핌을 받는 동물'이라고 정의해보자. 이 정의가 내포의 핵심이고, 저 말이 지시하는 개, 고양이, 새, 물고기, 곤충 등이 외연에 해당한다. '세 개의 선분으로 구성된 도형'으로 정의된 개념이 '삼각형'이라는 말의 내포이고, 여러 형태의 삼각형들이 외연이다.

정의된 개념과 내포를 같은 것으로 다루는 경우도 있고, 내포를 더 넓은 것으로 이해하는 경우도 있는데, 이 글에서는 후자를 따를 것이다. 예를 들어, '내각의 합이 180도'라는 것은 '삼각형' 개념의 정의에는 없지만, 정의에서 도출되므로 내포에 포함된다. 방금 언급한 '반려동물' 개념의 정의에는

'인간이 주는 먹이를 먹음', '살아 움직임', '말을 하지 못함' 따위의 특성이 명시되어 있지 않지만, 그 정의로부터 도출될 수 있는 것들이므로 내포에 속한다고 간주한다. 또한 '인간과 친밀한 관계를 형성함'은 개념 정의에서 도출되지 않고, 지시대상에 따라 거짓일 수도 있지만, 반려동물의 일반적 특징으로 간주되므로 이 역시 내포에 속한다고 본다. 한마디로 말이 지시하는 대상들의 집합이 외연이고, 말 자체에 결부된 특성들(개념의 정의, 정의에서 도출된 특성, 지시대상에서 일반적으로 발견되는 특성 등)이 내포다.

아래의 논의를 위해, 다음 사실을 기억하자. **내포에 더 많은 특성이 들어갈수록 외연의 폭은 좁아진다.** 방금 다룬 '반려동물'의 개념 정의에 다른 조건을 추가해 '인간과 함께 살며 보살핌을 받고, 훈련이나 교육이 가능한 동물'이라고 조정하면, 외연에 포괄되는 동물의 종류가 줄어들 것이다. 반대로, 내포를 구성하는 특성을 줄이면 외연의 폭은 넓어진다. 개념 정의를 단순히 '인간이 보살피는 동물'로 바꾸면, 잡아먹거나 팔기 위해 키우는 소, 돼지, 닭 같은 동물도 '반려동물'의 외연에 포괄될 것이다. 물론, 이렇게 하면 다루고자 하는 대상에 비해 외연이 과도하게 넓어지므로 정확한 개념 정의라고 할 수 없다.

'말', '의미', '개념', '정의', '내포', '외연'에 관한 이러한 설명은 전통적 도식을 단순화한 것이다. 전통적 의미 이론을 둘러싸고 벌어진 현대적 논쟁을 여기서 고려하지는 않을 것이다.

이 용어들은 한국의 공적 언어를 분석하기 위한 기초 도구로
만 사용된다.*

유동적 말: 반개념적 사용의 첫 번째 유형

방금 설명한 것은 새롭지 않은 교과서적 내용이지만, 놀
라운 것은 한국에서 이런 내용을 진지하게 고려하는 경우가
별로 없다는 사실이다. 이 사실을 문제로 인식하는 사람도 드
물다. 학술 영역 일부를 제외하면, 언어의 개념적 사용이 엄
격한 규칙으로 인정되는 곳이 많지 않다. 대부분의 영역에서
반개념적인 것이 개념적인 것을 압도한다. 여기서 '반개념적'
이라고 부르는 것은 말을 개념으로부터 해방하려는 언어 사
용법이다. 이는 기표와 기의의 자유로운 결합과 분리를 추구
한다. 그런데 이것이 진부가 아니다. 이떤 말을 반개념적으로
사용할 때, 그 말은 개념으로부터 분리될 뿐 아니라 여러 개
념 사이를 돌아다니며 개념 사이의 경계를 파괴하고, 서로 다
른 개념을 뒤섞고, 개념이 대상에 적용되는 것을 방해하기도
한다. 이 글에서 '비非개념' 대신 '반反개념'이라는 표현을 사
용하는 이유가 여기에 있다.

***

* 이 글에서 다루는 반개념적 언어 사용의 핵심은 말, 개념, 대상 사이의 고정된 관
계를 파괴하는 데 있다. 이런 맥락에서 의미에 관한 현대적 논의들과 반개념의 문
제가 서로 교차하는 지점들을 찾을 수도 있을 것이다.

　　반개념적 사용의 가장 전형적인 경우는 의미에 매여 있지 않은 말, 즉 명확히 규정된 개념에 결합해 있지 않고, 지시 대상과의 관계도 유동적인 말이다. 이런 말은 관습 자체를 끊임없이 파괴하고 부정하면서, 개별 발화마다 새로운 관습을 창조해낸다. 이를 가장 흔히 볼 수 있는 것이 정치인의 언어다. '미래지향적', '국민 통합', '국민의 눈높이', '민심' 따위의 말은 고정된 의미가 없어서 아무 대상에나 가져다 붙일 수 있고, 의미 자체가 모호할 때도 있다. 그래서 전혀 다른 정치적 목적을 위해 '국민 통합을 위해 필요한 일은 정치인 특별 사면이다', '국민 통합을 위해 필요한 일은 좌파 세력을 몰아내는 것이다', '국민 통합을 위해 필요한 일은 내란 세력을 엄벌하는 것이다' 따위의 문장을 얼마든지 만들어낼 수 있다. 또한 '미래지향적 한일 관계를 위해서는 과거사 반성이 필요하다'와 '미래지향적 한일 관계를 위해서는 과거사에 얽매일 필요가 없다'처럼, 같은 말로 정반대의 주장을 할 수도 있다.

　　이런 식으로 사용되는 말의 특성을 편의상 **유동성**fluidity이라고 부르자. 말이 고정된 규정 없이 이러저러한 의미 위를 흘러 다니다가, 발화될 때마다 새로운 의미와 결합하기 때문이다. 의미가 발화에 의존한다는 점에서 유동적 말은 화용론pragmatics의 연구 대상이 될 수 있을 것이다. 그러나 흔히 알려진 화용론의 사례에 익숙한 사람에게는 다소 생소한 작동 방식을 보여준다. 무엇보다 **개념의 내포는 항상 모호하고, 외연만 새롭게 지정된다.** 다시 말해 개념의 명확한 정의가 없고,

발화될 때마다 새로운 대상에 적용된다. 누군가 '국민 통합을 위해 정치인 A를 특별 사면해야 한다'고 발화하는 상황을 상상해보자. 화자는 여기서 '국민 통합' 개념의 정의를 삭제하면서, '특별 사면'이라는 대상에 '국민 통합'이라는 말을 적용한다. 만일 화자가 이 말의 개념을 정의하게 되면, '특별 사면'이 그 정의에 부합하는지 따져야 하는데, 이는 유동적 말의 사용자가 가장 회피하고 싶어 하는 상황이다. 이런 발화의 첫 번째 목적은 반박 불가능한 주장을 하는 것이기 때문이다. 그래서 화자는 '국민 통합'의 의미에 '특별 사면'만 남긴다. '국민 통합'이라는 말은 하나의 대상만을 외연으로 갖는 고유명사처럼 사용되는 것이다.

그러므로 유동적 말을 사용한 발화는 일종의 동어반복적 주장을 함축한다고 볼 수 있다. '특별 사면을 위해 특별 사면을 하겠다'라는 것이다. 이런 주장을 반박하는 것은 불가능하다. 어떤 사람이 '국민 통합을 위해 필요한 일은 그 정치인을 감옥에 가둬두는 것이다'라고 정반대의 주장을 하면, '국민 통합'은 '그를 감옥에 가둬두는 행위'를 지시하는 고유 명사로 재규정된다. 이 역시 같은 이유로 동어반복적 주장을 함축한다. 결국 '특별 사면을 위해 특별 사면을 하겠다'와 '그를 감옥에 가둬두기 위해 그를 감옥에 가둬두어야 한다'라는 동어반복이 대립하게 되는데, 이 둘 사이에는 그 어떤 논쟁도 불가능하다. 한국에서 정치적 논쟁이라는 것은 대부분 이런 식으로 진행된다.

여기서 말하는 유동성은 중의성ambiguity과 구별된다. 유동적 말이 아무 대상이나 지시할 수 있는 것은 그 말이 여러 의미를 가지고 있어서, 또는 여러 가지 방식으로 해석될 수 있어서가 아니다. 중의적 말의 불확실성은 분명한 의미가 여럿이라는 사실에서 나온다. 유동적 말은 개념의 분명한 정의 자체를 거부한다. 이 점에서 그것은 모호성vagueness과 관련이 있다. 말의 의미가 모호할수록 유동적으로 사용하기도 쉽기 때문이다. 하지만 유동성과 모호성이 완전히 같은 것은 아니다. 예를 들어, 앞뒤 설명 없이 '저소득층의 생활 안정을 위해 복지 정책 강화가 필요하다'라고 하면, '저소득'은 정확한 기준이 부재하는 모호한 말로 들린다. 하지만 대부분의 경우 저런 발화는 관련 법률과 규정을 전제하고 있으므로, 화자와 청자 모두 정확한 기준을 찾아가는 방식으로 대화를 진행한다. 그래서 저 말이 유동적으로 사용될 가능성이 별로 없다. 한마디로 유동성은 모호성을 유지하거나 강화하려는 경향이며, 모호한 말이 모두 유동적 말로 사용되는 것은 아니다.[*]

앞서 말했듯, 말의 개념적 사용과 반개념적 사용 사이에는 경향상의 차이가 있을 뿐이다. 방금 유동성의 사례로 제시했던 말들 역시 당연히 개념적으로 사용할 수 있다. 어떤 정치인이 '민심을 받아들여 이번 선거에 출마하겠습니다'라고 발언하는 상황을 상상해보자. 그는 '민심'이라는 말을 개념적으로 사용하기 위해 정치학이나 정치철학 이론을 참조할 수 있고, 필요에 따라 새로운 정의를 창조할 수도 있다. 하지만 결국 그렇게 하지 않을 것이다. 애초 저 발화는 '민심'을 유동적으로 사용하기 위한 것이기 때문이다. 그래서 화자는 개념의 정의를 최대한 모호하게 만들면서 내포를 비워내고, '민심'이라는 말이 '선거 출마'라는 하나의 대상만 지시하도록 만든다. 앞의 사례와 마찬가지로 이 발화 역시 동어반복적이다.

물론 화자가 아무리 노력해도 말의 내포를 완전히 비우기는 힘들다. '민심'을 풀어 쓰면 '백성의 마음'이고, '마음'이라는 개념에 결부된 '의지', '생각', '감정', '욕구' 등의 특성을 모두 삭제할 수는 없다. 하지만 말의 유동적 사용은 이런 특성이 개념의 정의로 사용되는 것을 절대 허용하지 않는다. 내포에 결부된 특성이 명확할수록, 말을 유동적으로 사용하는 것이 어려워지기 때문이다. 방금 사례로 든 정치인의 발화를 듣고서 그에게 '당신이 말하는 민심이란 무엇입니까?'라

---

*　중의성과 모호성은 다르다. 분명히 구별되는 여러 의미를 동시에 가지고 있는 말의 특성을 중의성이라 부른다('애매성'으로 번역하기도 한다). 누군가 앞뒤 설명 없이 '다리를 수리해야 한다'라고 말하면, 이게 강을 건너는 다리인지, 의자 다리인지 알 수 없다. 이때 '다리'라는 말은 중의적이다. 그런데 중의성이란 여러 가지 방식으로 해석될 수 있다는 것이지, 분명한 의미가 없다는 것이 아니다. 중의적 말은 하나 이상의 분명한 의미를 가지므로, 맥락을 살피거나 화자에게 질문을 함으로써 불확실함을 해소할 수 있다. 이와 달리 모호성은 분명한 의미 자체가 없는 상태를 말한다. 요즘 많은 사람이 가해자에 대한 '강력한 처벌'을 요구하는데, 이 말은 중의적인 것이 아니라 모호한 것이다. '강력'의 기준이 없기 때문이다. 만일 이 말을 사용하는 사람이 마음속으로 명확한 기준을 가지고 있다면, '당신이 말하는 강력한 처벌의 기준이 무엇입니까?'라는 질문으로 불확실함을 없앨 수 있을 것이다. 하지만 이 말은 공적 공간에서 계속 모호하게 사용되고 있는데, 이는 화자 자신도 명확한 기준이 없기 때문이다.

고 되묻는다면, 아마도 다음과 같은 식의 답변이 돌아올 것이다. '민심은 국민의 마음인데, 이는 국민의 뜻이 모인 것이고, 이는 국민의 눈높이에 맞는 정치에 대한 바람이고, 이는 나라의 미래에 대한 국민의 걱정이 반영된 것이고……' 이런 식으로 모호한 개념을 한없이 반복하는 **중언부언**redundancy은 정치적 논쟁의 장에서 흔히 발견된다. 이는 말의 개념적 사용을 회피하기 위한 전략이다. '민심'이 무엇인지 개념적으로 설명하는 순간, 이 말을 쓰는 이유 자체가 사라지기 때문이다.

여기서 한 가지 질문이 떠오른다. '민심'을 쓰는 이유가 내포를 최대한 비우는 데 있다면, 굳이 이 말을 선택한 이유가 무엇인가? 개념의 내포를 비운다는 것은 말의 의미 자체를 지우는 것과 다름없는데, 그렇다면 '민심'을 의미 없는 말로 만들기 위해 이 말을 쓰는 것인가? 아무 의미도 없는 말을 굳이 왜 선택하는가? '선거 출마'라는 행위에 가져다 붙일 수 있는 유동적 말은 수없이 많다. '민심의 요구에 따라', '국민 통합을 위해', '청년의 미래를 위해', '나라의 발전을 위해' 따위를 계속해서 만들어낼 수 있다. 그런데 다른 말이 아니라 왜 굳이 '민심'일까?

사실, 말을 유동적으로 사용한다고 해서 말에 결부된 고유한 특성이 모두 제거되는 것은 아니다. 만일 그런 특성이 없다면, 하나의 말을 다른 말과 구별해주는 고유함이 없을 것이고, 화자가 굳이 여러 말 가운데 하나를 선택할 이유도 없어질 것이다. 화자가 다른 말 대신 '민심'을 사용한다면, 이 말의 고유한 특성이 그의 의도에 더 잘 부합하기 때문이다. 그런데 이러한 특성은 언어적으로 표현 가능한 것이 아니다. 언어적으로 표현할 수 있는 특성이란 결국 말의 내포이므로, 그런 특성을 고려한다는 것은 말의 내포를 삭제하지 않는다는 것이고, 이는 결국 말을 유동적으로 사용하지 않는다는 것이 된다. 예를 들어, 화자가 '민심'과 '미래지향적'이라는 말에 결부된 특성을 언어적으로 구별하고, 이를 바탕으로 둘 중 하나를 선택한다면, 그는 이 말들을 개념적으로 사용하고 있는 것이다. 그런 말을 아무 대상에나 가져다 붙일 수는 없다. 따라서 말의 유동적 사용은 말의 비언어적 특성을 활용해야만 한다. 여기에 이 글의 가장 중요한 결론 중 하나가 있다. **말의 유동적 사용이란 언어적으로 표현 가능한 내포를 제거하면서 말의 비언어적 특성만 남기는 것이다.**

유동적 말의 비언어적 특성 중 대표적인 것이 이른바 **말의 느낌**, 즉 말에 결부된 감각이나 감정의 이미지다. 예컨대 '민심'과 '미래지향적'이 청자에게 주는 느낌이 다르므로, 화자가 이 중 하나를 선택하는 식이다. 말의 내포를 삭제하고, 느낌만 활용하는 방식이 아주 생소한 것은 아니다. 우리가 흔히 접하는 광고 문구 중 상당수가 이런 식으로 만들어진다. 욕설, 모욕, 차별을 위해 끊임없이 만들어지는 인터넷 신조어도 마찬가지다. 한때 '진지충'이나 '맘충'처럼 인간 집단에 벌레를 뜻하는 '충蟲' 자를 붙인 신조어가 쏟아져 나왔는데, 여기서 '충'은 욕설이나 모욕에 쓰이는 것과 비슷한 레토릭이므로('개새끼'와 비슷한 방식), 그 말의 내포가 무엇인지 따지는 것은 무의미하다. 이 말에는 증오와 조롱의 감정 말고는 아무런 특성이 없고, 특정 대상에 이런 감정을 덧씌우는 것이 유일한 기능이다. 인터넷 신조어는 유동적 말의 극단적 형태 중 하나인데, 중요한 것은 공적 언어 일반이 이런 경향을 따른다는 사실이다.

말의 느낌은 청자의 마음속에서 일어나는 심리적인 효과인 동시에 관습적인 것이기도 하다. 화자의 발화에는 '청자가 이 말을 들으면 관습적으로 이런 느낌을 받을 것이다'라는 의도가 담겨 있다. 이런 의미에서 유동적 말은 언어의 관습이 아닌 감정의 관습을 따른다고 할 수 있다. 하지만 감정의 관습을 구성하는 규칙은 훨씬 더 유연하고 주관적이고 모호해서, 유동적 말이 예상치 못한 효과를 발휘하기도 한다. 만일 말하거나 들을 때 '사흘'을 '4일'로 해석하는 사람이 있다면, 그는 관습적 언어 규칙에 어긋나는 의사소통을 하는 것이다. 이와 달리, 유동적 말을 하거나 들을 때는 무엇이 규칙에 어긋나는 것인지 판단할 수 없다. 예컨대 화자가 '국민 통합'이나 '미래지향적' 같은 유동적 말을 사용하면 청자 중 누군가는 긍정적 느낌을 받겠지만, 다른 누군가는 '기성세대의 촌스러움'을 느낄 수도 있다. 둘 중 어느 쪽의 느낌이 관습적 규칙에 맞는지 평가하기란 불가능하다. 애초에 말의 느낌이란 이런 평가의 대상이 아니다. 이런 의미에서 유동적 말은 언어학의 연구 대상을 벗어난다고 볼 수도 있다.

유동적 말은 돌려 말하기를 위해 자주 사용된다. 여러 말 중 특정한 하나가 선택되는 또 다른 이유를 여기서 찾을 수 있다. 선거에 출마할 때, 정치인은 '민심'과 '국민 통합' 중 어떤 말을 사용해야 할까? 최근의 한국 상황에서 '민심을 받아들여 이번 선거에 출마하겠습니다'라는 발화는 '내가 아니라 당신들이 원해서 출마하는 것이다', '다수가 나를 지지한다', '나는 겸허한 사람이다' 따위를 돌려 말한 것으로 이해될 수 있다. 이와 달리 '국민 통합을 위해 이번 선거에 출마하겠습니다'라고 하면, '진보와 보수 일부를 끌어들여 제3세력을 만들겠다', '중도 유권자가 호감을 가진 후보는 타 후보가 아니라 바로 나다' 정도로 받아들여질 것이다. 정치인은 자신의 돌려 말하기가 청자에게 어떻게 이해될지 예상해서 '민심'이나 '국민 통합' 중 하나를 선택한다.

여기서 '돌려 말하기'란 화용론에서 '함축'이라고 부르는 것을 활용한 말하기다. 익숙한 사례를 하나 상상해보자. 내가 친구에게 '샐러드와 햄버거 중에 뭘 먹을 거니?'라고 물으니, 그 친구가 '나 요즘 다이어트 중이잖아'라고 대답한다. 이 소통의 **맥락**context 안에서 나는 그의 발언에 함축된 것, 즉 샐러드를 먹겠다는 의도를 어렵지 않게 찾아낸다.* 우리는 일상

---

*   여기서 '함축'이란 허버트 폴 그라이스Herbert Paul Grice의 'conversational implicature' 개념을 말한다. 일상생활에서 '맥락context'은 발화의 전후 사정 정도로 이해되는데, 언어학에서는 발화가 일어나는 상황과 환경 전체를 의미하는 넓은 개념으로 사용된다. 사회구조나 정치 상황도 여기에 포함될 수 있다.

대화에서 이런 식의 함축을 자주 활용한다. 이유는 다양하다. 직접 말하기를 회피하려는 때도 있고, 단순히 언어유희를 즐기고 싶을 때도 있다. 그런데 함축을 위해 반드시 유동적 말을 쓸 필요는 없다. '나 요즘 다이어트 중이잖아'라는 답변은 그 자체로 확실한 의미를 전달하면서, 샐러드를 먹겠다는 함축적 의도 역시 정확히 전달한다. 즉 함축적 대화의 목적이 의미를 모호하게 만드는 데 있지는 않다.

최근에 흔히 볼 수 있는 정치적 토론 장면을 떠올려보자. 어떤 정치인이 '차별금지법을 추진할 계획이 있습니까?'라는 질문을 받고, 자신은 그럴 생각이 없다는 뜻을 돌려서 말하려는 상황이다. 그는 '사회적 합의가 필요한 사안입니다'라고 답할 수도 있고, '그 법을 적극 반대하는 시민들도 있습니다'라고 답할 수도 있다. 전자는 '사회적 합의'라는 유동적 말을 사용한 것이고, 후자는 유동적이거나 모호한 말 없이 명확한 의미를 전달하는 답변이다. 둘 다 같은 함축('그럴 계획이 없다')을 전달할 수 있지만, 유동적 말은 전자에만 사용된다. 즉 함축과 유동적 말 사이에 필연적 연관이 있는 것은 아니다. 그렇다면 현실의 정치인은 왜 굳이 '사회적 합의'라는 유동적 말을 이용해서 함축적 의도를 전달하려 하는가? 앞서 분석한 사례와 마찬가지로, 말의 개념적 사용을 회피하기 위해서다. 만일 그가 '그 법을 적극 반대하는 시민들도 있습니다'라고 답한다면, 다시 '그 시민들이 구체적으로 누구입니까?'라는 질문이 제기될 테니 말이다. 유동적 말의 사용자가 가장 회피하려는 것이 이런 식의 개념적 대화다.

유동적 말은 레토릭의 일종이라고 할 수 있다. 발화가 전달하려는 의미 자체는 건드리지 않은 채, 언어적 '장식'만 덧붙이기 때문이다.* 앞서 언급한 말의 느낌이 그런 장식 역할을 한다. 하지만 이게 전부가 아니다. 방금 말한 사례에서 '사회적 합의'는 발화된 문장과 함축된 의도 모두에 아무런 영향을 미치지 않는 레토릭, 즉 모호한 내포와 '좋은' 느낌을 가진 유동적 말이면서, 개념적 대화를 차단하는 역할을 한다. 화자와 청자 모두 이 말이 화자의 특정 행위나 태도('차별금지법'에 관련된 논의를 회피하려는 것)를 지시하는 것으로 이해하지만, 말의 내포는 아무도 알지 못한다. 흔히 돌려 말하기, 즉 함축적 대화가 정치인들의 전형적인 언어 습관으로 꼽히지만, 이보다 결정적인 것은 개념적 언어를 어떻게든 차단하려는 경향이다. 반개념적 언어 사용은 일종의 역설이다. 언어적 소통을 차단하기 위한 언어 사용법이기 때문이다. 한국의 공적 공간은 이런 역설로 가득 차 있다.

---

* Ernesto Laclau, *On Populist Reason*, pp. 10-13. 포퓰리즘 정치인들은 정치적 레토릭을 가장 적극적으로 사용하는 이들이다.

반개념적 사용의 다른 유형들

유동적 말은 한국에만 있는 것이 아니다. 트럼프가 외치는 '미국을 다시 위대하게Make America Great Again'에서 '위대한'도 유동적 말이다. 이 말의 내포는 한없이 모호해서 트럼프 자신이 하는 모든 행위를 '위대하다'고 부를 수 있을 정도다. 레토릭에 집착하고, 개념적 언어 사용을 거부하는 경향은 서구의 극우 포퓰리즘에서 흔히 발견된다. 하지만 한국의 공적 공간만큼 반개념적 언어가 지배적으로 사용되는 곳을 찾기는 어렵다. 이곳에서는 개념적 언어에 기초한 합리적 토론 자체를 거의 찾아볼 수 없다. 언어생활 전체가 이런 토론을 방해하는 방식으로 조직된다. 유동적 말 외에도 반개념적 언어 사용법은 다양하다. 이제 그중 몇 가지를 살펴보자. 아래에 모든 유형이 빠짐없이 서술된 것은 아니며, 이 유형들은 대부분 서로 중첩되어 나타난다. 또한 모든 유형이 유동적 말로 수렴하는 경향을 보이는데, 그런 점에서 유동적 말이 탄생하는 다양한 경로라고 이해할 수도 있다.

1) 개념 정의를 거부하기

말의 개념이 모호할수록 그 말을 유동적으로 사용하기 쉽다. 그런데 체계적이고 명확한 정의가 있지만, 이를 의도적으로 부정함으로써 유동적 말을 창조하는 경우가 있다. 예를 들어 '페미니즘'에 관해서는 한없이 풍부한 논의가 있고,

따라서 이 개념의 정의는 나열하는 것이 불가능할 정도로 많다. 개념이 불확실하다는 것이 아니라, 오히려 체계적이고 이론적인 정의를 얼마든지 뽑아낼 수 있다는 말이다. 하지만 페미니즘을 공격하는 사람들은 이 개념의 정의들을 적극적으로 삭제하면서, 일련의 부정적 감정만을 말에 결합시킨다. 페미니스트라는 사람은 물론, '페미니즘' 개념 자체가 백래시의 대상이 되는 것이다. 그 결과로 탄생한 것이 '페미'라는 약어다. 이 말은 단순한 인터넷 신조어가 아니다. 말의 내포를 완전히 삭제하는 가장 효과적인 방법은 말 자체를 다른 것으로 대체하는 것이다. 즉 '페미니즘' 대신 '페미'를 사용하는 순간, 전자에 결합해 있던 개념 정의와 특성은 모두 사라지고, 말의 부정적 느낌만 후자로 옮겨간다. 이런 식으로 가장 순수한 유동적 말이 탄생한다. 이런 말의 성격이 가장 분명히 드러나는 발화가 '쟤는 페미다'라는 식의 낙인찍기다.

말의 개념 정의를 삭제하는 것이 불가능한 경우, 그 말 자체를 사용하지 않으려 한다. '평등'이나 '권리'라는 말은 개념 정의에 강하게 결합해 있어서 유동적 말로 사용하는 것이 상대적으로 힘들다. 그래서 공적 공간에서 이런 말의 사용을 회피하는 경향이 나타난다. 개념 정의를 회피하는 이유는 다양하다. 사회운동에서도 이런 경향이 발견되는데, 공적 대화를 개념적으로 구성하는 작업보다 당장 필요한 것을 최대한 강한 언어로 요구하는 일이 시급하기 때문이다. 예를 들어 '생존권'은 사회적·경제적 위기 상황에 있는 사람들이 자신의 요구를 표현하기 위해 사용하던 말이었지만, 체계적으로 정의된 개념을 의미한 적은 없었다. 결국 지금은 자신의 경제적 이익을 강하게 주장할 때 누구나 쓰는 유동적 말이 되어버렸다. '여성혐오'에서 '혐오'가 분리되어 '남성 혐오'라는 신조어가 만들어진 과정도 비슷하다.

2) 개념을 대체하는 비개념

개념적으로 정의 불가능한 말을 개념처럼 쓰는 경우도 있다. 4부의 글 〈'정치적 올바름'은 쓸모없다〉에서 분석한 '정치적 올바름'은 여기저기서 널리 쓰이는 말이 되었지만, 그 정확한 의미를 따지는 사람이 없다. 이 말은 개념적으로 정의할 수 있는지 자체가 의심스러운데, 애초에 농담으로 탄생한 말이기 때문이다. 최근 온라인에서 '참교육'이라는 말이 보복이나 응징을 의미하는 신조어로 쓰이고 있는데, 이 말을 개념적으로 사용할 수 없는 것과 같다.

레토릭이 개념을 대체하기도 한다. '금수저'와 '흙수저'는 계급 차이를 의미하는 은유인데, 이제 '계급'이라는 말을 쓰는 사람은 별로 없고, 대부분 이런 은유적 표현을 마치 개념처럼 쓴다. '세금 폭탄'이나 '혈세'가 '세금' 개념을 대체하는 것도 마찬가지다. 안전사고가 발생하면 습관적으로 '안전 불감증' 운운하는 사람이 있는데, 이는 개념적으로 정의할 수 없는 말일 뿐 아니라 사고의 원인을 정확히 규정하는 작업을 방해한다. '강간'이나 '성폭력' 개념 대신 '몹쓸 짓' 같은 완곡어법euphemism을 사용하는 경우도 있다. 이 역시 대상에 대한 정확한 인식과 논의를 방해한다.

3) 빈약한 내포를 가진 말

내포가 너무나 빈약해서 이질적인 대상들을 뒤섞어버리는 말이 있다. '갑질'은 어느새 제도의 언어로 편입되었지만, 국가기관이 제시하는 개념 정의는 매우 단순하다. 그래서 권력을 이용한 나쁜 짓이면 무엇이든 '갑질'로 불리게 되었다. 〈폭력을 왜 갑질이라 부르는가?〉에서 분석했듯, 이 말은 외연이 극단적으로 넓어서 전혀 다른 성격의 행위들을 모두 지시할 수 있다. 뇌물을 받는 행위, 인사 부정, 언어적 폭력, 신체적 폭력, 부당한 업무 지시, 직장 내 괴롭힘, 소비자가 자영업자에게 하는 무리한 요구, 상급자가 하급자에게 사적 업무를 강제하는 것 등이 모두 '갑질'로 불린다. 이런 말은 개념적 논의에서 별 쓸모가 없다. 구체성과 정확성을 결여하고 있어서, 어차피 '뇌물', '직장 내 괴롭힘', '강제노동' 같은 하위 개념으로 대체되어야 하기 때문이다.

그렇다면 왜 '갑질' 같은 말이 계속 사용되는가? 대상에 대한 구체적이고 정확한 규정을 회피하기 위해서다. 물론 이런 말을 사용하는 이유는 제각기 다를 것이다. 문제는 언어 사용자가 의도하든 아니든 간에, '갑질'이 습관적으로 사용될수록 정확한 개념을 사용해야 한다는 언어 규칙이 제거된다는 점에 있다. 그 결과 '강제', '폭력', '괴롭힘' 같은 정확한 개념의 사용 자체가 차단된다.

방금 언급한 '혐오'도 내포가 빈약한 말의 사례다. 처음에 'misogyny'의 번역어로 만들어졌던 '여성혐오'를 '여성'과 '혐오'로 분리하는 것은 불가능하다. 이 단어를 구성하는 'miso-'(싫어함)와 '-gyny'(여성)는 오랜 역사를 통해 하나의 개념 안에 완전히 통합되었기 때문이다. 여기서 '-gyny'는 그냥 여성이 아니라, **싫어함의 대상**으로서의 여성을 의미한다. 'miso-'는 단순한 싫어함이 아니라, **여성을 싫어하는 것으로서의 싫어함**이다. 하지만 'misogyny'가 한국에서 '여성혐오'로 번역되자마자, 이 개념을 구성하는 복잡한 내포는 삭제되고, '여자를 싫어함' 정도의 의미만 남았다. 여기서 '여성'과 '혐오'를 분리하는 것은 간단하다. 결국, '혐오'는 '무엇인가를 싫어함' 정도의 빈약한 내포를 가진 말이 되었고 무엇이든 싫어하는 행위이면 모두 '혐오'라 부를 수 있게 되었다. 이런 맥락에서 '남성혐오'라는 반개념적 말이 탄생했다. 이 역시 내포가 극단적으로 빈약하고 외연은 과도하게 넓어서 남성을 향한 부정적 감정 모두를 지시할 수 있다.

4) 잘못된 개념 이해와 사용

개념에 대한 오해에서 비롯한 반개념적 말도 있다. 2부의 글 〈공정과 능력주의는 고립된 수험생의 세계에서 태어난다〉에서 언급했듯, '메리토크러시meritocracy'가 '능력주의'로 번역되면서 원래 개념의 의미가 완전히 변형되었다. 따라서 이제 한국에서 '메리토크러시'를 정확한 개념으로 사용하기는 어렵다. 3부의 '깊이 읽기'에서 다룬 헌법 개념들도 이렇다. 서구어 개념을 가져오는 과정에서 예외 없이 이런 일이 일어나는데, 그중 상당수는 유동적 말에 가까운 방식으로 사용된다. 아래에서 이 문제를 자세히 다룰 것이다.

5) 대상에 부합하지 않거나 자기모순적인 개념

다루고자 하는 현실의 문제에 적합하지 않은 개념을 사용하는 경우가 있다. 《개념 없는 사회를 위한 강의》에서 자세히 분석한 '청년'이 대표적 사례다. 불안정노동의 문제를 다루려면 당연히 '불안정노동의 문제'라는 개념을 구성하고, 그에 기초한 정책을 수립해야 한다. 그러나 한국에서는 오랫동안 그것을 '청년 문제'로 개념화하고, 그에 대응하기 위한 '청년 정책'을 수립해왔다. 세대 범주를 마구잡이로 적용하다 보니, 다양한 영역에서 이런 식의 개념적 왜곡이 발생한다.

개념 정의 자체가 자기모순적인 경우도 있다. 2부의 글 〈'외국인'이란 누구인가?〉에서 지적했듯, 행정안전부가 사용하는 '외국인 주민'에는 한국 국적 취득자도 포함된다. 법적 한국인을 '외국인 주민'으로 분류하는 것이다. 이런 모순적인 개념이 만들어진 배경에는 대부분 숨겨진 의도가 있다. 이주 배경을 가진 한국인은 한국인으로 인정하지 않겠다는 것이다. 이런 식으로 국가권력의 숨겨진 의도, 정치적 또는 경제적 이해관계, 상위 권력의 명령 같은 외부의 강제력이 말의 개념적 사용을 금지하는 상황이 빈번하다.

6) 이론적 지식이 결여된 이론적 말

이론적 지식 없이 정의된 이론적 말들이 있다. 이런 말은 개념을 파괴하는 장치로 기능한다. 4부의 글 〈교권이 아니라 인간, 시민, 노동자의 권리다〉에서 다룬 '교권'이 그렇다. 네이버 지식백과는 이 말을 다음과 같이 설명한다.

> 전문직으로서의 교직에 종사하는 교원의 권리. 교원의 권위權威로 사용되기도 한다. 넓은 의미의 교권은 교육권教育權을 의미하는데, 이것은 교육을 받을 권리와 교육을 할 권리를 포괄한다. 즉 교육권으로서의 교권에는 학생의 학습권, 학부모의 교육권, 교사의 교육권, 학교 설립자의 교육 관리권, 그리고 국가의 교육 감독권이 모두 포함된다.

> 일반적으로 교권은 교원의 교육권이라는 제한적인 의미로 사용된다. 교권은 가르치는 일에 있어서의 권리(교육의 자율성과 학문의 자유를 보장받을 권리), 신분상의 권리(신분 보유권, 직무 집행권, 직명 사용권, 쟁송爭訟 제기권, 불체포 특권, 교직단체 활동권 등), 재산상의 권리(보수와 연금 등의 경제적 급여와 복지 후생 서비스를 받을 권리), 교직단체활동권 등으로 구분할 수 있다. *

일단 '넓은 의미'를 보면, 절대 혼동하지 말아야 할 개념들을 뒤섞고 있는 데다('권리'와 '권위', '교육을 받을 권리'와 '교육을 할 권리' 등) 권리인지 의심스러운 것도 포함한다('학교 설립자의 교육 관리권', '국가의 교육 감독권' 등). 교육 관련 용어 중에 '권權' 자가 포함된 것을 모두 모아놓았다고 해도 과언이 아니다. 이를 개념 정의로 사용하기는 힘들다.

'제한적인 의미'는 덜 혼란스럽지만, 여기에도 심각한 문제가 있다. 첫째, '권한authority'과 '권리right'가 구별되지 않는다. 예를 들어, '직무 집행권'은 권리가 아니라 권한 아닌가? 회사에서 팀장은 팀원들에게 업무를 지시할 자격이 있는데, 이를 '권한'이라고 부르지 '권리'라고 하지는 않는다. 그런 자격은 팀장 본인의 이익을 위한 것이 아니라 조직이 요구하는 업무를 수행하기 위해 부여된 것이기 때문이다. 따라서 권한은 상급자의 결정에 따라 언제라도 조정될 수 있는 반면, 권리는 타인이 임의대로 부여하거나 박탈할 수 없다. 둘째, 교사로 일하는 **사람이 가진 권리들**과 교사라는 **신분(또는 직업)에 결부된 권리들**을 구별하지 않는다(물론 교사라는 신분에 결부된 권리가 실제로 존재하는지는 별도로 검토해야 할 문제다). 교사로 일하는 사람은 보수를 받을 권리가 있지만, 이는 노동자라는 신분에 결부된 권리이지 교사라는 직업에 결부된 권리

---

* 이는 서울대학교 교육연구소에서 펴낸 《교육학용어사전》(1995)의 '교권' 항목을 네이버 지식백과에서 가져온 것이다.

가 아니다. 예컨대 회사에 고용되어 일하는 게임 개발자도 보수를 받을 권리가 있지만, 이를 굳이 '게임 개발자의 권리'라고 부르지 않는다. 이 권리는 고용계약을 맺은 노동자라는 신분에 결부된 것이기 때문이다. 그것을 '게임 개발자의 권리'라고 부를 수는 있겠지만, 이는 '게임 개발자가 가진 노동자로서의 권리'를 의미한다. 이 권리를 보호하는 것은 IT 관련 법률이 아니라 노동 관련 법률이다.

공적 공간에서 '교권'이 실제로 사용되는 방식을 보더라도, 권리, 권한, 권위 등이 뒤섞여 있음을 알 수 있다. 학생이 수업 시간에 교사를 폭행한 사건, 학부모가 교사의 업무에 부당하게 간섭한 사건을 모두 '교권 침해'라고 부른다. 하지만 전자는 교사가 가진 **인간의 권리**를 침해한 범죄이고, 후자는 **교사의 업무 권한**을 침해한 사건이다. 누군가는 이런 사건을 보고 '땅에 떨어진 교권을 다시 세워야 한다'라고 외치는데, 이때 '교권'은 '교사의 권위'를 의미한다. 이런 상황에서 필요한 일은 교사의 기본적 권리들을 보호하고, 업무 영역과 권한을 엄격히 보장하는 것이지만, 적지 않은 사람이 교사의 권위 강화를 요구한다. 문제와 별 상관없는 해법이 제시되는 것이다. 이는 교사의 권리 보호, 권한 보장, 권위 강화가 모두 '교권 회복'으로 불리기 때문이다.

누군가는 방금 지적한 내용을 보고 '교권'의 불확실성이 중의성에서 비롯한다고 생각할지 모른다. 즉 교사의 권위, 권리, 권한 등을 모두 의미할 수 있어서 문제라는 식으로 말이다. 하지만 이 말을 특징짓는 것은 중의성이라기보다 모호성이다. 이 사실을 명확히 보여주는 것이 미디어에 자주 등장하는 '교권 vs 학생 인권'이라는 대립 구도다. '교권'을 권위, 권한, 권리 중 무엇으로 해석해도 이런 대립 구도는 성립하지 않는다. 첫째, 저 말이 권위나 권한을 의미한다면 애초에 인간의 권리와 대립할 수 없다. 인간의 권리는 그 무엇과도 비교할 수 없는 우선적 가치이기 때문이다. 둘째, 그것이 권리를 의미한다고 해도 저런 대립 구도를 형성하는 것은 불가능하다. 문제가 되는 것이 교사의 권리 중 정확히 어떤 권리인지 알 수 없고, 학생 인권 중 정확히 어떤 권리와 '교권'을 비교하려는 것인지도 모호하기 때문이다.* '교권'은 권리, 권위, 권한 모두를 의미하는 것처럼 보이지만, 실제로는 그 어떤 것도 의미하지 않는다.

공적 언어가 개념적으로 구성되어 있었다면, '교권'이라

---

* 여기에는 한국어가 단수와 복수를 명확히 구별하지 않는다는 문제가 개입되어 있다. '인권'은 '인간의 권리'가 아니라, '인간의 권리들human rights'이다. 이는 여러 종류의 권리(생명에 대한 권리, 신체의 자유, 표현의 자유 등)를 지칭하는 집합명사다. '정치적 권리들political rights', '사회적 권리들social rights', '노동자의 권리들workers' rights', '재생산에 관련된 권리들reproductive rights' 따위도 모두 마찬가지다. 한국에서는 이 모두를 '~권'이라고 줄여 쓰면서('정치적 권리들'을 '정치권'이라고 하듯), 마치 개별 권리인 것처럼 보이게 한다. 여기에서 다양한 언어적 혼란이 발생한다. 예를 들어, 내가 가진 생명에 대한 권리와 상대방이 가진 파업에 대한 권리를 비교하는 것은 가능하겠지만, 나의 인권과 상대방의 노동권을 비교하는 것은 불가능하다. 인간의 권리들 중 어떤 권리와 노동자의 권리들 중 어떤 권리를 비교하겠다는 것인지 알 수 없기 때문이다. 같은 이유에서 교사가 가진 여러 성격의 권리들과 학생이 가진 인간의 권리들을 비교하는 것도 불가능하다.

는 말은 애초에 존재하지 않았을 것이다. 그것 대신 '교사의 권리', '권위', '권한'같이 정확한 용어를 쓰면 되기 때문이다. 앞서 분석한 '갑질'과 마찬가지로, '교권'이 이토록 널리 쓰이는 것은 개념적 언어 사용을 회피하기 위해서다. '교권'이라는 말을 쓰면 쓸수록 '권리', '권위', '권한' 등이 서로 뒤섞이면서 서로 다른 개념 사이의 경계가 흐릿해진다. 이러한 개념 파괴적 용어를 사용하는 이유는 화자마다 다르다. 단순히 남들의 어휘를 따라 쓰는 것일 수도 있고, 대상에 대한 정확한 규정을 피하기 위해서일 수도 있다. 교사들의 집단 정체성을 형성하는 빈 기표로 활용하려는 사람도 있을 것이다. 어떤 경우든 '교권'을 사용한다는 것은 곧 이 말의 모호한 내포를 사용한다는 것, 즉 아무 의미에나 가져다 붙일 수 있는 유동적 말로 활용한다는 것이다.

헌법 용어의 반개념적 사용

방금 다룬 이론적 지식의 결여를 좀 더 살펴보자. 어떤 용어를 이론적으로 정의하려면 당연히 해당 이론에 대한 충분한 지식이 필요하다. 오늘날 '인권'은 누구나 흔히 사용하는 용어가 되었는데, 이는 '인간의 권리'라는 단수 명사를 줄인 것인가, 아니면 '인간의 권리들'이라는 복수 명사를 줄인 것인가? 권리란 당연히 인간에게 속한 것일 텐데, 권리 중에

'인권'이 아닌 것도 있는가?(혹시 동물도 권리를 가질 수 있으므로, '동물의 권리'와 구별하기 위해 '인권'이라는 말을 쓰는 것인가?) '인권'과 다른 권리 개념들 사이의 관계는 무엇인가? '인권' 개념에 들어 있는 '인간'의 정의는 무엇인가? 이런 질문에 대한 명확한 답이 없다면, '인권' 개념을 체계적으로 정의할 수 없다. 억지로 어떻게든 정의할 수는 있겠지만, 일관성, 체계성, 엄밀성 같은 개념 정의의 기본 조건을 갖추지 못하는 상태에서 결국 유동적 말로 사용될 것이다. 그런 식으로 '교권 vs 학생 인권' 같은 기이한 대립 구도가 탄생한다.

　　문제는 〈대한민국 헌법〉을 구성하는 개념 상당수도 충분한 이론적 지식 없이 정의되었다는 점이다. 4부의 글 〈누가 주권자인가?〉에서 지적한 '주권'을 보자. '교권'이 권리, 권한, 권위 개념 사이의 경계를 파괴하는 것처럼, '주권'이라는 말도 권리와 권력 개념을 뒤섞으며, 반개념적으로 사용된다. 이 책 여러 곳에서 분석한 '국민'도 마찬가지다. 표준국어대사전은 '국민'을 '국가를 구성하는 사람, 또는 그 나라의 국적을 가진 사람'으로 정의하고, 현실에서도 이런 의미로 사용된다. 문제는 이 말이 민주주의의 기초 개념들을 파괴한다는 것이다. 민주주의는 개인으로서의 '시민citizen', 개인의 집합인 '시민들citizens', 단일한 정치적 덩어리로서의 '인민people'을 개념적으로 엄격히 구별하는 정치체제다. 아무리 많은 시민이 동일한 요구를 하더라도, 정해진 절차에 의해 일반 의지로 구성되지 않는다면 그것은 **시민들**의 요구일 뿐, **인민**의 요구라고 할 수 없다. 어떻게 '시민들'이라는 여럿이 '인민'이라는 하나의 덩어리를 구성할 수 있는지가 민주주의의 근본 문제 중 하나다. '국민'은 시민, 시민들, 인민 개념을 뒤섞으면서 이런 문제에 대한 접근 자체를 차단한다. 민주주의에 관한 무지에서 탄생한 용어가 민주주의에 대한 이해를 계속 가로막고 있는 것이다.

'주권'이나 '국민'은 예외적 사례가 아니다. 〈대한민국 헌법〉 전문前文을 읽어보자. "대한민국임시정부의 법통과 불의에 항거한 4·19민주이념을 계승"한다고 되어 있는데, 여기서 '법통'은 정확히 무엇을 지시하는가? 민주주의는 정치체제이지 이념이 아닌데, "민주이념"은 또 무슨 말인가? "자유민주"는 서구 개념 'liberal democracy'을 말하는 것인가? "자유와 권리에 따르는 책임과 의무를 완수하게 하여"라는 표현은 명백한 오류인데, 개인의 의무는 본인의 권리에 따라 발생하는 것이 아니기 때문이다. "인류공영"은 '인류의 번영' 또는 '인류와 함께 번영함'이라는 뜻일 텐데, "번영"은 정확히 어떤 의미인가? 이런 질문을 계속 던지다 보면, 〈헌법〉 전문은 적당히 좋은 말로 채워져 있는 일종의 훈화 말씀 아닌가라는 의심이 들 정도다. 과연 이런 글을 진지하게 분석할 가치가 있는지조차 의문이다. 실제로 방금 나열한 말 상당수가 공적 공간에서 유동적 말로 활용된다.

이론적 지식의 부재는 반개념적 언어를 재생산하고, 여기서 다양한 오류가 발생한다. 《임신중단에 대한 권리》

(2020)는 헌법재판소조차 개념을 올바로 다루지 못한다는 사실을 보여주기 위해 쓴 책이었다. 2019년 헌법재판소의 '낙태죄' 위헌 결정은 민주주의의 커다란 진전이었지만, 재판관 다수가 '태아의 생명권'을 비논리적인 방식으로 인정했다. '생명'과 '생명권'이라는 용어를 은근슬쩍 뒤섞으면서, 태아는 생명이 있으니 생명권도 있다는 식의 오류 추론을 하는 것이다. 저 두 용어는 발음의 유사성이 있을 뿐 의미가 전혀 다르다. 하나는 '살아 있음life'을, 다른 하나는 '살아 있음에 대한 권리right to life'를 의미한다. 이 두 가지를 구별하지 않으면, 오류로 가득 찬 논변이 만들어진다. 만일 헌법재판소가 '생명권'에 관한 정확한 지식에 기초했다면, 이런 식의 어이없는 추론이 결정문에 실리지는 않았을 것이다.

공적 공간에서 사용되는 개념 모두가 완전할 수는 없다. 서구의 법적 개념 상당수가 불확실성의 문제를 안고 있고, '질병'이나 '건강' 같은 과학 개념도 끝없는 논쟁의 대상이 된다. 하지만 개념의 불완전함이나 불충분함에서 발생하는 문제, 그리고 지금까지 설명한 반개념적 언어 사용의 문제를 혼동하지 말아야 한다. 예를 들어, 미국에서 임신중단에 대한 권리를 처음으로 인정한 연방대법원의 '로 대 웨이드 판결Roe v. Wade'은 '생존 능력viability'이라는 개념에 기초한다. 임신 28주부터는 태아가 의료 기술의 도움을 받아 자궁 밖에서 독자적으로 생존할 수 있으므로, 그 이후에는 임신중단을 금지하는 것이 가능하다는 것이다. 하지만 이 개념은 오랫동안 여러 비판의 표적이 되어왔다. 독자적 생존 능력이 없던 태아가 특정 시점을 기준으로 갑자기 그 능력을 획득하는 것이 아니기 때문이다. 더구나 동일한 시점을 모든 태아에게 일괄적으로 적용할 수도 없다. 임신 28주라는 시점은 법적 판단을 위한 편의적 기준이지 과학적 근거에 기초한 것이 아니다. 따라서 태아가 고통을 느끼기 시작하는 시점이나 태아의 심장 박동을 감지할 수 있는 시점을 기준으로 삼을 수도 있다. 생존 능력을 기준으로 판단해야 할 필연적 이유가 없는 것이다.

태아의 '생존 능력'은 비판에 취약한 불완전한 개념이지만, 적어도 개념적 언어에 기초한 합리적 토론을 통한 보완과 발전이 가능하다. 플라톤 초기 대화편에 나올 법한 토론을 상상해보자. 철수의 개념 정의에 대해 영희가 반박하고, 철수가 좀 더 나은 재정의를 내놓으면 영희가 재반박하는 방식으로 대화를 이어가는 상황 말이다. 이 과정에서 개념 자체가 폐기되거나 다른 개념으로 대체될 수도 있고, 두 사람이 합의에 이르지 못해서 전혀 다른 두 개의 개념 정의가 탄생할 수도 있다. 혹은 대화가 잘 진행되어 처음보다 훨씬 더 나은 개념 정의에 이를 수도 있다. 말의 반개념적 사용은 이런 식의 토론을 불가능하게 만든다. 한국 헌법재판소 결정문의 '생명권' 개념으로는 대화를 시작할 수조차 없다. 개념의 정의 자체가 모호하고, 개념을 설명하는 논변도 논리적이지 않기 때문이다. 그야말로 말이 안 되는 말nonsense이다. 미국 연방대법원의 '생존 능력' 개념은 비판의 대상이 될 수 있지만, 한국 헌법재

판소의 '생명권'은 무슨 말인지 알 수 없어서 비판의 대상조
차 될 수 없다.

모방과 변이: 기의를 창조하는 기표

1) 반개념적 언어의 인류학적 기원

한국 문화는 언어의 고정된 표준을 인정하지 않는다. 말
의 유동적 사용이 대표적 사례다. 다수는 말과 의미의 고정된
관계를 거부하고, 의미를 비틀고 변형하는 것trope에서 참된
문화적 가치를 찾는다. 모두가 알다시피, 지금 이런 문화의
원천을 제공하는 것이 인터넷이다. 언어 관습을 파괴하는 온
라인 신조어가 끊임없이 쏟아져 나오고, 그중 상당수가 주류
언어로 인정된다. 하지만 인터넷의 등장이 이 모든 것의 시작
은 아니다. 유동적 언어를 추구하는 경향은 정확한 시작점을
찾기 어려울 정도로 오래된 것이기 때문이다.

이런 내용을 강연이나 세미나에서 이야기하면, '왜 한국
은 이런 건가요?'라는 질문이 빠지지 않는다. 이 글을 읽는 독
자 중에도 이런 궁금함을 가진 사람이 있을 것이다. 한국의
공적 공간은 왜 이토록 반개념적 언어로 채워져 있을까? 사
실, 이는 이유를 묻기 까다로운 문제다. 이 질문은 마치 '왜 한
국어는 나무를 나무라고 부르고, 영어는 'tree'라고 부르는
가?'와 비슷하다. 가능한 대답은 '그냥 그렇다'는 것이다. 수많

은 원인이 중층적으로 작용하거나 역사적 우발성에서 비롯
한 결과이기에 이유를 특정하기가 어렵다. 그럼에도 반개념
적 언어 사용을 강화한 결정적 요소 몇 가지를 찾을 수는 있
다. 그중 하나가 근대 기호의 발명이다. 지금 한국에서 사용
되는 공적 용어 대부분은 서구 개념을 도입하기 위해 만들어
진 신조어다. 흔히 이를 '번역'의 문제로 이해하는 사람이 많
은데, 근대적 개념과 실재를 창조하기 위한 새로운 기호의 발
명이라고 말하는 편이 정확하다.

이 주제를 살펴보려면 인류학적 관점으로 이동해야 한
다. 이를 위해 '기표'와 '기의'라는 용어를 사용하자. 소쉬르
Ferdinand de Saussure는 《일반언어학 강의》를 시작하며, 언어적
기호signe를 **기표**signifiant(의미하는 것)와 **기의**signifié(의미되는
것)의 결합으로 정의한다. 기표란 '음향 이미지image acoustique'
로서의 말이고, 기의란 기표가 의미하는 개념과 특성들이다.
두 음절로 구성된 '나무'라는 소리가 기표이고, 우리가 이 소
리를 듣고 떠올리는 것들이 기의다. '나무'라는 기호가 지시
하는 실제 대상, 예컨대 눈에 보이는 앞마당의 나무는 '지시
대상referent'이라고 부른다(소쉬르 본인이 '지시대상'이라는 용어
를 사용한 것은 아니다). 여기서는 용어 사이의 복잡하고 미묘
한 관계는 무시하고, 앞에서 사용한 **말**과 **내포**의 구도가 **기
표**와 **기의**의 구도로 대체된다고 이해해도 무방하다. 다만, 아
래에서 '개념'은 소쉬르의 용어법보다 좁은 의미로 사용될 것
이다. 그는 '기의'를 '개념'의 다른 이름처럼 사용하는데, 이때

'개념'이라는 용어는 '의식의 사실들faits de conscience'이라는 넓은 의미로 사용된 것이다.* 이와 달리, 우리는 그러한 의식의 사실 중 **명확히 정의된 추상적 관념**만을 '개념'이라 부를 것이다. 따라서 기의는 개념보다 더 많은 것을 포괄하고, 개념은 기의의 한 부분이 된다.

흔히 같은 기의나 지시대상을 가진 다른 기표를 찾는 과정이 **번역**이라고 이해된다. 영어 기표 'tree'가 지시하는 어떤 사물이 있는데, 한국어에서는 그것을 '나무'라고 부르므로 이 두 가지 기표를 서로의 번역어로 사용하는 식이다. 하지만 이런 식의 번역이 가능한 경우는 오히려 드물다. 기호 자체가 문화의 산물이기 때문이다. 즉 각 문화가 자신의 고유한 실재를 구성하는 방식이 곧 기호이므로, 각 문화를 구성하는 기호도 제각각이다. 예를 들어, 한국어 사용자가 '눈치'라고 부르는 것에 관한 개념이 영어 문화권에도 있을까? 한국어 문화권에서는 '눈치를 본다'라는 행동을 실제로 볼 수 있는데, 영어권에서도 그런 행동을 발견할 수 있을까? 비슷한 개념과 행동은 있겠지만 정확히 같은 것을 찾기는 어려울 것이다.** 그렇다면 '눈치'를 영어로 번역하기 위해서는 어떻게 해야 할

---

* Ferdinand de Saussure, *Cours de linguistique générale*(1916), Éditions Payot & Rivages, 2005, p. 28.

** 이 사례는 한국의 '눈치' 문화를 다룬 《뉴욕 타임스》 칼럼을 보고 떠올린 것이다. Euny Hong, "The Korean Secret to Happiness and Success: With 'nunchi', all you need is your eyes, your ears and a quiet mind", *The New York Times*, November 2, 2019.

까? 보통은 기의나 지시대상의 유사성을 이용해 기표를 번역한다. 'home'과 '집'처럼 유사성이 큰 경우도 있지만, '효孝'를 'filial piety'로 번역할 때처럼 기의의 제한된 유사성을 찾아 억지로 번역해야 하는 경우도 많다. '눈치'의 경우에는 유사한 것을 찾기 어려워서 그냥 'nunchi'라고 써야 할지도 모른다.

더 중요한 문제는 특정 문화 내에만 존재하는 것이 있다는 점이다. 'democracy'라는 기표, 그것의 개념과 지시대상은 유럽 문화권에만 존재했던 것이다. 동아시아 전통에서 이와 비슷한 개념이나 정치체제를 찾기는 극히 어렵다. 동아시아인은 어느 순간 자기 문화에 존재한 적이 없는 것을 재현해야 하는 상황에 직면했고, 그 미지의 것을 지칭하기 위해 '민주주의民主主義'라는 기표를 만들었다. 이곳의 근대화는 새로운 기호의 창조에서 시작되었다고 해도 과언이 아니다. 지금 한국의 공적 공간을 채우고 있는 용어 대부분이 이렇게 탄생했다. (모든 비서구 지역에서 이런 과정이 진행된 것은 아니다. 유럽의 직접적인 식민 지배를 받았던 지역 대부분에서는 근대화/식민화/탈식민화 과정에서 유럽어가 주류 언어로 자리 잡았으므로, 굳이 새로운 기호를 창조할 필요가 없었다.)*

---

*　'근대성modernity/식민성coloniality/탈식민성decoloniality'은 라틴아메리카의 탈식민 연구 기획을 지칭하는 이름이기도 하다. 이 주제에 관해서는 다음 책에서 도움을 얻었다. Philippe Colin et Lissell Quiroz, *Pensées décoloniales: Une introduction aux théories critiques d'Amérique latine*, Éditions La Découverte, 2023.

‘democracy’에 대응하는 기표로 창조된 것이 ‘민주주의’이므로, 이 두 기표의 개념은 동일해야 한다. ‘실수’와 ‘real number’라는 두 기표가 동일한 수학적 개념을 의미하는 것처럼 말이다. 그런데 이 두 사례 사이에는 결정적 차이가 있다. ‘실수’의 경우, 다양한 방식으로 정의되지만(산술, 집합 이론, 공리계 이론 등), 수학적 형식 언어로 구성된 독립적인 지식 영역과 표준적인 개념이 수립된다. 이런 지식과 개념은 특정 문화에서 수천 년간 발전해왔지만, 그 문화와 분리되어 다른 문화로 이동할 수 있는 것처럼 보인다. 즉 문화적 맥락에 의존하지 않는다(이 말이 수학적 지식의 보편적 타당성을 의미하는 것은 아니다). 다른 한편 ‘democracy’ 개념, 특히 근대 개념은 문화적 맥락에 의존하지 않는 보편적인 것으로 발명되었지만 실제로는 유럽 문화에서 분리될 수 없다. 이 개념에는 유럽의 정치사상, 지식, 역사 전체가 함축되어 있어서, 이를 동아시아 문화에 이식하는 것이 극히 어렵다. 3부의 ‘깊이 읽기’에서 언급했듯, 민주주의는 보편화하는 것이 불가능한 보편적 체제다. 보편성 없는 민주주의는 민주주의가 아니지만, 유럽 문화와 분리된 것 역시 민주주의가 아니다. 이러한 역설이 민주주의의 본성을 규정한다.

2) 모방과 변이

‘민주주의’라는 기표는 ‘democracy’ 개념을 담기 위해 발명되었지만, 이는 애초 불가능한 기획이었다. 방금 말했듯, 이 개념은 서구 문화의 고유한 발명품이기 때문이다. 개념을 구성하는 원래의 요소 중 일부가 변이되어 새로운 기의로 이식될 수 있을 뿐이다. 이 책에서 분석한 한국 민주주의의 독특성 대부분이 이러한 변이에서 발생한다. 'citizen'과 'people' 개념이 사라지고 '국민'으로 대체된 것, '평등' 원리가 흐릿해진 것이 가장 결정적이다. 이념 없는 정당, 공통의 규칙 없는 공동체, 권리 없는 사회관계, 체계성이 부족한 법과 제도 등이 변이의 현실적 효과들이다.

여기서 편의상 변형transformation, 모방imitation, 변이variation를 구별하자. 모든 개념은 역사적 시기, 발화의 맥락, 텍스트의 종류, 기표의 언어 등에 따라 **변형**된다. 고대 그리스에서 시작되어 지금까지 이어져온 서구 철학의 역사를 보라. 개념의 변형, 또는 변형으로서의 개념을 보여주는 사례가 끝없이 발견된다. 특정 언어로 표시된 개념이 다른 언어로 번역될 때도 반드시 변형이 동반된다. 변형의 다양한 유형 중 두 가지가 **모방**과 **변이**다. 이 둘은 각각 **원본**original과 **표준**standard을 전제한다. 모방된 기호를 정확히 이해하거나 표현하려면 반드시 원본 기호를 참조해야 한다. 변이란 표준을 끊임없이 변화시키는 상태를 말한다. 영화 속 대사를 성대모사하는 코미디언을 떠올려보자. 그 대사가 원본이자 표준이고, 성대모사가 모방이자 변이다. 'democracy'와 '민주주의' 역시 이러한 관계에 있다.[*]

2부의 '깊이 읽기'에서 제안한 'a political regime in

which the people govern themselves'(인민이 자기 자신을 통치하는 정치체제)는 'democracy' 개념의 가장 단순하고 명료한 정의일 것이다. 하지만 이것 외에도 논의 영역, 접근 방식, 이론적 관점 등에 따라 수없이 많은 정의가 존재한다. 그중에는 상호보완적인 것들도 있고, 서로 충돌하는 것들도 있겠지만, 자기완결적 개념 정의라면 일관성, 체계성, 정확성 같은 기본 조건을 갖추고 있을 것이다. 이렇게 정의된 개념은 원본과 표준으로 기능할 수 있다. '민주주의'는 이를 모방하고 변이시킨다. 이 기호에 담겨 있는 것은 **개념 없는 기의**다. 기의를 구성하는 것은 고정된 개념이 아니라, 서구 개념의 모방과 변이이기 때문이다. 즉 기의 자체가 끊임없이 변화하는 유동적 상태에 놓여 있다. 이런 식으로 **반개념적 언어 사용의 가**

---

* 특정 문화의 기호가 변형되지 않고 다른 문화의 기호로 번역되는 것은 불가능하다. 하지만 이 변형이 반드시 모방과 변이일 필요는 없다. 예를 들어, 서구 인류학자들은 북아메리카 원주민 문화의 특정 요소를 서구어로 번역하기 위해 'totem'(토템)이라는 기호를 새로 만들었다. 원주민의 단어를 음차해온 것이다. 그러나 원주민의 기호와 서구인의 기호가 반드시 원본과 모방, 표준과 변이의 관계에 있는 것은 아니다. 서구인은 오히려 '토템'을 새로운 인류학 개념으로 정의했고, 우리는 지금 이 개념을 사용하기 위해 북아메리카 원주민의 문화가 아니라 서구 인류학자의 책을 참조한다. 다른 문화의 요소를 번역해 자신의 고유한 생산물로 변형하고, 그것을 다시 보편적 표준으로 확장하는 것이 서구 문화의 특성 중 하나다. 또한 동아시아에 유입된 서구 개념이 모두 모방과 변이를 거치는 것도 아니다. 유럽의 철학 개념을 한국어로 번역하는 상황을 떠올려보자. 원본을 최대한 충실하게 따르는 모방을 만드는 것이 이런 번역의 목표일 수 있다. 하지만 대부분의 경우에는 표준의 변이를 추구하지 않을 것이다. 즉 철학 개념을 끊임없는 유동적 상태에 두려는 경향이 지배적이지는 않다(물론 이런 경향을 추구하는 개념 번역이 있을 수는 있다). 모방과 변이를 추구하는 경향이 가장 강력하게 드러나는 것은 정치 개념들이다.

능성이 열린다. 기의가 고정되지 않으면 기표 사용의 규칙도 모호할 수밖에 없기 때문이다. 다시 말해, 기표를 쓸 수 있는 경우와 없는 경우가 구별되지 않는다. 박정희의 '민족적 민주주의' 같은 정체불명의 말이 탄생할 수 있었던 이유도 여기에 있다. '민주주의'라는 기표를 이런 식으로 쓰면 안 된다는 규칙이 부재하기 때문이다.*

여기서 주목해야 할 것은 표준 개념을 변이시키는 과정에서 **기표가 결정적 역할을 한다는 점**이다. 즉 네 음절로 구성된 '민주주의'라는 음향 이미지가 변이를 주도한다. 예를 들어, 지금 한국에는 '민주주의'의 다양한 기의가 존재한다. 그중에는 '민주 정치를 지향하는 사상' 같은 것도 있고, '국민이 주인인 나라'도 있다. 이런 의미들은 'democracy' 개념에 존재하지 않던 것이다. 그렇다면 어디에서 생겨났는가? 바로 '민주주의'라는 기표 그 자체에서 발생한 것이다. 이 문제를

---

* 여기서 우리는 모방과 변이가 아닌 다른 대안은 없는지 질문할 수 있다. 즉 '민주주의'라는 기호가 자기완결적 개념을 의미하는 것은 불가능한가? 일단 서구 기호의 모방이라는 성격은 피할 수 없을 것이다. 어쨌든 다른 문화의 산물을 자기 문화 내부로 가져오기 위해 발명된 기호이기 때문이다. 반면, 변이라는 방식을 거부하는 것은 가능해 보인다. 표준을 변이시키는 유동적 상태에서 벗어나, 표준에 최대한 근접하기 위한 수렴 운동을 하는 것이다. 이런 식으로 **변이가 아닌 모방**을 추구하는 것은 가능할지도 모른다. 다른 한편, 누군가는 'democracy'와 분리된 '민주주의' 개념을 독립적으로 구성하면 되지 않겠냐고 반문할 것이다. 이는 2부의 '깊이 읽기'에서 다룬 '한국식 민주주의'를 수립하자는 제안과 같다. 그것이 불가능하지는 않겠지만, 그렇게 만들어진 '민주주의' 개념은 우리가 지금 이해하는 민주주의와 전혀 다른 것이 될 것이다. 이는 결국 민주주의를 포기하자는 말과 다르지 않다.

‘민주’와 ‘주의’라는 두 요소로 나누어 살펴보자.

3) ‘민주’와 ‘주의’라는 기표

‘democracy’는 정치체제, 제도, 체계 등을 의미하는 말로, 이념이나 사상과는 관련이 없다.[**] 이와 달리 ‘민주주의’는 사상이나 주장의 일종으로 이해되는 경우가 흔하다. 심지어 표준국어대사전에도 이 말이 제도와 사상을 모두 의미한다고 표기되어 있다. 그것을 ‘자유주의’나 ‘사회주의’ 같은 어휘로 간주하는 것이다. 그래서 ‘민주주의자’라는 말도 종종 쓰인다. 이는 단순히 ‘주의’라는 기표를 사용해서 벌어진 일이다. 이제 와서 생각해보면, ‘democracy’를 ‘민주주의’라고 옮긴 것은 이상하다. ‘주의’는 주장, 이념, 이론, 원칙, 사상 등을 부르는 기표로 사용될 뿐, 제도나 체제를 의미하는 경우가 없기 때문이다. 애초 ‘민주주의’ 대신 ‘민주정’이나 ‘민주제’ 같은 용어를 썼다면, ‘민주주의자’ 따위의 파생어는 나오지 않았을 것이다.

그렇지만 이는 ‘민주주의’가 오역이라는 말이 아니다. 일반적 용법과는 전혀 다르지만, ‘주의’가 예외적으로 정치체제를 의미하도록 사용하는 것이 불가능하지는 않다. 억지스럽긴 하지만 그렇게 정해서 쓰면 된다. 실제로 지금 우리는 저

[**] ‘democracy’에 관한 이론이나 원리를 지칭하는 ‘democratism’이라는 말이 따로 존재하는데, 그다지 널리 사용되지는 않는다.

말에 예외적 의미를 부여해서 억지스럽게 쓰고 있지 않은가? 중요한 문제는 그것이 옳은 번역인지 잘못된 번역인지가 아니라, 새롭게 만들어진 기표가 어떤 효과를 발휘하는지다. 모든 기표는 주어진 언어 관습 내에서 **고유한 운동성**을 갖는다. 언어 사용자가 '민주주의'라는 기표에 정치체제나 제도라는 기의를 결합하려 노력해도, 기표 스스로 사상이나 주장이라는 기의 쪽으로 움직인다. 설사 '민주정'이나 '민주제' 같은 기표를 대신 사용한다고 해도, 이것들 역시 자신의 운동성에 따라 'democracy'와 다른 기의를 만들어낼 것이다.

'democracy'와 달리 '민주주의'는 체제와 사상을 모두 의미하는 중의적 기호가 되었다. 이것이 모방과 변이의 효과 중 하나다. 이런 중의성에서 비롯되는 개념적 혼란은 결코 가볍지 않다. 'democracy'는 정치 공동체의 존재 방식이며, 공동체에 속한 모두가 그 방식을 존중하고 따를 의무가 있다. 반면 민주주의는 특정 사상을 따르는 사람들, 즉 민주주의자들만의 정치체제처럼 이해된다. 더구나 현실에서 '민주주의자'라는 말은 '민주당 지지자'라는 의미와 분리되지 않는다. 결국 '민주주의'는 특정 정당이 사용하는 용어 정도로 축소되어 버리고 만다.

'민주'는 좀 더 복잡한 문제를 제기한다. 이 기표에 담긴 기의 중 하나는 '국민이 주인이다'라는 것이다. 이런 의미는 2025년 윤석열 탄핵 과정을 거치며 더 강화된 것으로 보인다.* 그러나 본래 'democracy'에는 이런 의미가 없다. 접두

사 'demo-'는 '국민'이 아니고, 접미사 '-cracy'도 '주인'이 아니다.** 물론 이 접두사와 접미사가 각각 '국민'과 '주인'으로 변이되었다고 볼 수도 있겠지만, 결과적으로 전혀 다른 것이 되어버렸다. 그렇다면 '국민이 주인이다'라는 의미는 어디에서 왔는가? '민주'를 이런 의미로 해석할 수 있는 새로운 이론과 지식을 누군가 수립한 것인가? 그렇지는 않다. 아무리 찾아봐도 남는 것은 결국 '민주'라는 기표뿐이다. '민'과 '주'라는 두 음절이 각각 '국민'과 '주인'을 연상시키는 것이다.

이러한 연상 과정에는 당연히 한자 '民'(민)과 '主'(주)의 의미가 개입하지만, 이 사실이 모든 것을 설명해주지는 못한다. '民'이 그 자체로 '국민'을 의미하는 것은 아니고, '主'는 '주인', '주체', '임금' 등으로 다양하게 해석될 수 있기 때문이다. 한자의 의미보다는 '민'과 '주'라는 기표 그 자체, 즉 **음향 이미지가 결정적인 것**으로 보인다. 기표가 발음의 유사성을 통해 '국민'과 '주인'이라는 기호를 연상시키는 것이다. 중요한

---

* '국민이 주인인 나라, 함께 행복한 대한민국'은 이재명 정부의 공식 슬로건 중 하나다. 6·10 민주항쟁 제38주년 기념사에서 이재명 대통령은 "계엄과 독재를 끝내고 민주주의의 역사를 새롭게 써온 힘으로 다시 민주주의를 향해, 다시 국민이 주인인 진정한 민주공화국을 향해 함께 가자"라고 발언했다. 민서영, 〈이 대통령, 6·10 항쟁 38주년 "계엄·독재 끝낸 힘, 다시 민주주의로"〉, 《경향신문》, 2025. 6. 10.

** 잘 알려져 있듯, 'democracy'는 고대 그리스어 'dēmokratía'에서 온 것이고, 이 말을 구성하는 두 요소의 어원은 'dêmos'와 'krátos'다. 여기에서 현대어 접두사 'demo-'와 접미사 '-cracy'가 비롯된다. 전자는 'people'을, 후자는 'rule', 'government' 등을 의미한다. 'people'과 '국민'의 의미가 전혀 다른 이유에 대해서는 3부의 '깊이 읽기'를 참고하라.

것은 이런 연상이 맥락의존적이라는 점이다. 과거 어느 시대와 공간에서는 '민'이라는 음절이 '민중'이라는 기호에 결합해 있었다. 또한 어떤 맥락에서는 '주'가 '주체'나 '주권'을 떠올리게 할 수도 있다.

방금 설명이 한자의 역할을 부정하는 것은 아니다. '민주'가 '국민이 주인이다'라는 의미를 창출하는 과정에서는 기표의 발음이 결정적 역할을 하는 것으로 보이지만, 누군가는 '백성 민民'과 '임금 주主'라는 한자의 의미에 집중해, '민주'를 '백성이 임금과 같은 대우를 받는 것'이라고 해석할 수도 있을 것이다(실제로 민주주의를 '백성을 아끼는 훌륭한 임금이 통치하는 나라' 정도로 이해하는 경우가 드물지 않다). 한마디로 기표에서 기의를 추출하는 방법은 다양하고, 추출할 수 있는 것과 없는 것을 판단할 고정된 기준도 없다. 따라서 'democracy' 개념을 엄격히 참조하지 않는 한, 다음의 〈표 1〉처럼 어떤 기의든 마음대로 만들어낼 수 있다.

4) 근대화와 유동적 기표의 탄생

'democracy'의 개념 정의는 다양하다. 〈표 1〉에 언급한 것을 더 발전시키거나 구체화할 수도 있고, 다른 방식으로 표현할 수도 있고, 전혀 다른 정치철학적 기초를 가진 새로운 정의를 제시할 수도 있다. 이 모든 것은 개념에 관한 체계적이고 일관된 지식과 이론을 수립하는 일이다. 정치사상가들의 작업을 떠올리면 된다.

반면 '민주주의'의 기의가 여럿이라는 말은 개념 정의가 다양하다는 것이 아니라, 기표가 기의를 제멋대로 창조할 수 있다는 의미다. 이는 개념에 관한 지식과 이론을 구성하는 작업이 아니라, 기표의 음향 이미지나 한자 구성으로부터 아무 의미나 지어내는 과정이다. '민주주의'는 이런 식으로 서구 개념을 모방하고 변이시키며, 결국 고정된 기의가 없는 유동적 기표로 사용되기 시작한다. 서구의 정치적 개념들을 의미하기 위해 발명된 한국어 기표 상당수가 이와 동일한 과정을 거쳐왔다. 그런 기표를 사용하는 발화자는 두 가지 경로를 택할 수 있다. 하나는 기표의 유동성을 강화하는 것이고, 다른 하나는 서구의 원본과 표준에 최대한 가까워지기 위해 노

	기표	기의
서구어 (영어)	'democracy'	인민이 자기 자신을 통치하는 정치체제 (개념 정의)
한국어	'민주주의'	▪ 국민이 주인이라는 주장이나 이념 ▪ 국민이 주인인 정치체제 ▪ (나 또는 우리가 국민이므로) 내가/우리가 주인이라는 이념 ▪ (나 또는 우리가 국민이므로) 내가/우리가 원하는 대로 움직이는 정치체제 ▪ 민중이 주인인 정치체제 ▪ 민중이 주체라는 이념 ▪ 백성이 임금과 같은 대우를 받는 체제 ▪ 백성이 임금과 같다는 이념 ……

〈표 1〉 서구어와 한국어의 기표-기의 관계 비교

력하는 것이다. 한국의 공적 발화자들은 항상 첫 번째 경로를 선택해왔다.

주목할 점은 애초에 'democracy'를 '민주주의'로 옮겨야만 하는 필연적 이유가 없었다는 사실이다. '민주정', '민주제', '인민정', '인민지배정', '민치정民治政' 같은 다른 용어를 쓸 수도 있었다. 지금도 대안적 번역어를 선호하는 학자들이 있다. 만일 처음에 '민주'가 포함되지 않은 용어가 주류로 자리 잡았다면, '국민이 주인이다' 같은 관념이 이토록 널리 공유되지는 않았을 것이다. 즉 현재 한국에서 통용되는 '민주주의'의 기의 상당수는 우연히 이 기표를 선택한 탓에 형성된 것이다. 이 기표를 다른 것으로 교체하는 경우를 상상해보면, 유동적 기표의 특징을 좀 더 분명히 이해할 수 있다.

'삼각형'의 기의를 구성하는 것은 '세 개의 변을 가진 도형'으로 정의된 개념이다. 이 개념은 기표와 상관없이 그 자체로 존속하므로, '삼각형'을 '삼변형'이라는 다른 기표로 바꾸는 것도 가능하다. '정신분열증'을 '조현병'으로 대체한 것처럼, 과학 개념의 정의와 지시대상은 그대로 둔 채 기표만 교체하는 것은 종종 볼 수 있는 일이다. 이는 기표에 결합된 특성 중 비개념적인 것들, 즉 기표가 주는 느낌, 기표의 발화에서 비롯하는 차별적 낙인효과, 기표 자체의 역사적 배경 등을 바꾸기 위한 조치다.* 그렇다면 '민주주의'를 예컨대 '인민지배정'으로 바꾸면 어떻게 될까? 이 과정에서 그대로 유지되는 것은 둘 다 'democracy'의 대응 기표라는 사실뿐이므로, 앞의 〈표 1〉에 나열된 '민주주의'의 기의 대부분이 증발해 버리고 '인민지배정'이라는 기표에서 또 새로운 기의가 창조될 것이다. 서구 개념을 참조한다는 사실이 '민주주의'라는 기호의 개념적 요소이고, 기표의 교체와 함께 사라지는 것들이 비개념적 요소다. 개념적 언어 사용은 전자의 요소에 집중하고, 반개념적 언어 사용은 후자의 요소를 창조하고 변이시키는 데 집중하며 기표의 유동성을 강화한다.

근대적 기표의 창조가 어떻게 반개념적 언어의 조건이 되었는지를 보여주는 또 다른 사례로 '권權' 자가 있다. '권리', '권력', '권한', '권위', '주권' 모두에 이 글자가 사용된다. 서구 용어 'sovereignty', 'right', 'power'는 서로 관련되어 있지만, 개념적으로 명확히 구별되어 있어서 절대 혼동될 이유가 없다. 반면 대응 기표로 사용되는 '주권', '권리', '권력'은 자주 뒤섞인다. 표준국어대사전에는 '주권'이 권리와 권력 모두를 의미하는 중의적 단어로 표기되어 있고, '주권자 국민' 따위의 발화처럼 모호하게 사용되는 경우도 있다. 이 기표는 '권리'의 기의와 '권력'의 기의를 넘나들며 둘 사이의 경계를 파괴한다. 결국, 이 둘은 'right'와 'power' 개념에 매여 있지 않은

---

* 위에서 밝혔듯, 여기서 '개념'이라는 말은 좁은 의미로 사용된다. 즉 명확히 정의된 추상적 관념만을 '개념'이라고 부른다. 기호에는 여러 비개념적인 특성이 있다. '말의 느낌'처럼 기표가 생산하는 감정적 효과도 있고, 기의를 구성하는 요소 중에도 개념 정의와 독립적인 것이 있을 수 있다. '정신분열증'의 기의에는 '정신이 쪼개짐'이라는 의미가 담겨 있는데, 이는 질병 개념의 과학적 정의와 필연적 관계가 없다. 따라서 이런 의미는 기표가 '조현병'으로 대체되면서 사라진다.

유동적 기표가 된다. 이런 일이 가능한 것은 순전히 발음의 유사성 때문이다. 기표에 공통으로 들어 있는 '권'이라는 음절이 서로 다른 개념을 뒤섞는 것이다. '교권'이라는 기표가 '권리', '권한', '권위' 사이의 경계를 파괴할 수 있는 이유도 이와 같다. 기표 자체의 음향적 특성이 표준 개념의 변이를 재생산하는 것이다.

여기서 잠깐 '떠다니는 기표signifiant flottant'에 관한 레비-스트로스의 분석을 살펴보자. 그는 마르셀 모스의 저작을 다룬 짧은 텍스트에서 당시 인류학의 주제 중 하나였던 '마나mana'를 다룬다.* 멜라네시아와 폴리네시아 문화에서 '마나'라는 말은 기본적으로 초자연적 힘 같은 것을 의미한다. 최근에는 비디오 게임에서 널리 사용되며 누구나 친숙한 용어가되었다. 레비-스트로스는 '마나'에 관한 모스의 분석이 에밀 뒤르켐Émile Durkheim의 작업에도 중요한 기여를 했다고 평가하면서(뒤르켐은 모스의 외삼촌이다), 이 둘과 다소 다른 접근법을 보여준다.

그는 '마나'의 종교적 기능과 의미보다 기표 자체에 초점

---

* Claude Lévi-Strauss, *Introduction à l'oeuvre de Marcel Mauss*(1950), PUF, 2012. pp. 43-57[클로드 레비스트로스, 《마르셀 모스 저작집 서문》, 박정호·박세진 옮김, 파이돈, 2023]. 모스는 《주술에 관한 일반 이론 개요Esquisse dune théorie générale de la magie》(1902~1903)와 《증여론Essai sur le don》(1923~1924)에서 '마나'를 분석한다. 뒤르켐은 '마나'를 다룬 1912년 저작(*Les Formes élémentaires de la vie religieuse*)에서 모스의 작업을 인용한다. 에밀 뒤르켐, 《종교생활의 원초적 형태》, 민혜숙·노치준 옮김, 한길사, 2020.

을 맞춘다. 이 말은 무엇이든 의미할 수 있는 기표로 사용되며, 가장 주목해야 할 점은 **이름도 없는 생소한 대상을 지시할 수 있다는 사실**이다. 이런 말은 여러 문화에서 발견된다. 프랑스어 'truc'이나 'machin', 영어 'thingy'처럼, 한국어에도 '거시기'나 '아무개' 같은 말이 있다(물론 '거시기'는 잘 기억나지 않는 대상이나 직접 언급하고 싶지 않은 대상을 지시할 때 주로 사용되지만, 때에 따라 이름 자체가 없는 완전히 새로운 것을 지시할 수도 있다). 규정된 의미를 갖지 않는다는 것이 이런 기표의 본성이고, 이런 이유에서 '떠다니는 기표'라고 불린다. 레비-스트로스는 자신의 분석으로부터 중요한 결론을 끌어내는데, 바로 '인식connaissance'과 '상징작용symbolisme'은 다르다는 것이다. 즉 어떤 대상을 아는지 모르는지와 그 대상을 지시하는 말이 있는지 없는지는 별개의 문제다. 그 대상을 전혀 알지 못하더라도, 기표로 지시할 수는 있다. 어느 날 외계인이 정체불명의 물건을 지구로 가져왔다고 상상해보자. 그것에 관한 인식이 전혀 없더라도 우리는 '외계인이 가져온 거시기'라는 식의 언어적 표현을 사용할 수 있을 것이다.

다른 문화에서 발명된 완전히 생소한 것을 마주쳤을 때도 비슷한 상황, 즉 전혀 모르는 무엇인가에 이름을 붙여야 하는 상황이 발생한다. 서구의 기표, 개념, 실재 등을 마주한 근대 동아시아인도 마찬가지였다. 그래서 '민民', '주主', '권權', '국國' 등의 글자를 마치 떠다니는 기표처럼 활용한다. 예를 들어 'citizen', 'people', 'nation'은 서로 밀접히 연관되어 있지만, 명확히 구별되는 개념들이다. 그런데 대응물로 창조된 '시민'('공민'), '국민'('민중', '인민'), '민족' 등의 기표에는 모두 '민民' 자가 들어간다. 여기서 이 글자는 '백성'과 **유사해 보이는 것**이라면 무엇이든 의미할 수 있는 기표로 사용된다. 즉 실제로 유사한지 아닌지는 상관이 없다. 이렇게 할 수 있는 것은 '백성'의 의미를 모호하게 만들면서 유사성을 판단할 수 있는 고정된 기준을 제거했기 때문이다. 만일 '민民'과 '백성'이라는 기표에 명확히 규정된 의미를 부여한다면, 모르는 것을 의미하기 위한 이름으로 사용할 수 없다. 이뿐만 아니라 외계인이 가져온 생소한 물건을 '거시기'라고 부르는 것처럼, 'sovereignty', 'right', 'power'라는 생소한 개념에 모두 '권權' 자가 포함된 이름을 붙였다. 서구에서 들어온 새로운 것들을 지칭하기 위해 기존 글자를 아무 의미나 담을 수 있는 떠다니는 기표처럼 활용한 것이다.

엄밀하게 말하자면, 이런 글자를 떠다니는 기표라고 하기는 어렵다. '거시기'의 의미에는 한계가 없지만, '민民'이 의미할 수 있는 것에는 모호하더라도 한계가 있기 때문이다. 예를 들어, 그것은 비인간을 의미하지는 않는다. 이런 식으로 떠다니는 기표는 아니지만 특정 범위 내에서는 떠다니는 기표와 비슷하게 기능하는 것을 지칭하기 위해 우리는 '유동적 기표'라는 표현을 사용했다. 문제는 서구 문화에 관한 인식이 어느 정도 발전한 다음에도 떠다니는 기표로서의 성격이 사라지지 않는다는 점이다. 현대 한국인은 방금 언급한 서구 개념들의 정의를 분명히 인식할 수 있지만, 한국어 기표는 그런 인식에 고정되지 않는다. 서구 근대 정치에 관한 지식과 이론에 접근하는 일이 어렵지 않은 시대가 되었지만, '국민', '인권', '민주주의', '시민' 등의 기표는 여전히 유동적으로 사용된다.

우리는 여기서 인식과 상징작용의 구별에 관한 레비-스트로스의 테제가 가진 또 다른 함축을 발견한다. 어떤 것을 잘 안다고 해도, 그것을 의미하는 기표는 유동적일 수 있다는 것이다. 근대 동아시아인은 자신이 모르는 서구 문화의 여러 요소를 지칭하기 위해 유동적 기표들을 발명했다. 이제 서구 문화를 충분히 잘 알 수 있는 상황이 되었지만, 한국 문화는 그런 기표를 여전히 유동적으로 사용하려 한다. 현대사회와 정치의 토대를 이룬다는 점에서 그것들은 반개념적 언어 사용의 원천으로 기능하고 있다.

빈 기표와 적대 전선

언어의 개념적 사용을 거부하는 것은 한국 문화의 일반적 경향이지만, 이를 강화하는 직접적 동기는 정치적 실천에서 비롯한다. '우리'와 '저들' 사이의 '적대 전선antagonistic frontier'을 형성하고, '우리'라는 집단 정체성을 수립하기 위해서는 반개념적 언어가 필요하기 때문이다. 이때 작동하는 것이 바로 '빈 기표empty signifier'다. 이는 아르헨티나 출신의 정치철학자 라클라우의 이론을 참조한 것이다. 여기서 그의 작업을 자세히 다루기는 어려우므로, 몇 가지 핵심 발상만 빌려오자.[*]

빈 기표는 중의성이나 모호함으로 설명되지 않으며, 앞서 분석한 유동적 기표나 떠다니는 기표와도 다른 것이다. 그것은 말 그대로 기의 자체가 없는 기표다. 말이나 이미지는 물론, 정치 지도자 같이 살아있는 인간도 빈 기표로 기능할 수 있다. 트럼프의 슬로건인 '마가'(Make America Great Again, MAGA)를 보자. 여기서 '위대한great'은 실정적positive 기의를 가진 기표가 아니다. 화자나 청자 모두 이 기표에 의미를 담지 않는다. 만일 '위대한'이 '경제성장'을 의미한다면, '마가'는 경제성장을 원하는 이들만의 구호가 될 것이다. 마찬가지로 그것이 '백인 노동자가 주도하는 나라'를 의미한다면, '마가'는 백인 노동자들만의 구호가 될 것이다. 기표에 기의를 부여하는 순간, '마가'는 특정 집단의 특수한 정체성이 되어버린다. 이 말이 '우리 미국인 모두'의 보편적 정체성을 구축하려면, '위대한'은 아무런 기의도 갖지 않아야 한다.

---

[*] 여기서 참조하는 라클라우의 텍스트는 다음 두 가지다. Ernesto Laclau, "Why do Empty Signifiers Matter to Politics?"(1994), *Emancipation(s)*, Verso, 1996; Ernesto Laclau, *On Populist Reason*, Verso, 2005. 더 자세한 내용이 필요한 독자는 한국의 관점에서 그의 이론에 접근한 다음 논문을 참조할 수 있다. 박이대승, 〈순수 적대 공간의 조건: 라끌라우와 한국의 영속적 위기 상태〉, 《안과밖》 53, 2022. 이 논문은 라클라우의 이론을 바탕으로 한국의 정치 공간을 분석하고, 이와 동시에 한국의 정치 공간에 대한 분석을 통해 그의 이론을 재구성하려 시도한다.

그런데 기의 없는 기표가 어떤 기능을 할 수 있는가? 기표란 기의를 담기 위한 것 아닌가? 빈 기표는 다른 기표와 전혀 다른 독특한 기능을 수행하는데, 바로 '배제된 것의 순수 부정성pure negativity of the excluded'을 재현하는 것이다.[**] 그것을 발화하는 행위 자체가 무엇인가에 대한 반대, 공격, 비난, 부정 등으로 기능한다. '마가'는 아무런 의미도 없는 말이지만, 이 말을 발화하는 것은 이민자, 엘리트 계층, 과학자 등을 공격하는 행위가 된다. 이들은 '우리 미국인'에서 배제되어 '우리 아님'이라는 순수한 부정성으로 취급되고, 배제된 '저들'과 그에 맞서는 '우리' 사이에 적대 전선이 형성된다. 이질적인 다양한 세력들이 이 전선에 결집하면서 '마가를 주장하는 우리 미국인'이라는 보편적 정체성을 구축하는 것이다. 물론 이 정체성 역시 실정적인 것이 아니라 '이민자, 엘리트, 과학자 따위 아님'이라는 부정성을 재현할 뿐이다.

한국이야말로 빈 기표의 사례를 끝없이 발견할 수 있는 곳이다. 앞서 분석한 '교권'을 보자. 이 말의 사용자들이 개념을 명확히 정의하지 않는 이유가 무엇인가? 최대한 넓은 세력을 하나의 전선에 결집시키기 위해서다. '교권'을 '교사의 권리를 줄인 말'로 확정해보자. 그러면 이 말을 발화할 때마다 교사의 여러 권리 중 정확히 어떤 것을 지시하는지 구체적으로 밝혀야 한다. 그리고 '교권 보호'란 특정한 몇몇 권리의

<hr>

[**]   Ernesto Laclau, *Emancipation(s)*, p. 39.

보호만을 의미하게 될 것이다. 만일 '교권'을 '교사의 권위'로 정의하면, '교권 보호'는 교사의 권위 강화만을 의미하게 된다. 이런 식으로는 '교권 보호 세력 vs 교권 침해 세력'이라는 이분법적 적대 전선이 형성되지 않는다. 교사의 이익에 관련된 이질적 요구들, 예컨대 교사가 가진 인간의 권리와 노동자의 권리 보장, 교사 권한의 강화와 확대, 교사 권한의 독립성 보장, 과거의 교사가 누리던 권위주의적 지위 회복 등을 모두 연결해서 '교권'이라는 말 아래 하나의 진영을 구축하려면, 이 말이 아무것도 의미하지 않아야 한다. 그것이 빈 기표여야만 '교권 침해에 맞서는 우리'라는 집단 정체성을 수립할 수 있는 것이다.

빈 기표는 한국에서 발생하는 정치적 갈등 대부분에 등장한다. 정치인이 장애인 단체의 시위를 향해 '시민에게 불편을 주면 안 된다'고 비난할 때, 이는 시위대에 반감을 품은 여러 세력을 '시민'과 '불편'이라는 빈 기표 아래 결집시키려는 시도다. 이런 식으로 '불편을 겪는 시민 vs 시민에게 불편을 주는 비시민'이라는 적대 전선이 형성된다.

국회에서 '갑질'이라는 말이 사용되는 것은 주로 상대 정당의 정치인을 공격할 때다. 이런 공격은 '갑질의 가해자인 상대방 vs 갑질에 반대하는 우리 당과 국민'이라는 식의 적대 전선을 형성하는 데 목적을 둔다. 이때 '갑질'은 빈 기표여야만 한다. 만일 여기에 '직장 내 괴롭힘'이나 '개인적 업무 강요' 등의 구체적 기의가 부여되면, 힘과 힘이 격돌하는 적대 전선은 해소되고, 가해자로 지목된 정치인에게 어떤 제재를 가할 것인지에 관한 법적·제도적 논의만 남게 된다. 여론전에서 공격자의 위치를 점하고 있는 쪽이 자신의 우세한 위치를 유지하려면, '갑질'을 계속해서 빈 기표로 활용해야 한다.

2025년 탄핵 집회에서 등장한 '주권자 국민'도 빈 기표다. 만일 이 기표가 '대한민국 국적을 가진 사람'이라는 사전적 기의를 가지고 있었다면, '주권자 국민이 윤석열 탄핵을 요구한다'라는 식의 발화는 불가능했을 것이다. 윤석열을 비롯한 내란 주동자들과 탄핵 반대 시민들도 '주권자 국민'에 속하기 때문이다. 이 말은 빈 기표로서 이중의 기능을 수행한다. 하나는 윤석열이라는 공통의 적에 맞서 이질적인 사회 세력들을 하나의 진영으로 결집시키는 것이고, 다른 하나는 이 진영을 보편적 전체로 만드는 것이다. 전체 인구 중 탄핵을 요구하는 시민의 비율이 높다고 해도, 이들이 전체는 아니다. 특수한 일부가 자신을 '주권자 국민'이라고 부름으로써, 보편적 전체를 자임하게 된다. 이와 동시에 윤석열 지지 세력과 탄핵 반대 진영은 보편적 전체에 속하지 않는 순수 부정성으로 간주된다. 즉 이들은 '주권자 국민'에 속하지 않으므로, 아무것도 아닌 무엇인가가 되어버린다.

비슷한 사례는 얼마든지 더 찾을 수 있다. 한국의 온라인 공간에서 사용되는 '정치적 올바름'이나 '페미' 같은 말도 모두 빈 기표로 기능한다. 전자는 윤리적 규칙의 하나를 의미하는 말이 아니고, 후자도 '페미니스트'의 단순한 줄임말이 아니다. 이 말들은 '우리'가 증오하는 '우리 아닌 것'을 낙인찍기 위한 빈 기표다. 그것을 공격하는 행위가 '우리'라는 느슨한 무리를 형성한다. 인터넷 신조어 상당수가 증오, 공격, 조롱의 표현인 이유가 여기에 있다. 온라인에서 무리 짓기를 수행하는 것은 비슷함을 공유하는 개인들이 아니라 같은 대상을 적대하는 개인들이다.

라클라우의 '적대antagonism' 개념은 '집단 정체성은 어떻게 형성되는가'에 대한 이론적 응답이다. 그가 설명하는 집단 정체성의 구성 방식을 편의상 '적대의 논리'라 부르고, 이 논리가 지배하는 정치적 실천의 장을 '적대 공간'이라고 하자. 우리는 다양한 정치 세력들이 태어나고, 흩어지고, 갈등하고, 연합하는 공간을 일상적으로 목격하는데, '적대 공간'은 이를 이해하는 여러 이론적 접근 중 하나다. 라클라우의 이론은 그람시의 '시민사회'와 '헤게모니' 개념을 계승하면서, 정통 마르크스주의의 경제 '본질주의essentialism'에 맞선다. 애초 그의 작업은 정치적 세력관계가 경제적 계급관계로 환원 가능하다는 발상을 비판하기 위해 시작된 것이다. 적대 공간은 또한 위르겐 하버마스Jürgen Habermas와 그 주변 학자들이 말하는 '공론장Öffentlichkeit' 및 '숙의 민주주의'와도 다른 것이다. 이런 영역에서 이루어지는 토론과 숙의에는 적대가 개입하지 않기 때문이다.*

적대의 논리를 고려하지 않고서 정치적인 것을 온전히 이해할 수는 없다. 이를 분명히 보여주는 것이 한국의 현실이

432

다. 이곳의 정치적 갈등과 충돌 대부분은 계급적 모순이 드러
난 결과가 아니고, 시민들의 숙의 민주주의에서 비롯하는 것
도 아니다. 경제적 이익과 별 상관없는 감정들이 집단적 증오
와 사랑으로 결집하고, 음모론과 거짓 뉴스가 합리적 판단 능
력을 압도하며, 논변의 규칙을 파괴하는 헛소리와 궤변이 '우
리'를 방어하고 '저들'을 공격하는 전략적 수단으로 활용된
다. 겉으로는 이런 상황이 엉망진창으로 보이겠지만, 이 모두
가 적대의 논리를 충실히 따르고 있다.

적대의 논리에 의존하는 것이 포퓰리즘뿐이라고 생각하
는 사람이 많다. 포퓰리즘이 그것을 가장 극단적인 형태로 드
러내는 것은 사실이지만, 이 논리는 **정치적인 것 자체를 가능
케 하는 토대 중 하나**다. 여기에 라클라우의 작업이 가진 중
요한 함의가 있다. 물론 그렇다고 해서 정치적 실천의 장이
오로지 적대 공간으로만 구성되는 것은 아니다. 숙의 민주주
의의 논리, 국가권력의 논리, 제도의 논리, 법의 논리, 이념의
논리 등이 작동하는 공간도 있다. 의회에서 활동하는 정치인
만 봐도 서로 다른 공간 사이를 왕복한다. 이들의 가장 기본
적인 임무는 법을 만드는 것이고, 이때는 입법자로서 법의 논

---

* 라클라우의 이론이 20세기 지식의 지도에서 어디쯤 위치하는지 알고 싶다면
샹탈 무페와 함께 쓴 그의 초기 저작을 참고하는 편이 좋다. Ernesto Laclau
and Chantal Mouffe, *Hegemony and Socialist Strategy: Towards a Radical
Democratic Politics*, Verso, 1985. 특히 2000년에 새로 추가된 서문이 유용하다.
한국어판은 다음을 참조하라. 에르네스토 라클라우·샹탈 무페, 《헤게모니와 사회
주의 전략: 급진 민주주의 정치를 향하여》, 이승원 옮김, 후마니타스, 2012.

리를 따라야 한다. 그런데 입법을 위해서는 다수 대중의 의지를 결집해야 할 때가 있고, 이는 적대의 논리 또는 포퓰리즘의 논리를 요구한다. 정당의 내부와 외부가 다른 논리를 따르기도 한다. 원칙적인 자유주의 정당을 상상해보자. 이들의 내부는 자유주의라는 이념의 논리가 지배하는 공간이겠지만, 외부에서 지지 세력을 확장하기 위해서는 반자유주의적인 빈 기표를 활용해 적대 전선을 구축해야 할 수도 있다.

적대 공간은 빈 기표로부터 탄생하며, 바로 이 점에서 반개념적 공간일 수밖에 없다. 여기에 다른 성격의 공간과 구별되는 결정적 차이가 있다. 예를 들어, 숙의deliberation가 이루어지는 공간이나 법의 논리가 지배하는 공간이 반개념적 언어로 구성될 수는 없다. 여기서는 기본적으로 논리적이고 합리적인 소통이 요구되며, 이는 당연히 개념적 언어를 전제한다. 한국의 공적 공간에서 발견되는 근본적인 특징 중 하나는 적대 공간이 다른 공간을 압도하면서 무한히 확장한다는 데 있다. 그 이유 중 하나는 개념적 언어를 거부하고 반개념적 언어를 선호하는 문화 그 자체에 있을 것이다. 공적 공간은 유동적 기표로 가득 차 있고, 어떤 기표든 유동적으로 사용하는 것이 가능하다. 이런 상황은 빈 기표의 등장에 최적의 조건을 제공한다. 주어진 정세에서 선택된 기표가 원래의 기의에서 완전히 분리됨으로써 빈 기표가 탄생하는데, 개념에 고정된 기표보다 유동적 기표를 기의에서 분리하는 편이 훨씬 더 쉽기 때문이다.

물론 반대의 효과를 생각할 수도 있다. 유동적 기표가 적대 공간의 등장에 기여하는 것과 동시에, 적대 공간의 무한 확장이 모든 기표를 유동적으로 만드는 것이라고 말이다. 예를 들어 '독재'는 이미 유동적 말로 사용되고 있으므로, 국민의힘이 '이재명 독재' 따위의 빈 기표로 적대 전선을 쉽게 만들 수 있다. 다른 한편으로 보면 정당 활동 전체를 적대의 논리에 종속시키려는 경향이 강하다 보니, '독재'가 유동적으로 사용되는 것이기도 하다. 어쨌든 중요한 것은 반개념적 언어와 적대 공간이 밀접히 관련되어 있다는 사실이다. 한쪽이 강해지면 반드시 다른 한쪽도 강해진다. '갑질'이라는 온라인 신조어가 아무 어려움 없이 정치적 공격을 위한 빈 기표로 전환된 것을 보라. 일단 빈 기표로 사용되기 시작하면, 이 말을 개념적으로 사용하려는 사람이 사라진다. 그것이 매우 유용한 정치적 도구로 작동하기 때문이다. 말의 개념적 사용을 가로막는 가장 직접적인 동기는 이러한 유용성에서 나온다.

마치며: 규칙의 합리적 체계

지금까지 말의 반개념적 사용이란 무엇인지, 어떤 유형이 있는지, 문화적·인류학적 기원은 무엇인지, 어떤 정치적 효과를 발휘하는지 등을 살펴보았다. 다시 한번 강조하자면, 반개념적 언어 자체가 좋다 나쁘다 평가하는 것은 무의미하다. 공동체의 유지를 위해서는 말의 개념적 사용과 반개념적 사용 모두가 필요하기 때문이다. 앞서 언급했듯, 내란 세력에 맞서 민주주의를 지키려는 시민들이 '주권자 국민'을 자임할 때, '주권'이라는 말은 빈 기표로 사용된다. 권력에 저항하는 대중운동은 반드시 반개념적 언어를 요구한다. 그러나 이와 달리 민주주의 제도를 수립하고 강화하는 작업에서는 '주권' 개념의 엄밀하고 정확한 정의가 필요하다. 두 가지 언어 사용법의 공존은 민주주의의 필수 조건이다.

말의 개념적 사용은 규칙을 수립한다. 기표를 개념에 고정함으로써, 주어진 기표를 어떤 의미로 써야 하는지 정한다. 반개념적 사용은 기표를 개념으로부터 해방함으로써, 그 규칙을 무력화한다. 언어 사용의 두 가지 경향이 공존해야 한다는 말은 언어 규칙의 수립과 파괴가 함께 일어나야 한다는 말이기도 하다. 지금 한국의 문제는 후자가 전자를 완전히 압도한다는 데 있다. 규칙을 파괴하는 경향이 언어생활 전체를 지배하는 것이다. 이는 단지 언어적 수준에만 영향을 끼치지 않는다. 언어의 규칙이 부재하면, 공동체 유지에 필요한 공통 규칙 역시 수립될 수 없다. **공동체의 규칙이란 결국 언어적 형태로 존재**하기 때문이다.

규칙으로서의 권리를 생각해보자. 개인이 해도 되는 것과 안 되는 것을 구별하고, 개인 사이의 기본 관계를 규정하는 것이 권리다. 이것이 근대사회를 유지하는 가장 기초적인 규칙이다. 수많은 권리의 체계가 법 또는 도덕 관습을 구성한다. 한국사회는 권리의 합리적 체계를 거부한다. 개인 간 관계를 규정하는 것은 권리가 아니라, 정당화 없는 이익과 불이익이다. 각자 자신의 이익을 추구하고 때로는 타인에게 불이익을 주기도 하지만, 정당한 것과 정당하지 않은 것을 판단할 객관적 표준에 근거하지 않는다. 자기 이익을 주장할 뿐 그 주장의 정당성을 논증하지 않고, 타인이 나에게 주는 불이익은 비난하지만 그것이 왜 부당한지에 관한 논증도 하지 않는다. 이런 불이익이 흔히 '불편', '민폐', '무례' 등으로 불리는 것이다. 사람들이 일상생활에서 겪는 고통 상당수가 합리적 행위 규칙의 부재, 즉 권리 체계의 부재에서 비롯한다.

법과 제도의 규칙도 빈번히 무시된다. 〈근로기준법〉의 목적은 "근로자의 기본적 생활을 보장"하는 데 있고, '근로자'란 "직업의 종류와 관계없이 임금을 목적으로 사업이나 사업장에 근로를 제공하는 사람"으로 정의된다. 그러나 이 법은 근로자 5명 이상을 고용한 사업장에만 적용된다. 근로자 4명 이하 사업장에서 일하는 사람은 '근로자'가 아닌 것인가? 이는 복잡하게 분석하고 비판할 가치가 없는 단순한 논리적 오류다. 법의 앞뒤가 맞지 않기 때문이다. 이외에도 법과 제도의 기본 조건, 즉 체계성, 일관성, 논리성 등을 무시한 사례를 여기저기서 쉽게 찾을 수 있다. 역시나 해도 되는 것과 안 되는 것을 구별하는 규칙이 제대로 작동하지 않는 것이다.

언어의 규칙, 행위의 규칙, 제도의 규칙(또는 개념적 언어, 권리, 제도의 합리성)은 별개의 문제가 아니다. 권리 관계에 기초한 사회가 개념적 언어를 버릴 수는 없고, 개념적 언어를 표준으로 삼은 사회가 권리를 무시할 수도 없다. 개념적 언어 없이 합리적 국가 제도를 수립하기는 불가능하고, 합리적 제도가 개념적 언어를 거부할 수도 없다. 한국에 언어의 규칙이 없다는 것은 곧 행위의 규칙이나 제도의 규칙도 없다는 의미다. 규칙의 체계 일반을 거부하는 경향이 한국을 지배한다. 권리에 기초한 사회관계를 만드는 작업은 '권리' 개념에 관한 표준 이해를 수립하는 작업과 다르지 않다. 〈근로기준법〉을 합리적으로 개정하는 작업과 '노동자의 권리'라는 개념을 체계적으로 정의하는 작업 역시 분리되지 않는다. 반개념적 언어가 지배하는 공간을 축소하고, 개념적 언어의 공간을 확장하는 것은 공동체의 규칙 그 자체를 수립하는 작업이다.

내란 사태
이전과
이후:

반이성과
비정상

5부

2024년 12월 3일 늦은 밤, 뜬금없는 '비상계엄'이 선포되었다. 윤석열의 황당한 군사 쿠데타는 곧바로 저지당했고, 그는 얼마 후 탄핵되어 지금은 법적 처벌을 기다리고 있다. 그사이 치러진 대선에서는 더불어민주당 이재명 후보가 대통령으로 선출되었다. 결코 쉽지 않은 과정이었지만, 한국 시민은 내란 세력에 맞서 싸우며 민주주의를 방어하는 데 성공했다. 이러한 일련의 사건을 지켜본 모두가 '시민의 승리'에 자부심을 느끼는 것은 당연한 일이다. 하지만 '승리'의 의미와 정상적 민주주의에 대한 문제가 충분히 논의된 것 같지는 않다.

가장 먼저 다음 질문을 제기해야 한다. 내란이라는 위협은 한국 민주주의 외부에서 왔는가, 내부에서 탄생했는가? 이재명 정부를 비롯해 '시민의 승리'를 칭송하는 사람 다수가 내란 사태를 외부의 위협으로 인식한다. 1961년의 박정희나 1979년의 전두환처럼 민주주의 외부의 무장 세력이 민주주의를 파괴하기 위해 헌법 질서를 침탈했다는 것이다. 이런 인식에 따르면, 내란 세력을 척결하는 것이 곧 민주주의의 정상화를 의미하게 된다. 독재 정권 타도가 곧 '민주화'로 이해되었던 것처럼, 윤석열과 주변 일당을 제거하고 처벌하면 민주주의가 본래의 온전한 상태로 돌아가리라는 것이다. 여기서 민주주의와 내란 세력의 관계는 마치 건강한 몸과 외부의 병원체처럼 이해된다. 병원체를 제거하고 감염된 부위를 회복하면 본래의 건강을 되찾을 수 있다는 식이다. '청산', '척결', '진압' 등의 어휘가 이런 이해를 함축한다.

하지만 윤석열의 쿠데타 시도는 어느 날 갑자기 마을에 나타난 주정뱅이가 난동을 부린 사건이 아니고, 외부 병원체의 침입도 아니다. 애초 (박근혜와) 윤석열을 지도자로 뽑은 것은 한국 시민들의 민주주의적 투표였다. (국정농단과) **내란 사태는 한국 민주주의 내부에서 발생한 것**이다. 관련 세력을 모두 척결한다고 해서 모든 것이 자동적으로 정상화되지는 않는다. 두 번의 대통령 탄핵이 보여주는 바는 한국 민주주의가 자기유지를 위한 정상적 조건을 결여하고 있다는 사실이다. 위협을 제거해야 민주주의가 정상화되는 것이 아니라, 민주주의를 정상화해야 위협이 사라진다. 한국 민주주의를 이대로 두어서는 제2의 국정농단이나 쿠데타, 또는 상상을 초월한 또 다른 사건이 일어나지 않으리라는 보장이 없다.

5부에 실린 글들은 한국 민주주의의 비정상성을 여러 측면에서 다룬다. 그중 상당수가 내란 사태에 관한 직접적 분석이다. 마지막 '깊이 읽기'에서는 쿠데타 지지 세력을 파악하기 위한 개념적 틀을 제안할 것이다. '극우'보다는 '비이성'과 '비정상'이라는 개념이 더 유용하고 정확할 수 있음을 설명한다.

대선 후보 윤석열:
이념 없는 정치의 암울한 결말[*]

2021. 11.

윤석열이 대선 후보가 되었다. 그의 발언이 나올 때마다 사람들은 지지 혹은 분노를 쏟아낸다. 하지만 나는 이 상황이 너무나 비현실적으로 느껴져서 아무런 감흥도 느낄 수가 없다. 비극적 결말에 이른 영화 속 주인공이 마지막 순간에 자문하듯, 당혹스러운 질문만 머릿속을 맴돌 뿐이다. 한국 정치는 어쩌다 이렇게 된 것일까? 도대체 어디에서부터 잘못된 것인가?

2017년 3월 10일 헌법재판소가 박근혜 탄핵을 결정했던 순간, 그리고 문재인의 대통령 당선이 확정되었던 순간이 아직도 생생하다. 그때 누군가는 현 정부의 성공을

---

[*] 이 글은 윤석열이 국민의힘 대선 후보로 선출된 2021년 11월 5일 직후에 작성되었다.

기원했고, 또 다른 누군가는 실패를 예견했지만, 지금 같은 상황을 예상한 사람은 아무도 없을 것이다. 이른바 촛불 정부의 검찰총장이 이명박, 박근혜 사면을 약속하는 대선 후보가 될 것이라고 누가 상상했겠는가? 더구나 대선 후보 윤석열이 탄생하는 과정은 역사의 비극적 우연이 아니라, 정치적 행위자들의 '거대한 헛발질'이 만들어낸 블랙코미디에 가깝다. 물론 그 코미디에는 나름의 이유와 배경이 있다.

이념 없는 민주주의는 없다

그람시의 개념을 빌리자면, 정치적 공간은 다수의 '집단적 의지'가 서로 충돌하고 경쟁하는 장이다. 여러 개인의 의지를 하나의 집단적 의지로 결집시키려면 매개 역할을 할 구심점이 필요한데, 근대 정치에서 그것은 이념(이데올로기)이라는 형태로 존재해왔다. 모두에게 익숙한 자유주의, 사회주의, 보수주의, 공산주의, 내셔널리즘, 공화주의 따위의 개념이 근대의 다양한 정치 이념을 표현한다. 이념의 스펙트럼은 매우 넓고 시대와 지역에 따라 다양하게 변해왔지만, 어떤 이념이든 방금 나열한 몇 가지 유형에 따라 분류하는 것이 어느 정도 가능하다. 그 이유는 근대 민주주의 자체에 있다. 모든 민주주의는 인간의 자유와 평등이라는 동일한 원리에 기초하지만, 자유과 평등의 관계, 개인과 공동체의 관계, 사회와 국가의 관계 등을 구체적으로 어떻게 규정할지는 선택의 문제다. 선택지는 다양하지만, 그렇다고 해서 무한히 많은 것은 아니다. 지난 두 세기의 근대 역사는 정치적 이념의 선택지를 몇 가지로 축약했고, 그 결과 우리에게 익숙한 이념의 목록이 만들어졌다.

한국에서 이념이라는 말은 고리타분한 것으로 취급되지만, 현대 정치의 역학 관계는 이념에 의해 규정된다. 좌파와 우파, 리버럴과 보수의 구별은 예전처럼 결정적이지는 않더라도 여전히 서구 정당정치의 기본 질서를 구성한다. 전통적인 이념적 쟁점들, 예컨대 국가와 시장의 관계, 사회 서비스의 작동 방식, 이민자 문제, 임신중단 등에 대한 입장은 정당의 정체성을 드러내는 핵심 지표다. 지금 세계는 포퓰리즘, 팬데믹, 기후위기처럼 기존의 이념적 차이를 약화하는 새로운 문제에 직면하고 있지만, 그것이 요구하는 바는 이념의 종말이 아니라 기존 이념의 강화 혹은 전환이다. 애초 이념 없는 민주주의는 민주주의라고 할 수 없다. 민주주의의 실행 모델과 구체적 작동 방식을 규정하는 것이 바로 이념이기 때문이다.

이념 없는 정치

　한국 정치는 이념 없는 정치다. 이념을 대체하는 것은 사람이다. 우리가 흔히 목격하는 정치 현상 중 다수가 이런 특성에서 비롯한다. 현 정당 질서는 거대 양당의 대립 구도로 요약되는데, 이는 좌파와 우파, 리버럴과 보수의 대립과는 전혀 다르다. 흔히 민주당을 '진보', 국민의힘을 '보수'라고 말하지만, 이 두 단어는 정치 이념이 아니라 특정한 인간 집단을 부르는 고유명사일 뿐이다. 그들을 구별하는 것은 민주화운동과 군사독재라는 역사적 경험인데, 그 경험에서 정치 이념이 탄생하지는 않는다. 그래서 민주화운동의 후예들이 노태우 국가장을 추진할 수도 있는 것이다.[*]

　한국 정치인의 정체성을 규정하는 것은 이념이 아니라 개인의 성격과 인생사다. 시민은 정치인의 정책과 비전 대신, 그 인간 자체를 지지와 반대의 대상으로 삼는다. 정치인 지지 모임이 항상 팬클럽 형식으로 조직되는 이유가 여기에 있다. 이런 환경에서 집단적 의지는 대부분 정치인에 대한 사랑 혹은 미움에 따라 형성되고, 집단적 감정을 관리하는 기술이 정치 역량의 핵심이 된다. '진영 논리'와 '내로남불'은 이러한 정치의 본질적 특성이다. 정치 이념은

---

[*]　문재인 정부는 2021년 10월 26일 노태우 사망 직후 국가장을 추진했다.

윤리적 기준이자 행위의 규칙인데, 그것이 없으니 무엇이 좋고 나쁜지 판단할 수도, 행위의 일관성을 유지할 수도 없다. 오로지 정치인에 대한 찬반으로 나뉜 '우리'와 '그들'의 대립만이 존재한다. 거기서는 '우리가 선이고, 그들은 악이다'라는 규칙만이 나올 뿐이다.

2017년 이후 박근혜 주변 세력의 몰락은 이념 없는 정치의 특성을 더 노골적으로 드러낸다. 진보와 보수가 갈등하지 않아도 시민들은 극렬히 싸운다. 그들의 집단적 의지를 지배하는 것은 사랑과 미움의 논리다. 그나마 약간의 이념적 색채가 남아 있던 '진보'와 '보수' 대신 '검찰 개혁'과 '공정'이 새로운 정치언어로 등장했다. 이 언어의 유일한 기능은 누구를 지키고 공격할 것인지 밝히는 것이다. 조국과 검찰의 대립은 마치 거대한 정치적 치정극을 닮았다. 사랑하던 자를 지켜주지 못한 미안함, 믿었던 자에 대한 배신감 따위가 뒤엉켜 새로운 정치적 지형을 만들어냈다. 그런 감정의 논리에 참여할 생각이 없는 시민은 정치 참여의 장에서 배제된다.

최근 '정권 교체'라는 집단적 의지는 윤석열을 대선 후보로 택했다. 그는 현 정부의 검찰총장 출신이고, 그의 정치적 이념이나 지향은 여전히 불분명하지만, 이런 사실은 중요치 않다. 이념 없는 정치에서 시민의 요구는 결국 '내가 싫어하는 인물과 집단을 제거하는 것'으로 수렴하기 때문이다. 일련의 우연한 사건들에 의해 윤석열을 증오하는 집단적 의지가 형성되었고, 윤석열은 그들의 증오 덕분에 한 시대를 대표하는 상징적 인물이 되었다. 정권 교체를 원하는 이들의 마음이 그를 향하는 것은 당연한 일이다.

이번 대선은 현 정권을 싫어하는 의지와 윤석열을 싫어하는 의지가 충돌하는 장이 되었고, 아마 앞으로도 우연적 혹은 필연적 사건으로 발생한 집단적 감정이 한국 정치를 좌우하게 될 것이다. 이제는 기존 정치 질서를 뒤집을 때가 아닐까. 이는 제도의 개선이나 권력 구조의 재편이 아니라 문화적 전복을 요구한다. 개인의 마음과 집단적 의지가 작동하는 방식 자체가 문제이기 때문이다. 물론 실현 불가능한 과제일지 모르지만, 적어도 상상하는 노력은 계속해야 한다. 그마저도 없으면 아무것도 달라지지 않는다.

뒤처리 전문
민주주의

한국 민주주의의 최대 강점은 내적 위협이 발생할 때 뚜렷이 드러난다. 윤석열의 쿠데타 시도 직후, 한국 시민이 보여준 반응 속도와 강도를 보라. 세상 어디에도 이런 강력한 방어 장치를 갖춘 민주주의가 없다. 많은 사람이 여기에 자부심을 느끼는 것은 당연한 일이다.

하지만 감탄만 하기에는 어딘가 찝찝하다. 불과 2년 전 윤석열을 대한민국 대통령으로 선출한 것도 한국 시민이었다. 외부의 폭력이 개입한 적도 없고, 선거 부정이 일어나지도 않았다. 인민의 일반 의지는 민주주의 선거제도를 통해 그를 선택했다. 물론 '난 그를 찍지 않았다'고 원망 어린 항변을 하는 사람도 있겠지만, 그게 별 소용이 없다는 걸 이미 알고 있을 것이다. 그의 권력은 하늘에서 떨어진 것이 아니라 '우리 모두'의 결정에서 비롯한 것이기 때문이다. 정상적인 절차를 거쳐 대통령이 된 자가 2년 뒤에 군사 쿠데타를 시도했다. 어떻게 이런 일이 가능한가?

민주주의에서 상상 가능한 최악의 악몽은 무엇일까? 광인狂人이 국가수반으로 선출되는 상황 아닐까? 정상적 민주주의는 결코 이런 상황을 용납하지 않는다. 한 인물이 국가권력의 정점에 오르려면 나열할 수 없을 정도로 많은 검증 장치를 통과해야 한다. 그러나 한국에서는 그런 장치가 제대로 작동하지 않았다. 이번이 처음도 아니고 벌써 두 번째다. 2013년에는 아무런 판단 능력이 없는 꼭두각시를 청와대로 보냈고, 4년 뒤에 탄핵했다. 2022년에는 과대망상과 음모론에 빠진 인물을 대통령으로 뽑았고, 2년 만에 다시 탄핵하는 중이다. 민주주의가 안정적으로 운영되는 곳에서도 권력자의 부패나 무능은 흔한 일이지만, 한국에서 벌어진 사건은 그런 수준을 아득히 뛰어넘는다.

전진이 아닌 원상회복

한국 민주주의는 뒤처리 전문이다. 위협이 발생하면 신속하고 확실하게 처리하지만, 위협 자체를 예방할 역량은 없다. 이를 어떻게 평가해야 할까? 망나니가 만든 난장판을 정리하는 데는 뛰어나지만 망나니의 등장 자체를 막지는 못한다면, 이걸 과연 유능하다고 말할 수 있을까? 국회에서 탄핵 소추안이 통과된 직후, 미국 정부는 한국 민주주의의 '회복력'을 높이 평가한다는 입장을 발표했다. 이런 말을 듣고 자부심을 느껴도 되는 걸까? 사실 그것은 제 발에 제가 걸려 넘어졌다가 다시 일어나는 회복력 아닌가? 마냥 뿌듯해하기에는 어딘가 멋쩍은 상황이다. 진지하게 자문해야 할 때다. 한국의 민주주의는 과연 정상적인가? 한국은 민주주의를 안정적으로 운영하고 있는 나라인가?

지난 12월 3일 이후의 상황을 지켜보며, 적지 않은 사람이 반독재 민주화 투쟁을 떠올렸을 것이다. 하지만 과거와 현재는 완전히 다르다. 군사정권은 역사의 앞길을 막고 있는 거대한 장애물이었고, 그것을 제거하는 작업이 곧 민주주의를 향한 전진이었다. 반면, 박근혜와 윤석열 탄핵은 앞마당에 떨어진 오물을 치우는 작업에 가깝다. 이런 작업의 목적은 전진이 아니라 원상회복이다. 더럽고 귀찮은 일을 처리하면 원래 상태로 돌아가게 될 뿐, 더 나은 상태로 이행하지는 않는다. 윤석열 파면과 한국 민주주의의 발전은 별개의 문제다. 지난 8년의 역사가 이를 증명한다.

2017년 박근혜 파면이 확정되었을 때 모두가 '시민의 승리'를 자축했다. 그때 승리의 의미는 무엇이었나? 오랜 정당정치를 거쳐 대권 주자가 된 후, 민주적 선거를 통해 대통령으로 당선된 자가 알고 보니 '비선 실세'의 꼭두각시였다. 그로 인해 상상을 초월하는 난장판이 만들어졌는데, 한국 시민은 다행히 그 뒤처리를 무사히 마쳤다. 승리가 이런 뒤처리의 성공을 의미하는 것이라면, 2016년의 시민은 승리한 것이 맞다. 하지만 승리가 한국 민주주의의 진전을 의미하는 것이라면, 한국 시민은 결국 패배했다고 말해야 한다. 2024년이 2016년의 패배를 증언한다. 비슷한 난장판이 다시 벌어졌고, 이번에는 군사 쿠데타라는 훨씬 더 심각하고 직접적인 위협을 가져왔다.

승리의 의미

지난 12월 14일 국회에서 탄핵소추안이 가결된 이후 또다시 '시민의 승리'를 자축하는 목소리가 여기저기서 울려 퍼지고 있다. 이번에는 승리가 무엇을 의미하는가? 헌법재판소가 탄핵 인용 결정을 내리고, 윤석열이 파면되고, 그와 주변 일당이 내란죄로 처벌받고, 정권 교체가 완료되면 그것이 승리일까? 이번에도 승리가 뒤처리의 성공을 의미한다면, 이 모든 절차가 끝난 후 마음껏 시민의 승리를 기뻐해도 될 것이다. 하지만 어떤 민주주의를 만들 것인지 고심하는 사람이라면 인내심을 가지고 더 오랜 시간을 기다려야 한다. 수년 혹은 수십 년이 지난 후, 한국 민주주의의 정상성과 안정성이 비로소 보장된 다음에야 승리를 자축할 수 있을 테니 말이다.

여기서 말하는 안정성과 정상성이란 거창한 것이 아니다. 어떤 세력이 집권하든 간에 큰 사고 없이 국가를 운영하다가 임기를 마무리하고, 선거를 비롯한 정상적 절차를 통해 권력 구조가 교체되는 것을 의미한다. 한국 민주주의는 이러한 최소한의 조건조차 충족하지 못했다. 지난 20년 동안 당선된 다섯 명의 대통령 중 세 명이 국회에서 탄핵 소추되었다. 그중 한 명은 파면되었고, 또 다른 한 명은 헌재 결정을 앞두고 있다.* 이 두 사람이 쫓겨난 것은 권력 다툼에서 패배했기 때문이 아니라, 민주주의가 요구하는 정상성의 기준에서 완전히 벗어난 인물들이었기 때문이다. 애초에 그 둘은 어떻게 대통령이 될 수 있었는가? 한국 민주주의는 어떤 방식으로 비정상적 상태에 있는 정치인을 걸러내는가? 대통령이 되려는 인물이 갖추어야 할 최소 조건에 관해, 한국 시민들은 최소한의 공통 기준을 가지고 있는가?

이제 모두의 관심이 점차 다음 단계로 옮겨가고 있다. 탄핵 이후 더 큰 변화를 준비해야 한다는 말을 부정할 사

---

* 이 글은 국회에서 윤석열 탄핵소추안을 가결한 2024년 12월 14일 직후에 작성된 것이다.

람은 별로 없을 것이다. 문제는 변화의 수준이다. 다음 대선에서 정권 교체를 하면 될까? 이 정도로는 어림도 없다는 걸 지난 8년의 시간이 보여준다. 다음 정권에서 더욱 과감한 개혁 정책을 추진하면 될까? 그런 시도는 긍정적 변화를 가져오겠지만, 개별 정부의 정책으로 한국 민주주의 자체를 바꿀 수 있을지는 알 수 없다. 그렇다면 대통령제를 내각제로 교체하는 수준의 변화가 필요할까? 그럴 수도 있겠지만, 과연 그게 문제의 해결책일지, 문제를 다른 문제로 교체하는 꼼수일지는 두고 봐야 한다. 지금은 더욱 근원적인 수준의 변화를 계속 상상하는 작업이 필요하지 않을까? 한국 민주주의는 우리의 상상을 벗어나는 수준의 변화를 요구하고 있을지 모른다.

어떻게 극우를 제거할 것인가?

2024년 12월 3일 내란 사태 직후 국민의힘과 주변 세력은 주춤한 모습을 보여주었지만, 얼마 지나지 않아 윤석열을 적극 방어하는 쪽으로 방향을 선회했다. 그들은 제도 정당이기를 포기하고 내란 세력의 일부가 되어버렸다. 지금 그들이 쏟아내는 말 중에서 멀쩡한 것은 단 하나도 없다. 고려할 가치가 없는 사실 왜곡, 거짓, 궤변, 헛소리뿐이다. 국민의힘은 민주주의에 대한 가장 직접적인 위협이다. 한국 민주주의의 안정화와 정상화를 위해서는 이들을 제거해야 한다. 이때 제거란 어떤 의미인가?

극우와 보수의 구별

일단 보수와 극우를 구별하자. '보수conservative'는 말 그대로 보존한다는 의미다. 공동체의 기존 질서와 가치를 지키고 유지하려는 정치 이념이 보수다. 이는 근대 민주주의와 함께 출현했고, 지금도 세계 민주주의를 유지하는 주류 이념 중 하나로 작동하고 있다. 반면 극단적 우파 또는 우파 극단주의는 민주주의의 파괴를 목표로 한다. 그것은 파시즘과 나치즘의 유산에서 태어나, 여성, 이주민, LGBTQ 등을 향한 증오를 퍼뜨리며 성장한다. 많은 나라에서 보수(우파)와 극우는 구별된다. 보수는 지키려 하고, 극우는 파괴하기 때문이다. 그래서 미국 공화당과 트럼프 사이에 갈등이 발생하고, 유럽의 전통적 우파는 극우와 분리되기 위해 노력한다.

최근 서구 민주주의가 직면한 심각한 위험 중 하나는 보수와 극우의 구별이 흐릿해지고 있는 것이다. 그런데 한국에서는 애초에 이 두 가지가 분리된 적이 없다. 정확히 말해, 한국에 있었던 것은 늘 극우였지 보수가 아니다. 최근 20년간 이른바 '보수정당'이 걸어온 길을 돌아보자. 수시로 이름과 로고를 바꾸며 변화를 약속했지만, 이들이 공동체의 가치를 보존하고 지키려 했던 적은 단 한 번도 없었다. 항상 자신의 권력과 이익을 위해 민주주의를 위험에 빠뜨렸을 뿐이다. 이번 내란 사태가 그중 최악이다.

한국과 서구의 극우는 모두 민주주의의 파괴를 지향하지만, 이 둘을 같은 범주로 묶기는 어렵다. 서구의 극우는 오랫동안 정치적 공간에서 배제되어 있다가, 최근에 극단적 이념을 무기로 삼아 주류의 자리를 위협하고 있다. 반면 한국의 극우는 주류의 자리에서 물러난 적이 없다. 군사독재 시기에 형성된 자신의 권력을 유지하기 위해 바쁘게 움직일 뿐, 일관된 이념을 가지고 있지도 않다.

거대 양당 체제가 굳어진 한국에서 극우를 제거한다는 것은 어떤 의미인가? 물론 국민의힘을 제거하고 민주당만 남기자는 것이 될 수는 없다. 설사 그들이 사라진다고 해도, 지지 세력은 그대로 있으니 이름만 다른 극우정당이 다시 만들어질 것이다. 따라서 극우의 제거란 극우가 배제된 정당 질서의 구축을 의미할 수밖에 없다. 이런 질서는 극우와 분리된 보수의 등장 없이는 만들어지기 힘들다(물론 보수나 우파라고 불리는 이념을 배제하고 자유주의와 사회주의 등으로만 구성된 정치 지형을 상상해볼 수 있겠지만, 현실에 존재하기는 힘들 것이다). 하지만 이는 헛된 희망처럼 보인다. 그동안 여러 사람이 이른바 '합리적 보수' 운운하며 다양한 시도를 해왔지만, 그 비슷한 것이 등장할 기미조차 보이지 않는다. 그렇다면 왜 한국에는 극우와 분리된 보수정당이 존재하지 못하는가? 이 질문에 한국 민주주의의 거의 모든 문제가 함축되어 있다.

극우를 제거하는 방법

민주주의의 기본 원칙 중 하나는 '헛소리하는 자는 정치적 대화의 장에 들어올 수 없다'라는 것이다. 이는 보수와 극우를 구별하는 기준이기도 하다. 보수는 민주주의가 허용하는 합리적 언어의 표준을 존중하지만, 극우는 그런 표준을 무시하고 파괴한다. 한국의 극우정당은 이런 경향을 가장 극단적으로 드러낸다. 극우와 분리된 보수가 존재하지 않는 이유 중 하나는 저 원칙에 충실한 보수 지지층이 독립적으로 존재하지 않는다는 데 있다. 문제는 극우 지지층만 원칙을 무시하는 것이 아니라는 점이다. 정치인이 자기 이익을 위해 말이 안 되는 말을 하는 건 한국에서 흔한 일이다. 자신이 지지하는 정치 세력의 헛소리에는 관대하고, 반대하는 측의 헛소리에만 비난을 퍼붓는 시민은 어느 진영에나 많다. 그동안 민주당 정치인들이 내뱉은 거짓과 궤변도 차고 넘친다. 헛소리를 배제해야 한다는 것은 아직도 정당정치의 원칙으로 명확히 작동하지 않고 있다.

'정당은 명확한 이념과 국가 운영 비전을 가지고 있어야 한다'는 것은 민주주의의 또 다른 원칙이다. 한국의 극우는 단 한 번도 이런 원칙에 기초한 정당을 수립한 적이 없다. 그들의 정체성은 오로지 군사독재정권의 계승자라는 사실에서 나온다. 극우와 분리된 보수가 존재하려면, 이러한 정체성과 철저히 단절하고 자기 고유의 이념을 구축한 정치 세력이 등장해야 한다.

문제는 이념과 비전의 부재가 극우정당만의 특징이 아니라는 점에 있다. 민주당의 정체성 역시 이념이 아니라, 반독재 민주화운동을 통해 형성된 공통의 역사적 경험과 인적 계보에 있다. 어떤 이들은 민주당에 자유주의나 좌파 따위의 딱지를 붙이는데, 어림없는 소리다. 임신중단에 관한 입장이 없는 자유주의자, 차별 금지에 무관심한 좌파가 세상 어디에 있는가? '국민의힘 반대' 외에 민주당의 지향이라고 할 만한 것이 과연 존재하는지 의문이다. 한국 정치를 '이념 과잉'이라는 말로 표현하는 사람도 있지만, 독재 권력의 상속자들과 반독재 민주화운동의 계승자들이 치열하게 대립할 뿐, 고유한 의미의 정치 이념을 발견하기는 매우 어렵다.

한마디로, 민주주의의 기본 가치를 존중하지 않는 자는 (정치인이든 시민이든) 정치적 공간에서 배제되어야 한다는 원칙이 제대로 작동할 때 극우와 분리된 보수가 등장할 수 있다. 이런 원칙이 한국 정치를 지배하지 않는 한, 보수 없는 극우만이 존속할 것이다.

모두 알다시피 선거를 통해 극우를 제거할 수는 없다. 대선과 총선에서 극우정당의 당선을 최대한 저지하더라도, 그들을 지지하는 시민이 사라지지는 않기 때문이다. 그들은 계속해서 상당수의 국회 의석을 차지할 것이고, 언젠가는 다시 집권하게 될 것이다. 그때는 또 어떤 난장판이 벌어질지 모른다. 중요한 것은 민주주의의 기본 가치에 기초한 헤게모니 질서를 구축하고, 이 질서가 정치적 공간에 들어올 수 있는 자와 아닌 자를 구별하도록 만드는 일이다. 제대로 된 규범에 따라 운영되는 사회관계가 무례한 자를 배제하듯, 파괴적 세력을 배제하는 정당정치 질서를 구축해야 한다.

윤석열은
한국의 트럼프가 아니다

2024년 12월 3일 이후 모두가 던졌던 질문 중 하나는 '도대체 왜?'였다. 윤석열은 무얼 위해 그런 짓을 벌였는가? '오래전부터 쿠데타를 한번 해보고 싶었기 때문에', '무속인의 점괘를 믿어서' 따위의 설명이 농담처럼 떠돌기도 했다. 그동안 밝혀진 전후 상황을 고려하면, 이걸 농담이 아니라 설득력 있는 가설로 받아들여야 할지 모른다. 성폭력을 저질러 군에서 쫓겨난 노상원이 무속인과 어울리다가 국방부 장관의 비선처럼 활동하고, 현직 군인들이 이런 인물과 함께 롯데리아에서 쿠데타를 모의하고, 대통령은 이들에게 국회와 선관위를 공격하라고 명령하고, 심지어 무속인이 국회 증인으로 출석하는 광경을 보면서, 과연 쿠데타의 이유라는 것을 찾을 수 있을까? '비선 실세 최순실'이 어떻게 존재할 수 있었는지 여전히 이해하기 힘든 것처럼, 이번 사태도 끝내 이해 불가능한 어떤 것으로 남을지 모른다.

윤석열, 트럼프, 전두환

누군가는 윤석열을 한국의 트럼프라고 부르는데, 이 둘은 전혀 다르다. 트럼프가 무엇을 원하고, 무엇을 하려는지는 분명하다. 그는 왜 관세 전쟁을 벌이고, 이민자를 추방하는가? 이 모든 것이 '미국을 다시 위대하게', '미국이 먼저다'라는 슬로건의 반복이다. 그의 조치가 실제로 미국에 이익이 될지는 모르겠지만, 어쨌든 이민자를 증오하고, 엘리트와 민주주의를 불신하고, 자국의 이익에 절대적 우선성을 부여하려는 집단적 의지에 충실하다.

중요한 것은 이런 의지가 단순한 집단 망상이 아니라는 점이다. 서구의 극우 집단은 '순수한 자기 정체성', '자기 공동체의 배타적 이익' 따위에 대한 집착에서 태어난다. 이는 서구 문화와 민주주의 자체에 잠재된 위험이다. 극우는 이런 내적 위험을 극단적 형태로 현실화하려 시도한다. 민주주의의 가장 치명적인 위협이 극우 포퓰리즘인 이유도 바로 여기에 있다.

트럼프는 철저히 '전략적 합리성'에 따라 움직인다. 이런 합리성의 핵심은 목표와 수단의 합리적 결합에 있다. 외계인이 자국 지도자로 변신해 지구 침공을 준비하고 있으니, 그를 암살해야 한다고 믿는 사람이 있다고 하자. 외계인과 싸운다는 목적은 망상이고, 암살이라는 수단도 정당하지 않지만, 이러한 목적과 수단은 충분히 합리적으로 조직될 수 있다. 만일 외계인을 죽이기 위해 무당을 찾아가 굿을 한다면, 그는 '기이하게 미친 사람' 정도로 보일 것이다. 하지만 치밀하게 무기를 준비해 실제로 암살을 시도한다면, 그는 전략적 합리성에 따라 움직이는 망상가라고 할 수 있다. 우리가 알고 있는 수많은 전쟁, 학살, 쿠데타, 테러 따위가 이런 '합리적 망상가'들의 작품이다. 그런 비극이 실제로 일어날 수 있었던 것은 비합리적 목적과 정당하지 않은 폭력이 합리적으로 연결되었기 때문이었다.

트럼프도 마찬가지다. 그의 주장은 제 나름의 합리적 판단일 수도 있고, 일종의 망상일 수도 있다. 또한 그는 음모론, 가짜 뉴스, 집단적 증오심, 망상 따위의 비이성적 수단을 적극 활용한다. 하지만 그의 목적과 수단은 매우 합리적으로 조직되고, 바로 이 점에서 그는 민주주의와 세계 평화를 향한 실질적이고 강력한 위협이 된다.

이러한 전략적 합리성은 '성공한 독재자'의 기본 조건이기도 하다. 전두환을 보라. 그의 모든 행위에는 분명한 전략적·전술적 목표가 있다. 그는 자신이 국가권력을 장악하겠다는 명확한 전략적 목표에 따라 동원할 수 있는 모든 종류의 수단을 사용했다. 1980년 5월 광주의 진실 중에는 여전히 밝혀지지 않은 것이 많지만, 전두환이 왜 학살을 저질렀는지 우리는 꽤 분명히 알고 있다. 1979년 12월 12일 쿠데타부터 1987년 6월 29일 선언까지, 그가 결정하고 행동한 모든 것에 '왜 그렇게 했는가?'라는 질문을 던져보자. 이에 대한 답은 단순하다. '자신의 권력을 확장하고 유지하기 위해서'다. 많은 사람이 그에게 한없는 적대감을 느끼는 이유도 여기에 있다. 그가 어떤 종류의 악인이었는지가 너무나 명확하기 때문이다.

윤석열의 이해 불가능성

윤석열이라는 인물의 특징은 도대체 무엇을 원하고, 무엇을 하려는 것인지 알 수 없다는 점에 있다. 그는 일관된 지향이나 목적을 보여준 적이 없다. 그 목적이 망상이든 아니든, 타당한 것이든 아니든, 애초에 행위의 지향점 자체가 불분명하다. 그가 부정선거를 실제로 믿고 있는지 아닌지, 망상에 빠진 상태인지 아닌지는 제삼자가 알 수 없다. 어쨌든 중요한 것은 '부정선거를 밝혀내겠다'는 목적과 쿠데타라는 수단 사이에는 전략적이고 합리적인 연결 고리가 없다는 사실이다. 그는 도대체 무슨 생각으로 전직 군인·현직 무속인에게 쿠데타의 기획을 맡겼던 걸까? 윤석열과 주변 일당은 결코 합리적 망상가로 불릴 수 없는 자들이다. 그들은 기이한 광인에 가깝다. 이 점에서 그들은 다른 극우 정치인과도 분명히 구별된다. 예컨대 이준석은 반페미니즘이라는 망상을 활용하지만, 이 망상은 분명하고 일관적이며, 자신의 정치적 이익이라는 상위 목적을 결코 거스르지 않는다. 그는 나름의 전략적 합리성을 갖추고 있다.

윤석열의 이해 불가능한 행위들을 이해하려면 전혀 다른 논리가 필요할지 모른다. 오로지 감정적 충동과 해소의 메커니즘에 따라 움직이는 것이 아닐까? 야당에 대한 강렬한 적개심, 부정선거라는 망상, 독재자에 대한 오랜 선망 같은 감정들이 이리저리 뒤얽혀 내란이라는 파괴적 행동으로 귀결된 것은 아닌가? 트럼프가 실질적 효과를 위한 수단으로서 감정적 차원을 활용한다면, 윤석열은 자신이 원하는 감정적 효과를 얻기 위해 실질적 수단을 아무렇게나 가져다 쓴다.

중요한 것은 이러한 감정의 논리가 윤석열 개인만의 것이 아니라는 점이다. 한국에는 모든 종류의 합리성을 거부한 채 지속성과 일관성 없는 집단적 감정의 논리에 따라 흘러 다니는 충동적 흐름이 있다. 이런 흐름에는 분명한 목적도 없고, 목적과 수단의 연결도 없다. 진실과 거짓, 맞는 소리와 헛소리의 구별도 없다. 망상이든 음모론이든 자신이 원하는 감정만 얻을 수 있다면 무엇이든 허용된다. 얼마 전 등장한 극우 테러리즘은 이런 흐름의 극단적 형태 중 하나다. 윤석열과 극우 지지자들은 전략적 합리성조차 거부한다는 점에서 파시즘보다는 '덜' 위험할지 모른다(파시즘의 진정한 위험은 파괴적 집단감정이 전체주의 국가의 합리적 전략 구조 안에 포획될 때 시작된다). 그렇지만 한국의 극우는 아무도 포획할 수 없는 무형의 파괴적 에너지라는 점에서 전혀 다른 유형의 위험을 생산한다.

한국 민주주의는 또 다른 내란을 막을 수 있는가?

윤석열의 내란 시도 후 6개월 만에 이재명 정부가 들어섰다. 힘든 시기를 보낸 시민들은 이제야 안심하며 평범한 일상으로 돌아가고 있다. 그런데 이 광경은 마치 2017년의 데자뷔 같지 않은가? 박근혜 탄핵안이 헌법재판소에서 인용되고 5월 대선에서 문재인이 당선되자, 시민들은 한국 민주주의의 새로운 시기가 열리기를 기대했다. 하지만 문재인 정부의 검찰총장이던 윤석열이 그다음 대통령으로 당선되었고, 결국 군사 쿠데타라는 오래된 악몽을 재소환했다. 미래에 2025년 대선은 어떤 사건으로 기록될 것인가?

대선의 의미

아이러니하게도 이번 대선을 거치며 내란이 남긴 메시지가 다소 희석된 것처럼 보인다. 작년 12월 3일의 사건은 한국 민주주의가 여전히 자기 안정성을 갖추지 못했다는 사실을 보여주었다. 지금 한국 시민이 직면한 가장 중요한 질문은 '한국 민주주의는 또 다른 국정농단이나 내란을 막을 수 있는가?'이다. 새 정부가 한국 민주주의의 커다란 진전을 이뤄내지는 않더라도, 적어도 민주주의의 안정성은 확보해줄 것이라 기대할 수 있을까?

누구나 아는 사실 몇 가지를 확인하자. 지금 국민의힘을 중심으로 모여 있는 극우-보수 집단은 민주주의 제도를 정상적이고 안정적으로 운영할 의지와 역량이 없다. 이명박 정부는 국정원을 동원해 여론을 조작하고, 블랙리스트를 만들어 문화계 인사들을 감시했다. 박근혜와 윤석열은 도저히 이해할 수 없는 기이한 사건으로 탄핵되었다. 이들은 권력 유지를 위해서라면 불법적 수단도 가리지 않는 악당이거나, 권력 유지에 필요한 최소한의 조건도 갖추지 못한 무능력한 자들이었다. 두 번의 대통령 탄핵은 예외적이거나 우발적인 사건이 아니라, 이 집단의 특성이 그대로 드러난 결과다.

한국의 실질적 민주주의가 어느 단계에 와 있는지, 즉

보편적 자유와 평등이라는 원칙이 현실에서 얼마나 구현되고 있는지는 별도로 따져야 할 문제지만, 적어도 법과 제도를 비롯한 형식적 민주주의는 꾸준히 발전해왔다. 군사독재 시절의 세계관에 그대로 머물러 있는 극우-보수 세력이 민주주의 제도를 이해하고 운용하는 것은 불가능하다. 그렇다고 과거 체제로 회귀할 수도 없다. 한번 자리 잡은 제도는 정권의 성격에 따라 간단히 뒤집힐 수 있는 것이 아니기 때문이다. 결국 극우-보수 세력이 집권하면 민주주의에서 허용될 수 없는 온갖 꼼수와 비정상적 수단을 동원하게 되는데, 이로부터 보통 시민의 상상을 벗어나는 사건들이 발생한다.

이번 대선은 한국 민주주의의 안정성을 강화하는 계기가 될 수 있을까? 그렇다고 답하기는 어렵다. 국민의힘은 내란 세력과 단절하지 않았지만, 41% 이상의 지지를 받았다. 국정농단과 내란 사태를 경험한 뒤에도 이들의 고정 지지층은 여전히 견고하다. 이준석과 개혁신당에서 제3당의 가능성을 찾는 사람도 있겠지만, 이들은 극우-보수 세력의 한 분파이지, 대안 세력이 아니다. 반면, 민주노동당은 1%의 지지도 받지 못했다. 내란, 탄핵, 대선을 거치면서도, 한국 민주주의의 가장 치명적인 위험 요소가 별다른 타격을 입지 않은 것이다.

더불어민주당은 이번 대선에서 '압도적 승리'와 '내란

심판'을 외쳤다. 이들은 자신의 집권이 안정적 민주주의를 위한 유일한 방법이라고 생각하는 듯하다. 하지만 민주당의 승리는 해법이 될 수 없다. 그들의 영구 집권은 불가능하기 때문이다. 극우-보수 세력이 아무리 무능하고 비정상적이라도, 민주당 정부가 아무리 좋은 성과를 내더라도 정권은 거대 양당 사이에서 오고 갈 수밖에 없다. 이번 대선이 이 사실을 다시 한번 확인시켜준다. 언젠가 (당명은 바뀌겠지만) 국민의힘은 대선에서 다시 승리할 것이고, 그 후에는 지금까지 경험한 것과 비슷한 일들이 벌어질 가능성이 높다.

정상과 비정상

당연한 말이지만, 누가 집권하든 민주주의 제도는 안정적으로 운용되어야 한다. 국정농단과 내란 사태가 보여준 것은 한국이 여전히 이런 기초 조건을 충족하고 있지 못하다는 사실이다. 그런 안정성을 위해 가장 필요한 것이 정상과 비정상의 명확한 구별이다. 정치 진영에 상관없이, 민주주의의 정상적 범위 안에 있는 세력이 그것 밖에 있는 비정상적 세력을 철저히 배제해야 한다. 이는 극우와 분리된 보수의 등장을 요구한다. 국민의힘이 정상적 보수와 비정

상적 극우로 분화되지 않는다면, 한국 민주주의는 정상화
되기 어렵다. 40% 이상의 고정 지지층을 가진 거대 정당이
비선 실세의 하수인이나 쿠데타를 꿈꾸는 음모론자를 사
전에 차단하지 못하는데, 민주주의가 어떻게 제대로 작동
할 수 있겠는가?

많은 사람이 보수와 진보라는 대립 구도를 통해 한국
정치를 이해한다. 하지만 지난 십수 년의 역사는 정상과 비
정상의 구별이 더 결정적임을 보여준다. 새누리당, 자유한
국당, 국민의힘 등으로 불렸던 집단이 민주주의를 위협했
던 이유는 보수라는 이념이 아니라 그들의 비정상성에 있
다. 위에서 이들을 극우-보수라고 부른 이유도 이것이다.

문제는 정상과 비정상의 구별을 주도할 헤게모니 세
력이 존재하지 않는다는 점이다. 즉 정치 진영에 상관없이
모두가 따라야 하는 공통의 기준을 수립할 세력이 없다. 민
주당은 민주주의의 정상적 범위 안에서 움직이지만, 정상
성을 확고히 수립하고 비정상을 명확히 배제할 이념과 지
식 역량이 없다. 보수/진보의 대립과 정상/비정상의 구별
이 다른 차원의 문제라는 것도 이해하지 못한다. 그래서 이
들 역시 수시로 정상과 비정상의 경계를 넘나든다. 음모론
과 비합리적 믿음을 재생산할 때도 있고, 민주주의의 기본
질서를 파괴하는 위성정당을 만들기도 한다. 이들이 항상
'심판'의 언어에 의존하는 이유도 여기에 있다. 공통의 원

칙에 따라 정치 지형 전체를 재편하는 것이 아니라, 극우-보수 세력의 실패를 기다렸다가 재집권을 노릴 뿐이다. 민주당은 항상 과거 사건에 대한 심판을 외칠 뿐 미래의 난장판을 어떻게 막을 것인지는 말하지 못한다.

지금은 내란의 종식을 기뻐할 때가 아니라, 미래의 또 다른 혼란을 우려해야 할 때다. 2017년에도 이런 우려를 표한 사람들이 있었지만, 문재인 정부의 등장과 함께 모두 잊혔다. 이번에도 같은 망각을 반복한다면, 2030년 또는 2035년에 박근혜나 윤석열 같은 인물이 재등장하지 말라는 법이 없다. 지금 필요한 작업은 정상성의 수립, 즉 근대 민주주의의 원리가 헤게모니로 작동하게 만드는 일이다. 이는 집권 세력의 교체나 일부 제도의 개선보다 훨씬 더 근원적인 수준의 변화를 요구한다.

정교 분리를
다시 생각한다

　　윤석열 탄핵 이후의 한국을 보면 종교적 대혼돈의 시기가 열린 것 같다. 모두가 알고 있는 사건 몇 가지를 나열해보자. 김건희 주변에는 이른바 무속인들이 항상 들러붙어 있었다. 지금 밝혀지고 있는 사실들에 비하면, 윤석열이 손바닥에 '왕王' 자를 적어놓았던 사건은 웃고 넘길 수준이다. '천공'이나 '건진법사'같이 민망하고 유치한 이름들이 옛 권력의 핵심에서 흘러나온다. 심지어 쿠데타를 기획한 것도 전직 군인이자 현직 무속인 노상원이다. 최근에는 통일교가 김건희와 권성동에게 금품을 제공한 혐의로 수사를 받는 중이다. 심지어 통일교는 트럼프와도 관련을 맺고 있다. 이들이 벌인 사건은 심각하지만, 자세히 볼수록 블랙코미디에 가까워서 실소를 참을 수 없다.

내란 세력이 정치와 종교의 기이한 유착관계를 보여 준다면, 민주당 쪽에서는 좀 더 전통적이고 익숙한 유착관계를 발견할 수 있다. 김민석이 국무총리 후보자로 지명된 직후, 그와 개신교의 관계가 논란거리였다. 그는 자신을 '기독교적 세계관을 가진 민주주의자'라고 소개한 바 있다. 지난 5월에는 민주당 의원들이 한국기독교총연합회를 방문해서 차별금지법 추진 계획이 없음을 밝히기도 했다. 전광훈 같은 극우 개신교 인물들이 워낙 난리법석을 떨다 보니, 민주당과 개신교의 관계는 상대적으로 덜 주목받는다. 하지만 이쪽도 정교 분리의 원칙 따위는 간단히 무시한다.

한국사회의 어두운 구석에서는 종교 집단에 의한 끔찍한 폭력이 계속된다. 정명석과 그 일당은 수십 년간 조직적인 성범죄를 저질렀다. 사이비 종교에 빠져 가정 파탄에 이르렀다는 사람의 소문도 어렵지 않게 들을 수 있다. 적지 않은 수의 시민이 이런 식의 고통을 당해왔지만, 한국의 국가 제도가 여기에 개입한 적은 없다. '용감한 언론인'의 탐사 보도가 가끔 이런 어두운 영역을 다룰 뿐이다.

한국의 종교

한국의 종교는 분명 독특하다. 전체 인구의 절반 정도

가 종교를 가지고 있는데, 개신교, 천주교, 불교가 삼자 구도를 형성한다. 미국은 개신교, 프랑스는 가톨릭이 다수이고, 일본에서는 신사에 가는 것이 문화생활의 한 부분이다. 한국에는 다수 종교라고 불릴 만한 것이 없다. 겉으로만 봐서는 이 사회가 주로 어떤 종교의 영향을 받고 있는지 판단하기 어렵다. 개신교인의 비율이 가장 높고, 여기저기서 시뻘건 십자가와 '예수천국 불신지옥' 따위의 문구를 볼 수 있지만, 이 종교가 사회에 일반적 영향력을 행사한다고 말하기는 또 어렵다.

한국이 세계에 수출하는 문화는 케이팝과 K-드라마뿐이 아니다. 한국 종교는 꽤 오래전부터 세계로 진출해왔다. 통일교 분파는 세계 곳곳에서 믿기 힘든 기괴한 장면들을 연출해왔고, 최근에는 신천지가 프랑스에 진출해서 온갖 문제를 일으키고 있다.

한국의 무속은 종교 통계에도 잡히지 않지만, 사회 일반에 행사하는 영향력이 상당하다. 심지어 예능 방송의 단골 소재로도 쓰인다. 무속이라는 개념 자체가 문제적이다. 김건희 주변 인물들을 보면 흔히 상상하는 무속인의 모습, 예컨대 전통 복장을 차려입고 굿하는 무당의 모습과 상당히 다르다. 이들을 샤먼이라 부르는 사람도 있는데, 인류학이 다루는 원주민 사회의 샤먼은 자기 공동체와 초자연적인 힘 사이에서, 인간과 비인간 사이에서 중재자 역할을 하는 사람이다. 현대 한국의 무속을 설명할 수 있는 것은 아마도 '정의 불가능'이나 '무정형' 같은 개념일 것이다. 그것은 전통 종교라 하기도, 신흥 종교라 하기도 어렵다. 심지어 종교라고 불릴 수 있는지조차 의심스럽다(물론 '종교' 개념 자체에 대한 질문도 필요하다). 사유와 언어의 규칙을 파괴해서, 어떤 생각이나 말을 해도 상관없는 비이성의 공간을 여는 데 목적이 있는 것 같다. 가장 놀라운 사실은 무속인이 권력 집단의 조언자 그룹을 구성했다는 것이고, 한국의 유권자가 이들에게 국가권력을 맡겼다는 것이다.

정교 분리란 무엇인가?

한국의 종교가 본래의 가르침에서 벗어나고 있다는 비판을 흔히 들을 수 있다. 그런데 이는 국가와 정치 공동체가 신경 쓸 것이 아니다. 시민들이 논의해야 할 문제는 종교 그 자체가 아니라, 민주주의가 어떤 원칙에 따라 종교를 다루어야 하는지다. 그 원칙은 이미 〈대한민국 헌법〉 제20조에 규정되어 있다. "① 모든 국민은 종교의 자유를 가진다. ② 국교는 인정되지 아니하며, 종교와 정치는 분리된다." 근대 민주주의는 예외 없이 이러한 정교 분리 원칙에 기초한다. 예를 들어, 어떤 종교 세력이 동성애를 '죄'로 규정한다면, 이는 내부의 교리 문제이기에 국가권력이 개입할 수 없다. 하지만 그들이 공적 공간에서 차별적 발언이나 행위를 하는 것은 결코 용납되지 않는다. 정치인이 자신이 종교적 신념에 따라 차별금지법을 반대하는 것 역시 헌법 원칙을 부정하는 행위다.

물론 구체적 수준으로 들어가면, 미묘한 문제들이 있다. 무엇보다 모든 인간은 사적 존재인 동시에 정치 공동체의 시민이기도 하다. 정교 분리 원칙에 따르면, 동일한 사람이 사적 공간에서는 종교인이 되고, 정치 공간에서는 종교와 단절된 시민이 되어야 한다. 정치인이 직무를 수행할 때 신앙을 완전히 배제한 채 정치 이념과 민주주의적 가치만을 따르는 게 과연 현실적으로 가능할까? 이런 분리의 완전한 실현이 어렵다 해도, 나름의 기준을 정하고 실천하는 것이 민주주의의 조건이다.

정교 분리는 간단히 답하기 어려운 실천적 문제들을 제기한다. 종교 단체가 국가의 지원을 받아 교육이나 돌봄 관련 기관을 운영하는 일은 전 세계적으로 흔한데, 이때 종교적 중립을 어디까지 지켜야 하는가? 공적 업무를 맡은 사람이 근무 시간에 자신의 종교를 드러낸 복장을 입을 수 있는가? 이런 질문들에 대한 답은 다양할 수밖에 없고, 이로부터 여러 개의 정교 분리 모델이 나온다. 프랑스는 공식적으로 미국 모델secularism과 프랑스 모델laïcité을 대비시킨다. 전자는 국가로부터 종교의 자유를 지키는 것을 핵심으로 삼고, 후자는 종교가 국가 조직에 개입하는 것을 차단하는 데 초점을 맞춘다.

한국 민주주의의 가장 근본적인 특징은 모델이 없다는 점인데, 정교 분리도 마찬가지다. 지금 우리 눈앞에 펼쳐지고 있는 광경이 그 결과다. 종교가 민주주의를 위협하고 있는데, 이를 정교 분리의 문제로 접근하는 사람을 찾기 어렵다. 종교와 정치 사이의 미묘한 경계선을 어떻게 설정할지는 공적 논의의 대상조차 된 적이 없다. 정말로 '내란 세력 척결'을 완수하고 싶다면, 이 문제부터 고심해봐야 한다.

제3정당의
불가능성

부정성의 논리

정당에 관한 고전적인 이해에 따르면, 정당의 정체성을 규정하는 것은 자유주의, 사회주의, 보수주의 같은 이념이다. 자유주의자와 사회주의자는 서로 대립하지만, 각각 '사회주의 아님'과 '자유주의 아님'을 자기 정체성으로 삼지는 않는다. '사회주의 반대'는 자유주의자라는 정체성에서 나오는 논리적 귀결 중 하나일 뿐이다. 반면 한국의 정치 공간에서 각 세력의 정체성을 부여하는 것은 '무엇임'이라는 긍정성이 아니라, '무엇 아님'과 '무엇에 반대함'이라는 적대적 부정성이다. 국민의힘은 '국민의힘이라는 정당'으로 존재하는 것이 아니라 '민주당을 반대하는 정당'으로 존재한다. 민주당도 마찬가지다. 양쪽 모두 존재의 이유를 '저들의 집권을 저지하기 위해서'에서 찾는다. 이 두 정당이 싸우는 모습을 '이념 대결'이라고 부르는 사람이 많은데, 정작 그들의 정치 이념이 무엇인지는 알 길이 없다.

이는 단순히 '네거티브 전략' 따위로 설명할 수 있는 상황이 아니다. 집단의 정체성 자체가 부정성으로 구성된다는 의미다. 이런 상황에서는 흥미로운 일이 벌어진다. A와 B가 대립하는 것이 아니라 'B 아님'과 'A 아님'이 대립한다. 이곳에 A와 B라고 부를 수 있는 것은 없으므로, 'B 아님'과 'A 아님'은 다시 'A 아님이 아님'과 'B 아님이 아님'으로 표현되어야 한다. 이런 식으로 A와 B의 자리에 각각 'B 아님'과 'A 아님'을 계속 넣어보자. '아님의 아님의 아님……' 이라는 형식이 무한히 계속된다.

이는 논리적 유희를 위한 농담이 아니다. '저들을 싫어하는 사람끼리 모이자'라고 해서 만들어진 '우리'를 상상해보자. '우리'의 정체성은 오로지 '저들'을 반대하는 데서 성립하고, '저들' 역시 자기 정체성 없이 '우리'를 반대하는 진영으로만 형성되어 있다. 결국 '우리'가 반대하는 대상은 '우리를 싫어하는 진영'이고, '우리'는 곧 '우리를 싫어하는 진영을 싫어하는 진영'이 된다. 그러나 이런 식으로는 상대편을 반대할 수 없다. '저들'과 '우리'를 생각할 때마다 '아님의 아님의 아님……' 또는 '반대의 반대의 반대……' 같은 무한 왕복에 갇히기 때문이다. 결국 '저들'을 반대하기 위해서는 '우리'가 '저들'에게 정체성을 부여해주어야만 한다. 마찬가지로 '저들'도 '우리'를 반대하기 위해서는 이렇게 해야 한다.

　이때 정체성 부여란 반대를 위한 낙인찍기의 성격을 가진다. 현재 주류 양당의 관계가 이렇지 않은가? 민주당에 정체성을 부여하는 것은 민주당 자신이 아니라 국민의힘에 의한 낙인찍기다. 이들이 그동안 사용해온 '친북좌파' 따위의 말을 떠올려보자. 국민의힘 역시 자신을 긍정적으로 규정할 방법이 없다. 이들에게 정체성을 부여해주는 것은 민주당이 사용하는 '내란 세력' 같은 말이다. 부정성의 논리에 내포된 가장 중요한 특징이 여기에 있다. 한쪽 진영의 존재 이유와 정체성이 자기 자신이 아니라 상대 진영에서 나온다는 것이다. 흔히 언급되는 '적대적 공존'이나 '적대적 공생'은 이런 관계를 설명하기에 불충분하다. 앞서 설명한 것은 각 진영이 상대 진영과 적대적으로 함께 존재하는 상황이 아니라, 상대 진영 없이는 자기 진영 자체가 존재할 수 없는 상황이기 때문이다.

제3정당은 가능한가?

부정성이 지배하는 정치 공간의 또 다른 특징은 양자 구도에 있다. 공간 전체가 두 진영으로만 나뉘므로, 삼자 구도가 불가능하다. A와 B가 대립하고 있는 공간에 C가 등장하는 상황을 상상해보자. 이 새로운 세력도 자신의 정체성을 '무엇에 반대함'으로 규정해야 한다. 그러나 A를 반대할 수는 없는데, 그러면 B와 같은 편이 되기 때문이다. 같은 이유로 B를 반대할 수도 없다. 따라서 C가 존속하려면 A와 B 모두를 반대해야 한다. 이는 기존의 두 진영을 하나의 AB 진영으로 통합시키고, 여기에 반대하는 새로운 진영을 형성해야 한다는 말과 같다. 만일 C가 실패하면 'A vs B'라는 기존의 양자 구도가 유지될 것이고, 성공한다면 'AB vs C'라는 새로운 양자 구도가 형성될 것이다. 어떤 경우든 삼자 구도는 불가능하다.

현실 정치에 제3정당이 등장할 때를 상상해보자. 그들이 '국민의힘 반대'를 자기 정체성으로 선택할 수는 없다. 그렇게 되면 민주당에 흡수될 것이기 때문이다. 같은 이유로 '민주당 반대'를 택할 수도 없다. 결국 '국민의힘과 민주당을 모두 반대하는 정당', '거대 양당에 반대하는 정당' 같은 형식을 취해야 한다. 이는 국민의힘과 민주당을 하나의 진영, 예를 들어 '낡은 정치 세력' 따위로 뭉뚱그리고, 자신을 그에 반대하는 진영으로 위치짓는 것이다.

　문제는 기존의 주류 양당을 하나로 통합시킬 정도로 강력하고 거대한 제3세력이 등장하기가 현실적으로 불가능하다는 점이다. 그동안 군소 정당이 종종 등장했지만, 그 목적은 대부분은 제3정당 형성이 아니라, 기존 정당 내부의 주도권 싸움에 있있다. 유일하게 '진보정당운동'만이 고유한 의미의 제3정당을 추구해왔다고 할 수 있는데, 이는 결국 실패하고 말았다. 정의당이 놓여 있던 딜레마 상황은 부정성의 논리에서 곧바로 발생하는 것이다. '국민의힘 반대'를 하면 민주당에 흡수되고, '민주당 반대'를 하면 국민의힘과 한통속으로 몰린다. 그렇다고 양당 모두를 반대할 역량은 없다. 정치 공간의 기본 논리가 전복되지 않는 한, 앞으로도 제3정당은 계속 실패하고, 거대 양당이 번갈아가며 집권하는 상황이 지속될 것이다.

　부정성의 논리가 한국의 정치 공간을 지배하는 이유는 무엇인가? 긍정적 정체성에 기초한 정치 세력이 존재할 수 없기 때문이다. 그 이유는 무엇인가? 긍정적 정체성을 구성할 정치 이념이 없기 때문이다. 그렇다면 왜 정치 이념이 없는가? 이념을 구성하는 합리적이고 개념적인 언어는 거부되고, 정치권력을 획득하기 위한 도구로서의 언어만 통용되기 때문이다. 그 이유는 또 무엇인가? 이런 질문을 계속해서 던지다 보면, 한국 근대와 민주주의의 문화적 기원으로 거슬러 올라가게 된다. 그리고 '어쩔 수 없는 불변의 기본 조건'처럼 간주하던 것들을 바꾸지 않는 한 그 어떤 진전도 불가능하다는 사실을 깨닫게 될 것이다.

극우와 반이성

극우의 기원

지금까지의 논의는 다음 두 가지 질문으로 수렴한다. 첫째, 어떻게 한국에서 극우를 제거할 것인가? 둘째, 어떻게 제2의 내란을 막을 것인가? '극우' 개념에 대한 분석 없이 이 질문을 충실히 다룰 수는 없다. 일단 '좌파/우파' 구별에 관한 기본적인 내용을 재확인하자. 널리 알려져 있듯, 이 구별은 프랑스혁명기의 제헌 의회(1789)가 좌석을 배치한 방식에서 유래한 것이다. 의장을 중심으로 오른쪽에는 혁명을 부정하며 구체제(앙시앙 레짐)로 돌아갈 것을 주장하는 세력이 자리를 잡았고, 왼쪽에는 차례대로 군주정 지지자, 영국식 양원제 군주정 지지자, 왕의 권력을 축소하는 단일 의회 지지자가 앉았다. 그리고 왼쪽 마지막이 보편 투표를 주장하는 민주주의 지지자의 자리였다.*

'좌파'와 '우파'는 정치 이념이나 지향을 분류하고, 세력 사이의 상대적 위치를 지정하는 방식일 뿐 **그 자체가 이념을 지시하는 개념은 아니다.** 프랑스혁명기에 이 두 용어는 각각 혁명 세력과 반혁명 세력을 지칭했지만, 오늘날 이런 식의 구별이 통용되는 곳을 찾기는 어렵고, 나라마다 이 둘을 나누는 기준도 천차만별이다. 미국에서는 자유주의자liberal와 보수주의자conservative를 지시할 때가 있지만, 유럽의 상황은 또 다르다. 프랑스에서는 '극좌파-좌파-중도파-우파-극우파'라는 스펙트럼이 일상적으로 사용되지만, 워낙 다양하고 이질적인 정치 세력이 뒤얽혀 있어, 스펙트럼의 한 위치를 특정 이념에 대응시키는 것이 불가능하다. 한국에서는 민주당을 '좌파', 국민의힘을 '우파'라고 부르기도 하는데, 이들과 유럽의 좌우파 정당 사이에는 공통점이 거의 없다.

정치 이념의 여러 갈래를 하나의 거시적 진통 안에서 파악하려는 시도는 가능할지 모르지만, 좌파와 우파를 그런 전통으로 다루기는 어렵다. 예를 들어, 정치 이념으로서의 보수주의가 유럽, 미국, 라틴아메리카, 동아시아에서 어떻게 분화되고 변형되었는지 탐구하거나, 서로 다른 지역에서 발견되는 유사한 정치 지향을 보수주의라는 이념적 전통 안에 종합

---

* Jean-Yves Camus et Nicolas Lebourg, *Les Droites extrêmes en Europe*, Le Seuil, 2015. 이 책은 유럽 극우에 관한 논의에서 가장 널리 인용되는 문헌 중 하나다.

하는 작업을 시도해볼 수 있다. 하지만 프랑스혁명기의 우파, 현재 프랑스의 우파, 미국 공화당, 국민의힘을 모두 '우파'라는 하나의 전통 아래 모으기는 어렵고, 그렇게 한다 하더라도 유의미한 지식이 나오지도 않는다.

'극우'(영어 'far-right', 프랑스어 'extrême droite')의 문자적 의미는 '오른쪽 끝', 정확히 말하면 '우파의 오른쪽 끝'이다. 그런데 '좌파'나 '우파'가 이념적 스펙트럼의 상대적 방향인 것과 달리, '극우'는 20세기 유럽에서 도드라지기 시작한 특정한 정치 이념, 세력, 진영, 운동, 지향 등을 지칭하는 말로 쓰이고 있다. 장-이브 카뮈Jean-Yves Camus와 니콜라스 르부르Nicolas Lebourg가 쓴 《유럽의 극우들》에 따르면, 이 말은 샤를 10세(1824~1830) 재임 기간 중 생산된 팸플릿에 이미 등장한다. 거기에 '극우의 인간'은 다음과 같이 묘사되어 있다. 회의적 태도를 가지고 있으며, 엘리트 집단과 현재 상태에 적대적이고, 질서를 회복하기 위해 제로 상태에서 시작해야 한다고 믿고, 정치인들을 경멸하고, 행동과 물리력을 칭송하고, 미래의 혁명을 우려한다.* 두 세기 전의 묘사이지만, 현재 극우가 가진 정신 상태의 일면을 발견할 수 있다. 세상은 근본적으로 잘못되어 있어서, 극단적이지만 반혁명적인 방법으로 세상을 뒤집어엎어야 한다는 것이다.

《유럽의 극우들》의 내용을 좀 더 따라가보자. '극우'가

* Ibid., p. 9.

현대적 의미의 용어로 등장한 것은 20세기 초다. 러시아의 볼셰비키를 '극좌'라고 부르면서, 정반대 편에 있는 진영을 '극우'라고 부르기 시작한 것이다. 이 책의 두 저자는 극우의 핵심 세계관을 '유기체론organicisme'에서 찾는다. 즉 사회가 하나의 생물학적 신체라는 것이다. 이들은 동일한 인종이나 국적 따위에 기초한 유기체적 공동체를 추구하고, 이와 동시에 인간 사이의 차이를 절대화한다. 예를 들어 '우리'의 인종과 '저들'의 인종은 절대적으로 다르므로, 이 둘은 평등하지 않아야 한다는 식이다. '우리'는 사랑의 대상이고 '저들'은 증오의 대상이며, 보편적인 것은 부정당한다. 지금 존재하는 공동체는 '우리'만으로 구성된 유기체적 공동체로 다시 태어나야 한다. 따라서 극우가 현재의 체계를 거부하는 것은 당연한 일이다. 지금의 국가는 사회의 쇠퇴를 악화하고 있으므로, 자신들이 나서 구원자적 임무를 수행해야 한다고 믿는 것이다. 그래서 자신들을 반사회적 진영으로 구축하고(현새의 사회는 잘못된 길을 가고 있으므로), 변화를 지도할 엘리트를 자임한다. 또한 역사와 사회를 상상할 때는 '황금기', '구원자', '쇠퇴'(데카당스), '음모' 따위의 커다란 표현을 즐겨 쓰고, 비이성적 가치를 높이 평가한다.

카뮈와 르부르는 19세기부터 이미 '극우'라고 부를 만한 진영이 등장했다고 본다. 방금 요약한 것이 그런 진영 일반에 적용될 수 있는 극우의 '정의définition'다. 이로부터 파시즘에 대한 일반적 이해와 조금 다른 분석이 나온다. 흔히 파시즘은 제1차 세계대전 직후 이탈리아에서 등장한 것이라고 생각하는데, 이 두 저자가 보기에는 **나름의 구조와 일관성을 갖춘 이념적 체계로서의 파시즘이 이미 19세기 프랑스에서 등장했다.** '파시즘'이라고 불리지는 않았더라도 말이다. 이들은 자신들이 역사적으로 분석하는 유럽 극우의 다양한 흐름 중 핵심적인 하나로 파시즘을 다룬다.[*]

물론 이러한 분석을 향해 몇 가지 비판적 질문을 던질 수 있다. 카뮈와 르부르가 주장하는 것처럼 극우를 일관성을 가진 이념이나 세계관 같은 것으로 이해할 수 있다면, 왜 그것을 계속 '극우'라고 부르는가? 차라리 '유기체주의자'나 '유

---

[*] Ibid., pp. 29-30. 프랑스 극우에 관해 다시 생각해볼 필요가 있다. 한국에서 '극우'라는 말은 이탈리아의 파시즘과 독일의 나치즘을 가장 먼저 떠올리게 하지만, 사실 근대 정치의 모든 이념과 진영이 탄생한 것은 프랑스였다. 1789년 혁명은 구체제를 무너뜨렸지만, 이와 동시에 가장 강력한 반혁명 세력을 탄생시켰다. '반혁명'은 단순히 혁명에 반대한다는 의미가 아니라, 특정한 이념, 세계관, 믿음, 태도, 지향 등을 가진 정치 진영이나 운동을 지칭하는 말이다. 카뮈와 르부르는 극우의 역사적 기원을 찾기 위해 프랑스의 반혁명 세력으로 거슬러 올라간다. 유럽의 극우는 20세기 후반부터 제도화된 정당의 형태로 재등장하는데, 그 선두에 있던 것이 1972년에 창립된 프랑스 극우정당 프롱 나시오날Front national(국민전선)이다. 이 정당은 2018년에 라상블르망 나시오날Rassemblement national(국민연합)로 명칭을 바꾼다. 이 명칭에도 나름의 역사가 있다. 나치 독일의 프랑스 점령 시기에 창립된 파시스트 정당의 명칭이 '라상블르망 나시오날 포퓔레르Rassemblement national populaire'(1941~1944)였고, 전후에는 '라상블르망 나시오날 프랑세Rassemblement national français'(1954~1957)라는 극우정당이 잠깐 존재한 적이 있다. 카뮈와 르부르는 역사학자 필리프 뷔랭Philippe Burrin을 인용하며, 보나파르티즘에 기원을 둔 일련의 이념적 흐름 전체를 '라상블르망 나시오날'이라고 부른다(Ibid., p. 16). 프랑스어 'rassemblement'은 '모두 모으다', '결집시키다', '집합시키다' 등을 의미하는데, 극우가 즐겨 쓰는 가장 핵심적인 용어다. 따라서 '라상블르망 나시오날'은 권위주의적 국가권력을 중심으로 '우리' 모두를 결집시키려는 경향 정도로 이해할 수 있다.

기체론자' 같은 용어로 개념화하는 편이 더 정확하지 않은가? '극우'라는 모호한 용어를 계속 쓰는 것은 그 진영의 일관된 이념이 부재하다는 사실을 인정하는 것 아닌가? 카뮈와 르부르가 제안한 것은 극우의 정의라기보다는 잡다하고 다질적인 흐름에서 추출한 경향의 유사성 정도가 아닐까? 더구나 두 저자가 상세히 분석하듯, 19세기 극우에서 20세기 파시즘으로 이어지는 이념적 흐름에는 보나파르티즘, 사회주의, 내셔널리즘, 무정부주의, 생디칼리슴, 자유주의, 공화주의 등이 모두 잡다하게 뒤섞여 있어서, '극우의 고유한 이념'이라는 것을 특정하기가 거의 불가능하다. 그렇다면 애초에 극우를 고유한 정치 진영으로 다루려는 시도 자체가 어려운 것 아닌가?

이런 의문들에도 불구하고, 두 저자가 제안한 극우의 정의가 역사적 분석을 위한 유용한 기준을 제공한다는 점을 부정할 수는 없다. 그것을 굳이 '정의'로 받아들이지 않더라도, 오늘날 '극우'로 분류되는 진영과 이념의 내적 작동 원리를 파악하도록 도와주기 때문이다. 이들의 분석을 참고하며 한국의 극우를 살펴보자.

한국에도 극우가 존재하는가?

윤석열 지지자들이 서울서부지방법원을 습격한 이후,

'극우'는 한국에서도 흔히 쓰이는 말이 되었다. 그런데 이 말의 정확한 의미는 무엇인가? 그것으로 현실의 집단을 정확히 개념화할 수 있는가? 이 질문에 두 가지 방식으로 접근해보자. 하나는 한국의 정치 지형 내부에 집중하는 방식이고, 다른 하나는 서구의 역사와 개념을 참조하는 방식이다.

먼저 한국 내부로 시야를 좁혀보자. '극우'의 의미를 어떻게 규정하든, 이 말을 사용한다는 것은 우파와 구별된 세력으로서의 극우가 존재한다는 것을 전제한다. 그렇지 않다면, 서로 다른 두 용어를 사용할 필요가 없다. 그러나 앞의 글 〈어떻게 극우를 제거할 것인가?〉에서 분석했듯, 한국에서 우파와 극우를 분리하기는 매우 어렵다. 국민의힘은 윤석열 탄핵을 저지하기 위해 최선을 다했고, 그 이후에도 비상계엄을 정당화하는 데 몰두하고 있다. 이들은 의회 내 정당이지만, 민주주의 제도 자체를 부정하는 자기모순에 빠져 있다. 윤석열과 그의 주변 세력, 서울서부지방법원을 습격한 집단이 극우라면, 국민의힘도 극우정당이다. '윤 어게인'을 외치며 거리를 누비는 사람들이 극우의 행동 대원이라면, 국민의힘은 의회 내에서 극우를 대변한다. 한국에는 우파정당이 없고, 극우정당만 있는 것이다.

물론 유권자 구성은 다를 수 있다. 윤석열 탄핵 이후 국민의힘 지지율이 바닥을 치고 있는데, 이는 극우정당에 동의하지 않는 우파 유권자가 존재한다는 증거가 될 수 있다. 하지만 이들이 극우와 분리된 실질적인 우파 진영을 형성하고 있는지는 의심스럽다. 탄핵 이후 치러진 대통령 선거 결과에서 볼 수 있듯, 결정적 순간에는 이들 중 상당수가 극우정당에 투표하기 때문이다. 우파가 없는데 극우를 말한다는 것은 비논리적이다. 결국 내란 사태 이후 모두가 목격하고 있는 것은 새로운 극우의 출현이 아니라 기존 우파의 극단적 우경화이지 않은가? 서울서부지방법원을 습격한 것은 극우가 아니라 좀 더 과격한 우파라고 말해야 하지 않을까?

사실 극우에 관한 논의를 한국 내부로 제한하는 것은 무의미하다. 애초에 '좌파/우파' 스펙트럼과 '극우'라는 용어 자체가 서구의 발명품이기 때문이다. 가장 먼저 기억해야 할 것은 이 스펙트럼이 한국과 서구에서 전혀 다른 것을 의미한다는 사실이다. 앞의 글 〈제3정당의 불가능성〉에서 분석한 바와 같이, 한국 정치를 지배하는 것은 부정성의 논리다. 민주당의 정체성은 '국민의힘 아님'이고, 국민의힘의 정체성은 '민주당 아님'이다. 물론 이 둘을 '좌파'와 '우파'라고 부를 수는 있겠지만, 이 두 용어가 의미하는 바는 서구적 의미의 이념적 차이보다는 서로 마주 보고 있는 두 개의 상호부정성에 가깝다. 한국에서 우파와 극우가 구별되지 않는 이유 중 하나가 여기에 있다. '윤 어게인'을 외치는 거리의 극우 집단, 의회 정당으로서의 국민의힘, 이들에게 투표하는 유권자 모두가 '민주당 아님'이라는 부정적 정체성을 공유한다는 점에서 서로 뒤섞일 수밖에 없다. 미국에는 '마가MAGA'와 구별된 전통적 보수주의자와 공화당 진영이 있고, (상당히 허약해지기는 했지만) 프랑스에도 극우정당을 용납하지 않는 우파 정당이 있다. 한국에는 고유한 이념적 정체성을 가진 우파가 존재하지 않으므로, 이런 광경을 목격하기 어렵다.

서구의 극우와 한국의 쿠데타 지지 세력 사이에 공통점을 찾아, 이들을 모두 '극우'로 분류하려는 논의는 흔하게 발견된다. 극우 일반을 규정하는 핵심 요소들을 추출하고, 그중 몇 가지에 해당하면 극우로 분류하는 것이다. 그런 요소 중 대표적인 것이 민주주의 원리와 제도에 대한 부정, 폭력적 수단의 긍정, 소수자에 대한 공격 등일 것이다. 이런 식으로 서울서부지방법원 습격과 2021년의 미국 국회의사당 습격 사건을 모두 '극우의 난동'으로 이해하거나, '한국 20대 남성의 극우화' 같은 평가를 내리기도 한다. 하지만 이런 접근은 너무 단순하고 피상적이다. 조금만 깊이 들어가도, 공통점만큼이나 결정적 차이들을 찾을 수 있기 때문이다.

앞의 글 〈윤석열은 한국의 트럼프가 아니다〉에서도 이 점을 언급했다. 마가와 트럼프가 무엇을 겨냥하는지는 명확하지만, 윤석열이 도대체 왜 비상계엄을 선포했는지는 여전히 미스터리이고, '윤 어게인'을 외치는 이들이 무엇을 원하는지도 모호하다. 마가는 이민자를 공격하는데, 그 이면에는 **순수한 '우리'로 구성된 유기체적 공동체에 대한 환상**이 있다. 이들은 '우리' 내부의 이질성을 용납하지 않는다. 카뮈와 르부르의 분석은 유럽의 극우에 집중되어 있지만, 그들이 제안한 극우의 정의는 마가에게도 어느 정도 적용 가능하다. 반면, 윤석열 지지 집단은 중국을 공격한다. 물론 이때 '중국'이라는 말에는 한국 영토 안에 있는 중국인도 포함되지만, 일차적인 공격 대상은 한국 외부에 있는 적으로서의 중국이다. **서구의 극우가 내부의 적을 겨냥한다면, 한국의 이른바 '혐중'은 외부의 적을 향한다.** 이 둘 사이의 표면적 유사성을 찾는 일은 어렵지 않겠지만, 내적 작동 방식은 전혀 다르다. 전자는 정치 공동체에 관한 특정한 이념과 관점을 전제하지만, 후자는 아래에서 살펴볼 감정 운동의 논리를 따르는 것으로 보이기 때문이다.

물론, 내부의 이질성을 용납하지 않는 태도가 서구에만 있는 것은 아니다. 이런 태도가 서구에서는 극우의 고유한 특징으로 간주되지만, 한국에서는 일반 원칙으로 작동한다. 트럼프 집권 이후 미국의 이민세관단속국ICE은 '이민자 사냥'을 벌이고 있는데, 한국 정부는 이미 오랫동안 비슷한 활동을 일상적으로 수행해왔다. 한국의 국가권력이 이민자에게 저지른 끔찍한 짓의 사례는 차고 넘친다. 이민자를 향한 공격이 극우의 특성이라면, 한국의 국가는 그 자체가 이미 극우 국가로 작동하고 있다고 말해야 한다. 한마디로, 한국 정치와 사회는 이미 '우리의 순수성'에 기초해 있으며, 최근에 중국을 향한 집단적 증오라는 다소 기묘한 현상이 새로 추가된 것뿐이다.

카뮈와 르부르는 서구의 극우가 두 세기에 걸친 오랜 전통을 가지고 있음을 보여준다. 그 전통을 명확히 정의하고,

극우와 극우 아닌 것을 깔끔하게 구분할 수는 없지만, 핵심 이념과 사고방식을 어느 정도 특정할 수는 있다. 한국의 정당이나 정치 세력을 서구의 극우와 비교하면, 여러 유사성과 차이를 발견하게 된다. 여기서는 주로 차이를 강조하고 있지만, 누군가는 유사성에 주목할 수도 있을 것이다. 예를 들어, 현재의 체계는 근본적으로 잘못되어 있으므로 반혁명적 폭력으로 전복해야 한다는 믿음은 서구의 극우 전통에서 일반적으로 발견되는데, 이런 믿음의 흔적은 윤석열의 발언에도 강하게 남아 있다. 결국 차이에 주목하면서 윤석열 지지자는 극우가 아니라고 말할 수도 있고, 유사성에 주목하면서 극우로 규정할 수도 있다. 또는 맥락에 따라 이 말에 새로운 의미를 부여할 수도 있다. 앞의 글 〈어떻게 극우를 제거할 것인가?〉에서 언급한 '한국의 극우'는 군사독재 권력과 그 계승자를 지칭하는 표현이었다. 사실 '극우인가, 아닌가?'는 주변적 문제일 뿐이다. 중요한 것은 내란 이후에 등장한 사회적·정치적 흐름을 정확히 파악하고 개념화하는 일이다. 이를 위해 서구의 극우가 아니라 한국의 최근 상황에 초점을 맞춰보자.

반이성

서울서부지방법원 습격 사건 이후, 여러 언론이 '극우 특집'이라 할 만한 기사를 발행했다. '쿠데타를 지지하는 이들의 이야기도 한번 들어보자'는 취지의 기획이다.[*] 하지만 그런 기사들을 아무리 꼼꼼히 읽어봐도 그들을 이해하기는 어렵다. 윤석열은 '부정선거 의혹'이 비상계엄의 이유 중 하나라고 밝혔고, 그를 지지하는 사람 중 상당수가 '부정선거의 배후에 중국이 있다'라는 식의 음모론에 빠져 있다. 이들의 상태를 가장 정확하게 규정할 용어는 '집단 망상'일 것이다. 이런 망상을 확인할 때마다 그들을 이해하는 일이 불가능하다는 사실이 명확해진다.

서구의 극우는 어느 정도의 일관성과 구조를 갖춘 이념이나 세계관에 기초한다. 이들도 망상, 가짜 뉴스, 음모론 따위를 적극 활용하지만, 하나의 진영을 유지하는 데 필요한 전략적 합리성을 포기하지는 않는다. 이런 이유로 앞의 글 〈윤석열은 한국의 트럼프가 아니다〉에서 이들을 '합리적 망상가'라고 불렀다. 반면 한국에서 '극우'라고 불리는 이들은 **이성과 합리성을 철저히 거부하는데**, 이는 당연히 자기파괴적 결과로 이어진다. 윤석열 본인이 이를 분명히 보여주고 있지 않은가? 그는 자신의 권력을 유지하기 위한 최소한의 이성적 판단조차 하지 않는다. 그의 결정과 행동을 설명하는 것은 항상 무속, 술, 음모론 따위다. 그런 맥락에서 내란 세력과 윤석열 지지 집단의 운동 방식을 가장 정확히 규정하는 개념은

---

[*] 이효상·송윤경, 〈[극우 대해부] 극우가 됐다, 저쪽이 싫어서〉, 《주간경향》, 2025. 3. 3.

'반이성'일 것이다. 이들을 파악하려면 서구의 극우와 비교하는 대신, 지난 20년간 한국에서 벌어진 일련의 기괴한 사건들과 연관지어야 한다. 대표적으로 황우석의 연구 조작 사건(2005), 박근혜 정권의 국정농단 사태(2016), 한강 대학생 사망 사건(2021), 반페미니즘 집단의 손가락 모양 사냥, 정기적으로 반복되는 부정선거 음모론 등이 있다.[*]

이런 종류의 사건은 예외 없이 대중운동의 형태로 진행된다. 황우석 지지 촛불시위, 박근혜 탄핵을 반대하는 '태극기 집회', 한강 대학생 사망 사건의 '진상 규명'을 요구하는 시위, 온라인의 반페미니즘 백래시, SNS를 통해 확산되는 음모론 등을 떠올려보자. 이런 식의 대중운동은 어떤 목적을 위해 조직되는가? 그보다 먼저 '목적'이라는 것이 존재하기는 하는가? 내란 사태 이후의 '극우'도 거리 시위, 법원 습격, 온라인을 통한 음모론 유포, 유튜브 구독자 집단 형성 등 다층적인 대중운동을 포함한다. 이들은 왜 여기에 참여하는 것일까? '극우의 이념'이라고 불릴 만한 것에 사로잡혀 있기 때문인가? 그렇게 보이지는 않는다. 이념, 판단, 의견보다는 오히려 분노, 슬픔, 공감, 재미 따위가 이들의 행동과 동기를 설명하기에 적절하다.[**] 여기서 앞의 글 〈윤석열은 한국의 트럼

---

[*] 최근 한국일보에서 특별 기획으로 '황우석 백서'를 공개했다. https://www.hankookilbo.com/Collect/10257. 한강 대학생 사망 사건에 관해서는 다음 칼럼을 참고하라. 박이대승, 〈슬픔과 분노가 공동체의 규범을 대체할 때〉, 《경향신문》, 2021. 6. 6.

프가 아니다)의 한 단락을 다시 살펴보자. "한국에는 모든 종류의 합리성을 거부한 채 지속성과 일관성 없는 집단적 감정의 논리에 따라 흘러 다니는 충동적 흐름이 있다. 이런 흐름에는 분명한 목적도 없고, 목적과 수단의 연결도 없다. 진실과 거짓, 맞는 소리와 헛소리의 구별도 없다. 망상이든 음모론이든 자신이 원하는 감정만 얻을 수 있다면 무엇이든 허용된다." 내란 사태 이후 우리가 목격하고 있는 상황을 가장 정확히 설명해줄 수 있는 것은 이러한 감정의 논리 아닐까?

마치며

우파와 극우를 구별하는 첫 번째 기준은 민주주의의 공통 규칙을 인정하는지다. 우파는 이념의 정상적 스펙트럼 안에 있지만, 극우는 그 외부에 위치한다는 점에서 비정상이다. 한국에는 민주주의 공동체의 공통 규칙이 분명하게 수립되어 있지 않다. 이는 곧 **구별의 부재**를 의미한다. 합리와 비합

** 헌법재판소의 윤석열 탄핵 심판이 한창 진행되고 있을 때, 《한겨레》가 10대 몇 명을 인터뷰한 적이 있다. 내란 사태 이후 학교 교실의 분위기를 들려주는 기사다. 이들이 노무현 전 대통령, 페미니즘, 정치적 올바름 등을 조롱하고 공격하는 콘텐츠에 빠지는 이유는 매우 단순하다. 바로 '재미있다'는 것이다. 어느새 온라인 공간 전체가 '일베'와 유사한 경향을 보이고 있는데, 그곳을 움직이는 첫 번째 힘은 바로 '재미'에서 나온다. 고나린·박고은, 〈조롱 밈 올리는 10대 재미가 1순위… 좌파들도 만들잖아요〉, 《한겨레》, 2025. 3. 18.

리, 정상과 비정상이 분명히 구별되지 않는다는 말이다. 이곳에서는 우파와 극우가 뒤섞일 수밖에 없다.

윤석열 지지 집단을 극우라는 세계적 흐름의 한 부분으로 이해하는 것은 당연히 가능하다. 하지만 이런 접근이 제공하는 설명적 효과는 제한적이다. **지금 한국에서 극우의 특징으로 간주되는 것은 사실 극우만의 특징이 아니기 때문이다.** 부정선거 음모론의 원형을 제공한 것은 김어준이 제작한 다큐멘터리 〈더 플랜〉(2017)이었다. 표면적 목적은 박근혜가 당선된 제18대 대선에서 개표 부정이 있었다는 '의혹'을 제기하는 것이지만, 실질적 목적은 음모론 구축에 있었다. 반이성과 감정의 논리가 지배하는 대중운동은 극우만의 전유물이 아니다. 방금 '기괴하다'고 묘사한 일련의 사건 모두에서 비슷한 논리를 발견할 수 있다. 진영에 상관없이 적지 않은 정치인이 사이비 역사학에 의존하고, 정교 분리의 원칙을 엄격히 존중하는 정치인도 거의 없다. 윤석열과 그의 지지 세력은 한국의 일반적 특징을 극단적 형태로 폭발시켰을 뿐, 결코 예외적이거나 우발적인 존재가 아니다. 이들을 '극우'로 분류하는 것은 일반적 문제를 특정 진영의 문제로 축소하는 효과를 가져온다.

중요한 것은 공통의 규칙을 수립하고, 구별해야 할 것을 구별하는 일이다. 하지만 미래를 낙관하기는 어렵다. 윤석열을 파면한 헌법재판소 결정문을 잠깐 살펴보자. 재판관들은 당연히 나와야 할 결과를 마땅한 논변으로 제시했다. 흥미로운 것은 마지막 문장이다—"피청구인을 파면함으로써 얻는 헌법 수호의 이익이 대통령 파면에 따르는 국가적 손실을 압도할 정도로 크다고 인정됩니다." 이런 식으로 '이익'의 크고 작음을 비교하는 것은 헌법재판소의 결정문에 자주 등장하는 논리 구조이며, 여기에 의문을 제기하는 사람도 드물다. 그런데 좀 이상하지 않은가? 만일 "대통령 파면에 따르는 국가적 손실"이 "헌법 수호의 이익"보다 크다고 판단되면, 파면하지 않을 수도 있다는 것인가? 다시 말해, 대통령이 헌법 질서를 파괴했다는 사실을 인정하더라도 파면했을 때 발생할 손실이 너무나 크다면 파면하지 않아도 된다는 말인가? 민주주의 국가에서 "헌법 수호의 이익"보다 큰 "국가적 손실"이라는 것이 존재할 수 있는가?*

법은 질적인 것뿐 아니라 양적인 것도 다루므로, 양적 측정과 비교에 근거한 판단을 내릴 수 있다. 문제는 타당성이다. 애초에 "헌법 수호의 이익"과 "대통령 파면에 따르는 국가적 손실"이 양적으로 측정하고 비교할 수 있는 것인가? 정확히 말해, "대통령 파면에 따르는 국가적 손실"은 양적 측정이 아니라 양적 **예측**의 대상이다. 지금 내린 결정에 따라 미래에 벌어질 일을 예상하는 것이기 때문이다. 그렇다면 예측의 기

---

* 누군가는 여기서 '예외상태'를 떠올릴 텐데, 이는 헌법을 중지한 상태를 말한다. 이 경우 법적 판단의 타당성을 따지는 것 자체가 무의미하다. 이에 관해서는 다음 논문을 참고하라. 박이대승, 〈예외상태의 정상화, 혹은 예외로서의 정상: 팬데믹 이후의 법과 국가〉, 《문학과사회 하이픈》 131, 2020, 42~57쪽.

간은 언제까지인가? 향후 5년, 10년, 혹은 그 이상인가? 무엇보다 이런 예측이 법적 판단의 영역에 속하는가? 헌법재판소는 어떤 능력과 권한으로 미래를 예측할 수 있는가? 왜 헌법재판소는 '대통령이 헌법 질서를 파괴했으니 파면되어야 한다'라는 간단하고 단순한 논리를 사용하지 않는가?

헌법재판소는 양적 비교를 즐겨 사용하는데, 이는 법적 비합리의 주요 원천으로 기능한다.* 윤석열 파면은 한국 민주주의를 지켜낸 중요한 결정이었지만, 결정문의 논변이 민주주의의 공통 규칙을 수립할 정도의 완성도를 갖추었다고 보기는 힘들다. 헌법재판소는 국가의 합리성을 보장하는 최후의 보루가 되어야 하는데, 과연 한국의 헌법재판소가 그런 기능을 수행할 수 있을까? 한국사회와 정치를 지배하는 반이성적 운동에 맞서 합리적 원리와 규칙을 생산하고 강화할 거점이 과연 존재하는가? 탄핵 결정문이 보여주는 것은 '한국 민주주의가 내란의 위협을 진압하는 데는 성공했지만, 이는 전진이 아니라 원상회복일 뿐'이라는 사실이다. 앞서 미래를 낙관하기 힘들다고 말한 이유가 여기에 있다. 합리가 비합리를 압도하고, 이성이 반이성을 통제하고, 우파와 극우가 구분되는 상태에 도달하지 않는다면, 한국 민주주의는 또다시 예상 불가능한 위협에 직면할 가능성이 있다.

---

* 이 문제에 관해서는 다음 책을 참고하라. 박이대승, 《임신중단에 대한 권리: 비합리는 헌법재판소에서 시작된다》, 오월의봄, 2020, 109~112쪽.

나가는 말

　　이 책의 제목 "공통된 것 없는 공동체"는 근대 한국의 기본 성격을 규정하는 표현이다. 여기서 '공동체'란 민주주의 정치 공동체를 말하고, '공통된 것'은 그 공동체의 구성원들이 공유하는 요소를 말한다. 이 표현은 일종의 역설이다. 공통된 것이 없다면 애초 공동체라고 할 수 없기 때문이다. 이 역설은 외형과 실질, 또는 법적 형식과 사회적 현실 사이에서 발생한다. 즉 외형적으로는 민주주의 공동체가 존재하는 것처럼 보이지만, 그것이 공동체이게끔 해주는 실질적인 공통 요소는 부재한다. 공동체를 구성하는 개인이 '시민'이라는 공통의 지위를 공유하지도 않고, '그 어떤 시민도 차별받으면 안 된다'는 민주주의의 기본 원칙이 공통의 행위 규칙으로 인정되지도 않는다. 또한 헌법에는 민주주의 공동체가 형식적으로 존재하지만, 현실 사회에는 그것의 수립과 존속에 필요한 공통 요소가 없다. 사회적·경제적 관계가 권리와 계약에 기초하지 않으며, 개인의 행위 규칙으로 작동하는 공통의 윤리 규범을 찾기도 어렵다.

　　지금까지 우리는 '공통된 것 없는 공동체'의 여러 양상을 살펴보았다. 그 대부분이 비슷한 형식의 역설로 표현된다— 권리 없는 근대사회, '시민' 개념 없는 민주주의 헌법, 평등 없는 민주주의, 인민 없는 인민의 자기통치, 이념 없는 정당 등. 이런 역설은 **모방**과 **변이**로서의 근대화에서 발생한다. 3부와 4부의 '깊이 읽기'에서 살펴보았듯, 한국 민주주의는 이중의 자기모방에서 탄생한 것이다. 한반도 남쪽 사람들은 서구의 근대 민주주의를 제 나름대로 이해한 다음, 이를 바탕으로 '민주주의'라는 이미지를 창조했다. 그리고 자신이 만든 그 이미지를 다시 모방하는 방식으로 한국의 민주주의를 수립한다. 이는 원본과 표준으로서의 근대 민주주의를 자신의 문화를 통해 변이시키는 과정이다. 이렇게 탄생한 결과물의 외형은 민주주의처럼 보이지만, 껍질을 벗기면 벗길수록 전혀 다른 형태가 드러나기 시작한다.

　　서구의 근대 민주주의는 **모델**과 **현실**의 결합이다. '인민이 인민 자신을 통치하는 정치체제'라는 개념 정의가 그 모델의 핵심이고, 이를 설계도 삼아 현실의 정치체제가 구축된다. 이 두 가지가 만들어지고 결합하는 방식을 규정하는 것이 바로 **문화**다. 이런 의미에서 서구 민주주의는 서구 문화의 발명품이라고 말할 수 있다. 다양한 요소와 차원이 문화를 구성하지만, 이 책에서는 특히 언어 사용법, 개인과 집단의 접합 방식, 행위 규칙의 원천, 사회적 교환의 방식 등에 집중했다.

　　서구 문화는 그 자체로 존재하는 것이 아니라, 다른 문화와의 마주침과 비교를 통해 **발명**되는 것이다.* 유럽과 북미에 기원을 둔 다양하고 이질적인 문화적 요소들이 다른 지역의 문화적 요소들과 만났을 때, '서구 문화'라는 것이 탄생한다. 중요한 것은 마주치는 타자에 따라 발명되는 문화도 달라진다는 점이다. 즉 아시아 문화와 비교되는 '서구 문화'는 아프리카 문화와 비교되는 '서구 문화'와 같은 것이 아니다. '아시아 문화'나 '아프리카 문화'도 마찬가지다. 이 책에서 다루는 '서구 문화'는 한국 문화의 타자로 발명된 것이고, '한국 문화'는 서구 문화의 타자로 발명된 것이다.

앞서 이 두 가지를 다소 도식적으로 비교했다. 서구 문화에는 민주주의의 추상적·개념적·이론적 모델과 경험적·역사적·실천적 현실 사이의 구별이 존재하지만, 한국 문화는 민주주의의 모델이라는 것을 인정하지 않은 채 끊임없이 변형시킨다. 한국 민주주의는 반민주주의에 맞서 싸우는 역사적 실천의 연속일 뿐, 비역사적 모델을 목표로 삼지 않는다. 이는 두 문화의 언어적 차이, 즉 개념적 언어와 반개념적 언어의 차이와 밀접한 관련이 있다. 모델은 개념적 언어로 구성되는 것이고, 고정된 언어 규칙을 거부하는 반개념적 언어는 고정된 표준 모델을 계속해서 파괴한다. 또한 서구 문화에서는 공통의 것을 공유하는 개인들이 공동체를 구성하지만, 한국

---

* 3부의 '깊이 읽기'에서 이 문제를 이미 다루었다. '문화의 발명'은 인류학자 로이 와그너의 개념이다. Roy Wagner, *The Invention of Culture*.

문화에는 집단의 전체와 부분이 존재할 뿐 개인과 공동체의 구별은 존재하지 않는다. 서구 문화에서는 객관적 정당성을 가진 주관적 속성으로서의 권리가 개인의 행위 및 사회관계의 규칙으로 기능하지만, 한국 문화에서 그 규칙을 정하는 것은 상위 권력의 명령이다.

문화적 차이에 대한 이러한 분석은 우리를 다음과 같은 질문으로 이끈다. 본래적 의미의 한국 '민주주의'는 가능한가? 다시 말해, '인민의 자기통치'를 궁극 목적으로 삼는 정치체제를 한국에 수립할 수 있는가? 이 정치체제는 서구에서 형성된 특정한 문화적 조건, 즉 방금 나열한 서구 문화의 특징들을 요구한다. 서구에서 창조된 민주주의가 본래의 형태를 유지한 채 한국으로 이식되려면, 그러한 문화적 조건 전체와 함께 이식되어야 한다는 말이다. 물론 이는 불가능하다. 그것은 하나의 문화를 다른 문화로 대체하는 일이기 때문이다. 결국 서구 문화의 창조물인 민주주의가 한국 문화를 통해 모방되는 과정에서 극단적 변이를 겪게 되고, 방금 말한 역설들이 발생한다. 민주주의 아닌 민주주의가 탄생하는 것이다. 이렇게 우리는 **한국 민주주의의 불가능성**이라는 문제에 직면하게 된다.

이 문제를 앞에 두고 가장 먼저 떠오르는 해법은 민주주의를 포기하는 것이다. 황당한 소리로 들릴지 모르지만, 충분히 고심해볼 만한 선택지이고, 미래에 이런 선택을 하는 사람이 등장하지 말란 법도 없다. 하지만 민주주의를 포기하는 것이 민주주의 아닌 민주주의를 유지하는 것보다 더 낫다고 주장할 근거가 없으므로, 이는 해법에서 제외하자. 그다음으로 생각해볼 수 있는 것이 '한국식 민주주의'를 창조하는 길이다. 이때 문제는 '민주주의'의 정확한 의미가 무엇인지다. 즉 이 말은 여전히 '인민이 인민 자신을 통치하는 정치체제'라는 개념 정의를 따르는가? 만일 그렇다면 '한국식 민주주의'는 본래적 의미의 민주주의일 테니, 애초에 '한국식'이라고 불릴 이유가 없을 것이다. 만일 저 개념 정의를 따르지 않는다면, '한국식 민주주의'는 이름만 '민주주의'일 뿐, 실제로는 전혀 다른 정치체제가 될 것이다. '자유민주주의', '민족적 민주주의', '산업민주국가' 등 한국 현대사에서 이런 사례를 실제로 찾기란 어렵지 않다. 이는 민주주의를 포기하는 것이나 다름 없으므로, 문제의 해법이 될 수 없다.

사실, 한국 민주주의의 불가능성이라는 문제는 그 자체가 유일한 해법을 강요한다. **한국 문화를 서구화해야 한다는 것**이다. 서구 문화와 한국 문화의 차이로 인해, 본래적 의미의 민주주의를 수립할 수 없다면, 서구 문화의 요소를 한국 문화로 최대한 이식하면 된다는 일종의 식민주의적 기획이다. 실제로 한국의 근대화와 민주화는 이러한 문화적 이식 과정을 통해 이루어져왔다. 그러나 이런 기획은 생각대로 실현되지 않는다. 서구 문화의 요소가 한국 문화로 이식되면 그것 역시 변이되기 때문이다. 앞서 두 문화의 차이를 보여주는 대표적인 사례로 개념적 언어와 반개념적 언어의 대립을 분석했지만, 정확히 말하자면 반개념적 언어는 한국 문화의 고유한 특징이 아니다. 서구의 개념적 언어가 한국 문화로 이식되며 변이 및 재창조된 결과물이 바로 반개념적 언어다. 근대 서구와 접촉하지 않은 한반도 지역의 언어를 '개념/반개념'이라는 범주에 따라 분류하는 것은 의미가 없다. 2부의 글 〈공통된 것 없는 공동체의 모습〉에서 묘사한 한국의 개인-집단의 관계는 일본을 통해 유입된 유럽 전체주의가 변이된 결과물이라고 할 수 있고, 1부에서는 가해자-피해자 도식이 자본주의적 교환관계의 변이라는 가설을 제안했다. 즉 한국 문화는 서구 문화와 분리된 독자적 지역 문화가 아니라, 동아시아 전통과 근대 서구가 뒤섞이는 과정에서 서구 문화의 모방과 변이로서 발명된 문화다.

한국 민주주의의 불가능성은 회피할 수 없는 아포리아다. 민주주의를 포기할 수도, '한국식 민주주의'를 선택할 수도 없다. 모방과 변이로서의 한국 문화를 계속 발명하며 민주주의 아닌 민주주의를 계속 실현하는 길만 남아 있다. 여기서 '불가능'은 어떤 절망이나 낙담, 패배감 따위를 표현하는 말이 아니라, 한국 근대화의 기본 성격을 정확히 개념화한 것이다. 서구에서 시작된 근대화와 식민주의의 핵심은 비서구 지역을 불가능의 상태에 몰아넣는다는 데 있다. 지난 2세기 동안 한국을 포함한 비서구 지역의 역사를 규정했던 것은 불가능한 근대, 불가능한 민주주의, 불가능한 네이션-국가nation-state, 불가능한 산업화 따위였다. 한국 자본주의의 찬란한 발전을 칭송하며, 이런 불가능의 상태를 지나간 옛일로 간주하는 사람이 많지만, 이는 착각일 뿐이다. 아무리 경제가 성장하고 모두 부자가 된다고 해도, 본래적 의미의 민주주의가 자동적으로 수립되지는 않는다.

중요한 것은 불가능을 가능하게 만드는 일이 아니라, 그것을 **전략의 객관적 조건으로 고려하는 일**이다. 한국 민주주의의 불가능성을 회피할 수도 없고, 한국 문화의 서구화라는 명령을 거부할 수도 없다면, 이 상황을 인정하고 그에 맞는 전략을 수립해야 한다. 전략의 목표는 이미 고정되어 있다. 즉 인민이 인민 자신을 통치하는 상태를 향해 전진하는 것이다. 문제는 전략적 수단의 마련이다. 이 책 전체에 걸쳐 강조했듯, 그 수단 중 가장 기초적이고 필수적인 것이 개념적 언어다. 따라서 지금 우리가 던져야 하는 실천적 질문은 예컨대 이런 것이다. 어떻게 개념적 언어를 문화적 헤게모니로 구축할 것인가? 개념직 언어에 기초한 공적 논의 공간을 확보하려면 무엇을 해야 하는가? 물론, 어떤 노력을 하더라도 개념적 언어가 반개념적 언어로 변이되는 경향이 완전히 사라지지는 않을 것이다. 하지만 실천의 방향과 정도에 따라 그 결과는 뚜렷하게 달라진다.

이런 전략의 수립을 위해 가장 먼저 필요한 일은 인류학자의 관점을 취하는 것이다. 한국의 정치와 사회를 규정하는 가장 결정적인 요인은 여전히 서구 문화와 한국 문화의 차이이기 때문이다. 이 차이에 접근하려면, 서로 다른 문화, 세계,

실재, 자연, 신체 사이를 이동하는 아마존의 샤먼처럼, 자신과 타자의 관점 사이를 왕래할 줄 아는 샤먼-인류학자가 되어야 한다.* 한국 문화에서 벗어나 서구의 관점에서 서구와 한국의 차이를 보고, 서구의 관점을 통해 본 한국의 관점에서 다시 서구를 보는 시도가 필요하다. 이러한 관점의 이동을 통해 한국 민주주의를 바라보는 것, 여기에 이 책의 목표가 있다.

---

*   '샤먼-인류학자'라는 발상은 비베이루스 지 카스트루Eduardo Viveiros de Castro에게서 빌려온 것이다. 다음 책을 참고하라. 에두아르두 비베이루스 지 까스뜨루, 《식인의 형이상학: 탈구조적 인류학의 흐름들》, 박이대승·박수경 옮김, 후마니타스, 2018.

초출 일람[*]

1부   가해자-피해자 도식을 넘어

· 〈복수극에 열광하는 사회〉: 1489호, 2022. 7. 29.

· 〈감정 중독 사회의 한계〉: 1508호, 2022. 12. 16.

· 〈가해자-피해자 도식을 넘어〉: 1521호, 2023. 3. 24.

· 〈부채감으로 유지되는 사회〉: 1525호, 2023. 4. 21.

· 〈신상 공개라는 공적 규율 체계〉: 1565호, 2024. 2. 7.

· 〈인간관계를 양적으로 환산할 수 있는가〉: 1581호, 2024. 5. 31.

· 〈뉴라이트의 헛소리가 가능한 이유〉: 1594호, 2024. 8. 30.

· 〈영드 '소년의 시간', 살인자의 이해를 이해하기〉. 1626호, 2025. 4. 25.

2부   평등하지 않은 세상을 꿈꾸는 당신에게

· 〈청소노동자 사망과 별점 테러〉: 1438호, 2021. 7. 23.

· 〈페미니즘 사냥에 어떻게 맞설 것인가〉: 1440호, 2021. 8. 9.

· 〈'몇 명만 참아' 한국에는 없는 어떤 공동체〉: 1447호, 2021. 10. 1.

· 〈《오징어 게임》: 한국판 지옥도, 세계 자본주의를 들추다〉: 1450호, 2021.

*   이 지면에 정리된 모든 글들은 《주간경향》에 처음 발표되었다. 일부 글은 제목을
변경해 수록했음을 밝힌다

　　　　10. 22.
· 〈공정과 능력주의는 고립된 수험생 세계서 태어난다〉: 1457호, 2021. 12.
　　　　10.
· 〈우리는 어떤 민주주의를 원하는가?〉: 1465호, 2022. 2. 11.
· 〈강자가 지배하는 이상한 사회〉: 1474호, 2022. 4. 18.
· 〈폭력과 노동자의 죽음〉: 1503호, 2022. 11. 11.
· 〈'돈의 논리'에 빠진 한국사회〉: 1514호, 2023. 2. 3.
· 〈평등하시 않은 세상을 꿈꾸는 당신에게〉: 1536호, 2023. 7. 7.
· 〈이민자는 노동력이 아니라 사람이다〉: 1554호, 2023. 11. 20.
· 〈외국인은 누구인가〉: 1557호, 2023. 12. 11.
· 〈동성결혼 반대하는 것은 가능한가〉: 1590호, 2024. 8. 2.
· 〈한국에 개인들의 공동체가 존재하는가〉: 1600호, 2024. 10. 18.

3부　전진을 멈춘 민주주의

· 〈민주화 이후의 역사〉: 1493호, 2022. 8. 26.
· 〈누가 윤리적 인간이 될 수 있는가〉: 1499호, 2022. 10. 14.
· 〈재앙은 미래 아닌 현재에서 온다〉: 1548호, 2023. 10. 6.
· 〈평범한 사람들의 자리는 어디인가〉: 1561호, 2024. 1. 8.
· 〈민주주의의 진정한 적은 누구인가?〉: 1568호, 2024. 3. 1.
· 〈가족을 이뤄야 하는 이유는 무엇인가〉: 1571호, 2024. 3. 22.
· 〈우리는 어떤 시대를 살고 있는가〉: 1578호, 2024. 5. 10.
· 〈다른 국가와 정치를 상상하기〉: 1584호, 2024. 6. 21.
· 〈공과 사를 둘러싼 전쟁〉: 1603호, 2024. 11. 8.
· 〈예산 떨어지면 중단되는 '한국의 복지 서비스'〉: 1630호, 2025. 5. 23.
· 〈투자가 복지인 시대〉: 1653호, 2025. 11. 7.

4부　언어의 규칙을 거부하는 사회

· 〈'반지성주의' 사용금지〉: 1482호, 2022. 6. 10.

· 〈정치적 올바름은 쓸모없다〉: 1486호, 2022. 7. 8.

· 〈노동운동의 위기이자 민주주의의 위기다〉: 1511호, 2023. 1. 6.

· 〈문제는 문해력이 아니다〉: 1517호, 2023. 2. 24.

· 〈노키즈존과 일상의 무례함〉: 1532호, 2023. 6. 9.

· 〈교권이 아니라 시민, 노동자의 권리다〉: 1539호, 2023. 7. 28.

· 〈우리는 모두 누군가의 불편이다〉: 1543호, 2023. 8. 25.

· 〈모두가 평등하게 막말하는 사회〉: 1597호, 2024. 9. 27.

· 〈폭력을 왜 갑질이라고 부르는가?〉: 1639호, 2025. 7. 25.

· 〈누가 주권자인가?〉: 1642호, 2025. 8. 15.

5부　내란 사태 이전과 이후: 반이성과 비정상

· 〈'이념 없는 정치'가 세운 대선후보〉: 1453호, 2021. 11. 12.

· 〈뒤처리 전문, 한국 민주주의〉: 1609호, 2024. 12. 20.

· 〈어떻게 극우를 제거할 것인가〉: 1612호, 2025. 1. 10.

· 〈윤석열은 한국의 트럼프가 아니다〉: 1615호, 2025. 2. 7.

· 〈한국 민주주의는 또 다른 내란을 막을 수 있는가〉: 1633호, 2025. 6. 13.

· 〈정교분리를 다시 생각한다〉: 1645호, 2025. 9. 5.

· 〈제3정당의 불가능성〉: 1650호, 2025. 10. 17.

공통된 것 없는 공동체

초판 1쇄 펴낸날 2026년 1월 30일
지은이 박이대승
펴낸이 박재영
편집 임세현·이다연
디자인 조하늘
제작 제이오
펴낸곳 도서출판 오월의봄
주소 경기도 파주시 회동길 513 203호
등록 제406-2010-000111호
전화 070-7704-2131
팩스 0505-300-0518
이메일 maybook05@naver.com
X(트위터) @oohbom
블로그 blog.naver.com/maybook05
페이스북 facebook.com/maybook05
인스타그램 instagram.com/maybooks_05

ISBN 979-11-6873-172-1 93300

만든 사람들
책임편집 임세현
디자인 studio forb

이 논문 또는 저서는 2022년 대한민국 교육부와 한국연구재단의 일반공동연구지원사업
의 지원을 받아 수행된 연구임(NRF-2022S1A5A2A03051568).